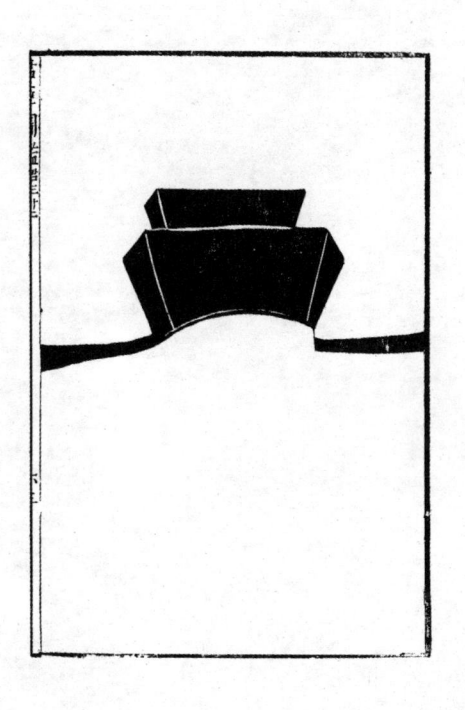

# 宋代外交史

陶晋生 著

重慶出版集團 重慶出版社

版权所有©陶晋生

本书版权经由联经出版事业公司授权北京华章同人文化传播有限公司简体中文版委任安伯文化事业有限公司代理授权

非经书面同意,不得以任何形式任意重制、转载。

版贸核渝字(2020)第138号

**图书在版编目(CIP)数据**

宋代外交史 / 陶晋生著. — 重庆:重庆出版社,2021.8
ISBN 978-7-229-15888-0

Ⅰ.①宋… Ⅱ.①陶… Ⅲ.①中国历史－研究－宋朝 Ⅳ.①K244.07

中国版本图书馆CIP数据核字(2021)第113082号

## 宋代外交史

陶晋生 著

出　　品:华章同人
出版监制:徐宪江　秦　琥
责任编辑:陈　丽
责任印制:杨　宁
营销编辑:史青苗　刘　娜
书籍设计:潘振宇　774038217@qq.com

重庆出版集团
重庆出版社　出版

(重庆市南岸区南滨路162号1幢)
北京博海升彩色印刷有限公司　印刷
重庆出版集团图书发行有限公司　发行
邮购电话:010-85869375
全国新华书店经销

开本:880mm×1230mm　1/32　印张:14　字数:300千
2021年9月第1版　2022年12月第2次印刷
定价:72.00元

如有印装质量问题,请致电023-61520678

**版权所有,侵权必究**

女真文墨锭

**绪论** / 8

第一章 / 20
**宋代外交的背景**

第二章 / 30
**宋辽外交关系的建立和冲突**

第三章 / 40
**澶渊之盟**

第四章 / 60
**外交机构和外交礼节**

第五章 / 78
**使节交聘**

第六章 / 116
**外交文书、出使报告及出使诗**

第七章 / 150
**增币交涉与宋辽夏三角交涉**

第八章 / 170

**宋辽划界纠纷**

第九章 / 192

**宋与辽、夏、高丽的互动**

第十章 / 208

**联金灭辽与北宋灭亡**

第十一章 / 240

**宋金和战**

第十二章 / 360

**南宋争取对等**

第十三章 / 390

**联蒙灭金与宋亡**

**结论** / 412　**后记** / 418

**宋代外交大事表** / 420

**引用及参考书目** / 430

绪论

本书叙述及分析宋代(960—1279)的外交,其主要涉及对象是契丹族建立的辽[1](907—1125)、女真族的金(1115—1234)和蒙古族的蒙元(1206—1260—1368)三朝。宋代的外交活动大多承继古代及汉唐的理念和制度,但是因时势的变化而有所创新。

"外交"一词在现代有不同的定义。20世纪著名的英国外交家及理论家欧内斯特·斯托(Ernest Stow)的定义是:"外交是独立国家间运用智慧和技巧来处理正式的关系。"[2]另一位外交家哈罗德·尼科尔森爵士(Sir Harold Nicolson)在其《外交》(Diplomacy)一书中采用的是《牛津英语大词典》的定义:"外交是通过谈判来处理国际关系;外交使节调节和处理国际关系;外交是外交家的事业或艺术。"[3]在比较新的研究中,关于外交的定义仍然相似,如汉密尔顿(Hamilton)和兰霍恩(Langhorne)给的定义是:"外交是政体间和平的行为。"[4]

中国古代西周时期的所谓外交多由"相"主持,出使的是"行人"。《周礼》有"大行人"和"小行人","大行人"掌大宾之礼及大客之礼,"小行人"掌邦国宾客之礼。诸侯间的邦交礼仪是聘礼,聘问的目的包括新君即位,邻国祝贺立君、结盟、联姻、报聘、致谢、协商等。而聘问的程序包括命使、夕币、释币于祢、受命启程、假道、习仪、誓而入境、入境展币、郊劳、至朝、卿致馆、聘享、卿大夫劳宾、归饔饩、卿大夫问面、夫人归礼、卿大夫饩宾、燕飨、还玉赠贿、拜聘、送聘、宾归赠送、使节复命等。[5]显然,古代的聘问目的也是"通过谈判来处理国际关系"。外交也是"政体间和平的行为"。

春秋时期，列国间的邦交类似现代的外交，当时国与国之间有遣使交聘、谈判和会盟的各种情况。春秋邦交中的使节称为"使""使人""使臣""使节"。[6]这些诸国分立时所实行的邦交的礼仪和使节的交聘，为后世所模仿或改进。[7]不过那时外交一词的意义是与本国之外的人物交往，《史记》中"外交"的意思，正如《苏秦列传》中所言："安民之本，在于择交，择交而得则民安。"又论奸臣："夫为人臣，割其主之地以求外交，偷取一时之功而顾其后。"[8]"择交"和"外交"的意思不同。古代的君主认为其官员和外人来往是不忠的。《礼记》有"人臣无外交"[9]这个主张。外交一词的另一个意思是个人与外人来往，如邓通"亦愿谨，不好外交"[10]。

如果以外交的现代意义来观察，汉唐大一统朝代的外交，主要是所谓朝贡制度下的外交，办理外交的机构和官员很完备。如西汉的谒者台送迎贵宾、使节；符节台掌印玺，有四玺用于外事。沿边州郡接待来使及遣使，供应使者，接受文书，接待侍子，甚至签订条约。[11]

中古时期，南北对峙，外交关系有了新的发展。刘裕于永初元年(420)建立宋朝，即开始与北魏通和。北魏和南方的宋、齐、梁三朝都维持着外交关系，前后交聘一百一十三次，使节姓名可考者一百六十一人次。当时的外交制度沿袭古代的先例，有几个特点：

一、因朝代更替频繁，北魏与南朝的外交时断时续，并非每年都有使节的交聘。

二、使节的遴选与门第有密切的关系。北魏选自己族人与部人，以及中原士族。使人"必妙选行人，择其容止可观，文学优瞻者以充聘使"。南方亦重才学有词辩之士。

三、对聘使的接待，由"主客"迎于界首，其职位品级与来使相当，但"主客"非常置官，乃临时派遣。朝廷以豪华宴会招待来使。接待工作有记录"撰记"。

四、因偶发事件或战争的影响，使者会被扣留为人质，遭受到屈辱，甚至牺牲生命。

五、聘使失礼于邻国会受到处罚。

六、南北间的边荒地带，属于非军事区，双方军民不可进入，但使者可以通过。

七、和平时期，南北通市。北方贵族需要南货，除聘使带回外，也有显要代表随聘使交易。[12]

大一统的唐代重新建立起以中原皇帝主宰四夷的朝贡制度。尚书省的主客司主管外交政令，九寺之一的鸿胪寺专管外交事务。此外，中书省四方馆、通事舍人及尚书省礼部共同办理有关外交的事务。唐代对外来使节一律称"蕃客"，建立了一整套的程序，如入国验证人数、接转文书、朝见、宴请及馆待、礼送回国等。沿边州郡负责入朝使节接转，也直接与境外通使，与外国互通文书，甚至执行边界协议，交割领土。[13]这些基本的程序在五代和两宋都还继续运行，但是增加了与"外国"交往的机构和比较对等的程序。

　　10世纪初，大唐帝国崩溃，朱温建后梁(907—923)，占据汴京。同时，契丹酋长耶律阿保机(872—926)统一内部，于905年与据有山西的突厥沙陀领袖李克用结盟，扩张势力。从五代开始，东亚的国际关系又一次逐渐进入了多元的国际系统。[14]在其后辽宋金元时期的多元国际系统中，每个国家或政权都经由外交或战争的手段寻求自身的强盛和盟邦的协助，谋求国际上最高的地位。总之，从春秋时期开始，经过汉代、南北朝以及唐代逐步发展的对外交往，成为五代至两宋建立外交制度的基本榜样。

　　五代时期，北方以契丹的势力最为强盛。契丹族是游牧民族，源于东北亚的东胡族系，其语言属于阿尔泰语系。早在北魏时期，契丹人就已经在东北亚活动，曾经向北魏、隋、唐进贡。契丹人和中原朝代的交往有很长的历史。北魏末，契丹族分为八部。其后产生部落联盟，八部大人被轮流推举为首领，并有任期(三年)。至耶律阿保机，则自立为皇帝，并将王位传子。可以说，阿保机崛起时，已经具备了与中原交往的充分经验。当时华北继唐之后的五个朝代的统治者都称帝，南方诸国之首领也大多称帝，但是对北方的朝廷进贡、接受北方朝廷的封册时则称王。虽然如此，南方的政权仍然维持独立的地位，在不同时期，是否服属于北方朝代，要视双方势力的消长和国际形势而定。诸国之间及其和五代各朝之间，以及与所谓夷狄之邦的契丹(辽)展开了外交活动，并且形成了东亚多元国际体系。势力均衡的观念在中国古代春秋战国时期已经形成，到了10世纪在多元国际体系下再度出现。[15]在这种情况下,每个政权都体认到不能达到唯我独尊的局面,需要用外交的手段来维持竞争的能力甚至生存。

960年,宋代建立时面临的是怎样的国际局面?中原四分五裂;东北亚游牧民族契丹已经崛起——契丹在五代时已经成为当时国际政治中的强力政权,而且已经模仿中原王朝建立了以契丹皇帝为中心的朝贡系统。五代中原各国和节镇与辽的交涉,据《辽史》记载:后梁、后唐和达旦（鞑靼）来使称"来聘";后晋、吴越、渤海、高丽、回鹘、阻卜、党项及幽、镇、定、魏、潞等州,南唐、女真、吐谷浑、乌孙、靺鞨、黑车子室韦[16]、波斯、大食和日本都称"来贡"。[17]又载:"东朝高丽,西臣夏国,南子石晋,而兄弟赵宋。吴越、南唐航海输贡。嘻,其盛矣!"[18]与契丹对等的只有宋朝。[19]其中,契丹最重要的朝贡国是后晋。后晋建国仰赖契丹之主耶律德光的军事援助,而石敬瑭提出的交换条件是称臣纳贡,并称耶律德光为父。这一史实在中国历史上是空前的,而其影响也颇为深远。

宋太祖、宋太宗统一中原并与周边的政权达成朝贡体系,而和契丹则是对立的形势。这两大帝国周边的政权如高丽和西夏是它们争取的对象,而南方诸国如交趾、占城等则是宋的附庸。[20]从上引外交的定义来看,严格地说,对两大帝国朝贡的政权与其宗主国之间,并没有平等的外交。再者,宋代面临的强敌是辽、金和蒙元,因此本书所探究的,不是宋辽两朝或宋金的朝贡体系,而是宋朝与基本上对等的辽、金、蒙元三朝的外交。当然，本书也会涉及宋朝与辽、金、蒙元争取周边国家或政权的历史。

在多元国际体系中的宋朝需要外交。苏轼(1037—1101)论出使说："古者有行人之官，掌四方宾客之政。当周之盛时，诸侯四朝，蛮夷戎狄，莫不来朝。故行人之官，治其登降揖让之节，牲刍委积之数而已。至于周衰，诸侯争强，而行人之职，为难且重。"[21]他认为应当依照古代行人的方式，特别设立一个官职，专掌外交的重任。如果当时的朝廷采取苏轼的建议，也许就会出现外交部。

从游牧民族契丹建立大辽帝国，到另一以渔业兼农耕为生的女真金朝崛起，再到蒙元称霸，东亚历史出现汉族王朝逐渐衰微的趋势。汉族以农业立国，周边民族需要农业社会生产的粮食、生产工具和纺织衣料。在无法以贸易手段取得这些物产时，周边民族就以武力掠夺。而在大唐帝国式微后，从五代至两宋，契丹、女真和蒙古民族武力强盛，其所依赖的机动战斗能力强的骑兵胜过农业民族的步兵，农业民族很难抵御骑兵的抄掠。自古以来，中原的政治家和史家都记载和讨论过这一现象，如班固指出汉朝对匈奴应采取守势："来则惩而御之，去则备而守之。其慕义而贡献，则接之以礼让，羁縻不绝，使曲在彼。盖圣王制御蛮夷之常道也。"[22]唐代的陆贽(754—805)说："夫中夏有盛衰，夷狄有强弱；事机有利害，措置有安危。故无必定之规，亦无长胜之法……乃以水草为邑居，以射猎供饮茹，多马而尤便驰突，轻生而不耻败亡，此戎狄之所长也。戎狄之所长，乃中国之所短。"当夷狄势力强盛时，不得不卑辞降礼，约好通和。若夷夏之势力相当，则必须"设险以固军，训师以待寇。来则薄伐以遏其深入，去则攘斥而戒于远追"[23]。到了宋代，如宋祁(998—1061)论马政："马者，兵之大也，边庭之所以常取胜中国者也……且中国之兵步多骑少……虽步卒百万，讵能抗戎马之出入乎？"[24]欧阳修(1007—1072)说："自古夷狄之于中国，有道未必服，无道未必不来。盖自因其衰盛。虽尝置之治外，而羁縻制驭恩威之际，不可失也。其得之未必为利，失之有足为患，可不慎哉！"[25]契丹、女真和蒙古民族兴盛的另一个原因，是他们不仅拥有强大的武力，也或多或少地从中国学习皇帝制度，具有成熟的政治意识和组织能力。这三个民族相继兴起并入侵中原，是中原汉族自古以来遭遇的另一次巨大考验。在这样险恶的环境中，宋人如何应对契丹、女真和蒙古的挑战，如何生存和发展？本书要探究两宋在面对强敌时，是如何以外交手段配合军事行动，来解除强敌的威胁和侵略的。

两宋时期，朝野人士对于辽、金、蒙元三朝的性质和优势有不同的认识，提出的外交政策，简单地说，大致分为主和派和主战派。主和的极致是沿袭石敬瑭的所谓"屈辱"外交，对辽称臣纳贡，并且认辽太宗耶律德光为父；主战的极致是宋太宗和南宋韩侂胄(1152—1207)的北伐。这样的二分法也许过于简单。[26]如果深入一层观察，一方面，两宋对辽、金、蒙元的政策，其实可以说是和、战、守三策的交互弹性运用，而基本目的是维持与强大外夷的和平相处而不是征服；另一方面，辽、金、蒙元对中原王朝的政策是以外交威胁或以武力夺取人力和资源，不一定是征服。草原游牧民族和半游牧民族与中原农业民族俨然有一种互相依存的关系，他们必须交互运用和或战来达到取得农业民族生产的物资和粮食的目的。中原农业民族则以物资利益诱惑敌人就范，或利用族群间的矛盾制造冲突（"以夷制夷"或"以夷攻夷"）。[27] 既然如欧阳修所说，中原王朝对外夷"得之未必为利，失之有足为患"，则统治者必然熟思能够与外夷消弭战争、维持和平的相处之道。

在外交决策方面，一般研究宋史的史家认为宋代的立国有中央集权的趋势。北宋前期，太祖和太宗掌握了军政大权，主导对契丹的外交。到了中期，新兴的士大夫官僚积极参与王朝的决策，对皇权有或多或少的制衡而积极参与外交策略，真宗和仁宗在政策的决定上大致与新兴的士大夫合作，形成新的领导阶层，共同商定策略。简单地说，这一时期宋人努力维持与强大的辽朝和平对等的关系。神宗任用王安石变法，旨在富国强兵，改变现状。从哲宗到徽宗，外交决策因党派的更替而有所变化。徽宗与新党不图安内自强，却盲目追求恢复燕云，忽视自澶渊之盟以来的国际规范，以致亡国。南宋自建立之后武力不如金朝，高宗用秦桧（1090—1155）主和，并抑制武将，相权提升后，自此形成其后几个宰相拥有大权的局面。在主战和主和派系的激荡之下，宋人屡次北伐失败，只好以屈辱的国格维持偏安的局面。

总之，两宋自始至终，不得不面对现实，基于理性的考虑，采取弹性的外交手段来求生存。两宋对外政策的弹性运用，常被近代史家批评为"屈辱"甚至"卖国"，其实当时的政策只是求得与外夷达成适当的"包容"(accomodation)之道。[28]宋与辽、金、蒙元三个王朝的关系，与过去的王朝不同。在多元国际体系下，宋除了与辽、金、蒙元三朝进行战争外，还为了维持和平而采取弹性外交，与敌国进行多次谈判，订立自古以来最多之条约，规范国际外交礼仪，交换大量使节，并在边界实行榷场贸易。这段空前的历史演变值得我们注意和探讨。

附带一提，宋人赋诗数量大，主题包含的范围从国家大政到家庭琐事，而且常以诗歌代替书信或论说。本书中叙事时常引用诗歌来辅助，旨在进一步说明当时人对世事的看法与感触。

---

1　辽建国于907年，国号契丹，938年（一说947年）改国号为辽，983年复称契丹，1066年仍称辽。因此，本书对不同时期的辽国有不同的称呼，有时称契丹，有时称辽。——编者注

2　Ernest Stow, *A Guide to Diplomatic Practice* (4th ed.), London: Longmans, Green & Co., 1957, p.1:"The application of intelligent tact to the conduct of official relations between the governments of independent states."

3　Sir Harold Nicolson, *Diplomacy* (2nd ed.), London: Oxford University Press, 1950, p.15.

4　Keith A.Hamilton and Richard Langhorne, *The Practice of Diplomacy*, London and New York, 1995, p.1:"The peaceful conduct of relations amongst political entities."傅启学对外交的定义是："外交关系必须有二个以上独立国家对峙，其作用始能发生。"见傅启学：《中国外交史》，台北：台湾商务印书馆，1972年修订版，第1页。

5    参看徐杰令:《春秋邦交研究》,北京:中国社会科学出版社,2004,第71—83页。徐杰令认为春秋时期的邦国间来往是在周天子之下进行的,与现代外交不同,所以不是外交而是邦交,见第15页。

6    徐杰令:《春秋邦交研究》,第12页。

7    雷海宗:《古代中国的外交》,《社会科学》(清华),1947,3(1),第109—121页;Richard Walker, *The Multi-State System of Ancient China*, Hamden(CN): The Shoe String Press, 1953。

8    司马迁:《史记》卷六九《苏秦列传》,北京:中华书局,1982,第2245页、第2255页。

9    《礼记·郊特牲》:"为人臣者无外交,不敢贰君也。"见《十三经注疏》卷二五,台北:艺文印书馆,1989,第486页。

10   《史记》卷一二五《邓通传》,第3192页。

11   参看黎虎:《汉唐外交制度史》,兰州:兰州大学出版社,1998,第81—94页。

12   逯耀东:《北魏与南朝对峙期间的外交关系》,《新亚书院学术年刊》,1966,8,第31—61页。

13   黎虎:《汉唐外交制度史》,第431—459页。

14   多元或多国(Multi State)为史家常用之词,如 Richard Walker, *The Multi-State System of Ancient China*。Wang Zhenpin 在 *Tang China in Multi-Polar Asia: A History of Diplomacy and War*(Honolulu: University of Hawaii Press, 2013)一书中认为东亚在唐代已经是多中心(polar)的时代。

15   关于古代的势力均衡,见雷海宗:《古代中国的外交》,《社会科学》(清华),1947,3(1),第109—121页;亦见 Richard Walker, *The Multi-State System of Ancient China*。从五代到宋朝,似有势力均衡的形势,但当时几乎没有主张类似势力均衡的言论。势力均衡的观念在欧洲历史悠久,其意义和定义纷杂,如 R.Harrison Wagner 引 Kenneth N.Waltz:"If there is any distinctively political theory of international politics, balance of power is it.And yet one cannot find a statement of the theory that is generally accepted." (Wagner, "The Theory of Games and the Balance of Power," *World Politics*, 1986, 38(4), pp.546-576.) 故本文不拟将重点放在势力均衡上。参看 Michael Sheehan, *The Balance of Power: History and Theory*, London and New York: Routledge, 1996. Emerson M.S.Niou, Peter C.Ordeshook, and Gregory F.Rose, *The Balance of Power: Stability in International Systems*, Cambridge University Press, 1989. 并参看 Edmund H.Worthy, Jr., "Diplomacy for Survival: Domestic and Foreign Relations of Wu Yueh, 907-978," in Morris Rossabi, ed., *China among Equals: The Middle Kingdom and Its Neighbors, 10$^{th}$-14$^{th}$ Centuries*, Berkeley and Los Angeles, California:

University of California Press, 1983, pp.17-44。

16 脱脱等编：《辽史》，北京：中华书局，1974，卷一，第13页；卷四，第44页。

17 《辽史》卷二《日本国来贡》。又见卷七十《属国表》。其后，来贡的有濊貊、突厥、铁骊、夏、吐蕃、新罗、沙陀、靺鞨、汉、于阗、高昌等。

18 《辽史》卷三七，第437页。

19 参看曾瑞龙：《经略幽燕（979—987）：宋辽战争军事灾难的战略分析》第二章《从强权政治到摸索规范》，香港：香港中文大学出版社，2003。

20 关于宋朝的朝贡体系，参看黄纯艳：《宋代朝贡体系研究》，北京：商务印书馆，2014。

21 苏轼：《策略二》，《苏轼全集校注》卷八，石家庄：河北人民出版社，2010，第780—781页。他主张特设一行人之官，专掌外交。

22 班固：《汉书》卷九四下《匈奴传》，北京：中华书局，1962。

23 陆贽：《陆贽集》，北京：中华书局，2006，第602—612页。参看拙著《宋辽关系史研究》，台北：联经出版事业股份有限公司，1984，第11—12页。

24 宋祁：《直言对》，《全宋文》卷四九一，第254—257页。

25 欧阳修：《新五代史》卷七二《四夷附录》，北京：中华书局，1974，第1页。

26 参看寺地遵：《岳飞、秦桧在宋代政治史上的地位检讨》，收入岳飞研究会编：《岳飞研究》第三辑，北京：中华书局，1992，第25—34页。他认为后晋石敬瑭和桑维翰采取的是和平路线，而后周柴荣采取的是初期的民族主义路线。南宋高宗和秦桧采取石敬瑭、桑维翰路线，而岳飞代表民族主义路线。

27 参看札奇斯钦：《北亚游牧民族与中原农业民族间的和平战争与贸易之关系》，台北：正中书局，1973。及其英文著作 Jagchid, Sechin, and Van Jay Symons, *Peace, War, and Trade along the Great Wall: Nomadic-Chinese Interaction through Two Millennia*, Bloomington: Indiana University Press, 1989. Owen Latimore, Inner Asian Frontiers of China. Thomas J. Barfield, *The Perilous Frontier: Nomadic Empires and China*, Cambridge, Mass., Basil Blackwell, 1989.

28 刘子健讨论宋代政治用"包容"一词，很有见地。参看《包容政治的特点》，《两宋史研究汇编》，台北：联经出版事业股份有限公司，1987，第41—77页。其实两宋对邻邦也是包容。或者可用"姑息"（appeasement）一词。

第一章

# 宋代外交的背景

五代时期，契丹崛起，成为当时国际政治中举足轻重的强力政权。[1]契丹族在耶律阿保机(907—926在位)于907年建国之前，与中原王朝有很长的交往经验，对于中原王朝的性质与外交有很深刻的了解，而且也继承了游牧民族所建立的政权与隋唐交涉的传统，即以和亲取得和平和贸易关系，或以掠夺与战争的手段得到利益。[2]耶律阿保机建国后积极向中原发展，契丹的地位与继唐的后梁孰高孰低，双方的记载不同。《辽史》载，朱温(朱全忠, 907—912在位)篡唐后，即遣使来告。又载契丹主耶律阿保机元年四月，朱全忠"自立为帝，国号梁，遣使来告"[3]。换言之，契丹的国际地位不比后梁低。阿保机于905年与晋王李克用(856—908)相会，并结为兄弟，牵制朱温。但中原史书则载契丹曾经对后梁进贡：

梁祖建号，阿保机亦遣使送名马、女乐、貂皮等，求封册。梁祖与之书曰：……为我翦彼寇仇，与尔便行封册。[4]

梁开平元年四月，(契丹)遣其首领袍笏梅老等来贡方物。至二年二月，其王阿保机又遣使来贡良马。五月，又遣使解里贡细马十匹、金花鞍辔、貂鼠皮裘并冠，男口一，年十岁，名曰苏；女口一，年十一岁，名曰嚳。其妻述律氏贡朝霞锦。前国王钦德并其大臣皆有贡献。太祖名司农卿浑特、右千牛卫将军郎公远充使，就本国宣谕。[5]

《资治通鉴》也有契丹遣使至梁入贡的记载。[6]

随着契丹族的壮大，契丹君主开始重视与邻邦交往时彼此的地位。虽然当时契丹对后梁的外交关系尚未定型，但是《辽史》的记载是以后梁和后唐为对等的邻国。

后唐石敬瑭为争皇位，接受桑维翰的策略，向契丹求援，得以建立后晋。后晋天福元年（契丹天显十一年，936）十月，契丹太宗耶律德光（927—947在位）册封石敬瑭为晋王（936—942在位），对他说："观汝雄伟弘大，宜受兹南土，世为我藩辅。"十一月，册封石敬瑭为"大晋皇帝"，并建立父子关系："予视尔若子，尔待予犹父也。"石敬瑭并且"愿以雁门以北及幽州之地为寿，仍约岁输帛三十万"[7]。所割之地即燕云十六州。称臣和进贡岁币是石晋时代开始的先例，加以亲属关系，影响深远。当时刘知远说："称臣可矣。以父事之，太过。厚以金帛赂之，自足致其兵。不必许以土田。恐异日大为中国之患，悔之莫及。"继位的敬瑭之孙重贵听信景延广的进言，不肯对辽称臣，只愿意称孙。耶律德光不满，遂率大军灭后晋（天福十二年，辽大同元年，947），建国号为辽。若非耶律德光早死，也许不久就可能入主中原。无论如何，此时的辽朝已经模仿中原王朝建立起了大帝国。

契丹与后晋建立封贡关系及耶律德光和石敬瑭以父子相称，当时人及宋代人都一致谴责石敬瑭为千古罪人。如南宋曹彦约（1157—1228）有诗《五季石晋二首》[8]：

父礼契丹输左衽，尊夷割地表称臣。
降戎借势冠裳倒，万古春秋一罪人。

石晋尊夷取帝华，如何两世覆邦家。

杀胡林下天还报，剖腹盐心归帝豝。

然而称臣奉岁币和割地却对宋朝有很大的影响，宋与辽、金缔结和约，就模仿后晋赠送岁币，而钦宗和南宋高宗对金的割让土地，都渊源于后晋对辽的关系。

石敬瑭割让给契丹的疆土是所谓的"燕云十六州"。这十六州是幽州（今北京）、蓟州（今天津蓟县）、檀州（今北京密云）、顺州（今北京顺义）、涿州（今河北涿州）、瀛州（今河北河间）、莫州（今河北任丘）、云州（今山西大同）、应州（今山西应县）、朔州（今山西朔州）、蔚州（今河北蔚县）、寰州（今山西朔州东北）、武州（今河北宣化）、儒州（今北京延庆）、妫州（今河北怀来县境）、新州（今河北涿鹿）。[9]燕云十六州是后周和宋朝一直试图取得的所谓"汉唐"旧疆。

后汉建立不久即为后周取代，郭威（951—954在位）建后周，曾愿意对辽输岁币以求苟安，其后遣姚汉英、华昭胤使辽，辽则因后周"书辞抗礼，拘留汉英等"。也就是说辽不愿和后周对等。[10]后来周世宗（954—959在位）北伐，取得瀛莫三关之地，因此辽和后周断绝外交关系。北汉刘崇（895—954）则遣使对辽称侄，求封册。辽帝册封他为大汉神武皇帝。[11]北汉是辽朝支持的傀儡政权，辽时常予以军事援助，直至宋太宗灭北汉。10世纪中叶，北宋兴起，与敌对的辽朝逐渐形成东亚的两个强力政权。

五代时期北方竞争权力者不仅与契丹联络，甚至不惜卑躬屈膝与其结盟，东南诸国也与契丹交好。[12]《辽史》中载，吴越王早在辽太祖九年 (915)，就遣使来贡。[13]吴越与辽的友好关系持续了二十年，吴越遣使至辽十三次，而辽遣使四次。吴越的目的是先后与吴和南唐抗衡。尤其是在辽太宗会同四年 (941)，吴越遣使奉蜡丸书呈给辽帝。[14]为了生存，吴越采取弹性外交策略，以维持国与国之间的权力平衡。[15]

南唐企图向北方扩张，希望得到契丹的援助。辽太宗天显十二年 (937)，吴徐诰"欲结契丹以取中国"，遣使泛海与契丹修好。契丹主岐沟也遣使回报。[16]《辽史》亦载，九月，遣使南唐。[17]《辽史》又载，次年 (会同元年, 938) 六月，南唐来贡。七月，辽遣使南唐。而《南唐书》载，契丹以兄礼事帝。[18]据《辽史》，契丹与南唐的关系相当密切，南唐屡次向契丹进贡，而且还向契丹提供后晋的秘密情报。辽会同二年 (939) 正月，契丹以受后晋上尊号为名，遣使报南唐及高丽。五月，南唐遣使来贡。[19]会同三年八月，辽遣使南唐，同月南唐也遣使来。至十一月，南唐再遣使奉蜡丸书，言晋密事，目的在于防止后晋太强及离间后晋与契丹。《辽史》载，会同四年 (941) 七月、八月、十二月，南唐密集遣使。[20]南唐保大元年 (会同六年, 943)，李璟 (916—961) 为联络契丹，牵制北方政权，遣公乘镕与陈植带密函由海路至契丹。[21]《辽史》亦载，三月，南唐遣使送蜡丸。[22]辽太宗不断从南唐得到后晋的信息，但是南唐方面的记载则不如辽方的详细。就辽方史料来看，辽和南唐并不对等。

晋天福十二年 (947)，南唐遣使贺契丹灭晋。[23]这时南唐似有机会进军中原。大臣韩熙载上疏："陛下有经营天下之志，今其时矣。若戎主遁归，中原有主，则不可图矣。"[24]于是李璟下诏："乃眷中原，本朝旧地。"可其时南唐正在南方与闽争斗，无力北上，失去机会。[25]辽世宗时（天禄二年，948），南唐遣使道贺，并奉蜡丸书。辽世宗因此议南伐。[26]南唐又于四年遣使贺辽南征的胜利，又于五年遣使乞举兵应援。[27]辽穆宗应历二年（952）三月，南唐遣使奉蜡丸书，又遣使进贡。[28]应历三年、应历五年，遣使进贡。应历七年二月和六月，南唐两度遣使，奉蜡丸书和进贡。同时，后周也遣聘使。[29]当时南唐受到后周的压力，希望得到外援，企图与辽"共制中国"。[30]但辽只能给北汉援助。南唐的史料中很少有关于提供辽情报的记载，《资治通鉴》中有这样的史料："遣使自海道通契丹及北汉，约共图中国。值中国多事，未暇与之校。"[31]但《南唐书》中载，保大十二年（954），辽使仍是"其舅来聘"。[32]可见南唐方面的记载与辽方不同，南唐自认两国是平等交往。辽应历九年（959），辽遣使于南唐，被杀。自此辽与南唐断绝来往。[33]《辽史》中也就没有再提南唐进贡。总计辽与南唐使节往来三十八次，其中辽使南唐十二次，南唐使辽二十六次。[34]辽和闽及荆南也有交往的记录。闽和荆南对辽的外交主要目的是在国际政治方面得到辽的支持。[35]

后周征南唐，南唐主遣使带国书至徐州，称"唐皇帝奉书大周皇帝。请息兵修好，愿以兄事帝，岁输货财以助军费"。后周帝不接受，南唐只好奉表称臣。[36]

在朝鲜半岛上的高丽，于918年建国。契丹遣使贡橐驼，高丽太祖王建鄙视契丹，拒绝接受。其后高丽曾试图与后唐结盟，夹攻契丹，因王建去世未果。[37]948年，高丽光宗弃后汉年号，用光德年号，并且称帝。不过于951年，开始用后周年号，并接受后周的册封，与后周结盟，希望扩张领土。后周被北宋取代，光宗一度用峻丰年号，但旋即于962年接受宋的册封。[38]

总之，五代时期北方政权相继更迭，建立新朝都以称帝来表示独立的地位。与对等国间使用的外交用语，如交换使节称"来聘"，礼节称"敌国礼"或"钧礼"。维护对等的方式称为"抗礼"。北方朝代对次要的政权则封册其国主，命其入贡。十国则极力维持其独立自主，与邻近政权联络或建立友好关系，并维持国际势力的均衡。[39]这些政权的地位并不稳固。只有西南的蜀和东南的南汉距中原较远，得以称帝于一隅较久，暂时自以为与中原政权具有对等的地位。五代时期可以见到在多元国际关系之中，国与国之间经常通过外交谈判来达成协议。综观五代诸朝，皆以外交谈判处理与契丹的关系，显然类似近代独立国家间的外交[40]并及于附庸国。[41]契丹的政策是扶助其属国后晋和后汉，并联络南唐来防止北方政权过于强大，而南唐则为自己的国防和利益与契丹交好。

虽然五代时期辽朝的武力与中原朝代不相上下，甚至强于后晋和后汉，但是在文明程度上似不如继承唐代文明的五代。因此，中原朝代与辽、金、蒙元的外交制度，使节的交换与文书的传递，虽有创新，但大多从唐代传承而来。

1. 参看曾瑞龙：《经略幽燕（979—987）：宋辽战争军事灾难的战略分析》第二章《从强权政治到摸索规范》。
2. 参看拙著《宋辽关系史研究》第三章《辽的对宋政策与贸易》。札奇斯钦：《北亚游牧民族与中原农业民族间的和平战争与贸易之关系》。
3. 《辽史》卷一，第2页："汴州朱全忠遣人浮海奉书币衣带珍玩来聘。"又第3页。
4. 薛居正：《旧五代史》卷一三七《外国列传第一》，北京：中华书局，1976，第1828页。
5. 王溥：《五代会要》卷二九，上海：上海古籍出版社，1978，第456页。司马光：《资治通鉴》，北京：中华书局，1995，卷二六六，第8709页；卷二七一，开平元年五月己丑："契丹主阿保机遣使随高欣入贡，且求册命。帝赐以手诏，约共灭沙陀，乃行封册。"
6. 《资治通鉴》卷二七六，天成三年八月，第9023页。实际情况是否如此，应存疑。
7. 《辽史》卷三，第38—39页；《旧五代史》卷七五，清泰三年十一月十二日丁酉，第985—987页、第989页。参看邢义田：《契丹与五代政权更迭之关系》，《食货月刊》，1971，复刊卷1（6），第296—306页。蒋君章：《儿皇帝石敬塘》，台北：启明书局，1961。
8. 傅璇琮、孙钦善、倪其心、陈新、许逸民主编：《全宋诗》，北京：北京大学出版社，1991，卷二七三五，第3209页。
9. 参看赵铁寒：《燕云十六州的地理分析》，收入《宋辽金史研究论集》，台北：大陆杂志社编印，1960，第53—62页。所谓"燕云"并不包括平、滦、营三州以及易州。参看赵永春、历永平：《宋金海上联盟期间的领土交涉——以赵良嗣〈燕云奉使录〉的记载为中心》，《北华大学学报（社会科学版）》，2005，6（6），第62—66页。
10. 参看蒋武雄：《辽与北汉兴亡的关系——兼论辽与后汉、后周政权转移的间接关系》，《东吴历史学报》，1994（3），第61—102页。
11. 《辽史》卷五，大同五年六月辛卯朔，第66页。
12. 参看卢建曾：《五代十国对辽的外交》，《学术》，1954，3（1），第25—51页。
13. 《辽史》卷一，第10页、第12页、第16页、第18页、第33页。
14. 《辽史》卷四，第50页。
15. 参看Edmund H. Worthy, Jr., "Diplomacy for Survival: Domestic and Foreign Relations of Wu Yueh, 907-978," in Morris Rossabi, ed., *China among Equals: The Middle Kingdom and Its Neighbors, 10th-14th Centuries*, pp.17-44.
16. 《资治通鉴》卷二八一《后晋纪》二，天福二年五月。《辽史》亦载，辽太宗天显十二年（937）九月，辽遣使南唐。
17. 《辽史》卷三，第41页。
18. 《辽史》卷三，第44页。陆游：《南唐书》，南京：南京出版社，2010，卷一，第219页："契丹使赫鲁来，以兄礼事帝。"
19. 《辽史》卷四，第45—46页。
20. 《辽史》卷四，第50页。
21. 任爽：《南唐史》，长春：东北师范大学出版社，1995，第179—180页。
22. 《辽史》卷四，第53页。
23. 《资治通鉴》卷二八六，后汉天福十二年（947）正月，第9338页。
24. 陆游：《南唐书》卷二《韩熙载传》，第454页。《资治通鉴》卷二八六，第9338页。后来周世宗在位，有人主张北伐，韩熙载说："北伐吾本意也，但今已不可耳。"参看任爽：《南唐史》，第181页。
25. 陶懋炳：《五代史略》，北京：人民出版社，1985，第285—286页。

26 《辽史》卷五,第65页。卷五末赞曰:"纳唐丸书,即议南伐。既乏持重,宜乘周防,盖有致祸之道矣。"(第66页)
27 《辽史》卷五,第64—66页。
28 《辽史》卷六,第70页。
29 《辽史》卷六,第73—74页。
30 《资治通鉴》卷二九〇,天福十二年二月甲辰,第9475页。邹劲风:《南唐国史》,南京:南京大学出版社,2000。但未论及对辽外交。
31 《资治通鉴》卷二九二,显德二年(955)十月壬申,第9532页。
32 陆游:《南唐书》卷二,第229页。又吴任臣:《十国春秋》,收入傅璇琮、徐海荣、徐吉军主编:《五代史书汇编》,杭州:杭州出版社,2004,第七册,第3623页。载,保大元年(943,即会同六年),南唐"遣公乘镕航海使于契丹,以继旧好",而"契丹主述律遣元宗书曰:大契丹天顺皇帝谨致书大唐皇帝阙下"。此书乃清代著作,不知著者根据为何。
33 《资治通鉴》卷二九四,显德六年十二月,第9606页:"契丹主遣其舅使于唐,荆罕儒募客使杀之。自是契丹与唐绝。"王珪撰《高琼神道碑》载高琼祖父高霸被南唐所杀。见《全宋文》卷一一五五,第207页。
34 林荣贵、陈连开:《五代十国时期契丹、沙陀、汉族的政治、经济和文化交流》,收入陈述主编:《辽金史论集》第三辑,北京:书目文献出版社,1987,第155—186页。

**35** 《资治通鉴》卷二八六,天福十二年正月,荆南高从诲遣使入贡于契丹。契丹遣使以马赐之。参看林荣贵、陈连开:《五代十国时期契丹、沙陀、汉族的政治、经济和文化交流》,第164—165。卞孝萱:《五代十国时期南方诸国与契丹的关系》,《山西师范学院学报》,1957(3),第78页。

**36** 《资治通鉴》卷二九二,三年二月甲戌及乙卯。

**37** 卢启铉著,紫荆、金荣国译,金龟春译审:《高丽外交史》,延吉:延边大学出版社,2002,第19页。

**38** 卢启铉著,紫荆、金荣国译,金龟春译审:《高丽外交史》,第27—28页。

**39** Edmund H. Worthy, Jr., "Diplomacy for Survival: Domestic and Foreign Relations of Wu Yueh, 907-978," p.38.

**40** 当时诸国间的外交谈判频繁,显示出国与国之间的对等关系。Harold Nicolson 认为外交使节代表主权国家与对方谈判。见 *Diplomacy*, London: Oxford University Press, 1960 ed., p.80; 参看 G.R.Berridge, Maurice Keens-Soper, and T.G.Otte, eds., *Diplomatic Theory from Machiavelli to Kissinger*, Palgrave, 2001, p.157。

**41** Ernest Stow, *A Guide to Diplomatic Practice* (4$^{th}$ ed.), London: Longmans, Green & Co., 1957, p.1: 外交是独立国家间运用智慧和技巧来处理正式的关系,有时及于附庸国。

第二章

# 宋辽外交关系的建立和冲突

宋朝的建立，史载和辽入侵有关。赵匡胤（960—976在位）率领军队前往迎敌，至陈桥驿，军士哗变，出现黄袍加身的闹剧，赵匡胤代后周而立。不过，《辽史》中并没有在那年（960）派兵攻打后周的记载。因此，所谓辽入侵可能是赵匡胤的部下刻意制造的事件。

五代时期，中原朝代更迭频繁，每次改朝换代，都会遣使通知辽。朱全忠建后梁，即通知辽。辽天赞四年（925）十月，后唐以灭后梁来告，即遣使报聘。[1]辽世宗大同五年（951）正月，汉郭威弑其主自立，国号周，遣朱宪来告，即遣使致良马。[2]按照五代的惯例，宋朝建立后，遣使到辽朝是很合理的做法。但是当时常有辽或北汉侵扰边境的报告，而宋与北汉屡次冲突。北汉是辽的附庸，依赖辽的支持，宋太祖不急于为灭北汉而与辽立即冲突。直至开宝元年（968），宋遣使带诏书至太原招降，北汉主刘继元不从。次年年初，宋太祖下诏亲征。三月至太原，攻城久不下。辽派兵助北汉，至五月宋太祖回师。其后宋太祖又进攻北汉两次，仍无结果。辽一面援助北汉，一面时常骚扰宋边境，因此宋与辽没有展开外交活动的可能。

开宝七年（辽保宁六年，974），宋人记载双方的接触由辽发起，即由涿州的地方官刺史耶律琮致书知雄州的孙全兴。李焘《续资治通鉴长编》记此事于十一月甲午：

契丹涿州刺史耶律琮致书于权知雄州、内园使孙全兴，略云：两朝初无嫌隙，若交驰一介之使，显布二君之心，用息疲民,长为邻国,不亦休哉!辛丑,全兴以琮书来上。上命全兴答书,并修好焉。**3**

类似这样的记载还有几处。《宋会要辑稿》的文字较详细,而文末和上面引文大致相同,可见《续资治通鉴长编》所载的来源:

> (耶律)琮滥受君恩,猥当边任。臣无交于境外,言则非宜;事有利于国家,专之亦可。切思南北两地,古今所同,曷常不世载欢盟,时通赘币。往者晋氏后主,政出多门,惑彼强臣,忘我大义。干戈以之日用,生灵于是罹灾。今兹两朝,本无嫌隙,若或交驰一介之使,显布二君之心,用息疲民,重修旧好,长为邻国,不亦休哉!**4**

《辽史》则记此事于保宁六年三月:"宋遣使请和,以涿州刺史耶律昌术加侍中,与宋议和。"**5**比较宋与辽记载的时间,则以宋人先遣使至辽的可能性较大。但就耶律琮信中"事有利于国家,专之亦可"的言语看来,又似辽人主动。同年年末,宋遣使贺辽次年正旦。**6**另有一条史料可证是宋人先遣使。真宗(997—1022在位)继位后,知雄州何承矩上奏辽将来犯边,真宗问枢密使曹彬(931—999)的意见,曹彬答:"太祖英武定天下,犹委孙全兴经营和好。陛下初登极时,承矩尝发书道意。臣料北鄙终复成和好。"真宗说:"此事朕当屈节为天下苍生。然须执纲纪,存大体，即久远之利也。"[7]从真宗与曹彬的问答中，我们可以看出很可能是宋人先遣使。

这次的交涉，应有一些事务及细节，但不见于现存史籍，因此有史家称之为"雄州和议"。[8]双方达到暂时的和平。就两国的地位来说，双方交换聘使和国书，举行外交谈判，建立了对等外交的基础。宋开宝八年(975)三月，辽遣克妙骨慎思为使，奉书来聘。太祖命阁门副使郝崇信到边境迎接，辽使住都亭驿。太祖召见辽使及随从十二人，赐礼物。七月，宋遣西上阁门使郝崇信、太常丞吕端使于辽。[9]八月，辽遣左卫大将军耶律霸德、弓箭库使尧卢骨、通事左监门卫将军王英来聘，带方物、马群，随从人数甚多，皆受赐礼物。[10]双方于这一年开始互相贺正旦。十一月，宋以校书郎直史馆宋准、殿直邢文庆为贺辽正旦使。[11]十二月，辽遣使耶律乌正、陈延正进贺来年正月，带来礼物。[12]互相贺生辰始于开宝九年(976)五月，宋遣东上阁门副使田守奇、右赞善大夫房彦均贺辽生辰。[13]同年二月，辽遣使耶律延宁贺长春节。[14]同年，宋太祖去世，遣使著作郎冯正、著作佐郎张玘告终称嗣。[15]辽遣使郎君王六、挞马涅木古等吊慰，又遣使萧只古、马哲贺宋帝即位及贺正旦。[16]从频繁的交聘来看，当时两国的地位是平等的。

宋太宗太平兴国二年(977)十一月，监察御史李渎假太府卿阁门祗候、郑伟假右千牛卫将军为辽正旦使。[17]太平兴国三年五月，宋廷命左补阙李吉假司农卿、通事舍人薛文宝假西上阁门为使辽的大使、副使。[18]十一月，命供奉官阁门祗候吴元载假西上阁门使、太常寺太祝毋宾古假右赞善大夫为辽贺正使。[19]辽乾亨元年(宋太平兴国四年, 979)正月,辽遣挞马长寿使宋,问兴师伐北汉刘继元之故。长寿还,说:"河东逆命,所当问罪。若北朝不援,和约如旧;不然则战。"于是,辽发兵援北汉。五月,刘继元降宋。[20]宋辽双方外交断绝。

在此之前,宋辽交换使节比较特别的一次,是太平兴国二年"召近臣及刘鋹、李煜契丹使宴射苑中"[21]。太平兴国三年,辽使回国,派供奉官、阁门祗候王侁送伴。送伴使始于此。[22]

宋太祖时,宋与辽已经于沿边开始贸易。宋太宗太平兴国二年(977)三月,始令镇、易、雄、霸、沧州设置榷货务,以香药、犀、象及茶与辽贸易。[23]

宋咸平三年(1000),宋廷禁止边境百姓入北界劫掠,违反者下狱。[24]但接纳契丹人归顺,赐名"怀忠"。[25]

宋初建国的大战略,是"先本后末"。[26]太祖"欲息天下之兵,为国家建长久之计"。群臣也提出弭兵论。[27]虽然如此,宋初君臣也认为应当收回幽燕地区。当南唐使徐铉请太祖缓兵,太祖怒道:"不须多言。江南亦有何罪?但天下一家,卧榻之侧,岂容他人酣睡乎!"[28]不过,太祖并不打算立即与辽冲突。太宗继续太祖的政策,于太平兴国四年(979)出兵攻北汉。五月,北汉刘继元降。六月,太宗亲征辽。七月,攻幽州不下,遂班师。

太平兴国五年(980),群臣不主张北伐。左拾遗、直史馆张齐贤(943—1014)上疏反对争小利:"圣人先本而后末,安内以养外。人民本也,疆土末也。五帝三王未有不先根本者也。"[29]次年,河北南路转运副使田锡（940—1004）也上书论军国要机与朝廷大体，指出"范阳坚壁，窃据疆封，獯鬻荐居，不修朝聘。若烦再驾，固当用兵。虽禀宸谋，必资武力"。他请奖赏过去有功的将士，但是不主张妄动，而请固守备、通互市。他批评汉武帝和唐太宗"输常赋之财，奉不急之役，是舍近谋远也。沙漠穷荒，得之无用，蘖芽繁衍，杀之更生。是劳而无功也"[30]。

雍熙三年（986），知雄州贺令图等边将上言，说契丹主年幼，国事由其母主持，可以乘机取幽蓟。太宗有意再度起兵，大臣纷纷谏阻。给事中、参知政事李至（947—1001）说作战费用太大，主张守为上策。熟知边事的刑部尚书宋琪论北伐，认为和平才是得策："圣人务好生之德，设息兵之谋。虽降志以难甘，亦和戎而为便。魏绛常陈五利，奉春仅得其中策。历观载籍，前王皆然。《易》称高宗用伐鬼方，《诗》美宣王薄伐狎狁，是知戎狄侵轶，其来尚矣。然则兵为凶器，圣人不得已而用之，若精选使臣，不辱君命，通盟继好，弭战息民，此亦策之得也。"[31]

雍熙三年三月，宋军北伐。五月，曹彬从涿州北征，至岐沟关，大败。八月，杨业（？—986）兵败被擒，不食三日而死。宋军前后死者数万人。

岐沟关之败后，赵普劝太宗不要兴不急之兵，不要劳民动众。太宗以手诏赐赵普："恢复旧疆，此朕之志也。"战败乃主将的责任，他"念彼燕民陷于边夷，将救焚而拯溺，匪黩武以佳兵"[32]。宰相李昉（925—996）等人上疏，重点则在对辽展开外交，并劝太宗：

姑务息民，何嫌于屈己。况天生北狄，为患中国，汉高祖以三十万之众，困于平城，卒用奉春之言，以定和亲之策。以至文帝，奉之弥优。外示羁縻，内深抑损。而边城晏闭，黎庶息肩。所伤匪多，其利甚薄矣。况獯鬻之性，惟利是求。傥陛下深念比屋之罄县，稍减千金之日费，密谕边将，微露事机，彼亦素蓄此心，固乃乐闻其事。不烦兵力，可弭边尘。此所谓屈于一人之下，伸于万人之上者也。伏望陛下裁之。[33]

这篇文字的关键在于提出汉朝的和亲之利，只要皇帝肯稍稍委屈一下自己，采取和亲的政策，就可以达成和平。次年四月，殿中侍御史赵孚（924—986）上奏，希望朝廷"精选使命，通达国信。远则周古公让地于西戎，祈八百载之基业；近则唐高祖降礼于突厥，启三百年之宗社。君子见机而作，不俟终日"，认为应当与契丹谈判，"议定华戎之疆，永息征战之事。立誓明著，结好欢和。彼以羊马皮毳致诚，此以金帛犀象为报。有无相易，彼此从宜。养民事天，济时利物，莫过于此。"[34]提到用国书致契丹，及以金帛和贸易的经济互惠来免除战争。

两次对辽用兵失败，给太宗带来了严重的治国挫折，加深了君臣对内患的忧虑，皇位和政权的保卫成为最重要的目标。太宗的思想趋于保守，对外政策转为"守内虚外"。[35]端拱二年（989），太宗诏群臣各陈备边御戎之策。户部郎中张洎（933—996）认为宋朝已经失去地利，主张"练兵聚谷，分屯塞下。来则备御，去则无追"。右拾遗、直史馆王禹偁（954—1001）建议"外任其人，内修其德"，外有五点：(1)将帅有权；(2)侦察边事；(3)用间谍；(4)以夷狄伐夷狄，中国之利也。(5)下哀痛之诏以感激边民。知制诰田锡也主张对契丹"用重赏，行间谍，使戎狄自乱。戎狄自乱，则边鄙自宁"。要皇帝"举大略，求将相，务帝望之大体也。设如人欲理身，先理心。心无邪则身自正。欲理外，先理内，内既理则外自安。臣谓边上动，由朝廷动之；边上静，由朝廷静之"[36]。同年，契丹遣人至雄州求通好，总管刘福向朝廷报告。太宗遣中使麦守恩谕刘福："朕以康民息战为念，固无辞于屈己。后有来使，当厚待之，勿拒其意。"不过并没有契丹使来。[37]

淳化元年(990)，太仆少卿张洎上疏言边防，认为御戎之道，守为上策，和为中策，战为下策。中策是"偃革橐弓，卑辞厚礼，降王姬而通其好，输国货以结其心。虽屈万乘之尊，暂息三边之戍"。提出卑辞厚礼、和亲，以及请皇帝屈己与契丹议和。[38]换言之，即使屈皇帝之尊，也应当达成和议。以上这些弭兵主和的言论，说明宋朝已经认识到契丹的势力可以和中国匹敌。总之，在宋辽缔结澶渊之盟以前，太宗的进取和失败，让很多宋臣放弃了以收复燕云来完成大一统的想法，在"先本后末"和"守内虚外"的原则下，已经有以金钱和物产为代价，来获得对辽和平相处的言论和心理上的准备。[39]要想达到和平，自然需要依赖外交。

太宗听了这些言论，思想略有改变。雍熙二年春，太宗对宰相批评后晋割地予契丹，但是愿意给敌人利益：

朕览史书，见晋高祖求援于契丹，遂行父子之礼，仍割地以奉之，使数百万黎庶陷于契丹。冯道、赵莹，位居宰辅，皆遣令持礼，屈辱之甚也。敌人贪婪，啖之以利可耳，割地甚非良策。朕每思之，不觉叹惋。[40]

淳化四年(993)，太宗对侍臣说，他即位以来，用兵是为了救民于涂炭，并非"穷极威武"，又说："治国在乎修德，四夷当置之度外"。最后说："但常修德以怀远，此则清静致治之道也。"[41]淳化五年(契丹统和十二年，994)，据《辽史》，宋两次遣使求和，不许。[42]但是此事不见于现存宋人记载。

---

1　《辽史》卷二，第21页。
2　《辽史》卷五，第65页。
3　李焘：《续资治通鉴长编》(以下简称《长编》)卷一五，开宝七年十一月甲午，北京：中华书局，1979—1992，第328页。
4　徐松辑：《宋会要辑稿》，台北：新文丰出版公司，1976，第八册，第7673页。
5　《辽史》卷八，保宁六年三月，第94页。据傅乐焕：《宋辽聘使表稿》，《"中央研究院"历史语言研究所集刊》，1949，第十四本，第59页，耶律昌术即耶律合住。《辽史》卷八六有传，云："宋数遣人结欢，合住表闻其事，帝许议和。"第1321页。今人陈述、蒋复璁、曹显征皆认为宋人先遣使。见王民信：《辽宋澶渊盟约缔结的背景》，《书目季刊》，1975，9（2—4），第42页。曹显征：《辽宋实现首次交聘之背景分析》，《北方文物》，2006（1），第76—80页。
6　《辽史》卷八，保宁七年正月甲戌朔，第94页。
7　李焘载此事于咸平二年四月乙巳，真宗到曹彬家探病。见《长编》卷四四，第945页。
8　参看曹显征：《辽宋实现首次交聘之背景分析》，《北方文物》，2006（1），第76—80页。曾瑞龙《经略幽燕（979—987）：宋辽战争军事灾难的战略分析》第49—53页认为宋辽此次交涉是雄州和议。

9 《长编》卷一六,七月庚辰,第343页。《辽史》卷八,第94页:"保宁七年夏四月,遣郎君矧思使宋。与宋方记载不同。"

10 《长编》卷一六,八月壬戌,第344页;《宋会要辑稿》之《蕃夷》一之三,第7659—7660页。

11 《长编》卷一六,十一月庚辰,第351页。

12 《宋会要辑稿》之《蕃夷》一之三,第7660页。

13 《长编》卷一七,五月甲申,第372页。

14 《长编》卷一七,二月辛亥,第365页。又见《宋会要辑稿》之《蕃夷》一之三,第7660页。

15 《长编》卷一七,十一月午,第386页。《辽史》卷八,第96页,载告哀使日期作十一月丙子。

16 《辽史》卷八,第96页。《长编》卷一八,太平兴国二年二月甲午,第397页。

17 《长编》卷一八,十一月甲午,第415页。《宋会要辑稿》之《职官》五一之四六,第3545页。

18 《长编》卷一九,五月癸巳,第429页。《宋会要辑稿》之《职官》五一之四六,第3545页。

19 《长编》卷一九,十一月丁亥,第436页。《宋会要辑稿》之《职官》五一之四六,第3545页。

20 《辽史》卷九,乾亨元年正月、二月,第101页。

21 《长编》卷一八,太平兴国二年十月己巳,第414页。

22 《长编》卷一九,太平兴国三年十月癸酉,第435页。

23 《长编》卷一八,太平兴国二年三月庚寅,第402页。

24 《长编》卷四七,咸平三年六月壬戌,第1019页。

25 《长编》卷四七,咸平三年九月庚辰,第1925页。归顺的是契丹应州节度使萧锡刺弟肯头等。

26 曾瑞龙:《经略幽燕》,第99—111页。

27 曾瑞龙:《经略幽燕》,第201—211页。

28 《长编》卷一六,开宝八年十一月己巳朔,第350页。

29 《长编》卷二一,太平兴国五年十二月辛卯,第484—485页。

30 《长编》卷二二,太平兴国六年九月壬寅,第495—499页。

31 脱脱等编:《宋史》卷二六四《宋琪传》,北京:中华书局,1985,第9128页。《长编》卷二七,雍熙三年正月戊寅,第602—608页。

32 《长编》卷二七,雍熙三年五月丙子,第614—617页。

33 《长编》卷二七,雍熙三年六月戊戌朔,第618页。参看拙著《宋辽间的平等外交关系》,收入《沈刚伯先生八秩荣庆论文集》,台北:联经出版事业股份有限公司,1976,第223—252页,尤其245—251页。

34 《长编》卷二八,雍熙四年四月己亥,第635—637页。

35 参看邓小南:《祖宗之法:北宋前期政治述略》,北京:生活·读书·新知三联书店,2006,第270—274页。

36 《长编》卷三十,端拱二年正月乙未,第666—678页。

37 《宋会要辑稿》之《蕃夷》一之二二,第7688页。

38 《长编》卷三一,淳化元年六月丙午,第701—703页。《宋会要辑稿》之《蕃夷》一之一九,第7669页,作户部郎中。

39 参看曾瑞龙《经略幽燕》结论。

40 《长编》卷二六,雍熙二年丙戌,第594—595页。

41 《长编》卷三四,淳化四年十一月甲寅朔,第758—759页。

42 《辽史》卷一三,统和十二年八月乙酉;九月辛酉,第145页。

## 第三章

# 澶淵之盟

宋太宗两次伐辽，与辽断绝外交关系。前文已述，真宗继位后，知雄州何承矩上奏契丹将来犯边，真宗问枢密使曹彬的意见。曹彬答："太祖英武定天下，犹委孙全兴经营和好。陛下初登极时，承矩尝发书道意。臣料北鄙终复成和好。"真宗有意与契丹议和。咸平二年(999)闰三月，京西转运副使、太常博士、直史馆朱台符上言，主张遣使至契丹议和及贸易："择有文武才略，习知边境，辩说之士，为一介之使，以嗣位服除，礼当修好邻国，往告谕之。"然后"利以货财，许以关市，如太祖故事，结之以恩，彼必思之。两国既和，则无北顾之忧，可以专力西鄙，继迁当自革心而束手，是一举而两获也"。又指出契丹"不服中国"，说他们"天性忿鸷，形容魁健，其强难屈，其和难得，真中国之雄敌也"[1]。从朱台符的上奏看来，何承矩致书于契丹应在闰三月之后。真宗在位初年，与契丹时有冲突，不过到咸平五年(1002)，北面榷场仍"贸易颇多"。[2]

真宗咸平六年(1003，辽统和二十一年)，契丹入寇，宋军迎敌于望都，副都部署、殿前都虞候、云州观察使王继忠力战，被围数十重，被俘后投降。真宗以为继忠战死，赠大同军节度，优予抚恤，及四子得官。[3]其实，王继忠战败投降后，在辽廷为官。[4]咸平六年五月，宋罢雄州榷场，因有报告谓间谍以互市为名搜集情报。[5]

景德元年(1004)，辽圣宗(982—1031在位)与其母承天太后率大军南下。闰九月，攻定州。宋廷在八月间已经得到契丹将入侵的消息。[6]九月，宰相寇准(961—1023)主张皇帝亲征至澶州（今河南濮阳县），毕士安 (938—1005，八月与寇准并相) 和枢密使王继英劝真宗如亲征，不可越过澶州。真宗要大臣发表意见。[7]闰九月，契丹大军侵入宋境。江南人、参知政事王钦若 (962—1025) 请皇帝到金陵避敌，蜀人、签书枢密院事陈尧叟 (961—1017) 请到成都。寇准说："谁为陛下画此策者，罪可斩也！今天子神武，将帅和协，若车驾亲征，敌自当遁去。不然，则出奇以挠其谋，坚守以老其众，劳逸之势，我得胜算矣。奈何欲委弃宗社，远之楚、蜀邪？"真宗遂没有听王、陈二人的建议，决定亲征，并以王钦若为判天雄军府兼都部署、提举河北转运司，与天雄军都部署周莹同议守御。[8]

据宋方记载，在辽廷成为亲信的宋降将王继忠劝萧太后和好之利，太后年迈，有厌兵之意，遂采纳了继忠的意见。[9]《辽史》中没有关于太后"厌兵"的任何记载。《后妃传》载：承天皇太后"习知军政，澶渊之役，亲御戎军，指麾三军，赏罚信明，将士用命"[10]。当时宋君臣也许有求和的可能性，而且双方地方官也许会有私下接触的情况。所以《辽史·王继忠传》载，宋知雄州何承矩曾经与契丹接触，至统和二十二年又通过王继忠议和：

(统和)二十二年，宋使来聘，遗继忠弧矢、鞭策及求和札子，有曰："自临大位，爱养黎元。岂欲穷兵，惟思息战。每敕边事，严谕守臣。至于北界人民，不令小有侵扰，众所具悉，尔亦备知。向以知雄州何承矩已布此恳，自后杳无所闻。汝可密言，如许通和，即当别使往请。"诏继忠与宋使相见，仍许讲和。

宋方关于王继忠的记载，是王继忠将信给边将石普后，宋君臣才知道王继忠仍在人间，在半信半疑的情况下，接受了契丹和议的试探。据宋人记载，王继忠遣小校李兴等四人持他的信箭至莫州见部署石普，李兴等说契丹主和太后面授此书送石帅。石普将此信转给宋宰相毕士安，报告契丹萧太后有意议和。真宗得到继忠的信，信中叙述王继忠在望都之战被俘："北朝以臣早事宫廷，尝荷边寄，被以殊宠，列于诸臣。臣尝念昔岁面辞，亲奉德音，唯以息民止戈为事。况北朝钦闻圣德，愿修旧好。必冀睿慈，俯从愚瞽。"真宗怀疑契丹的诚意。毕士安等认为应该不是对方妄动。真宗认为若对方需要"货财"，可以谈；对方若定要关南地，则必须拒绝。王继忠希望朝廷遣使，真宗没有答应，并不派使人前往。宋廷接到王继忠的书信后，真宗给王继忠的诏书中说自己常想止战，要王继忠上奏契丹太后：

朕丕承大宝，抚育群民，常思息战以安人。岂欲穷兵而黩武？今览封疏，深嘉恳诚。朕富有寰区，为人父母，傥谐偃革，亦协素怀。诏到日，卿可密达兹意，共议事宜。果有审实之言，即附边臣闻奏。[11]

比较以上两段记载，可见所谓"宋人求和札子"，和宋人记载真宗赐王继忠诏是同一件事，但内容有差别。宋人在接到王继忠的书信之前，并没有遣聘使求和，也没有王继忠和宋使相见的事。《辽史》引用的宋人的"求和札子"，其实是宋人对王继忠来书的回信。关于这次和议究竟是宋还是契丹先发起的,就上引的两封书信来看,似由王继忠得到萧太后的同意,以战逼和。后来王继忠被封为琅琊郡王,又进楚王,赐国姓。《宋史》也载赐姓名耶律显忠,改名宗信,封楚王。[12]可见契丹对王继忠外交成就的重视。

根据宋方的资料,十月,王继忠又上奏,谓契丹已经攻围瀛州,再请遣使。真宗同意,认为先遣使并没有损失,另赐王继忠手诏,命神勇军士送信箭到契丹寨。真宗命枢密院择人。枢密使王继英 (946—1006) 谓殿直曹利用 (?—1029) 愿意前往。真宗遂授曹利用阁门祗候假崇仪副使为大使,前往谈判。[13]以下介绍真宗给曹利用的任务:

真宗:"契丹南来,不求地则邀赂尔。关南地归中国已久,不可许。汉以玉帛赐单于,有故事。"利用愤契丹,色不平,对曰:"彼若妄有所求,臣不敢生还。"[14]

十一月二十日 (庚午),曹利用至天雄军,守臣孙全照怀疑契丹无诚意,劝王钦若留住他。王继忠听说曹利用在天雄逗留,乃又以书信奏请另外派人,以免误事。石普在贝州,派指挥使张皓前往。二十四日,张皓见到契丹太后和皇帝,后者命令张皓回宋营,另遣使节。张皓返回天雄,真宗再赐诏王钦若,又命参知政事王旦 (957—1017) 写信给王钦若,要求立即派曹利用前往,另赐王继忠诏书。[15]同时,契丹大军继续入侵,已经深入河北。

十一月二十四日，契丹大军抵澶州城北，李继隆（950—1005）整军防守，部下张怀守床子弩，射杀契丹大将萧挞览（又作萧挞凛）。契丹大军的士气可能因此受挫。

十一月二十六日，真宗抵澶州。二十八日，曹利用见契丹太后，太后提出归还关南地的要求，曹利用自然不能答应。谈判无果，契丹派韩杞与曹利用一同回澶州。

十二月一日，韩杞见真宗，表示契丹太后问候真宗，同时提出要宋归还关南故地。辅臣等建议回书拒绝，但可以给岁币："关南久属朝廷，不可拟议。或岁给金帛，助其军费，以固欢盟。"真宗也不允割地，但说如果"傥岁以金帛，济其不足，朝廷之体，固亦无伤"。曹利用带着真宗的答书，和韩杞一起去见契丹主。[16]关于赠送岁币这件事，是真宗和大臣商议后的决定。寇准则主张契丹主应称臣，及献幽州地。至于岁币的数目，真宗谓不得已，可以答应一百万。寇准则警告曹利用不可超过三十万。[17]

曹利用到契丹营，契丹仍旧要求关南地。曹利用与契丹太后谈判的情形如下：

> 契丹母曰："晋德我，畀我关南地。周世宗取之，今宜还我。"
> 利用曰："晋人以地畀契丹，周人取之，我朝不知也。若岁求金帛以佐军，尚不知帝意可否。割地之请，利用不敢以闻。"
> 契丹政事舍人高正始遽前曰："我引众以来，图复故地。若止得金帛归，则愧吾国人矣。"

利用曰："子盍为契丹熟计，使契丹用子言，恐连兵结衅，不得而息，非国利也。"[18]

契丹未能使曹利用屈服，遂谈岁币。利用许送岁币绢二十万匹、银十万两。曹利用也可以答应少于三十万的数目，不过从谈判的过程来看，当时大使的权力显然受到君主和宰臣的限制。和议达成，契丹帝命王继忠对曹利用说："南北通和，实为美事，国主年少，愿兄弟南朝。"[19]

十二月五日，曹利用和契丹使右监门大将军姚谏之带着契丹国书同回。

七日，姚谏之和宋使李继昌带着誓书报聘。誓书内容是：

维景德元年，岁次甲辰，十二月庚辰朔，七日丙戌。大宋皇帝谨致誓书于大契丹皇帝阙下：共遵成信，虔奉欢盟。以风土之宜，助军旅之费。每岁以绢二十万匹、银一十万两，更不差使臣专往北朝，只令三司差人般送至雄州交割。沿边州军，各守疆界，两地人户，不得交侵。或有盗贼逋逃，彼此无令停匿。至于陇亩稼穑，南北勿纵惊骚。所有两朝城池，并可依旧存守，淘壕完葺，一切如常，即不得创筑城隍，开拔河道。誓书之外，各无所求。必务协同，庶存悠久。自此保安黎献，慎守封陲。质于天地神祇，告于宗庙社稷。子孙共守，传之无穷。有渝此盟，不克享国。昭昭天监，当共殛之。远具披陈，专俟报复。不宣，谨白。[20]

条约共六点：(1)双方建立友好关系。(2)以丰富的物产资助契丹方的军费。(3)双方各守疆界，人民不得越界。(4)互相不干扰农作。(5)沿边不增加边防设施。(6)宣誓遵守条约。

契丹朝誓书的日期是十二月十二日，内容完全照抄宋朝誓书。这个条约建立了宋辽间的和平关系。誓书的重点，第一，在国号方面，《澶渊誓书》中两朝互相称呼用"大宋"和"大契丹"，两朝间皇帝互称皇帝。而且，和约中宋朝称契丹是北朝，两朝是指南朝和北朝。其后宋致契丹的国书，都在国号上冠以南朝或北朝。不过，将作监丞王曾(978—1038)批评说："是与之亢立，失孰甚焉。愿如其国号契丹足矣。"但是因为已经这样，成了定局，就没有更改。[21]第二，岁币并非进贡，而是对契丹出兵的补偿，其实是保存关南地的代价。岁币的支付不是由大使送往契丹的朝廷并且举行进贡的典礼，而是由大臣在边境将岁币交付给契丹的官员，所以并非进贡。第三，《澶渊誓书》确定两国间的疆界，双方百姓不可越界。这一点的意义是两朝乃独立的两个国家，国家间有固定的边界，显示两朝对国界的高度重视。[22]不仅如此，沿边还有缓冲地带，在河北是所谓"两输地"或"两属地"，在河东是"禁地"或"两不耕地"。[23]第四，两朝的沿边防守措施不可增加，表示双方维持和平、免于战争的善意。与现代国际条约相比较，这一点和1922年美、英、日、法、意五国订立的《华盛顿海军条约》规定相像，当时规定美、英、日不得在各自的领土上新建海军基地和增加海防设施。[24]

澶渊之役的外交，促成者是王继忠。《宋史·王继忠传》说他"自是南北戢兵,继忠有力焉。岁遣使之契丹,必以袭衣、金带、器币、茶药赐之"。王继忠曾想回归故国,真宗以誓书规定双方人员不可越界,不能接受。[25]宋使曹利用与契丹谈判有功,得到奖赏[26],自此宦途很顺利,后来做到枢密使、宰相。[27]有朝臣论岁币三十万太多,毕士安则说:"不如此,契丹所顾不重,和事恐不能久。"[28]

《澶渊誓书》是此后宋辽外交的基础,从此发展为对辽外交的制度或"澶渊模式",也就是经由外交的谈判和物质的输送建立和平的对外关系。[29]条约缔结后,宋辽皇帝自称皇帝,并称对方为皇帝。在宋辽谈判的过程中,萧太后提出两国皇帝约为兄弟,因宋真宗年纪较辽圣宗为长,所以宋真宗是兄,辽圣宗为弟。于是,宋辽成为兄弟之邦。《辽史》中载:"宋遣李继昌请和,以太后为叔母。"[30]宋人记载则谓,此事是契丹发起的:在双方谈判时,"契丹复遣王继忠见曹利用,且言:南北通和,实为美事。国主年少,愿兄事南朝"[31]。对契丹来说,这样的安排也许是很自然的事,可是对宋人来说,则牵涉到"名分"。在古代中国,兄弟之国基本是同姓的关系,由此推及甥舅关系。[32]宋辽之间的亲属关系是基于当时两个君主的年龄,后来的辈分关系会随着时间的流逝而发生变化,而不是宋永远是兄,辽永远是弟。真宗以后诸帝与辽帝的称呼是按照辈分来推算的。所以到辽道宗(1055—1101在位)时,由于辽道宗在位时间长,而宋英宗(1063—1067在位)在位短暂,于是辽道宗成为宋神宗的叔父。王安石(1021—1086)曾对神宗说:"天命陛下为四海神民主,当使四夷即叙。今乃称契丹母为叔祖母，称契丹为叔父，更岁与数十万钱帛，此乃臣所耻。然陛下所以屈己如此者，量时故也。"[33] 契丹与宋的亲属关系是有唐和五代前例可援的。

既然如此，两国间的交往就比较密切。兄弟之间需要互相问好，所以两国间互相派遣贺正旦和贺生辰的使节。因为辽太后的地位高，所以宋帝也要遣使贺生辰。两朝的皇帝从兄弟关系引申出各种亲属称谓，两位皇帝的家庭好像真的成为亲戚。两国间形成经常性的使节交聘。除非必要，两方不会另派使臣。

此外，关于契丹君臣对盟约的反应，李继昌出使有如下的报告："虏中人情无补忻怿，馆设之礼益加优厚。其宴会勉遵汉仪，而多杂虏法。左衽之辈动成裹慢。上之衽虽欲变之，而俗不可易也。"[34]

两朝间的外交实际运作，与在汉唐、明清朝贡体系下的外交截然不同。宋辽两朝从国家和皇帝的称号，到外交文书和典礼的细节，务求平等。外交使节与对方官员从见面开始，必须注意使用适当的言语；应对进退、礼物的交换以及座次的排列，都要细心安排，不能出错。[35] 这些都是因应国家间对等的要求而逐渐出现的情况，颇多历史上前所未有的创举。

澶渊盟约并没有提到两国间的很多事务，其中最重要的是贸易。盟约刚达成，辽方立即要求设立榷场，开展贸易。宋方立即答应在雄州、霸州和安肃军设榷场，辽方也在涿州等地设场贸易。

事实是宋辽间的贸易，在宋太宗时已经开始。太平兴国二年(977),宋廷始于镇、易、雄、霸、沧州置榷务,由官员与内侍管理,以香药、犀、象及茶与契丹贸易。[36]但契丹不与宋市马。[37]真宗咸平二年(999),宋廷禁止百姓越界河买马。[38]

景德二年(1005),誓书达成,一方面因岁币都由契丹太后和皇帝使用,百姓没有好处,所以真宗命榷场贸易放宽利益,让"其下获利,必倍欣慰";[39]另一方面,禁止锦绮绫帛于榷场贸易。因真宗担心"戎心无厌,若开其端,则求市无已"[40]。辽方禁止谷物在榷场交易。[41]皇祐三年(1051),因北客在雄州、广信、安肃军买铜钱,宋朝禁止榷场中的铜钱出境。[42]也有特别的案例,大中祥符四年(1011),契丹使求魏野(960—1019)的《草堂集》,诏与之。[43]

宋朝和契丹既然是友邦,双方便都避免使用刺激的名词和语言。真宗时期,宋廷将过去沿边抵抗"夷狄"的地名都改用文明的字眼。如威虏军改为广信军,静戎军改为安肃军,破虏曰信安,平戎曰保定,宁边曰永定,定远曰永静,定羌曰保德,平虏城曰肃宁等。[44]又于契丹太后去世后,下令河北、河东缘边安抚司捉拿沿边对境外造谣生事的不良之辈。[45]至于大中祥符九年(1016),将平州改高州,[46]则有一点儿与契丹较劲的意味。

宋辽皇帝既然是兄弟,当然需要避免使用对方的名字。例如,韩亿(972—1044)为契丹妻生辰使,权改亿为意,因兴宗皇后为仁懿皇后萧氏。[47]庆历三年(1043),出使契丹的副使丁亿、李惟贤,亿改为意,惟贤改宝臣。[48]绍圣元年(1094),枢密院言瀛州通判徐兴宗名与北朝庙号偶同,因辽使问这事,宋仁宗即命徐兴宗改名,并下诏此后以此为例。[49]南宋与金朝间也有同样的避讳。孝宗淳熙十五年 (1188)，馆伴副使郑嗣宗的"宗"字犯金庙讳宗尧，于是改名为嗣昌，回来后恢复原名。[50] 光宗绍熙二年 (1191)，贺金国正旦国信使黄由的"由"字犯金国主名之偏旁，副使张宗益的"宗"字犯金国主名讳，黄由暂改名黄申，张宗益除去"宗"字，使还后恢复原名。[51]

宋辽使人时常有文学修养方面的比赛，如对对子。最有名的避讳故事是苏轼与辽官较劲，辽官出"三光日月星"的上联，想难倒苏轼，苏轼命副使对"四诗风雅颂"，自己对"四德元亨利"。辽人正想抗议，苏轼立即制止对方，因为辽兴宗名宗真，双方都应避免用"真"或"贞"字。[52]

对于盟约条文的评价，最重要的一条是宋对辽输送岁币。宋方每年送辽岁币银绢三十万两匹，是"以风土之宜，助军旅之费"。虽然契丹人对内的宣传说岁币是进贡，但事实上岁币是对契丹出兵的补偿，或者是宋没有放弃关南地的代价，而不是进贡。朱瑞熙认为这笔钱是军事赔偿。[53] 牟复礼 (Frederick W. Mote) 也说是赔款 (indemnity)。[54] 崔瑞德 (Denis Twitchett) 和蒂兹 (Klaus-Peter Tietze) 则强调"contribution to military expenses"(助军旅之费) 的词句，其目的是避免使用屈辱的"贡物"一词。还有的用"补助"(subsidies) 一词。[55] 笔者个人的翻译是中性的"annual payment"。

对于澶渊盟约的评论，在宋代已经有不同的意见。多数官员和士大夫认为澶渊盟约促成了宋朝与辽朝的长期和平，对两朝经济文化的发展都有贡献。真宗时的宰相王旦指出岁币的支付不及用兵的百分之一："国家纳契丹和好已来，河朔生灵方获安堵。虽每岁赠遗，较于用兵之费，不及百分之一。"[56]富弼(1004—1083)说澶渊之盟带来"河湟百姓，几四十年不识干戈，岁遗差优，然不足用兵之费百一二焉。则知澶渊之盟，未为失策"[57]。胡宿(996—1067)说景德盟约(澶渊盟约)与庆历盟约达到"国家承平百年，其间通好，居六十年，前世所未有"[58]。宋人对于外交和出使外国作过很多诗篇，张耒(1054—1114)的《听客话澶渊事》可作为以诗纪念澶渊之盟的一个例子。张耒在诗中赞扬寇准的功劳：

忆昔胡来动河朔，渡河饮马吹胡角。
澶渊城下冰载车，边风萧萧千里余。
城上黄旗坐真主，夜遣六丁张猛弩。
雷惊电发一矢飞，横射胡酋贯车柱。
犬羊无踪大漠空，归来封禅告成功。
自是乾坤扶圣主，可能功业尽莱公。[59]

南宋王十朋(1112—1171)也有诗《观国朝故事》，其中咏澶渊曰：

昔在景德初，胡虏犯中原。
朝廷用莱公，决策幸澶渊。
高琼虽武夫，能发忠义言。
咏诗退虏骑，用丑枢相颜。
銮舆至北城，断桥示不还。

一箭毙挞览，夜半却腥膻。

至仁不忍杀，和好垂百年。

伟哉澶渊功，天子能用贤。**60**

少数人如王钦若、苏轼、王安石、宋神宗则认为澶渊之盟是耻辱。王钦若认为是城下之盟，意在罗织寇准的罪名。苏轼说："昔者大臣之议，不为长久之计，而用最下之策，是以岁出金缯数十百万，以啖二虏。"**61** 王安石和宋神宗要富国强兵来制夷狄，不过王安石并不认为澶渊之盟是失策，而且称赞对契丹强硬的寇准，他的《澶渊》诗云："欢盟从此至今日，丞相莱公功第一。"**62**

北宋亡于联金灭辽，多数大臣认为违背澶渊之盟是大失策。南宋初年大臣如李纲(1083—1140)、张戒和王绘等以澶渊之盟为例，主张加强自身的实力，能战才能和。主张对金和议的高宗也以澶渊之盟为榜样，来支持他屈己求和的政策。由于南宋对金的地位不如北宋对辽的地位高，所以对澶渊盟约的评价大多比较正面。**63** 唯南宋叶适(1150—1223)指出："重誓约，畏先事，以金币啖虏，本景德以来立国之素规耳。"**64**

对于澶渊之盟，宋以后的评论，可以说有正负两极的现象，而且有些评论显然受到历史大环境的影响。在民族思想高涨的时代，站在汉族立场的学者认为澶渊之盟是投降的行为，是懦弱的表现。20世纪，为了维护民族的独立，提振民族抗敌的精神，学者们自然对澶渊之盟持批评的态度。金毓黻认为真宗不能用寇准之策退敌,致辽益强,而宋益弱,深为可惜。又说:"宋辽自澶渊结盟以来,表面为平等之国,而宋纳币于辽,究为示弱。"[65]漆侠说这一条约是"屈辱的城下之盟"[66]。蒋复璁指出澶渊之盟是"解决中国传统的基本问题之消极方法……这也是历代相传的一个基本政策"。"中国自唐迄清,在西北是积极的,成功的,而在东北是消极的,失败的。"[67]

但是从20世纪下半叶以来,拥护中华民族团结的学者则认为这个盟约是对各民族和谐相处、对各民族团结有利的政策。如姚从吾说盟约维持两国和好一百二十年,辽朝利用经援建设中京。[68]李锡厚认为:"澶渊之盟是北宋战而胜条件下签订的互利协议。"[69]王晓波说:"中原王朝对周边少数民族在不损害尊严的前提下对其提供物资上的帮助,以避免骚扰和战争,这对双方经济社会和文化交流都有着积极意义,而应予充分的肯定。"[70]汪圣铎与胡坤认为:"两国以法律闻见的形式互相承认对方与自己同样是具有平等主权的国家,开创了两国关系史上的一种全新格局。"[71]张其凡说:"宋辽之间出现了长达百年的和平局面,这对于南北社会经济文化的发展,带来了积极的影响。尽管它是由宋朝军民付出高昂的代价换来的,而宋真宗及一些投降派大臣在订立和约的过程中所暴露的软弱,并不影响澶渊之盟在当时历史条件下的必然性和必要性。"[72]张广达也认为,"宋朝一直存在的主战、主和两派,基本上似以采取守势的主和意见,即以银、绢换和平的赎买派的主张在绝大部分时间内占上风"[73]。

日本学者宫崎市定谓盟约带来与北狄百年以上的和平是历史上稀有的现象。和平恢复后,人口增加,土地开垦,政府财政丰裕。[74]寺地遵说和议是石敬瑭、桑维翰和平路线的复兴。澶渊之盟是从天下一元的世界观转变到南北、华夷平衡共存的世界观的转折。[75]古松崇志则说两大国对等的和平条约维持一百二十年是世界史上稀有的事,对此后东方国际关系与外交有数百年的影响。[76]毛利英介则指出,澶渊之盟有三个要点是源自五代,即岁赠、亲属关系和南北朝称呼,所以应当重新评价。[77]

西方史家傅海波(Herbert Franke)注重辽宋间使节推动的关系,影响到宋金遵循宋辽的先例。施瓦茨·希林(Schwarz-Schilling)说双方的权力对等,岁币不是贡品。王赓武觉得宋对辽签订了屈辱的盟约,但是对盟约持赞同的观点。牟复礼提到盟约重平等的方面,注意岁币对宋朝经济的意义,以及盟约所建立的确保和平的模式成为宋朝与辽、西夏、金王朝关系的核心。[78]大卫·赖特(David Wright)同意魏复古(Karl A.Wittfogel)的观点,宋辽关系的建立是势均力敌的结果,和平对双方都有利。[79]史怀梅(Naomi Standen)特别强调宋辽盟约的清楚界定的边疆,带来一百二十年由外交维持对等的和平关系。[80]

| | | |
|---|---|---|
| 1 | 《长编》卷四四，咸平二年三月癸亥，第931—933页。 | |
| 2 | 《长编》卷五三，咸平五年十二月丙戌，第1171页。《宋史》卷二七九《王继忠传》，第9471—9472页。 | |
| 3 | 《长编》卷五四，咸平六年四月丙子，第1190页。《宋史》卷二七九《王继忠传》，第9472页。 | |
| 4 | 《辽史》卷八一《王继忠传》，王继忠娶康默记之女，任户部使，见第1284页。 | |
| 5 | 《长编》卷五四，咸平六年五月丙申，第1193页。 | |
| 6 | 《长编》卷五七，景德元年八月甲戌，第1253页。 | |
| 7 | 《长编》卷五七，景德元年九月丁酉，第1256—1257页。 | |
| 8 | 《长编》卷五七，景德元年闰九月癸酉，第1267页。王钦若的任命在乙亥。 | |
| 9 | 《长编》卷五七，景德元年闰九月乙亥，第1268页。 | |
| 10 | 《辽史》卷七一，第1202页。 | |
| 11 | 《长编》卷五七，景德元年闰九月癸酉，第1268—1269页。 | |
| 12 | 《辽史》卷八一《王继忠传》，第1284页；《宋史》卷二七九《王继忠传》，第9472页。 | |
| 13 | 《长编》卷五八，景德元年十月乙巳，第1278—1279页。 | |
| 14 | 《宋史》卷二九〇《曹利用传》，第9705页。 | |
| 15 | 《长编》卷五八，景德元年十一月甲戌，第1285—1286页。 | |
| 16 | 《长编》卷五八，景德元年十二月庚辰朔，第1288页。 | |
| 17 | 《宋史》卷三八一《寇准传》，第9531页。《长编》卷五八，景德元年十二月丁亥，第1292页。 | |
| 18 | 《宋史》卷二九〇《曹利用传》，第9706页。 | |
| 19 | 《长编》卷五八，景德元年十二月癸未，第1291页。 | |
| 20 | 《长编》卷五八，景德元年十二月辛丑，李焘注，第1299—1300页。 | |
| 21 | 《长编》卷五八，景德元年十二月辛丑，第1299页。 | |
| 22 | 近年西方学者也注意到这一问题。参看Naomi Standen, "(Re) Constructing the Frontiers of Tenth-Century North China," in Daniel Power and Naomi Standen, eds., *Frontiers in Question: Eurasian Borderlands, 700-1700*, London: Macmillan, 1999, pp.55-79.Nicolas Tackett, "The Great Wall and Conceptualizations of the Border Under the Northern Song," *Journal of Song-Yuan Studies*, 38(2008), pp.99-138. | |
| 23 | 参看佐伯富：《宋代雄州缓冲地两输地》，《中国史研究》第一，京都：东洋史研究会，1969，第488—523页；该文由李景镕翻译，收入存萃学社编集的《宋辽金元史论集》，香港：崇文书店，1971，第43—61页。参看安国楼：《宋辽边境的两属户》，《中国史研究》，1991（4），第149—153页。李昌宪：《北宋河北雄州的两属地》，《南京大学学报》，1993（3），第116—118页。陶玉坤：《也谈辽宋间的两属地》，收入《宋史研究论丛》第六辑，保定：河北大学出版社，2005，第151—168页。 | |
| 24 | 参看John K.Fairbank, Edwin O.Reischauer, and Albert M.Craig, *East Asia: Tradition and Transfromation*, Boston: Houghton Mifflin Co., 1973, p.694. | |
| 25 | 《宋史》卷二七九《王继忠传》，第9472页。 | |
| 26 | 宋绶、宋敏求等，《宋大诏令集》卷七十《赏功》：曹利用进官诏："出境会盟，既交远国之欢，实称行人之职。惠民继好，尔劳居多。"北京：中华书局，1962。 | |
| 27 | 《宋史》卷二九〇《曹利用传》，第9708页。曹利用后来因过于骄傲，树敌太多，最终冤死。 | |
| 28 | 《宋史》卷二八一《毕士安传》，第9521页。 | |
| 29 | 古松崇志提出"澶渊体制"，金成奎提出"和议体制"。见古松崇志：《契丹‧宋間の澶淵体制における国境》，《史林》，2007，90（1），第28—61页。金成奎：《宋代の西北問題と異民族 | |

| | |
|---|---|
| 30 | 政策》,东京: 汲古书院, 2000, 第 14—16 页。 |
| 30 | 《辽史》卷一四, 统和二十二年十二月庚辰朔, 第 160 页。 |
| 31 | 《长编》卷五八, 景德元年十二月癸未, 第 1291 页。 |
| 32 | 参看芮逸夫:《释兄弟之国——兼论中国古代诸父的称谓》, 收入《中国民族及其文化论稿》, 台北: 艺文印书馆, 1972, 第 1013—1025 页。 |
| 33 | 《长编》卷二三七, 熙宁五年八月甲申, 第 5762 页。 |
| 34 | 《宋会要辑稿》之《蕃夷》一之三三, 第 7675 页。 |
| 35 | 参看拙著《宋辽关系史研究》, 第 34—38 页; 吴晓萍:《宋代外交制度研究》第三章《外交礼仪制度》, 合肥: 安徽人民出版社, 2007。 |
| 36 | 《长编》卷一八, 太平兴国二年三月是月, 第 402 页。 |
| 37 | 《长编》卷二一, 太平兴国五年九月壬戌, 第 479 页。"契丹以书遗丰州刺史王承美, 令勿与中国市马。" |
| 38 | 《长编》卷四四, 咸平二年五月乙巳, 第 946 页。 |
| 39 | 《长编》卷五九, 景德二年三月丙寅, 第 1324 页。 |
| 40 | 《长编》卷五九, 景德二年三月戊辰, 第 1325 页。 |
| 41 | 《长编》卷五九, 景德二年四月己亥, 第 1329 页。 |
| 42 | 《长编》卷一七一, 皇祐三年十一月辛亥, 第 4117 页。 |
| 43 | 《长编》卷七五, 大中祥符四年三月甲戌朔, 第 1714 页。 |
| 44 | 《长编》卷五八, 景德元年十二月甲辰, 第 1301 页。 |
| 45 | 《长编》卷七二, 大中祥符二年十二月癸卯, 第 1646 页。 |
| 46 | 《长编》卷八八, 大中祥符九年十月丙子, 第 2021 页。 |
| 47 | 《辽史》卷七一《仁懿皇后萧氏传》。 |
| 48 | 《长编》卷一四二, 庆历三年八月己酉, 第 3418 页。 |
| 49 | 《宋会要辑稿》之《蕃夷》二之二九, 第 7692 页。 |
| 50 | 《宋会要辑稿》之《职官》五二之七, 第 3550 页。 |
| 51 | 《宋会要辑稿》之《职官》五一之三八, 第 3541 页。但《金史》卷六二《交聘表》下, 明昌三年宋贺正旦使名字并没有改。参见脱脱等撰:《金史》, 北京: 中华书局, 1975, 第 1459 页。 |
| 52 | 见《宋辽关系史研究》, 第 194—195 页。四诗指齐、鲁、韩、毛四家诗。宋仁宗之名为祯, 辽兴宗名宗真。 |
| 53 | 朱瑞熙认为岁币是进贡。见其《宋朝的岁币》, 收入《岳飞研究》第三辑, 北京: 中华书局, 1992, 第 213—232 页,"岁币又称岁贡, 是中国古代诸侯或属国每年向中央朝廷进贡的礼品"。《国语·周语》:"日祭月祀, 时享岁贡。"从五代开始, 岁币成为中原王朝向周邻强国每年交纳的财赋。后唐末年, 石敬瑭依靠契丹立为晋帝, 称辽主为父皇帝, 贡岁币三十万。到宋朝, 岁币是每年按照定额向辽国(契丹)和西夏、金国以及蒙古(元)交纳的财赋, 带有战败国被迫向战胜国交纳战争赔款的性质。 |
| 54 | 牟复礼用"赔款"一词。见田浩:《西方学者眼中的澶渊之盟》, 收入张希清、田浩、穆绍珩、刘乡英编:《澶渊之盟新论》, 上海: 上海人民出版社, 2007, 第 106 页。 |
| 55 | 《澶渊之盟新论》, 第 105 页。参看 Herbert Franke and Denis Twitchett, eds., *The Cambridge History of China, Vol.6, Alien Regimes and Border States, 907-1368*, Cambridge and New York: Cambridge University Press, 1994, pp.108—110。另见中文版, 史卫民等译:《剑桥中国辽西夏金元史》, 北京: 中国社会科学出版社, 1998, 第 122—123 页。译者没有用盟约的原文。 |
| 56 | 《长编》卷七〇, 大中祥符元年十一月癸未, 第 1578 页。 |

57 《长编》卷一五〇,庆历四年六月戊午,第3640页。

58 《文恭集》(《四部丛刊》本)卷八《论边事》,第96页。可参看赵永春举张方平、苏颂、苏辙对澶渊之盟的评论,见《宋人对澶渊之盟的认识》,收入《澶渊之盟新论》,第73—91页。张方平(1007—1091)不赞成对外用兵,说:"澶渊之克,遂与契丹盟,至今人不识兵革,可谓盛德大业。"苏颂(1020—1101)的诗云:"玉帛系心真上策。"苏辙(1039—1112)说:"稍以金帛啖之,虏欣然听命,岁遣使介,修邻国之好,逮今百数十年,而北边之民不识干戈。此汉唐之盛所未有也。"

59 《全宋诗》卷一一六五,第13142—13143页。又杨时《送富朝奉还阙》也有关澶渊之盟,见《全宋诗》卷一一四五,第12928页。

60 《全宋诗》卷二〇一五,页22586页。

61 《苏轼文集校注》卷八《策略》二,第78页。

62 王安石:《临川先生文集》(《四部丛刊》缩本)卷五,第83页。

63 参看赵永春:《宋人对澶渊之盟的认识》,收入《澶渊之盟新论》,第73—91页。

64 叶适:《上孝宗皇帝札子》,《全宋文》卷六四六五,第36—37页。

65 金毓黻:《宋辽金史》,1946年重庆初版;香港:龙门书店,1966,第35页、37页。

66 漆侠:《辽国的战略进攻与澶渊之盟的订立》,《河北大学学报》,1992(3),第1—11页。

67 蒋复璁:《宋史新探》,台北:正中书局,1966,第142页、第150页。

68 姚从吾著,姚从吾先生遗著整理委员会编:《姚从吾先生全集》之二《辽金元史讲义》之甲《辽朝史》,台北:正中书局,1972,第198—199页。

69 李锡厚:《论澶渊之盟非城下之盟》,收入张希清、田浩、穆绍珩、刘乡英编:《澶渊之盟新论》,第8页副题。

70 王晓波:《对澶渊之盟的重新认识和评价》,《四川大学学报(哲学社会科学版)》,2003(4),第111—118页。

71 汪圣铎、胡坤:《宋辽瀛州之战与澶渊之盟》,收入张希清、田浩、穆绍珩、刘乡英编:《澶渊之盟新论》,第37—48页。

72 张其凡:《宋代史》,澳门:澳亚周刊出版公司,2004,第81页。

73 张广达:《从安史之乱到澶渊之盟:唐宋变革之际的中原和北方》,收入黄宽重主编:《基调与变奏:七至二十世纪的中国(3)》,台北:政治大学历史系、中国史学会(日本)、"中央研究院"历史言研究所、新史学杂志社,2008,第1—20页。

74 宫崎市定:《北宋史概说》,《アジア史研究》第一,京都:东洋研究会,1962,第238—239页。

75 寺地遵:《岳飞、秦桧在宋代政治史上的地位检讨》,收入岳飞研究会编:《岳飞研究》第三辑,第25—34页。

76 古松崇志:《契丹·宋間の澶淵体制における国境》,《史林》,2007,90(1),第34—35页。

77 毛利英介:《澶渊の盟の歴史的背景》,《史林》,2006,89(3),第75—106页。

78 田浩:《西方学者眼中的澶渊之盟》,收入《澶渊之盟新论》,第92—112页。英文原文见《会议论文集》。

79 David Wright, *From War to Diplomatic Parity in Eleventh-Century China: Sung's Foreign Relations with Khitan Liao*, Leiden: Brill, 2005, p.99.

80 Naomi Standen, *Unbounded Loyalty: Frontier Crossing in Liao China*, Honolulu: University of Hawaii Press, 2007, pp.25, 158-168.

第四章

# 外交机构和外交礼节

太祖开宝八年(975)，宋辽双方重新互相派遣使节交聘，而且开始互相赠送礼物。三月，辽首次遣使至宋。八月，辽使耶律霸德、尧卢骨与通事王英贺生辰，宋廷送"御衣一袭、玉带一、御马三并鞍辔带、甲马五十。太祖赐冠带器币有差"。此次使节团包括军将四十六人，通事从人二十人。[1]交换使节比较特别的一次，是太平兴国二年(977)，宋太宗"视卫士与辽使驰射。又召近臣及刘铎、李煜、契丹使宴射苑中"[2]。太平兴国三年(978)，辽使回国，宋廷派王侁送伴。送伴使始于此。[3]次年，太宗率师灭北汉后北征，双方外交关系中断。

景德二年(1005)与契丹(辽)缔结《澶渊誓书》后，双方恢复交往。北宋对辽外交的决策，由宰相和其他高级官员在御前共同议决。北宋前期沿袭唐代制度，设中书门下，即政事堂，由宰相（同中书门下平章事）领导尚书左右丞、六部侍郎及参知政事等，中书门下和掌军政的枢密院称为"二府"。前期的军政归枢密使，财政由三司使掌管。在皇帝御前，中书门下的宰辅与枢密使共同决定政策。宰相虽不主兵，但是在军情紧急时，可以兼枢密使。最好的例证是仁宗庆历年间对契丹、夏外交的决策。仁宗时契丹使提出领土的要求，仁宗与宰执大臣集议，采取可行的政策，并且派遣大使取得信息后，再集体商议，形成新的对策。当时大臣们对策略有充分的讨论，见本书第七章。北宋后期，经过元丰改制，恢复唐代的分权制衡的三省制，以尚书左右仆射为宰相，左仆射兼门下侍郎，为门下省首长；右仆射兼中书侍郎，为中书省首长。在决策方面，即使徽宗时期的联金灭辽政策，仍然是经过大臣们的多次辩论后决定的。[4] 政策决定后，执行外交事务的重要机构是枢密院和"国信所"。枢密院指挥边界地方官府处理外交事项，并保存档案。枢密院和国信所掌管外交文书的收发和档案的保存，并收藏出使及接伴、馆伴语录及外交信息。[5]

宋朝承继自汉唐以来的对外体制，也就是朝贡制度。传统负责与周边外夷交涉的机构，如礼部的主客司，兵部的职方司、驾部司，以及鸿胪寺、客省、四方馆、引进司，东、西上阁门等，仍然继续运作。[6] 但是这些机构职责分散，不足以应付强敌辽朝。[7] 因此，除了保持对辽以外的周边政权的朝贡制度外，宋廷对辽的事务繁多，设立新的机构来掌管对辽外交工作刻不容缓。对辽外交较对其他邦国往来更重要，宋朝设立新的外交机构国信所。国信所虽然层级不是很高，却有很重要的任务。其成立完全是为了执行对辽外交工作。景德四年 (1007) 八月，宋廷置"管勾往来国信所"，又称"国信司"，代替原来的"排办礼信所"。原来在雄州设立的"雄州机宜司"改为巡检，其实雄州机宜司一直存在，并一度欲改为国信司。管勾往来国信所设于鸿胪寺，但主管官员由入内内侍省的内侍充任。最初其编制为：每契丹使至则有馆伴、接伴、送伴使副。"使管押三番诸司、内侍三班及编栏寄班等。以诸司使副二人管勾译语殿侍二十人，通事十二人。"[8] 管勾往来国信所官二人，以都知押伴充，掌大辽使介交聘之事，是执行外交的事务机构。[9] 有关国信所的制度，宋廷制定有《国信条例》和《国信敕令仪制》，派遣和管理使辽的使节团和接待辽方派来的使节。元符二年（1099），为因应迎送泛使的需要，宋廷在《新国信敕令仪例》中增加了一些条文，编写成册。[10]宋君臣对于辽的态度和对周边其他政权的不同，对契丹另眼相看。如元丰五年（1082），神宗下诏："辽使人不可礼同诸蕃，付主客掌之。非是。可还隶枢密院。"[11]换言之，北宋对周边国家或政权的待遇有层级上的差异，因此将契丹使的接待从主客司改归枢密院。

雄州是朝廷遣使到辽境，和辽使来聘路线上的重镇，也是辽宋和平期间宋朝致送岁币给辽朝的交割地点。雄州和辽境内对应的官府涿州来往频繁。雄州、霸州、代州和保州这些边界上的地方官府在对辽外交交涉上很重要。宋初在雄州设有机宜司，负责用兵时的机密情资，并且掌握谍报。景德四年，雄州机宜司改为国信司后，其实机宜司仍然存在于雄州及其他数处。[12]除国信所和雄州机宜司外，宋朝的"馆伴所"是接待辽使的驿馆（接待特别的使臣时称"馆伴辽国泛使所"），有时也发挥一些外交的功用，如检视辽使的礼物。[13]后来宋朝还设有临时性的机构"河东分画地分所"，是神宗朝办理重要事件时临时设立的。辽则有对应机构"理办疆界所"。[14]

元丰六年（1083），苏颂编成宋辽外交档案《华戎鲁卫信录》（简称《信录》），包括宋辽外交交涉的体例和旧例。由于内容涉及国家机密，所以此书不传，十分可惜。（下文还要提到此书）元符二年（1099），辽萧禧为泛使，雄州向朝廷的报告中提到"体例"，辽使亦援引旧例。[15]同年，宋使蹇序辰至北朝收受礼物不当，并添一拜，宋廷认为他违例，而擅改故事。[16]塞序辰为自己辩解时也举出过去使臣曾拜为旧例。[17]这些旧例是否根据《信录》，不得而知。元符二年，蔡京(1047—1126)请续修《信录》，也是基于当时有必要记录重要外交交涉之故。南宋的地位虽较金朝为低，但仍大致沿用北宋的旧例。

## 外交礼仪

宋初与辽开始外交接触后，双方互相派遣使臣庆贺正旦及皇帝的生辰。至太宗北伐，外交中断。景德二年，宋辽间重新互通信使，有关聘使来往的礼节开始逐渐建立，宋廷制定了经常性的交聘制度。景德二年(1005)二月二十五日，开封府推官孙仅(969—1017)被任命为契丹国母生辰使。枢密院找出过去两朝间的文书，按照旧制起草国书。十一月二十九日，契丹国母遣左金吾卫上将军耶律留宁、副使刘经抵达宋廷，贺承天节。契丹国母送给真宗御衣七袭、金玉鞍勒马四匹、散马二百匹、锦绮、春肉羊、鹿舌、酒果等。契丹主遣耶律委演、张肃为使，送御衣五袭、金玉鞍勒马四匹、散马二百匹、锦绮、弓矢、鹰鹘等。契丹使对于崇德殿；契丹使以戎礼见，燕使以华礼见。宋帝并允许契丹使佩刀。这次的做法遂成为先例。[18]

此后，使节朝见的礼仪和宴会礼节逐渐确立，如"契丹国信使副元正圣节朝见宴"、射弓宴等。至大中祥符九年(1016)，宋廷制定仪注。契丹朝廷也制定了宋使朝见皇帝的礼仪。欧阳修等编的《太常因革礼》中载契丹使副朝见及辞行礼仪中的朝见仪是这样的：契丹使到了汴京的驿馆后，阁门教其礼仪。朝见的那天，宰执、枢密使以下分班立，问起居后，馆伴使副就位，东面立。接国书的阁门使升殿，通事入，就位。阁门舍人引契丹使副捧书匣入，当殿立。天武官抬礼物入。舍人引契丹使跪进书匣，阁门使跪接，契丹使起立。阁门使捧书升殿进呈，授内侍都知，都知拆书，转授宰臣，退归侍立。阁门使引契丹使至御前，跪传契丹国主问宋帝万福，通事传译。契丹使起立，引至西面立。然后皇帝赐礼物给契丹使，契丹使依照本国礼拜舞。经过数日的宴会、游历后，契丹使辞行，辞行礼节大致类似朝见礼。[19]契丹使回程由送伴使陪伴。

北宋对辽是平等的关系，对其他邻邦则维持传统的封贡关系。李攸的《宋朝事实》中载"诸蕃入朝皇朝之制"，宋初，契丹使与其他各国使节的朝见礼节不同：契丹使副呈递国书是由阁门使接过，交内侍都知，都知拆书，转交宰臣。契丹使问皇帝安，皇帝回问契丹主。然后皇帝赐礼物给契丹使。

西北蕃部，及契丹、高丽、东南蛮、西南夷，及诸外蕃国来贡者，并对于崇德殿。契丹使捧书函入殿庭，北向，鞠躬。阁门使降受升殿以进。内侍都知受而启之。通事舍人导使者升殿，代其主跪问圣躬。上令内侍都知报问之，皆通事传译。毕。乃降级西向，通名，起居，舞蹈，赐冠带，器币，鞍勒马。上亲宴其使于内殿。他国使，或止就长春殿，皆于殿庭北向，跪奉表函。

通事舍人受以进。南蛮、东夷、西南夷、海外国、西北蕃部对讫,复引对于崇政殿。有善本国歌舞者,令奏之。契丹、高丽、交趾使归,赴内朝奉辞,皆于崇德殿。其契丹使召升殿授书。他国书皆有司付之。其赐物有差。真宗景德后,契丹请盟,每使至,遣官为接伴馆使、副,舍于都亭驿。班在将军之下。宴赐加等。余蕃使分馆诸驿。高丽使至,遣阁门祇候接送,直馆一员馆伴,宴饯亦命近臣。[20]

关于辽使和其他各国使节上朝贺正旦的情形,还有如下的记载:

大辽大使顶金冠,后檐尖长如大莲叶,服紫窄袍,金蹀躞。副使展裹金带如汉服。大使拜见,立左足,跪右足,以两手着右肩为一拜。副使拜如汉仪。夏国使副皆金冠,短小样制,服绯窄袍,金蹀躞,皮靴。皆叉手展拜。高丽与南番交州使人并如汉仪。回纥皆长髯高鼻,以匹帛缠头,散披其服。于阗皆小金花毡笠,金丝战袍,束带,并妻同来。乘骆驼,毡兜铜铎入贡。……其大辽使人在都亭驿,夏国在都亭西驿,高丽在大梁门外安州同文馆,回纥、于阗在礼宾院,诸番国在瞻云馆或怀远驿。惟大辽、高丽就馆赐宴。[21]

可见宋廷当时对辽使的优遇、诸国使节的服装和地位的层次。辽使入见时在殿上的位置次于翰林学士。

《辽史》中载"宋使祭奠吊慰仪""宋使告哀仪""宋使进遗留礼物仪""宋使见皇太后仪"及"宋使见皇帝仪"等。宋使可以见契丹太后，而且礼节的繁复与见契丹皇帝一般。宋使见皇太后仪如下：

至日，臣僚昧爽如朝，使者至幕次。奏"班齐"，声警，皇帝升殿坐。宣徽使押殿前班起居毕，卷班出。契丹臣僚班起居毕，引应坐臣僚上殿，就位立，其余臣僚不应坐者，并退于北面侍立。次引汉人臣僚北洞门入，面殿鞠躬。舍人鞠躬，通某官某以下起居，皆七拜毕，引应坐臣僚上殿，就位立。引首相南阶上殿，奏宋使并从人榜子，就位立。臣僚并退于南面侍立。教坊入，起居毕，引南使副北洞门入，丹墀内面殿立。阁使北阶下殿，受书匣，使人捧书匣者跪，阁使摇笏立，受于北阶。上殿，栏内鞠躬，奏"封全"讫，授枢密开封。宰相对皇帝读讫，舍人引使副北阶上殿，栏内立。揖生辰大使少前，俯伏跪，附起居，俯伏兴，复位立。大使俯伏跪奏讫，俯伏兴，退，引北阶下殿，揖使副北方，南面鞠躬。……阁使传宣赐对衣、金带。[22]

但契丹使见不到宋皇太后，甚至请求皇太后的画像也被拒。[23]仁宗天圣三年(1025)，契丹使萧从顺、韩绍芳以宋使至契丹皆见到萧太后为理由，求见宋太后，被拒，理由是太后垂帘，本朝群臣都不能见。[24]至和元年(1054)，契丹使萧德言："通好五十年，契丹主思南朝皇帝，无由一会见，尝遣耶律防来使，窃画帝容貌，曾未得其真。欲交驰画象，庶瞻觌以纾兄弟之情。"萧德又乞亲进本国酒馔，不许。[25]嘉祐二年 (1057)，契丹使要求"圣容"。辽兴宗曾送其画像及圣宗耶律隆绪画像两轴，求真宗及仁宗御容，仁宗答应，但因兴宗去世，乃命契丹使送道宗画像来再说，遂无结果。[26]

契丹人的音乐，有国乐、雅乐、大乐、散乐、铙乐、横吹乐等。宋使来到契丹朝廷，据《辽史·散乐》的记载，曲宴宋使的宴会是这样安排的：

酒一行　觱篥起，歌。
酒二行　歌。
酒三行　歌，手伎入。
酒四行　琵琶独弹。
　　　　饼，茶，致语。
　　　　食入，杂剧进。
酒五行　阙。
酒六行　笙独吹，合法曲。
酒七行　筝独弹。
酒八行　歌，击架乐。
酒九行　歌，角抵。[27]

庆历二年 (1042)，宋仁宗下诏："自今契丹使，不以官高下，并移坐近前。"旧例，垂拱殿宴，契丹使坐在西皇亲、节度使稍后。集英殿大宴，在学士稍后，并近南别行。至是，契丹使萧偕说："北朝坐南使班高，而南朝坐北使位绝下。"朝廷让他升高，他又说："与北朝仪制未同。"因此又遇大宴，移参知政事皆在东。提升契丹使的座位自此始。[28]

辽使在贺生辰典礼中的班序是在节度使下，《宋会要辑稿》中记载辽使曾提出意见：

> 熙宁二年四月一日，国信所言，大辽贺同天节左番使耶律奭赴德文殿拜表言：南使到北朝缀翰林学士班，今来却在节度使下。馆伴者谕之，始就班。时下御史台阁门详定奏称：人使不知本朝翰林学士班自在节度使之下。如遇合班，即节度使在翰林学士之西差前别为一班，其大辽人使在节度使之西，别为一班，俱不相压。欲且依久来仪制体例。诏依所定。[29]

这里说的是辽使在节度使之西，别为一班，并没有在节度使之下（"相压"）。

宋辽双方使节交聘，辽使带礼物于正旦和皇帝生日朝见。景德元年(1004)，真宗召辅臣于龙图阁观赏契丹礼物，见国母"又致御衣……果实、杂秒、腊肉，凡百品。……国主或致戎器镔铁刀，鸷禽曰海东青之类"，又太祖太宗朝契丹所上衣物尽在禁中。[30]宋人记载契丹使贺正旦送皇帝的礼物还有如下的记载：

> 虏人正旦馈上金酒器六事：法碗一、盏四、盘一。色绫罗纱

縠三百段、马六匹。生辰：珠一袋、金带一条、衣七对、箱一、各色绫罗五百段、马十匹。而戎主生辰、正旦，朝廷皆遗金茶器千两、银酒器万两、锦绮千匹云。[31]

另一条史料载贺生日的礼物有：御衣七或五袭，貂鼠或银鼠衣物七件，涂金银装箱，金龙水晶带，皮靴，绫三百匹，鞍勒两具，弓箭，酒二十壶，密晒山果十碗，密渍山果十碗，梨、柿、栗、松子、李子、枣等二十箱，白盐、青盐，牛、羊、野猪、鱼、鹿腊二十二箱，御马六匹，散马两百匹。

正旦(贺年)的礼物有：御衣三袭，鞍勒马两匹、散马一百匹。契丹国母也送礼物，包括腊肉、果子、新罗酒、青白盐。契丹主有时送兵器、鸷禽曰海东青之类。宋朝皇帝生日当天，契丹主遣庖人持本国异味，前一日就禁中造食，请宋朝皇帝享用。[32]景德四年，契丹使带来土产，"蕃俗最重食提狸邦，发土得之，唯以供母主。至是，使者挈数头至，饮以羊乳。遂令庖人造蕃食以献。上许进入，择其味佳者再索之。使感悦"[33]。

宋生辰使至契丹境，送契丹朝廷金酒食茶器三十七件，衣服五袭，金玉带两条，乌皮、白皮靴两量，红牙笙笛、篳篥拍板，鞍勒马两匹，金花银器三十件，银器二十件。锦绮透背、杂色罗纱绫縠绢两千匹，杂彩两千匹，法酒三十壶，乳茶十斤，岳麓茶五斤，盐密果三十罐，干果三十笼。贺太后生辰也送出同样的礼物。[34]

宋朝使人行礼如仪后，皇帝赐宴。其后还有宴会、赠礼物，以及射弓宴、饮酒十三盏,并接受弓、马、衣、帛等。回程沿途的活动,包括在中京大定府游镇国寺,大天庆寺烧香、素食,依例送僧茶彩。

南宋使朝见金帝的礼节是:

皇帝即御座……先引宋使、副,出笏,捧书左入,至丹墀北向立。阁使左下接书,捧书者单跪授书,拜,起立。阁使左上露阶,右入栏内,奏"封全",转读毕,引使、副左上露阶,齐揖入栏内,揖使、副鞠躬,使少前拜跪,附奏毕,拜起,复位立。待宣问宋皇帝时并鞠躬,受敕旨,再揖鞠躬,使少前拜跪,奏毕,起复位,齐退却,引使、副左下,至丹墀北向立。

金帝见西夏和高丽的使节:宴会时举行曲宴仪,赐酒食,进酒九盏。**35**虽然《金史》的编者谓"赐宋、高丽之物,其数则无所考",但金朝的《新定夏使仪注》载皇帝给夏使节的赏赐:

凡赐衣,使副各三对,人从衣各二对,使副币帛百四十段,旧又赐貂裘二,无则使者代以银三锭,副代以帛六十匹,后削之。惟生气则代以绫罗三十九匹、帛六十二匹、布四匹。金带三,金镀银束带三,金涂银闹装鞍辔三,金涂银浑裹书匣、间金涂银装钉黑油诏匣及包书、诏匣复各一。朝辞,赐人从银二百三十五两,绢二百三十五匹。**36**

宋使得到的赏赐应当比夏使所得为多。

南宋对金的外交礼节与北宋对辽者不同。南宋初屡次遣使求和(见本书第十一章)，《宋史》载金使首次南来在绍兴三年(1133)，从此时起数年间宋金议和，新的外交礼仪逐渐形成。绍兴十二年(1142)达成和议后，宋廷才规定金使的地位：

金国贺正旦人使到阙赴宴等座次，令与宰臣相对稍南。使副上下马于执政关上下马处。三节人从并于官门外上下马。立班则于西班，与宰臣相对立。仍权移西班使相在东壁宰臣之东。[37]

《宋史》中没有记载金使见高宗的礼节。高宗时宋对金的地位与北宋时相差甚远，高宗必须起立接受金使的国书："自通好后，金使每入见，捧书升殿跪进。上起立受书，以授内侍。金使道其主语，问上起居。上复问其主毕，乃坐。"[38]这就是所谓"降榻受书"。

南宋官员与金使见面时比较委屈，如陈康伯(1097—1165)接伴金使完颜宗永，宗永要求依照金朝之例，陈康伯应当北面再拜，被陈康伯拒绝。金使指责陈康伯失礼。朝廷将陈康伯调往知泉州。[39]

外交使节与对方官员从见面开始，就必须注意使用适当的言语，应对进退、礼物的交换以及座次的排列，都要细心安排，不能出错。[40]以下以治平四年(1067)，盐铁判官、工部郎中、秘阁校理陈襄(1017—1080)出使为例，分析出使时遇见的问题。治平四年(1067)神宗即位，遣陈襄为"皇帝登宝位北朝皇太后皇帝国信使"。陈襄有《使辽语录》传世,载出使的活动和见闻。五月十一日,陈襄从雄州白沟驿过白沟桥与辽接伴使萧好古、副使杨规中立马相对问皇帝万福,至北亭,规中以其君命赐筵,酒十三盏。使节每到一处都有赐筵及酒,互赠礼物。如过望云岭,接伴使副与陈襄等互置酒三盏。二十二日至卧如馆,接伴使副送麂一只、酒四瓶,陈襄也"依例"回答。使人收到接伴使副的礼物后,也送接伴使副"私觌物",即使人私下致赠的礼物。陈襄自注:"已后七次依例送接伴使土物并有回答,更不入录。"受到酒筵招待后,也"依例回厨,请接伴使副过位及犒三节人酒十三盏"。陈襄记六月十五日使节自顿城馆抵达辽帝帐前:

便引臣等两番使副入见。臣襄致国书于其母,而传圣辞,置酒三盏。又诣其君帐前,臣坦致书于其君。传圣辞如前。并问南朝皇帝圣躬万福。臣等恭答之。置酒五盏,仍赐臣等衣带及三节人有差……二十日……赐射弓筵。……二十一日……遂辞其母及其君,逐帐置酒如初。授臣等信书,赐衣各三对,及弓马衣币各三节人有差。[41]

从陈襄的《使辽语录》中,我们可见宋使入辽境后的行程、接受招待的经过,以及晋见辽太后和辽帝的情形。陈襄至新城县驿,因座位的安排与接待的辽使发生争执:

接伴使副差人送到座位图子,欲依南朝遗留番使副史照等座位，要移臣襄座放西北宾位。臣等寻据随行通引官、旧曾入国人程文秀供录结罪状称，近于去年十月内曾随生辰番使邵谏议、傅谏议等入国，沿路置酒管待使臣，并是邵谏议主席，与今来接伴使副所送到图子座位不同。臣等亦令通引官程文秀依生辰番使座次画到座位图子，差人传语接伴使副，合依当所供去图子，依生辰番使邵谏议等近例座次施行……往还计会十余次，接伴使副不肯过位。

陈襄坚持用旧例，谓以前宋使来此，辽接伴使副都不曾有异议。不过，此后辽接伴使始终引座位之争，不肯过位。[42]辽方并向宋方移檄，指责陈襄不肯让步的情形。陈襄返国后因此被贬官至明州。[43]

为了提升本国的地位，契丹使常想争取位次较高的座位。天圣五年(1027)，契丹使林牙、萧蕴、杜防贺生辰。知制诰程琳(988—1056)为馆伴使。萧蕴拿着座位图，说："中国使者至契丹，坐殿上，位高。今契丹使至中国，位下。请升之。"程琳回答："此真宗皇帝所定，不可易。"杜防又说："大国之卿，当小国之卿，可乎？"程琳反问道："南北朝安有大小之异？"防不能对。上令与宰相议。有人说："此细事，不足争。"程琳认为："许其小，必启其大。"固争不可，蕴乃止。[44]此外，熙宁九年(1076)，给事中程师孟(1009—1086)为契丹主生辰使，也有关于座位安排的故事：

贺契丹主生辰，至涿州，契丹命席，迎者正南向，涿州官西向，宋使东向。师孟曰："是卑我也。"不就列，自日昃争至暮，从者失色，师孟辞气益厉，叱傧者易之。于是更与迎者东西向。明日，涿人饯于郊，疾驰过不顾。涿人移雄州，以为言，坐罢归班。[45]

从这个故事中，我们可以清楚地看到宋辽使节相见时座位的安排应当是东西向，这合乎宾主会面的平等礼节。

宋使与辽人吟诗唱和，或因饮酒引起过争端。庆历二年(1042)，仁宗下诏："奉使契丹，不得辄自赋诗。若彼国有请者，听之。"[46]因在辽廷赋诗得罪，最有名的宋使是余靖(1000—1064)，他不但赋诗，而且用契丹语。余靖被劾失使者体，遂被出。[47]还有使人喝多了酒失态的例子。庆历二年，刘沆(995—1060)使契丹，馆伴杜防强沆以酒。沆沾醉，拂袖起，曰："我不能饮，何强我！"因詈之。于是契丹使来，以为言。故出之。因诏："奉使契丹及接伴、送伴臣僚，每宴会毋得过饮。其语言应接，务存大体。"据说刘沆骂辽使"蕃狗"。[48]南宋绍兴二十八年(1158)，诏泉州观察使、知阁门事兼客省四方馆事石清与外任，以馆伴北使饮酒致醉，疏慢失体之故。[49]

1 《宋会要辑稿》之《蕃夷》一之二，第7659页。
2 《长编》卷一八，太平兴国二年十月己巳，第414页。
3 《长编》卷一九，太平兴国三年十月癸酉，第435页。
4 参看张希清：《宋朝典章制度》，吉林：吉林文史出版社，2001，第一章、第二章；诸葛忆兵：《宋代宰辅制度研究》，北京：中国社会科学出版社，2000，第二章。
5 《宋会要辑稿》之《职官》三六之三八，第3076页。
6 参看黄纯艳：《宋代朝贡体系研究》，北京：商务印书馆，2014。

7 对宋来说，辽不是朝贡国，所以待遇与进贡的诸国不同。主客司"掌以宾礼待四夷之朝贡"。鸿胪寺"掌四夷朝贡、宴劳、给赐、送迎之事"。见《宋史》（中华书局点校本）卷一六三，第3854页；卷一一八，第3903页。客省掌国信使见辞宴赐等事务，见《宋史》卷一一九，第3935页。东、西上阁门掌外国使节朝见的礼仪。见《宋史》卷一六六，第3936—3937页。参看朱瑞熙:《中国政治制度通史》第六卷《宋代》，第四章第四节《少数民族和对外事务管理制度》，北京：人民出版社，1993，第269—281页。

8 《宋会要辑稿》之《职官》三六之三二，第3087页。

9 《长编》卷六六，景德四年八月己亥；《宋会要辑稿》之《职官》三六之三二，第3087页。参看林小异:《"主管往来国信"？——浅谈宋代的国信所》，收入张希清、田浩、穆绍珩、刘乡英编：《澶渊之盟新论》，第412—440页；苗书梅、刘秀荣:《宋朝外交使节管理制度初论》，收入张希清编《澶渊之盟新论》，第400—411页。林小异认为雄州机宜司并未曾废罢，虽然《长编》卷五九，三月丙寅记载真宗认为两朝既已通好，就不必存留机宜司。关于国信所的运作，见《宋会要辑稿》之《职官》，"主管往来国信所"，三六之三二至七一，第3073—3093页。参看吴晓萍:《宋代外交制度研究》，第47—58页。李辉:《宋金交聘制度研究（1127—1234）》，第二章《南宋聘使制度》，上海：上海古籍出版社，2014，第22—29页。

10 《宋会要辑稿》之《职官》三六之四〇，第3077页。《长编》卷五〇九，元符二年四月辛丑。

11 《长编》卷三二六，元丰五年五月甲申。又见《宋会要辑稿》之《蕃夷》二之二，第7692页。

12 《长编》卷六四，景德三年十二月戊子。林小异:《"主管往来国信所"？——浅谈宋代的国信所》，第416—417页。关于雄州对宋辽双方的重要性，参看拙著《雄州与宋辽关系》，收入《国际宋史研讨会论文集》，台北：中国文化大学，1988，第169—184页。

13 如《长编》卷五〇七，元符二年二月己未，载辽使带来的礼物没有封印。

14 《长编》卷二六六，熙宁八年七月戊子，第6537页；卷二七八，熙宁九年十月甲午，第6798页。

15 《长编》卷五〇六，元符二年正月庚戌。

16 《长编》卷五〇七，元符二年二月丁巳，第12077页。

17 《长编》卷五〇七，元符二年二月丁巳，第12077页。

18 《宋会要辑稿》之《蕃夷》一之三五，第7676页。

19 欧阳修等:《太常因革礼》(《丛书集成》初编)卷八三，"契丹国信使副元正圣节朝见宴"。契丹使副朝见:"前一日，通事舍人或閤门祗候，并閤门承受行首就驿习仪。朝见日，长春殿起居班绝，皇帝崇德殿坐，枢密使以下大班起居讫，宰臣、参知政事如遇百官起居，依例押百官班入。如不遇百官起居，出于大班，退зась王班前，入，起〔居〕，升殿侍立，臣僚起居班次，至员僚起居后，馆伴使副一班入，通班大起居讫，只于东面〔西〕立。次接书匣，閤门使升殿，于内客省使侍立位稍南少退侍立。次通事〔舍人〕入，不通，喝拜，两拜，奉圣躬万福，又喝拜，两拜，〔闻〕呼万岁，喝祗候，赴东西接〔揖〕引〔契丹〕使副。（原注：如遇百官起居，候左右巡使出，使出，馆伴使入，次通事入）。舍人引契丹使副自外捧书匣入，〔起居〕当殿立。天武官抬礼物分东西向入，以东为首，于殿庭排列讫，舍人喝天武官起居，两拜，随呼〔拜〕万岁，奏圣躬万福，讫。喝各祗候，（原注：如牵马，天武官则不拜，只应诺）。閤门使从东阶降，将至契丹使位北，舍人揖契丹使跪进书匣，閤门使侧身搢笏跪接，得书匣，舍人却揖。契丹使立。閤门使执笏捧书匣升殿，当御前搢笏进呈。讫，授内侍都知（原注：其閤门使便退归殿上侍立），内侍都知拆书讫，转授宰臣，宰臣、枢密进已下近前呈书讫，退归侍立，抬才礼物，候出殿，舍人与馆伴使副等引契丹使副到殿东东阶下，同揖同升〔殿〕，当御前立。国信大使跪传国主问圣体，通事传译，舍人当御前鞠躬传奏。讫，揖起北使。皇帝宣閤门回问国主，閤门使问伴，通事译。契丹使跪奏，通事传译。舍人当御前鞠躬奏闻，讫，揖起，却〔躬〕引降东阶。引至辞见位，面西揖躬。舍人出殿通北朝国信使某官某〔甲〕祗候见，应诺毕，引当殿，喝拜，讫，大起居。（原注：其拜及舞蹈并依本国仪）。出班谢面天颜，归位，喝拜，舞蹈拜讫，又出班谢沿路馆驿、御筵、茶药及传宣抚问，又归位，喝拜，舞蹈，拜讫，舍人宣有敕赐窄衣一对、金蹀躞子一条、金镀银鞍冠一、靴一量、衣着三百匹、银器二百两、鞍辔马一匹。（原注：每句应诺。）跪受，起，拜，舞蹈，〔拜〕讫，喝祗候，西出。其奏圣躬万福，致词，并是通事传译，舍人当殿鞠躬奏闻。……"（第401—404页）以上引文中〔 〕内为汤勤福、王志跃所著《宋史礼志辨证》（上海三联书店，2011版）之不同文字。契丹使副辞行比贺正较简，见第404—406页。《宋史》卷一一九《礼》二二，"契丹国使入聘见辞仪"，"契丹夏国使副见辞仪高丽附"及"金国使副见辞仪"，第2804—2812页。与《太常因革礼》略同。金使朝见礼仪见下文。

20  李攸:《宋朝事实》《丛书集成》本）卷一二，"仪注"，第198—199页。
21  徐梦莘:《三朝北盟会编》（以下简称《会编》）卷七四，台北：文海出版社，1962，第113页。
22  《辽史》卷五十，第841—844页；卷五一，第848—854页。
23  参看石田肇:《御容の交换より見た宋遼関係の一齣》，《东海史论》，1982（4），第24—32页。
24  《长编》卷一〇三，天圣三年正月戊子，第2374页。
25  《长编》卷一七七，至和元年九月乙亥，第4281页。
26  《长编》卷一八五，嘉祐二年三月戊戌，第4473页。
27  《辽史》卷五四《乐志》，散乐，第891—893页。
28  《长编》卷一三八，庆历二年十一月壬申，第3321页。
29  《宋会要辑稿》之《仪制》三，朝仪班序三之一，第1883页。
30  《宋会要辑稿》之《崇儒》七，观赏，第2294页。
31  李心传:《建炎以来朝野杂记》，北京：中华书局，2000，甲集卷三。《宋会要辑稿》之《礼》六二，第1712页载：绍兴十三年十二月二十七日，每年金国贺正旦生辰使人锡类格目：到阙，使一百两，金花钞锣唾盂子一副，副使八十两，金花银钞锣唾盂子一副。朝见使衣八件、紫春罗夹公服、淡黄罗绵袄子、勒帛熟白小绫宽汗衫、宽夹裤、红罗软绣夹抱肚三襜、金二十二两。
32  《长编》卷六一，景德二年十二月己卯，第1375—1376页。
33  《长编》卷六七，景德四年十一月辛卯，第1509页。
34  《长编》卷六一，景德二年十月丙戌，第1370页。
35  《金史》卷三八《外国使入见仪》，第865—870页。
36  《金史》卷三八《外国使入见仪》，第878—879页。
37  《宋史》卷一一九，第2810—2812页。
38  李心传:《建炎以来系年要录》（《丛书集成》本，以下简称《要录》），卷一五〇，绍兴十三年十二月己酉，第2420页。参见第十一章，第328页。
39  《要录》卷一五三，绍兴十三年，第2473页。
40  参看拙著《宋辽关系史研究》，第34—38页；吴晓萍:《宋代外交制度研究》第三章《外交礼仪制度》。
41  陈襄:《使辽语录》，收入李勇先主编，付天星、高顺祥副主编:《宋元地理史料汇编》第二册，成都：四川大学出版社，2007，第79—83页。
42  陈襄:《使辽语录》，第80页。
43  《宋史》卷三二一《陈襄传》，第10420页。
44  《长编》卷一〇五，天圣五年四月辛巳，第2439页。
45  《宋史》卷四二六《程师孟传》，第12705页。
46  《长编》卷一三五，庆历二年正月丙寅，第3219页。
47  《长编》卷一五五，庆历五年五月庚午，第3772页。
48  《长编》卷一三五，庆历二年四月壬午，第3237页。
49  《宋会要辑稿》之《职官》五一之一九，第3531页。

第五章

# 使节交聘

处于多元国际关系中的宋朝，必须以外交手段维持与邻国间的和平。宋辽之间虽然经常派遣使节交聘，却没有专职的外交家。中国自古以来就没有欧洲文艺复兴时代开始设立的长期驻在邻邦的大使一职，并且不让他国外交人员在国内停留太久。在汉唐朝贡制度下，和属国的商务贸易不必在京师进行，没有让属国使人留在京师的必要，以免其搜集情报。宋面对辽、金、蒙元强敌，更要加强防范在京师的外国人，包括西夏人和高丽人。宋廷建立接伴和馆伴制度，一方面为了提防外国使人从事搜集情报等间谍活动，另一方面也必须保护外国使人。若与西方比较，欧洲诸国在文艺复兴之前，可以说并没有正式的外交机构，也没有长期驻在外国的外交人员，甚至16—17世纪的欧洲各国对外交人员的要求也不高。外交人员的行为在派驻国被怀疑，因为他们贿赂官员，引起叛乱，鼓动反对派，介入派驻国的内政。这些所谓的外交家谎话连篇，做间谍工作，窃取情报。那时的大使认为自己是"可敬的间谍"。英国大使亨利·渥顿爵士（Sir Henry Wotten）说："大使本来是一个诚实的人，为了自己国家的利益在国外说谎。"西方在16世纪开始建立驻外使节制度，直到1815年维也纳会议时，才确立了现代外交的规范。[1]不过，当时英国仍然没有现代意义的外交机构。[2]北宋的国信所层级虽然不高，还是可以称为具备雏形的外交部。

为了招待外国使节，保障他们的安全，以及防止他们刺探情报，宋朝沿用汉唐以来的外交先例，设立了各种外交职务。[3]两宋外交人员担任的职务名目很多，北宋对辽的使臣称为国信使，包括每年两次互相庆贺正旦的贺正旦使和庆祝皇帝生日的贺生辰使等。辽使入境，由宋接伴使迎接，设宴，并宿于雄州驿馆。沿路每经一地住宿时，有馆伴使接待及陪伴。抵达京城后，先在班荆馆设宴，然后宿于都亭驿——这是专为接待辽使而修建的驿馆（南宋接待金使的仍是班荆馆和都亭驿），由馆伴使副陪伴。回程时有送伴使相陪。这些接待陪伴的使人都由不同的官员担任，而不是由一个人陪伴到底。

除了这些经常性执行出使庆贺任务的使节外，两国间重要的事件需要谈判时，对方就会派遣特使，称为"泛使"，也是国信使的一种。如谈判《澶渊誓书》的曹利用是会盟使，联金灭辽的谈判派遣特别的计议使、告和使等，以及金对南宋的诏谕使、封册使等。[4] 南宋对金的交聘，沿袭北宋。辽金两朝对宋的外交制度和两宋对应，如金朝有来远驿，另以恩华馆招待西夏使。[5]

宋使节主要由宰辅或枢密院选派，有时候宰辅或枢密院提出名单由皇帝选用，有时也会出现内廷徇私点派或大臣子弟滥竽充数的情形，但大致都选用知名贤臣。[6] 正使用文臣，副使为武臣。宋使大致用五品或六品官，一般由在职的官员担任，临时加上一个头衔，即所谓"假官"。如曹利用是个小官，皇帝授曹利用阁门祗候、假崇仪副使，任曹利用为大使。但有时朝廷会派重臣，如翰林学士晁迥（951—1034）、李谘、李维、章得象（978—1048）、钱明逸（1015—1071）、赵槩（996—1083）、曾公亮（999—1078）、王拱辰（1012—1085）、欧阳修、刘敞（1019—1068）、胡宿（996—1067）、苏辙、林摅等。[7] 宋廷选派使节很重视文采和辩才，以期在文化方面影响对方。

辽正使都是由皇族耶律氏和后族萧氏担任，一般官阶较高，而多为武将。副使多用汉人，如与曹利用谈判的是韩杞和姚谏之。辽朝尤其重用汉人大族，如韩延徽之曾孙韩绍芳、韩绍文；刘氏的刘三嘏、刘四端，而刘六符在1042年的增币交涉中建有大功。至金初如刘彦宗、彦宗子刘筈皆在对宋外交方面有所建树。此外，参与边界交涉的辽方大使是契丹人萧禧，与沈括（1031—1095）谈判者是汉人杨益戒，与韩缜（1019—1097）谈判的是李相熙。

宋辽交聘，使节人数是空前的多，原因是每年双方至少各派两次使节贺正旦和贺生辰。北宋还须遣使贺契丹母生辰。两国皇帝去世，要遣使告哀并另遣使节为新皇帝告登位。此外，还有将去世皇帝的遗留物由遗留使赠予辽朝作为纪念的情况。辽朝得到宋朝皇帝去世的消息后，派吊祭使参加祭典，同时另遣贺登位使。告哀使、告登位使、遗留使都是分别派遣的，而对方的吊祭使和贺登位使也是分开派出的，可见派遣的使节之多。据聂崇岐的研究，宋遣辽使节共680人次，辽遣宋671人次。据吴晓萍的统计，宋遣金使节181次，金遣宋者130次。[8]李辉则统计金朝遣宋者163次。[9]

由于没有常设的外交官，绝大多数的使人只执行一次外交任务，少数使人会执行两到三次外交任务。三次者有北宋的王道恭，南宋的韩肖胄（1075—1150）、王伦（1081—1144）、曹勋（1098—1174）、陈诚之（1093—1170）和王抃（？—1184）。出使次数最多的是北宋末主导联金灭辽的赵良嗣(?—1126)及蒙元派遣到南宋的王檝，两人各出使五次。北宋的曹利用、富弼、余靖、马扩，南宋的王伦，孝宗时的魏杞、王抃，宁宗时的方信孺(1177—1222)，对外交的贡献比较大。其中，谈判隆兴和议的王抃比较特殊，他只是国信所的小吏，也叫作大通事，大概是因为通女真语言，才特别派他出使。他很有功劳，所以被奖赏升五官。[10]

为了对辽人显示泱泱大国人才深厚的学识和修养，宋朝选拔使者特别慎重。真宗对于使人的选用，要求"谨重寡言"及"谨礼容"。他对辅臣说：

使契丹者要在谨重寡言，委之达王命而已。且朝廷用人不可求备，凡遣使者，朕每戒谕当谨礼容。盖中朝礼法所出，将命出疆，众所瞻仰，稍复违失，即致嗤诮，况彼所遣使来奉中朝，皆能谨恪邪。自今遣使，卿等宜各以朕意晓之。

真宗并下诏，规定遣往契丹的使节不得超过一百人。"每遣使，即诏有司谕以近例，俾其遵守，无辄改易。其书题有文词者，皆枢密院送学士院看详，必中礼乃用之。"[11]仁宗天圣元年(1023)，宋廷规定由中书枢密院选择文臣给事中、武臣遥郡以上出使。[12]庆历七年(1047)，宋廷规定出使辽朝的官员，不得用二府臣僚的亲戚。文臣选择出身好、有才望学问之人，武臣须达时务，更职任者充。引伴西人亦选差使臣。[13]

景德三年(1006)十一月，接伴契丹正旦使、工部郎中陈若拙被撤换，改命太子中允、置集贤院孙仅。因陈若拙"谈词鄙近"，又"多诞妄，寡学术。虽以第三人及第，然素无文。旧语第三人及第号'榜眼'，因目若拙为'瞎榜'"。甚至沿边地方官也"择文学器识之士通判缘边州军，使其商度边事及往还北境文牒"[14]。据欧阳修的标准，出使外国，"古者遣使，最号难才，不授以辞，许其专对。盖取其临事而敏，应变无穷"。当时（庆历二年）朝廷拟以孙抃（996—1064）为契丹国母生辰使，欧阳修批评孙抃不懂辽夏情况，而且是四川人，"语音讹谬"，个性又太静默，不曾参与军国机事，不能应变。虽然当时朝廷并没有换人，但文学之士及能言善道应当是选择使节的标准。[15]

从上引关于使节的审慎选择来看，宋朝重礼法，派遣饱学、能言之士出使，实际上是想炫耀中原人士的深厚学养，以影响邻国。北宋使者一般是进士出身的中级官员，出使时的年龄在50—60岁之间，颇多名人于完成任务后升任宰执重臣，如吕夷简（979—1044）、欧阳修、韩琦（1008—1075）、宋祁、韩亿、苏辙、苏颂、蔡京等。[16] 名族被选为使节的很多，如三槐王氏、真定韩氏、眉山苏氏、将门真定曹氏等。真定韩亿的儿子韩综（1009—1053）、韩绛（1012—1088）、韩缜，韩综的儿子韩宗道（1027—1097），三代都曾出使他国。[17] 其中尤以安阳韩氏的韩琦家族被选出使者为多，自韩琦之父韩国华（957-1011）为契丹国母正旦使后[18]，琦子忠彦（1038—1109）、粹彦（1065—1118），曾孙辈的韩肖胄、韩侂胄等，从北宋至南宋，代有其人。见下图[19]：

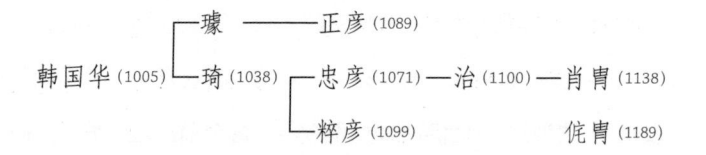

```
              ┌─ 璆 ────── 正彦 (1089)
韩国华 (1005) ─┼─ 琦 (1038) ┬─ 忠彦 (1071) ── 治 (1100) ── 肖胄 (1138)
              └─ 粹彦 (1099)              侂胄 (1189)
```

辽金对宋的一般外交人员名称大致相同，不过金朝对宋的地位较高时，所派的大使名称就与辽朝的不同。南宋初期和金朝一面交战，一面求和，多以金军元帅为交涉的对象。派遣的使臣名目比北宋时多，如报问使（金通问使）、大金军前通问使、大金军前祈请使、问安使（问二帝安）、军前奉表通问使、国信计议使、奉使大金国迎奉梓宫使、大金国奉迎梓宫使、大金奉表报谢使、迎奉梓宫奉迎两宫交割地界使、迎护梓宫奉迎两宫使、大金奉表哀谢使、大金奉表起居称贺使、贺大金登位国信使等。今列使节名目于下：[20]

1. **正旦使**——贺皇太后、皇帝、皇后正旦。

2. **生辰使**——贺皇太后、皇帝、皇后生辰。

3. **告哀使**——报告本朝皇太后、皇帝去世。

4. **遗留使**——赠送本朝皇太后、皇帝遗留物作为纪念。

5. **告登位使**——报告本朝皇帝即位。

6. **祭奠使**——祭奠邻邦皇太后、皇帝。

7. **吊慰使**——吊慰邻邦皇太后、皇帝。

8. **贺登位使**——庆贺邻邦皇帝登位。

9. **贺册礼使**——贺邻邦皇后接受册礼。

10. **回谢使**——答谢邻邦庆贺或吊慰。

11. **泛使**——为重要事务特别派遣的使节。

12. **答谢使**——回谢对方的泛使。

北宋末年与金交涉的泛使：[21]

1. **通问使**——宣和四年，金通问使徒姑旦乌歇、高庆裔持国书使宋。

2. **计议使**——宣和五年，宋计议使马扩与金人谈燕京赋税。

3. **军前计议使**——靖康元年，宋廷派郑望之为大金军前计议使，高世则为副使至金军前。

4. **告和使**——靖康元年，宋告和使宋彦通、滕茂实使金。

5. **大金山西军前和议使**——王履副使。

南宋与金交涉的泛使：

1. **大金通问使**——建炎元年，王伦、朱弁。又称大金军前通问使，又有大金军前奉表通问使。

2. **大金通和使**——建炎元年，傅雱、赵哲。

3. **大金祈请使**——建炎二年，宇文虚中、杨可辅。

4. **奉使大金国信使**——建炎三年，王孝迪、卢益、辛道宗、郑大年。

5. **奉使大金国迎奉梓宫使**——绍兴二年，王伦、高公绘。

6. **大金奉表报谢使**——绍兴八年，韩肖胄、钱愐；十一年，何铸、曹勋。

7. **迎奉梓官奉迎两宫交割地界使**——王伦、蓝公佐。[22]

8. **金诏谕江南使**——萧哲。

9. **国信计议使**——王伦。

10. **迎奉梓官奉迎两宫使**——绍兴十年，莫将、韩恕。

11. **禀议使**——绍兴十一年，魏良臣。

12. **金审议使**——绍兴十一年，萧毅、邢具瞻。

13. **报谢进誓表使**——绍兴十一年，何铸、曹勋。

14. **迎奉梓官礼仪使**——绍兴十二年，孟忠厚。

15. **奉迎两宫礼仪使**——王次翁。

16. **上尊号使**——绍兴二十六年，陈诚之、苏煜为上金国主尊号使。

17. **大金奉表起居称贺使**——绍兴三十一年，周麟之。因金使来，未遣。

18. **金报谕宋国使**——绍兴三十一年，报登位。

19. **金详问宋国使**——乾道九年，梁肃、蒲察讹里剌。

20. **报聘使**——张子颜、刘崈。

21. **申议使**——淳熙二年，汤邦彦、陈雷。

22. **报谢使**——淳熙十五年，太上皇（高宗）逝世，金使来吊祭。京镗为报谢使。

23. **金国通谢使**——开禧三年，方信孺。

24. **宋谕成使**——嘉定元年，金左副都点检完颜侃、乔宇为宋谕成使副。

此外，还有"小使"，是非正式的使人或密使，他们出使的目的有时候是试探对方的意向，有时候可以和对方进行正式谈判。一般小使的地位较低，也可以假官。有些小使是国信所的小官或通事。兹举小使例于下。

1. 高益恭

南宋高宗绍兴五年，秦桧派汉儿高益恭与完颜昌谈，达成金人不再拘留宋使的约定。

2. 王抃

孝宗隆兴二年，遣国信所大通事王抃与金人议和。

3. 韩元靓

宁宗开禧二年，金帅仆散揆遣韩琦五世孙韩元靓与宋督视江淮军马丘崈议和。

4. 王文

丘崈募得盱眙小吏王文至金帅处。

5. 陈璧与葛宗裔

丘崈遣陈璧与国信所掌仪葛宗裔充小使。

6. 王柟

开禧三年，宋遣许奕与通谢所参议王柟使金。真德秀称通译所参议官王柟小使。

7. 王檝

宋蒙外交中之蒙使王檝，因未带国书，被宋臣指为小使。

景德和议后，两朝皇帝成为亲属。由于契丹皇太后的地位崇高，宋朝于庆历二年开始贺契丹国母生辰。[23]大中祥符二年(1009)，契丹母丧(57岁)，宋朝为契丹太后发哀，废朝七日。遣祭奠使，又遣吊慰使，带去衣服五袭、绫罗帛万匹。君臣为之发丧。[24]邻邦皇帝去世，遣祭奠使、吊慰使。并且举哀。如至和二年(1055)辽兴宗卒，宋朝辍朝七日，禁京城、河北、河东沿边音乐七日，择日成服举哀。[25]但景德四年四月，真宗的庄穆皇后去世，朝廷讨论是否应当通知辽朝，宰相王旦等说，命使赴告或令边臣录告皆可。真宗说："于礼以赴告，然每岁命使颇闻供亿勤至，今若遣使，自兹两国凡有大政，各须轺传交驰，益增烦扰矣。"乃诏边臣俟北境遣人询问，即"录诏报之。仍谕兹意"[26]。即不再遣使告哀让对方举哀，双方都省事。

辽使节团入宋境，由接伴使迎接和陪伴。沿途的招待，在白沟驿赐设，至贝州赐茶药，至大名府又赐设。至开封，馆伴于班荆馆，有馆伴使作陪。都亭驿赐金花、银灌器、锦袭褥。朝见的那天，皇帝赐使节团从大使、副使至三节人很丰盛的礼物，包括银器、彩帛、冠、带、衣物、靴、弓箭等。就金银来说，大使银器二百两，副使一百两；上节十八人、中节二十人、下节八十五人，各得银器三十两、二十两和十两。此外，有酒、羊、粟、面等食物。辽使辞行，长春殿赐酒五行，赐大使盘球晕锦窄袍及衣服七件、银器三百两、彩帛两百匹。副使银器二百两、彩帛一百匹等。出发后又命大臣饯行于班荆馆,开封府官员饯行于郊外。接伴使副担任送伴,沿路赐设。[27]从这里可知辽使节团的随从人数达一百二十三人。

宋辽交聘,往来频繁,使节团所经州县都要提供物资和人力服务,所以不但费用颇大,也会扰及百姓。如据知永济县陈耿的墓志铭记载:

及为永济县,当契丹使往来道,自先帝与戎约和,结兄弟,岁时聘问,一以敌国例待之。使者入境,天子使中贵人候迓馈劳。冠盖相属,其有求市,令所司调与之,以见中国广大,厚其欢心。而少从旁县赋取,蹴迫令长,稽缓不如意,辄劾以违制,文移仓猝,百姓骚扰,岁岁苦之,略比军兴。而县吏乡典亦利得其势,侵渔细民。其蔽盖久。及君至,为设方略,饮食供张百物,皆豫储待,后使者过县,有所调取,不复及民。民便安之。王丞相由此知君。[28]

可见迎送辽使节团,沿途州军提供住宿和饮食,其费用和人力很可观。而陈耿的措施只是做得有条理,并没有减少人力物力。因此,仁宗皇祐二年取消迎送辽使的三番使臣,而由辽使经过的地方官负责处理迎送事务。[29]但不久又恢复旧制。谏官吴奎(1010—1067)和包拯(999—1062)说,迎送辽使的三番使臣,像寇贼一般将所经之地掠夺一番,为何取消后,又恢复旧制?不过目前没有看到皇帝是否听从了他们的建议的记载。[30]

吕陶出使后，听说朝廷要减少接待辽生辰使沿途冗占的兵士，上奏若裁减过多，将来办事也许会有疏漏。他说：

只如邢州，一千二百三十人。其他州郡，若以邢州为准，例皆裁减，深恐临时误阙。臣谓朝廷怀接辽人，恩礼优厚，务存国体，必不计较毫末之费。自来辽人经过州郡，虽有冗占人兵，一则是州县上下，务要供应了毕，不令阙事；二则是小人群集，希觊数日酒食。积习成弊，势难尽革……盖异域之人，既至中国，不可绳以文法。或沿路收买物色，行李重大，所差之人，津般不足，未免须要添差人兵。或道涂雨雪，泥潦大寒，役兵逃走死亡，折伤疾病，别无余剩人数，应急补填，亦致留滞。以此逐处须至各差准备人兵，亦未为过当。伏望圣慈特降指挥下河北路州军，于旧例差兵士应付辽人往来数内，十分量减二分，所贵不至阙误生事。

吕陶在贴黄（附件）中指出："辽人北归，沿路为雨水所阻，每车一乘，差四五十人、牛驴二三十头，方牵拽得行。以此推之，岂可过减人兵？"[31]

使辽使节的随行人员中包括亲属一人。自熙宁时起，非泛使出疆以老疾自陈，有例得带亲属，成为"通法"。但这种措施"因缘干扰"，元祐七年有诏，"入国接伴使副今后不得带亲属并有官人充职员小底。违者罪之。其入国使副有宿疾庭带亲属一名"。可是绍圣四年九月，却有诏"国信使副自今依熙宁条许带亲属一名充小底。其元祐法勿行。从国信使范镗请也"[32]。

使节团中有办理从文书、礼物到掌厨等杂务的职员，是所谓"三节人"。辽使节团中的三节人情况已见前文。北宋的三节人与辽的相同，依地位分上、中、下三等。真宗规定三节人不得超过一百人。据神宗时提到的"三节人格例"，人数为二十四人。[33]关于三节人的管理，皇祐三年(1051)，宋廷禁止通事(翻译官)、殿侍与契丹私相贸易及泄露机密，违反者以军法论罪，配流海岛；并不许赌博、酗酒、打架及毁坏公物、在门墙上写字。[34]

南宋时三节人数多少不定。绍兴和议前，三节人多是进士，甚至执旗报信者也用进士。绍兴九年，因右谏议大夫李谊(1078—1138)的建议，除亲随许用进士二名外，其他皆以使臣充任。[35]南宋使节团的随从人员，办理从文书到掌厨等杂务的三节人，人数从二三十人到一百多人。据南宋《庆元条法事类》，奉使官第一等有吏人五人，书表司、进奏官各一人；第二等有吏人三人，书表司、进奏官各一人；第三等有吏人一人。另有亲随三人、般担军人十人及厨子若干。使节带有行遣纸，包括池表、夹表、碑子、宣黄、印色、递角皮等；官给油炭包括日给油、炭、食钱。奉使月给赡家钱。[36]以上共二十七人而已，应是最少的人数。南宋时有这样的记载，绍兴十二年(1142)和议成立后，宋金开始互相遣使贺正旦及贺生辰：

自绍兴以来，朝廷每遣使往北境贺生辰、正旦，使、副及三节人从往还皆迁一官资。上、中节各十人，下节三十人，并不许白身。使赐装钱千缗，副赐八百缗，银帛各二百两匹。上节银帛共三十，中节二十五，下节一十五。三节人俸外，日给五百钱，探请俸二月。十八年，诏钱赏各减半，若非泛遣使，则如旧。**37**

从这段记载中，我们可知使节团的随从人数为五十人。《宋会要辑稿》记载绍兴三年(1133)韩肖胄、胡松年(1087—1146)使金的人员更详细：

上节都辖一员、指使二员、书表司二员、礼物六员、引接二员、医候一员。中节职员四员，亲属、亲随六员，执旗信三员，小底二员。下节御厨、工匠二人，翰林司二人，仪鸾司一人，文思院针匠人一人。将校二人，管押军员二人，军兵六十人、教两二人。**38**

以上三节人共计三十五人。三节人选"人貌魁伟，年六十以下无残疾人"。随护军兵必须"人物魁梧，鞍马习熟"**39**。又庆元三年(1197)，临安府造三节官属紫罗衫七十二领，即七十二人。**40** 庆元五年又载三节官属合六十人。**41**

《金史》中没有关于接待宋使的记录，只有关于西夏的《新定夏使仪注》，载接待夏使的程序很详细。夏使到京城后，馆伴的组成如下：

馆伴使、副各一，监察、奉职、省令史各一，书表四，总领提控官、酒食官、监厨、称肉官各一，牵拢官三十，尚食局直长、知书、都管、接手、汤药直长、长行各一，厨子五，奉饮食直长一、长行二，奉珍二，仪鸾直长一、长行十，把内外门官二，馆外巡防车三十，把馆甲军六十二，杂役军六十，过位不通汉语军十。凡杂役皆衣皂，过食司吏八十，街市厨子四十，方脉、杂科医各一，医兽一，鞍马二十四匹，后止备八匹，押马官一员。又差说仪承受礼直一员。[42]

宋使的地位较夏使为高，则可以推想金人接待宋使的规格比上引的更为优遇。

金朝使节团中的三节人，可从南宋赐给金使节团礼物的数字中探知。淳熙十六年（1189）八月二十九日，国信所报告金国贺登宝位使来，赐礼物给三节人的人数是：上节七人，下节三十九人。[43]庆元元年（1195），赐礼物（生白绢）给金贺正旦使节团，包括上节十一人、中节十四人、下节三十九人，以及两个都管、两个书状官。[44]可见金朝使节团用人也很多。

从楼钥（1137—1213）的《攻媿集》中所收《北行日录》则可以看到南宋使人入见和辞行过程中的活动，如见金世宗：

十二月二十七日　至燕山城外。燕宾馆赐宴。

二十八日　　　　赐酒果。

二十九日　　　　入见……大殿九楹，前有露台。金主坐榻上，仪卫整肃，殆如塑像……入见如仪，受衣带而退。就馆赐茶酒。

| 三十日 | 赐宴馆中。 |
| 正月一日 | 贺正旦,御宴。 |
| 二日 | 赐酒果。 |
| 三日 | 赐花宴于大安殿。 |
| 四日 | 射弓宴。 |
| 五日 | 入辞仁政殿。 |

金人招待外交使节行礼后举行的宴会,食物种类众多,楼钥写道:

初盏爊子粉,次肉油饼,次腰子羹,次茶食。以大柈贮四十碟,比平日又加工巧。别下松子、糖粥、糕糜、裹蒸、蜡黄、批羊、饼子之类,不能悉计。次大茶饭。先下大枣豉二、大饼肉山,又下爊鱼、醎豉等五碟,继即数十品,源源而来,仍以供顿之物杂之。两下饭与肚羹,三下饼子,五下鱼,不晓其意,盖其俗盛礼也。次饼馓三,次小杂碗,次羊头,次焯肉,次划子,次羊头假鳖,次双下灌浆馒头,次粟米水饭、大簇钉,凡十三行。乐次:筝、笙、方响三次,升厅,余皆作乐以送。亦有杂剧。逐次皆有束帛银椀为犒。使副以下皆离立,以待谢恩。或云所赐初不及,皆文具耳。第十二行依例劝上中下酒,罢,三节先就班,使副进。第十三行茶罢,与押宴接伴谢宴,拜表庭下如仪。[45]

从楼钥所参加的宴会,可见此时金朝在各方面的进步。

南宋孝宗淳熙时招待金使的宴会,有如下的描述:

集英殿宴金国人使,九盏:第一肉咸豉,第二爆肉双下角子,第三莲花肉油饼骨头,第四白肉胡饼,第五群仙炙太平罗,第六假圆鱼,第七奈花索粉,第八假沙鱼,第九水饭、咸豉、旋鲊、瓜姜。看食:枣䭅子、䭔饼、白胡饼、环饼。

除用傀儡表演外,娱乐节目还包括其他各种节目:

北使每岁两至,亦用乐,但呼市人使之,不置教坊,止令修内司先两旬教习。旧例用乐人三百人,百戏军百人,百禽鸣二人,小儿队七十一人,女童队百三十七人,筑球军三十二人,起立(球)门行人三十二人,旗鼓四十人。以上并临安府差相扑等子二十一人。御前忠佐司差命罢小儿及女童队,余用之。[46]

可见有音乐、杂耍、打球、相扑等娱乐。

在交通方面,宋使节团到金境,若不骑马,就用十几匹骡马拖车子。大使、副使各一车,上、中节各四车,下节三十二人共乘五车。又发兵四百护送。[47]金使到南宋的交通则以乘船为主。有一些数据显示金使到宋境,迎接及护送阵仗浩大,沿途用人力很多。如每年金朝贺正旦生辰使节于盱眙入境,经镇江、平江、赤岸到临安。沿途白天有午餐(顿),晚上有宴会。以过平江为例:

牵舡（船）、当直、防护、枪旗、棹手、火台、火把、岸棹、灯笼，共享五千三百一十四人，防护禁军一百三十二人，邻州替牵舡人二千六人，使副当直一百六十人，准备阻风添牵舡一百五十人，旗枪队一百二十人，运使牵舡二百九十六人。盱眙、镇江、平江三押宴，防护、当直、牵舡一百五十人，使舡牵手六十人。押进马至邻州十三人，沿流五巡尉，火台、火把、岸棹三千一百七十六人，火台一千八百六十二座，灯笼四百七十一碗，火把舡九十八只。接伴使副当直五十人，牵舡二百四十人，递马舡十只。

每程用带毛角羊二千斤，四程计八千斤。北果钱五百贯。御筵果卓十行，行二十碟，食十三盏，并双下。

顿食使副每分：羊五斤、猪五斤、面四斤、粳米五斤、鸡一只、鸭一只、鲤四斤、油半斤、柴三十斤、炭二秤。四两烛一对、酒一斗、果三十碟、蜜煎十碟。

油盐、酱菜、料物各有数。

点心：栗一升、羊一斤半、猪腰子一对、面一斤半。

上、中、下节各有降，若折钱，使副折银三两三钱，都管九钱一分，上中节七钱六分，下节四钱五分半。御筵不坐，折斤七钱。

姑苏馆批支一千五十六贯八百十五文。

公使库一千六百三十九贯四百五十八文。

军资库八千七百六十七贯一百五十九文。

凡贺正、生辰来回程，御筵、顿食等，每次用二万贯，共四万贯。他州亦不减此。[48]可见耗费之庞大。今引曹彦约的诗《陪使者护客晚发京口》，可见金朝使节团接连着到来的接待情况[49]：

拖船鸟惊兽骇奔，追夫雷动云作屯。
前日生辰使者去，贺正又出丹阳门。
欲上未上军人马，似响不响县官喏。
穷冬闸闭水不行，深夜火明山欲赭。
尚书太尉传语来，夫传未足官须催。
敌使三节能几耳，客载万舸何为哉？
甘心事仇谁作俑，耻不自羞犹恣恚。
古来秦祸不须胡，蒙恬斥外斯高宠。

诗中描写船队在运河上航行的情形，拖船有牵舡人，晚上两岸灯火通明。诗人指出金朝使者和三节人的人数甚少，为何要用如此的大阵仗？原来主政者不知羞耻，甘心事仇。最后诗人点出，使王朝倾覆的是内乱而非外患。

南宋光宗时郑兴裔建议减少接送伴用人的数目："逐年奉使金国及接送伴使副，赐宴，中使回程经过扬州瓜洲镇，渡江所用般剥人夫，每次不下二千余人。乞札下扬州，自今接、送伴除与北使同行听从差夫外，所有奉使金国回程，止乞差夫一千人，送伴使、副使回程差夫八百人。赐宴中使回程差夫二百人，庶几约定人数，不致泛差。"[50]

宋接伴使、馆伴使与辽金使之间也交换礼物，而且在辽金使往返京城的每一站，除皇帝所赠"御筵"及礼物外，接伴使、馆伴使与辽金使都"循例"交换礼物。[51]

南宋对金使的招待，自入境起，每程都有宴会。金使在朝见皇帝、呈递国书、举行最重要的典礼之后，还有很多宴会和游览活动。关于这些活动，《宋史》中记载得比较详细。今根据李心传的《建炎以来朝野杂记》，南宋安排金使的节目如下：

| | |
|---|---|
| 北使至阙 | 班荆馆赐御筵，酒七行。 |
| 翌日 | 登舟至北郭税亭。入余杭门，至都亭驿分位。 |
| 明日 | 临安府书送酒食。设朝见仪。 |
| 又明日 | 入见。上御紫宸殿见北使。燕垂拱殿，酒五行。 |
| 又明日 | 赐生饩。 |
| 见之二日 | 天竺寺烧香。至冷泉亭、呼猿洞。 |
| 翌日 | 守岁夜宴，酒五行，用傀儡。 |
| 正月 | 朔旦朝贺礼毕，赐御筵，酒九行。 |
| 三日 | 浙江亭观潮，酒七行。 |
| 四日 | 玉津园燕射，酒九行。 |
| 五日 | 大宴集英殿。 |
| 六日 | 朝辞，退。赐袭衣、金带、大银器。夜筵。 |
| 次日 | 乘马出北关门登舟。宿赤岸。 |

又次日　上遣近臣押赐御宴。[52]

## 外交人员的奖惩

外交事务繁重，宋廷对外交人员的奖惩有规定。对敌国外交人员的奖励或处理，也有规矩，但有弹性。宋廷对派遣使辽的人员的奖赏颇丰厚，还有升官及得到荫补特权。因出使有功，得以官运亨通的应数曹利用，曹曾位至枢密使。由国信所小吏有功，连升三级的是南宋王抃。富弼则不居功，也不接受奖赏。

史载得到奖赏最多的是绍兴三年(1133)出使的韩肖胄和胡松年。该年五月，宋廷以尚书吏部侍郎韩肖胄为端明殿学士，同签书枢密院事充大金军前通问使，给事中胡松年试工部尚书充副使。其奖赏非常丰厚：

> 诏肖胄官子孙七人，松年五人，上、中节二十九人，皆迁官四等。白身人予初品官。下节七十人，各迁四资。三节人共赐装钱二千三百七十缗，银三百八十两，帛千五百一十匹。探请俸两月，又别给赡家及餐钱。加赐肖胄钱万缗、黄金三百两、缣二百五十匹，为私觌费。[53]

此外，韩肖胄次子韩彬、胡松年亲属田绩中都另有安排。由于南宋初出使到金大军前有可能被扣留，甚至有生命的危险，所以宋廷对使人的赏赐特别多，自是为例。[54]韩肖胄出使归来，立即请辞，高宗不准。胡松年则试吏部尚书。[55]

在宋金和议前，宋廷给予被金人扣留的宋使的家人一些资助，如"宇文虚中、朱弁奉使日久，宜有赏赐，以慰忠勤。诏赐虚中黄金五十两，绫、绢各五十匹，龙凤茶十斤，并黄金、绫帛各三十两匹，茶六斤"。孙傅、张叔夜家属也有所赈给，如虚中之数。[56]洪皓（1088—1155）等返国后，当然得到了奖赏。绍兴八年以前，使人及三节人都身历险境，所以受到特别优遇。绍兴九年年初，因和议有望，就减少了优待。[57]

绍兴和议后，宋廷给予使节的赏赐，出发前，已经得到银绢和铜钱。如金国生辰使，乃据出使辽朝的"国信令格"的规定：

正使起发支赐银、绢各二百两、匹，钱一千贯；副使起发支赐银、绢各二百两匹，钱八百贯。……上节支银、绢各一十五两匹（原文作"匹匹"），中节支绢一十五匹，银一十两；下节支绢一十匹，银五两。请给三节人从日支食钱五十文。内有官人带行新旧任、见任请给，如无请给，或不愿请新旧见任者，每月支赡家钱三十贯。[58]

出使邻邦，如果言行不当或失去立场，会受到责罚。轻者罚钱（铜），重者丢官。天圣四年（1026）出使的翰林学士承旨利瓦伊，即席赋《两朝悠久诗》，下笔立成。辽帝大喜。利瓦伊回朝后，皇帝要任他为枢密副使，但被人批评，说他自称"小臣"。于是，利瓦伊的枢密副使一职落空，被改任刑部尚书。[59]庆历七年(1047)，三司盐铁副使、员外郎刘湜降知沂州，度支副使、吏部员外郎陈泊知豪州，户部员外郎梅贽知海州，因根据旧制，在紫宸殿宴请辽使，三司副使当坐朵殿，但刘湜等认为当坐殿上，而离去不参加，被阁门弹奏。仁宗生气，将三人黜降。[60]庆历八年(1048)，祠部员外郎、集贤校理、同修起居注、判度支勾院韩综使契丹，辽帝问他的家世，韩综说其父亿曾出使来此，辽帝高兴，说"与中国通好久，父子继奉使，宜酌我"。韩综与使者五人起立举酒为寿，辽帝离席酬答。韩综回朝后，宰相陈执中却认为他生事，将他落起居注，知滑州。[61]绍圣元年(1094)正月，东上阁门使、成州团练使王湛出使辽国，与辽馆伴使争辩濮王讳字，却韩参政慰状，及与吕陶相逢，擅不赴坐，对答率易，特罚铜二十斤，罢所居官。[62]三月，吕陶为宣仁圣烈皇后遗留使副，依例朔望不赴宴会，及请移宴会的日期，并且托疾不赴，以致曲宴被罢。吕陶因误用旧例，妄自移牒，及请移宴日，被降黜。[63]吕陶没有按照新的规定，误用旧的做法得罪。可见外交执行的程序和规定，时常因新的情况而有所改变。至于接受外交使命反复，自然要受罚。建炎元年(1127)六月三日，资政殿学士、领开封尹徐秉哲辞避使虏，故责授昭信军节度副使，梅州安置。[64]淳熙元年(1174)四月七日，知临安府沈度浸罢职名指挥，以北使之来，度奉命馆客，托疾规避，既闻虏使恭顺，又称疾已痊愈，故有是命。[65]此外，宋廷对于使节团中的随从人员的规范也很严格，如皇祐三年(1052)三月，国信所言："自今通事殿侍与契丹私相贸易及漏泄机密事者，请以军法论。在驿诸色人犯者，配流海岛。若博饮斗争、欺陵及损坏官物、书门壁者，亦行配隶"。[66]甚至有人因醉酒言语不谨，发生冲突而被处死。[67]

以下再举数例，都与外交有关，但处罚内容不是很清楚：

不遵礼仪受罚之例，如大中祥符四年 (1011) 的生辰副使薛惟正饮食不如仪。[68]

政和四年 (1114) 四月，因言者论尚书屯田员外郎杨信功送伴北朝人使肆言亵狎，有损国威，宋廷将他送吏部惩罚。

政和七年 (1117) 二月，朝请大夫杜充 (?—1141) 因奉使轻紊典章，降授朝散大夫勒停；武显郎、宣赞舍人狄献降授武畧郎、宣赞舍人勒停。

宣和四年 (1122) 正月，朝奉大夫宋孝先奉使辽国，傲慢失职，降一官勒停。[69]

南宋绍兴五年 (1135) 正月二十一日，吏部员外郎魏良臣奉使无状，故黜之。[70]

绍兴十五年 (1145) 五月，接伴金国贺生辰副使钱恺因接伴不力，降一官。另差送伴使。[71]

绍兴二十三年 (1153) 五月十六日，向子固罢知扬州，以金使至，子固人从呵引，不即回避，北使以为言，故有是命。[72]

绍兴二十五年 (1155) 十二月，高宗宣谕辅臣：去年张士襄奉使回，奏事"欺罔不实"。宰相只以奉使不肃，罢官而以宫祠。高宗令"可与远小监当，以为后来奉使之戒"[73]。

绍兴二十八年 (1158) 五月，泉州观察使、知阁门使兼客省四方馆事石清与外任，因馆伴北使饮酒致醉，殊慢失礼。[74]

隆兴二年(1164)九月七日，武官张舜与北方伪官姜挺、范彦通等通书，为经略使吴拱所劾。[75]

淳熙九年(1182)八月八日，新淮东运判赵思放罢，以言者论其奉使辱命，已遭镌黜。今复处之要冲之地，重为国辱故也。[76]

南宋与金和平时期，聘使经常颇有利可图，绍兴十四年(1144)，使金的右承议郎、监潭州南岳庙万俟允中为礼物官，私以违禁物附加载国，与金人交易得到厚利，罚贷命追毁出身以来文字，不刺面配贵州本城收管。[77]所以当时颇多人争取出使，甚至有的使者是富商。淮阳军流寓进士单镃批评：古时候的使者都是审慎选出来的人才，能担当重任，现在却是"金多者备员而往，多是市廛豪富巨商之子，果能不辱君命乎？"于是，朝廷命令三节人具名申三省枢密院，次第审量，并命国信所觉察。[78]也有使者"出卖三节人员，皆有定价，估金入己，喜见颜间"[79]。出使人员沿途贸易，至绍兴十八年(1148)，高宗才下诏，生辰正旦下三节人过界不许与北人博买，如违，从徒二年科罪，使副不觉察同罪。[80]又禁国信所买卖北货。[81]绍兴二十三年四月，吏部员外郎李琳衔命出疆，多市北物，故放罢。[82]绍兴二十八年十月，朝廷下诏接送伴官属等已有约束不许私贩，其奉使三节人从可令有司参诏立法禁止。[83]同年十一月，臣僚言，出使所辟差官属多不亲行，募人充代，这些人是"市井狡猾之徒，何所爱惜？"希望申严宪令，三节人不可假名代行，使人失察，也与其同罪。朝廷命令次年实行。[84]绍兴三十二年(1162)，殿中侍御史吴芾说，使人常贿赂北使，以便与北商交易。若被发现，仍以贿赂得免于罪。于是，高宗下诏严禁三节人私行博易，即仰觉察以闻，重置典宪。使副博易，回来后由台谏弹劾。[85]金朝则允许夏使到京城后在市场贸易两天。[86]甚至南宋使节送给金接伴使的私觌礼物，被金使在开封当即卖出。[87]

南宋对金贸易，禁止铜钱出界，所以有走私铜钱的情况出现，也有使金的使节带铜钱过界。[88]宁宗庆元元年(1195)，臣僚言："每岁使人出疆，一行随从颇众，虽(原作谁)不得将带铜钱而往，不知几年于此矣。此而不禁，法令何繇可行？欲乞自今次遣使，重立罪赏，互相觉察，委自使副纠举，不得容情隐庇。如有犯者，不问是何名色人，必行无赦。若所遣三节人从过界，并无铜钱与彼交易，亦使知本朝法制加严不同曩日，诚立国之所先。乞赐处分。"于是有诏令户部根据法令，严厉执行。规定"今后使副到盱眙军，临期责令排军，将三节官属人从，随行衣笼，逐一搜检，有无将带铜钱，具申使副。其排军衣笼，却令都辖监察，如有违戾，依法施行"[89]。

使节团出使后，回程沿路收受供给馈送钱物，至南宋绍兴二十五年才被禁止。当时殿中侍御史徐嘉言："欲自今后差往金国贺正旦、生辰使副并三节人等回，并不许收受供给馈送钱物等。如辄收受者，依朝廷遣使出外辄受供给馈送以自盗论，供送者与同罪。奉使一行往回经由州军、县镇，非理需索靡费，一切尽行往(住)罢，不得依前应副。如有违戾，并委本路帅臣监司觉察按劾闻奏，取旨重行远窜，如帅臣监司失于按劾，令御史台觉察弹奏。"朝廷"并从之"[90]。

## 使人在邻国得到的赏赐

前文已经提及使人在外国朝廷得到赏赐，这里再作补充。《宋史》中载南宋朝廷给金使的赏赐：

自到阙朝见、燕射、朝辞，共赐大使共得中金千四百两，副使八百八十两，衣各三袭，金带各三条。都管上节各赐银四十两，中、下节各三十两，衣一袭，涂金带一条。[91]

南宋时双方互派泛使颇多，赏赐也可观。据周必大(1126—1204)的记载，宋廷赐给金泛使"礼物例用金器具二千两，银器二万两，合十具(脑子龙涎心字香、丁香各二合之类)，匹物二千(绵捻金茸背，以上各二百线，罗搏线紧丝、蒲绫、清丝绫，以上各四百)"[92]。

《金史》记载其使人所得礼物，与泛使所得不同：

凡使宋者，宋人致礼物，大使金二百两、银二千两，副使半之。币帛杂物称是。[93]

南宋光宗就位，赏赐金贺登宝位使施弓朝辞的礼物有：

正使红锦、绫罗、透背等共三十五段，鞍辔马二匹，散马一十二匹，折绢二十四匹，杂色里绢二十五段。副使红锦、绫罗、透背等共一十五段，鞍辔马二匹，散马七匹，折绢一十四匹、杂色里绢一十段。三节人上节银一十两,绢二十二匹。中节银八两,绢一十八匹。下节银五两,绢一十一匹。

这些赏赐折为银共五千三百九十两。[94]

宋金对于邻国派来的使节,饮食待遇各有不同。以下是宋使洪皓的记载:

金国待中朝使者,使副日给细酒二十量罐、羊肉八斤、果子钱五百、杂使钱五百、白面三斤、油半斤、醋二升、盐半斤、粉一斤、细白米三升、面酱半斤、大柴三束。上节细酒六量罐、羊肉五斤、面三斤、杂使钱二百、白米二升。中节常供酒五量罐、羊肉三斤、面二斤、杂使钱一百、白米一升半。下节常供酒三量罐、羊肉二斤、面一斤、杂使钱一百、白米一升半。[95]

明朝郎瑛于引述洪皓的记事后,叹道:

呜呼,南之待北如此之厚,则北人安得不动心来也?北之待南如此之薄,不知当时何无忿愧之心。求其事势,想不得不然也。不知财就竭,而国就灭,必然者矣。宁不卧薪尝胆,日思所以报雪乎?乃群臣宴安于湖山。哀哉!予故录出,不特使知当时南北相待之礼耳。[96]

郎瑛又引宋人的记载:

正宴自举杯起，至终席，共四十三盏酒。每一杯，奏一品乐。又有杂剧五百人。水陆珍馐，不可言也。今忘其书。[97]

绍兴和议后，宋贺金主熙宗生辰使带去的礼物：金茶器千两、银酒器万两、锦绮千匹。[98]皇太后回到临安后，宋廷每年送给金朝皇后的礼物"以巨万计"[99]。

金贺宋高宗正旦的礼物：金酒器六事、色绫罗纱縠三百段、马六匹。[100]

不过，在宋金尚未达成和议时，金朝对宋使很严苛，经常拘留来使。洪皓、张邵（1089—1149）、朱弁（？—1144）[101]、王伦等皆被拘留，时间有的长达十五年。被拘留的三十人中，回来的只有上列的三人，王伦因不肯在金做官而被杀。还有宇文虚中（1079—1146）在金朝投降做官，最后仍因造反被处决。宇文虚中曾有秘密书信给宋廷，报告徽宗情况及出使者一百人活着的只有十二三人。[102]宋使被金人杀害者不少，宋人也曾杀害金使，拘留元使，其中最有名的是郝经（1223—1275）。南宋也杀了好几个元使。

## 外交交涉举例

出使虽有风险，到友邦按例会得到赏赐，有时候还会得到特别的优待。宝元二年（1039），聂冠卿（988—1042）使契丹。契丹主说看过他写的《蕲春集》，词极清丽，"因自击球纵饮，命冠卿赋诗，礼遇特厚"[103]。庆历二年（1042），张方平使契丹，契丹主至方平座前,命用玉杯,说:"闻公海量,毕之……礼意殊厚。"[104]皇祐三年(1051),赵槩使北,宴席上请赋《信誓如山河诗》,诗成,契丹主亲酌玉杯劝饮。[105]从契丹主的举动来看,我们可知游牧民族皇帝相较中原皇帝不拘小节,行为自然而开放。

以下举例以见宋使和契丹君臣的谈判和讨论。天圣四年(1026),韩亿使契丹为正使。副使田承说擅自传宋朝皇太后旨:"南北欢好,传示子孙。两朝之臣,勿相猜沮。"韩亿不知道田承说传过太后的话,见契丹主时,契丹主问他:"太后即有旨,大使宜知之,何独不言?"韩亿说:"本朝每遣使,太后必于帘前以此语戒敕之,非欲达于北朝也。"契丹主大喜,说:"此两朝生灵之福也。"韩亿敏捷的回答消解了难堪的场面。[106]

辽道宗与宋使王拱辰的互动很有趣。至和元年(1054),王拱辰使契丹告登位,见契丹主于混同江。辽人钓鱼,皇帝每得鱼,必亲自劝王拱辰饮酒,又亲自弹琵琶,说:"南朝少年状元,入翰林十五年矣。吾故厚之。"当时契丹国母爱幼子宗元(重元),欲以为嗣,问拱辰:"南朝太祖、太宗,何亲属也?"拱辰曰:"兄弟也。"曰:"善哉!何其义也。"契丹主曰:"太宗、真宗,何亲属也?"拱辰曰:"父子也。"曰:"善哉!何其礼也。"既而契丹主屏人,谓拱辰曰:"吾有顽弟,他日得国,恐南朝未得高枕也。"[107]但王拱辰返国后因未辞契丹主劝酒,被罚铜二十斤。御史赵抃弹劾他"奉使契丹,与宋选饮至醉,座间赋诗不谨语言",遂被罢。[108]

有些使人的言辞颇为得体。如政和年间和诜馆伴辽使,辽使于出猎后问和诜:"南朝有乐事乎?"和诜回答:"南朝所乐猎德耳。"据说辽使为之羞愧。**109** 南宋大使国子司业权礼部侍郎宋子才于绍兴十五年(1145)贺金熙宗生辰,回朝后上《使金贺生辰还复命表》,中有与金熙宗的问答。熙宗问:"宋大国乎?小国乎?"子才对:"非大国,亦非小国,乃中国耳。"辞行后,馆伴使张浩对子才说:"早来殿上礼数乃敌国之礼。如高丽、河西皆无此。"子才答:"荷上国待遇之厚。"**110**

关于北宋选择出使辽国的使节和使者的操作,孙洙(1031—1079)有一篇短文《择使》,可作为对北宋时期外交的评估:

今北虏强抗中夏,若古之大敌国。聘问岁至,日窥吾国家之隙,暴侮甚矣。朝廷比遣使介,初不择人,颇无辩对之才,可使张明中国之威信,以詟服戎虏之心者。苟欲以戎人币赐宠之,故所遣使人不复有称于绝域者,徒侈洁车服,整饰驺旅,以夸视于夷落。细礼曲谨,悉受训策,屈膝虏庭,拜望跪起,少不敢辄异。还上语记,一辞不中绳度,则按以重罪,罢遣削黜矣。虽复间选左右名德方重之臣,然皆束于仪矩,屈郁愤结,俯仰上下,虽有劲辞直气,奇谋博辩,刀笔在后,蓄不得发。其毅然欲存国大体者,法吏反以为生事而左迁之。故妄庸之臣,苟欲毕事,底首下视,喑不敢高吐气;甚者或发狂疾以自免,或对馆人醉舞跳踉,笑呼妄诟,重为黠虏之所姗笑。彼戎主方骄,吾以繁礼妄说之,未足怪也,至于鬘首之胡,馆劳主人者,亦复狂诞,晨夜皆邀,枉王人屡省,而蹇仰自便,甚可怪也。夫以堂堂中国,而一介之使,如此折辱天威，堕损国命，臣切羞之。昔汉郑众不忍持大汉节对毡裘，独拜而拔刀自誓。唐商侑坚立不动，责可汗之失礼。李景略以气制梅禄，坐受其拜。近者晋天福中，王权犹曰：义不能稽颡于穹庐之长。而违诏得罪。欣然就贬。故大节之士直躬徇义者，非私一身，而以尊主上，重国家也。今陛下待虏过厚，责使者之法太密，故不复有倜傥伟节之士立威名于戎虏，而使虏知中国之多贤也。而使者亦复气息奄然，不自振起，唯戎人之所嫚视而倨侮之。臣闻古之大夫出疆，有可以安国家、定社稷者，专之也。又曰：受命不受辞。何则？机事之会，间不容一息。尊俎之间，折冲万里，岂复拘以应对之细失、容貌之苛谨哉！陛下宜与大臣预择廷臣辩论通古今、刚直有威望者，俾使北庭，使一言足以雄中国之威，夺强胡之气，譬说祸福，以厌抑贪狼之心。其举动言辞，小不合者，无法以绳之，非有大过，类可阔略，使得驰骋辩博，应变不穷，则专对之士出矣。[111]

孙洙的批评要点有三：一、没有用心选择适当的有辩对之才的使者，只注意奢华的车服等细节。二、使者不敢在外国据理力争，因为可能被朝廷官僚抨击为制造事端而遭贬抑。三、对使节待遇太优厚，规范却太严格，所以刚直有威望的使者被迫拘泥于细节，难立威名。

1. 参看 Keith A. Hamilton and Richard Langhorne, *The Practice of Diplomacy*.
2. 参看 Harold Nicolson, *Diplomacy*, London: Oxford University Press, 1960, pp.43-44.
3. 参看蔡宗宪:《中古前期的交聘与南北互动》第二章《聘使的遴选与交聘流程》,台北:稻乡出版社,2008。南朝称聘使为"使主"及"使副",并有身份不同的随员。接待的官员是"主客郎"与"主客令"。来使宿于"客馆"。
4. 参看贾玉英:《宋辽交聘制度之管窥》,《澶渊之盟新论》,第396—399页。贾玉英:《有关宋辽交聘中泛使概念的几点辨析》,《中国史研究》,2006(2),第111—118页。吴晓萍:《宋代外交制度研究》,第101—102页。李辉:《宋金交聘制度研究(1127—1234)》,第106—108页。聂崇岐称泛使是"普通聘问或有所报告要求于邻邦者,曰国信使,俗称泛使",并有泛使表,见《宋史丛考》,北京:中华书局,1980,第287页、第372—375页。所谓"国信使,俗称泛使",并不正确。
5. 《建炎以来朝野杂记》乙集卷一二,北京:中华书局,2000,第700页。
6. 参看聂崇岐:《宋辽交聘考》,收入聂崇岐的《宋史丛考》,北京:中华书局,1980,第288页。皇帝选任之例,如绍兴六年高宗从四人中选出魏良臣和王绘,见徐梦莘:《三朝北盟会编》卷一六一,第232页。
7. 见唐春生、孟颖:《宋代翰林学士与契丹(辽)及金的交聘》,《重庆师范大学学报》,2011(5),第35—41页。
8. 聂崇岐:《宋辽交聘考》,见《宋史丛考》第334—373页。参看吴晓萍:《宋代外交制度研究》,第99页。
9. 李辉:《宋金交聘制度研究(1127—1234)》第四章《金国聘使制度》,第103—108页。未见宋使的统计。
10. 《宋史》卷三十三《孝宗纪》一,乾道元年正月丁卯。
11. 《长编》卷六四,景德三年十一月丙午,第1433页。《宋会要辑稿》之《职官》三六之三三,第3088页。
12. 《宋会要辑稿》之《职官》三六之三五,第3089页。
13. 《长编》卷一六一,庆历七年八月甲寅,第3884页。
14. 《长编》卷六一,景德二年八月甲辰,第1360页。
15. 《长编》卷一四二,庆历二年八月己酉,第3418页。
16. 参看王慧杰:《宋朝遣辽使臣群体研究》,北京:社会科学文献出版社,2016,第43—67页、第95—116页。
17. 王慧杰:《宋朝遣辽使臣群体研究》,第87—89页。
18. 《宋会要辑稿》之《职官》五一之四七,第3545页。
19. 参看王慧杰:《宋朝遣辽使臣群体研究》,第77页。此书从族群、年龄等统计使节人数,很值得参考。
20. 参看聂崇岐:《宋辽交聘考》,第286—288页。
21. 参看刘春霞、戴伟华:《宋金交聘中的南宋泛使考略》,《求索》,2009(7),第212—214页。
22. 《宋会要辑稿》之《职官》五一之一三,第3528页作"迎请梓宫皇太后交割地界使"。
23. 《宋会要辑稿》之《职官》五一之一,国信使,第3522页。

24  《长编》卷七二，大中祥符二年十二月癸卯，第1645—1646页。

25  《长编》卷一八一，至和二年九月丙辰朔，第4370页。

26  《宋会要辑稿》之《蕃夷》一之三八，第7678页。

27  《长编》卷六〇，景德二年五月乙亥，第1342—1343页。

28  《朝散大夫殿中丞知汝州叶县骑都尉陈君墓志铭》，《全宋文》卷一二九七，第8—9页。

29  《长编》卷一六八，皇祐二年五月丙申，第4041页。

30  《长编》卷一七一，皇祐三年十月甲午，第4111—4112页。

31  吕陶：《奉使至河北札子》，《净德集》《丛书集成》本）卷五，第60—61页。

32  《宋会要辑稿》之《职官》五一之五，第3524页；五一之六，第3525页。

33  《宋会要辑稿》之《职官》五一之四八，第3546页。

34  《长编》卷一七一，皇祐三年三月乙卯，第4083页。

35  《宋会要辑稿》之《职官》五一之一三，第3528页。

36  谢深甫等纂修：《庆元条法事类》卷八〇，收入《续修四库全书》第862册，第98—103页。

37  李心传：《建炎以来朝野杂记》甲集卷三"奉使出疆赏赉"，第98页。又见《要录》卷一四五，绍兴十二年五月乙未，第2324页。

38  《宋会要辑稿》之《职官》五一之一一，第3527页。

39  《宋会要辑稿》之《职官》五一之二八，第3536页；五一之三六，第3540页。

40  《宋会要辑稿》之《职官》五一之四一，第3542页。

41  《宋会要辑稿》之《职官》五一之四二，第3543页。

42  《金史》卷三八，第878页。

43  《宋会要辑稿》之《职官》五一之三五，第3539—3540页。也许漏记中节人数。

44  《宋会要辑稿》之《职官》五一之三九，第3541—3542页。

45  楼钥：《楼钥集》，编入《全宋文》卷五八七二，第82—83页。

46  《宋会要辑稿》第六册《乐》五之三七，北使至用乐，第337页。又见《宋史》卷一一九《礼》二二，宾礼四，第2810—2812页。

47  李心传：《建炎以来朝野杂记》下册，北京：中华书局，2000，第699—700页。

48  赵彦卫：《云麓漫钞》卷六，北京：中华书局，1996，第96—99页。参看陈学霖：《金宋史论丛》，香港：香港中文大学出版社，2003。周立志：《宋金交聘地方公务接待清单的发现与研究》，《黑龙江社会科学》，2018（1），第164—170页。

49  《全宋诗》卷二七三〇，第32137页。

50  《宋会要辑稿》之《职官》五一之三八，第3541页。

51  详情见倪思：《重明节馆伴语录》，收入楼钥等撰，王民信编：《南宋国信语录四种》，台北：文海出版社，1981，第143—158页。

52  《建炎以来朝野杂记》甲集卷三，第97—98页。《宋史》的记载与此略同，见卷二二，第2811—2812页。又见周密：《武林旧事》卷八，收入《东京梦华录外四种》，台北：大立出版社，1980，第478—479页：《北使到阙》与此大致相同，但关于礼物有较详细的记载。《要录》卷一五〇，第2421页所载与上引稍有差异：

入国门前一日，班荆馆赐宴。既至驿，赐被褥纱罗。

翌日，临安府书送酒食。

又翌日，乃朝客省赐茶酒，垂拱殿具宴。退赐茶器。

翌日，赐生饩。从例折博。游上天竺寺。赐香及斋筵。冷泉亭酒果。

除夕，赐内中酒食风药花饧。

正旦，殿赐茶酒。大臣就驿御筵。遇立春，赐春盘幡胜。

三日，客省签赐酒食，内中酒果。江下观潮。

四日，宴射。赐酒果、弓矢例物。

五日，大宴集英殿。

六日，朝辞。赐衣带银器。临安府书送贶仪。大臣就驿赐宴。密赐金银。

翌日，行。赐龙凤茶金镀银合。

又翌日，班荆馆赐宴。

遂为定式。其后上以使人市买方物，恐或扰民。每北使至馆，即出内库钱万缗付都亭驿，遇使人市物，随即取偿。自是以为例。惟敌使朝谒称谓，及与伴使往来，视京都旧仪则有不同焉。

**53** 《要录》卷六五，绍兴三年五月丁卯，第1103 — 1104页。

**54** 《要录》卷六五，绍兴三年五月丁卯，第1104页。

**55** 《要录》卷七三，绍兴四年二月壬辰，第1212页。

**56** 《要录》卷一一〇，绍兴七年四月丁酉，第1782页。

**57** 《宋会要辑稿》之《职官》五一之一三，第3528页。

**58** 《宋会要辑稿》之《职官》五一之一五，第3529页，五月十七日。但《要录》中则有不同的记载："常使使副及三节人从往回，各迁一官资。上、中节各十人，下节三十人，并须有官者。使赐装钱千缗，副赐八百缗，银帛各二百两、匹。上节银绢共三十，中节二十五，下节十五。三节人俸外日给本色五百文，探请俸二月。"见卷一四五，绍兴十二年五月乙未，第2324页。

**59** 《长编》卷一〇四，天圣四年三月戊寅，第2402页。

**60** 《宋会要辑稿》之《职官》六五之一，黜降，第3833页。

**61** 《长编》卷一六三，庆历八年二月壬午，第3919页。后来因滑州是辽使经过的地方，韩综被改任知许州。又见《宋会要辑稿》之《职官》六五之四，黜降，第3834页。

**62** 《宋会要辑稿》之《职官》五一之五，第3524页。

**63** 《宋会要辑稿》之《职官》五一之五，第3524 — 3525页。

**64** 《宋会要辑稿》之《职官》七〇之二，第3931页。

**65** 《宋会要辑稿》之《职官》七二之一，第3974页。

**66** 《长编》卷一七〇，皇祐三年三月乙卯，第4083页；《宋会要辑稿》之《职官》三六之三八，第3090页。

**67** 《宋会要辑稿》之《职官》三六之三五，第3089页。

**68** 《长编》卷七六，大中祥符四年九月己丑，第1736页。

**69** 以上三例皆见《宋会要辑稿》之《职官》五一之九，第3526页。

**70** 《宋会要辑稿》之《职官》七〇之一五，第3938页。

**71** 《宋会要辑稿》之《职官》五一之一六，第3530页。

**72** 《宋会要辑稿》之《职官》七〇之三七，第3949页。

**73** 《宋会要辑稿》之《职官》五一之一八，第3531页。

**74** 《宋会要辑稿》之《职官》五一之一九，第3531页。

**75** 《宋会要辑稿》之《职官》七一之八，第3961页。

**76** 《宋会要辑稿》之《职官》七二之一，第3974页。

**77** 《宋会要辑稿》之《职官》五一之一六，第3530页；《要录》卷一五二，绍兴十四年八月丁亥，第2447页。

78 《要录》卷一七一,绍兴二十六年二月丙子,第2814页;又见《宋会要辑稿》之《职官》五一之一九,第3531页。
79 《要录》卷一九一,绍兴三十一年七月丁亥,第3198页。
80 《宋会要辑稿》之《职官》五一之一七,第3530页;《要录》卷一五八,绍兴十八年闰八月乙酉,第2567页。
81 《要录》卷一五九,绍兴十九年正月甲午,第2575页。
82 《宋会要辑稿》之《职官》七〇之三七,第3949页。
83 《宋会要辑稿》之《职官》五一之一九,第3531页。
84 《宋会要辑稿》之《职官》五一之二〇,第3532页。
85 《要录》卷一五九,绍兴三十二年四月癸酉,第3357页;《宋会要辑稿》之《职官》五一之二一,第3532页。
86 《金史》卷三八《礼》十一《新定夏使仪注》,第878页。
87 楼钥:《北行日录》,《全宋文》卷五七九二,第81页。
88 参看全汉昇:《宋金间的走私贸易》,收入《"中央研究院"历史语言研究所集刊》第十一本,1944,第425—447页;乔幼梅:《宋金贸易中争夺铜币的斗争》,《历史研究》,1982(4),第115—127页。
89 《宋会要辑稿》之《职官》五一之四一,第3542页。
90 《宋会要辑稿》之《职官》五一之一八,第3531页。
91 《要录》卷一五一,绍兴十四年正月己未,第2423页。又见郎瑛:《七修类稿》卷一七,北京:中华书局,1959。
92 周必大:《亲征录》,收入曾枣庄、刘琳主编:《全宋文》卷五一五三,上海:上海辞书出版社,2006,第297—298页。
93 《金史》卷八九《梁肃传》,第1986页。

94 《宋会要辑稿》之《职官》五一之三五一三六，第3539—3540页。
95 洪皓：《松漠纪闻续》(《丛书集成》本)，第475页。
96 洪皓：《松漠纪闻续》(《丛书集成》本)，第475页。
97 郎瑛：《七修类稿》卷一七，第256—257页。
98 《要录》卷一四五，绍兴十二年五月乙未，第2324页。
99 《要录》卷一四六，绍兴十二年九月壬子，第2358页。
100 《要录》卷一五〇，绍兴十三年九月十二月己酉，第2420页。
101 朱弁卒年据《要录》卷一五一，第2640页。
102 《要录》卷五八，绍兴二年九月，是月，第1015页。
103 《长编》卷一二五，宝元二年十一月戊戌，第2940页。又见王珪著：《聂内翰冠卿传》，《全宋文》卷一一五四，第181—182页。
104 引自聂崇岐：《宋史丛考》，第327页。
105 引自聂崇岐：《宋史丛考》，第328页。
106 《长编》卷一〇四，天圣四年七月乙丑，第2413页。
107 《长编》卷一七七，至和元年九月辛巳，第4281—4282页。据《王拱辰别录》，谈及辽为夏所败，及契丹公主忧幽而死。聂崇岐认为契丹主自爆家丑，不知检点。见《宋史丛考》，第328页。
108 《宋会要辑稿》之《职官》六五之一四，第3839页。
109 周辉：《清波别志》，收入《知不足斋丛书》第18集卷下，北京：中华书局，1999，第664页。
110 《平阳县志》卷六三，第639—643页。参看周立志：《宋金交聘的新文献〈使金复命表〉研究》，《北方文物》，2013(1)，第61—65页。宋子才出使见《要录》卷一五二，绍兴十四年八月癸巳，第2447页。
111 《孙洙集》，《全宋文》卷一六九九，第98—99页。

# 第六章

# 外交文书、出使报告及出使诗

宋辽间外交所用的文书包括条约、国书和牒。条约包括《景德誓书》(《澶渊誓书》)和《庆历誓书》(《关南誓书》,缔结于庆历四年)。宋辽间的条约,原文全文保留在南宋李焘编的《续资治通鉴长编》里。有学者指出,其基本内容大致承继了古代春秋时期的会盟订定盟约的方式,特别是结尾以宣誓确定双方信守盟约,因此被称为"誓书"。

1004—1005年,真宗与契丹缔订《澶渊誓书》,确立了两国间的平等关系。宋辽间的《澶渊誓书》,是宋朝与他国订立的第一个条约,也是后来条约之所本,可以称为宋朝与强敌之间达成和平的澶渊体制或澶渊模式。收藏誓书的档案称"两朝誓书册",内容包括有关誓书的交涉文字。[1]

北宋与辽金分别订立过两个和约,南宋与金订立过三次和约,与蒙古订立过一次和约(1233年夹攻金)。两宋与他国所订立的和约总数,直到清朝末年才被超过。

北宋与辽的和约维持了一百二十年,双方都谨守和约。不过,最后毁约的却是宋徽宗(1100—1126在位)。徽宗时,蔡京、童贯(1054—1126)等为收复燕云而实行联金灭辽的政策。金人灭辽后,宋虽然收回了燕京,但事成之后片面毁约,容纳叛将,予金人以借口,导致金人挥军入侵。钦宗被迫与金军订立城下之盟,割地赔款。宋徽宗、宋钦宗与金订立了两次和约,却两次破坏和约,以致金军大举进攻,最终在1127年遭受靖康之难。

南宋与金订立了三次和约,第一次为1141年(高宗绍兴十一年)订立《绍兴和约》,宋对金称臣纳贡。1161年,金朝海陵王毁约南侵。1164年（孝宗隆兴二年）订立《隆兴合议》，南宋取得较对等的地位及减少岁币，此为第二次和约。1208年（宁宗嘉定元年）订立第三次和约，南宋因战败而增加岁币，并且赔上宰相韩侂胄的人头。最后在金朝末期，1216年（嘉定九年）宋人取消了对金的岁币，也就是结束了和平的关系。次年，金人以宋拒纳岁币发动南侵，但战事没有进展，至金哀宗（1224—1234在位）继位，停止战争。

蒙古侵入中原，与南宋联络，希望合作对付金朝。宋朝君臣对联蒙古灭金议论纷纷，最后采取联蒙政策，于1234年合力灭金，不过宋最终亡于蒙古。

宋代国书有两种，一种是有关重要外交交涉的书信，包括与外国签订的条约。《长编》和《宋大诏令集》中载有很多这类国书的全文。如真宗和仁宗时对辽交涉的来往国书、《景德誓书》、《庆历誓书》、神宗时交涉边界问题的国书，以及北宋晚期辽朝介入宋夏关系时宋对辽的国书。后者如元符二年（1099）四月《答契丹劝和西夏书》，对辽解释如果西夏不断对宋骚扰边境，"怀窥伺之志"，宋廷"决须讨伐"；但如果西夏能够诚心臣服，宋廷自然会对他们"许以自新之路"。这种国书数量少，但是非常重要。[2]

另一种国书是经常性交换使节的庆贺或吊唁的书信。两宋对辽金的国书，如《与契丹国主书》（景德元年）、《问候契丹皇太后书》、《贺契丹生辰国书》等。辽对宋致国书，宋回复者为回书。如《吊慰契丹国主书》《皇太后吊慰契丹国母书》《皇太后贺契丹国主登位书》《皇太后贺契丹国母册礼书》等。宋人文集中也载有这类国书的原文。[3]辽人曾经要把国书中的国名称呼改为南北朝，因梁适(1000—1070)的反对而没有成功。[4]国书有一定的体例，所用的文字千篇一律，在实际外交交涉上并不重要。[5]今举宋方三例于下：

**回贺登位国书**：祇奉慈谟，勉承丕祚。比饬行人之告，兹勤信使之来。仪物有加，书函尤备。既荷礼文之厚，益欣盟好之坚。爰谨报章，用陈谢悃。

**报谢登宝位国书**：祖武是绳，孝思方切，勤使华之远暨，知盟好之弥隆。品物具陈，情文俱称。比已腾于报椟，差再勤赴醒人。仍致彝仪。用将谢悃。

**贺生辰国书**：使介载驰，伸讲诞辰之庆；邮音垂谕，少迟良月之期。虔致函书，远将筐币，用祝无疆致算，益坚有永之盟。施及黎元，通跻仁寿。[6]

宋辽国书中皇帝间的用语，是"致书"，如上引"虔致函书""大宋皇帝谨致书于大辽皇帝阙下"或"大契丹皇帝谨致书于大宋皇帝阙下"，有时候加兄弟的称呼。[7]

有关两朝使者往来过程中的活动，如御宴、射弓宴以及地方官接待的宴会，都有朝廷宣布的贺词，称为"口宣"或作为诗体的"口号"。兹举数例，白沟驿赐大辽贺正旦人使御筵兼宣抚口宣：

有敕：卿等聘旆将命，修涂方冒于风霜；邮馆迓宾，式燕少勤于行李。谅惟安适，深副眷怀。

送伴贺兴龙节使副沿路与接伴贺正旦使副相见，传宣抚问口宣：

有敕：卿等讲修邻聘，驰迈使华。适临凝冽之辰，少勤行李之役。爰加问劳，用慰道途。[8]

玉津园赐大辽贺正旦人使射弓例物口宣，是两批使节在射弓宴时行礼所用的口宣：

有敕：宴以劳宾，射以观德。既嘉弓矢之审固，宜有器服之匪颁。启特旌能，亦将成礼。[9]

金国贺正旦使副到阙紫宸殿宴致语口号：

淳熙纪号过千龄，玉历今开第五春。北极天高乾象正，东郊风暖物华新。漏添化国融和日，律响熙台鼓舞人。顾挹沧溟供寿酒，无穷无尽奉严辰。[10]

两朝之间来往的官方文书为"牒""公牒"，也称为"移牒"或"移文"，是双方地方官之间的文书。[11]牒这种唐代文书制度传到宋代，并且兼及渤海和日本，出现在新罗、高丽、渤海（698—926）和日本间的外交交涉中。虽然日本要求渤海接受天皇诏书，渤海却仅以中台省和日本太政官间用牒来往交涉。渤海牒文以"牒上"和"谨牒"结尾，而日本太政官的牒文则用"牒"和"故牒"。日本因此略占上风。

宋辽两国的边界线很长，北宋初期宋辽常在边界上发生战争和大小冲突，两国人民之间也有不少事务需要处理。为解决纷争，两朝地方官常有接触，以办理各种交涉，不必每次交涉都由中央政府出面。澶渊缔约之后，宋辽地方官间的公文来往非常频繁。这些外交上的公文，也就是移牒或移文，原来是宋代官府间没有上下统摄关系者所用的文书，以"谨牒"表示平等。元代沿用公牒规定，若官品不同，四品对三品是"牒上"。

由于资料不完全，现存宋辽间牒文甚少首尾俱全的。南宋文书中则有完整的牒。开庆元年（1259），明州收到高丽礼宾省上大宋庆元府的牒文，首尾俱全：

高丽国礼宾省上大宋庆元府，当省准贵国人升甫、马儿、智就等三人久被狄人捉拏，越前年正月分逃闪入来，勤加馆养。今于纲首范彦华、俞昶等合纲船放洋还国，仍给程粮三硕，付与送还。请照悉具如前事，须牒大宋国庆元府照会施行。己未三月日谨牒。[12]

宋辽两朝间国书用"谨致书"可作旁证。政府通知地方，比较不重要的事件，由地方径行办理。有关机要的来文，则必须尽快向中央报告，没有中央的指令，不可给对方回信。

景德二年，《澶渊盟约》订立之后，宋辽边界建立新的榷场，扩展贸易，是由辽朝地方官以文书的方式来请求，经由宋朝雄州地方官向中央政府报告，认可后确立的。宋辽双方沿边官府也是和平时期互通消息的管道。有些礼仪方面的事务由地方官办理，因为两国地方官之间经常发生一些与交换文书有关的接触，也就牵涉交往的礼节。

自《澶渊盟约》签订后，两国间的交往，不论大小事件，都要遵守和约。违反了和约的规定，就必须用公牒通知对方改进。边境地方官必须知道和约的规定。本文列举的都是违反和约时用文牒交涉的案例。

### (一) 关于确定边界的交涉

宋辽间时常发生关于边界的争执，宋辽王朝也常利用文牒来解决纠纷。如仁宗庆历元年(1041)，代州上报契丹企图推移边界，被宋朝拒绝：

> 代州言：契丹旧封界在苏直等见耕之地。而近辄移文，欲以故买马城为界，虑寖有侵耕不便。诏本府牒谕之。[13]

嘉祐元年(1056)，契丹贺正旦使指责宋河东阳武寨、天池庙侵入北界。宋中书、枢密院查旧籍，则载康定中北界耕户南侵二十余里，当时代州屡次移文朔州。庆历中，北界耕户又过界。朝廷根据这些证据，命令馆伴使王洙将地图和史实谕契丹使。[14]

熙宁八年（1075），宋辽交涉边界的划分，除契丹派泛使交涉外，宋廷也多次遣泛使谈判。[15]来往公牒更是频繁，见本书第八章。

## （二）关于越界的交涉

在宋辽订立《澶渊誓书》之前，宋朝对于边民越界已经有所约束。盟约订立后，双方必须依照和约的规定，不得侵扰对方的边界，如有人民越界，就必须捕送回去。情节重大的案件，如越界买卖人口的人会被处以死刑。本国军民越界，也要被处罚，如元丰二年（1079）二月，河东火山军巡检韩渭擅自让兵士入北界与辽人相射及招诱蕃部待以客礼。[16]次年三月，史载知广信军狄咏因契丹入新河铺纵火，管理斥候不严而法当赎金。[17]最著名的案件，是契丹驸马都尉刘三嘏与其妻不和，逃往宋界，藏在定州。辽人屡次移牒要求将人归还。欧阳修请留此人，可以探听契丹国情。但杜衍主张将人遣还，以示立忠信，守和约。宋廷最终决定将刘三嘏遣返。庆历四年（1044）十月，宋廷将刘三嘏送回涿州。

以下再举三例：

景德二年二月，瀛、代州送投降奚、契丹九人赴京城。朝廷命令地方送还："以请盟后，付总管司还之。因诏沿边州军，自今得契丹牛马，所在移牒还之。"[18]

景德三年八月，契丹移文北平寨请捕盗。寨遣人与俱往。或言其不便。甲戌，诏边臣自今当自擒逐畀付捕盗，勿使外境人同诣乡村。[19]

治平二年(1065)三月，知代州刘永年报告，契丹过界置铺。数次喻知，不听。请求处兵马示以必争之势。朝廷只令照往常方式抗拒。[20]

从这些例证来看，双方为维持既定的和约，不能容纳降人，必须把过界的人物牛马送回；不可让外人入境捕盗；不能容忍对方过界置界碑（铺）。

### (三) 关于防御工事的交涉

依照和约的规定，双方不得在沿边增筑防御工事。和国防有关的行动，也是双方关注的要点。如果一方调动兵马，必须知会对方，否则对方就会质疑。如大中祥符元年(1008)十月，河北缘边安抚使司报告："契丹防边人马，自承牒命，悉已引去。"这件事应和真宗封禅泰山，引起契丹的疑虑有关。以下再举三例。

庆历四年(1044)，朝廷讨论契丹在代州之北筑两座城，命河东安抚司，于契丹贺乾元节使人回去时要求停止修建。[21]

熙宁五年(1072)，宋人在雄州修馆驿，做箭窗、女墙、敌楼的行动，引起契丹抗议。王安石主张依和约规定予以拆除。神宗赞成。[22]

元丰八年(1085)，契丹在火山军界用石头筑墙。朝廷命人前往画图，如果侵入宋界，即移牒要求拆毁。[23]

从这些例证，我们可知当时依照和约要求停止建城、增置防御设施以及画图作为证据的情形。

两朝间的其他交涉，如关于走私贸易和百姓间的法律交涉也有运用文牒的事例。虽然宋夏间的关系是不对等的朝贡关系，两国间的很多事务也常以文牒来往交涉。南宋与金缔结和约后，双方关于边界问题的交涉文牒基本以宋辽外交文书为蓝本。如乾道二年(1166)贺金国正旦使吕王已、副使辛坚之言："近日对境文移已与回牒，窃虑尚有文移往来事关使者未过界间，亦合预闻。乞下盱眙军，自今应有文移并令关报，庶几酬酢之间免致差误。"从之，今后依此。[24]

此外，宋与高丽、日本及安南之间都有运用文牒交涉的情形。不仅如此，在8世纪及其后，东亚诸国还是延续唐朝对外用牒的模式。牒这种文件出现于新罗与日本、渤海与日本间的外交中。辽对高丽出现以文牒为外交文书的情况。元初，元朝与高丽之间经常有文牒往来，并通过高丽用牒日本，要以中书省和日本国王对等。[25]

北宋政府保存了大量的外交档案，保存的地点在枢密院。[26]仁宗嘉祐二年(1057)，枢密使韩琦言：自开国以来，"机密图书，尽在枢府，而散逸蠹朽，多所不完"。他曾经查找有关边界争执的档案，却不完全，于是奏请编录有关文件，一本进内，一本留枢府。于是，皇帝下诏编集枢密院机要文字。嘉祐六年 (1061) 十一月成书。其中包括《庆历誓书》等三本，是从杜衍 (978—1057) 手抄草本上抄录下来的。[27]在成书之前，嘉祐三年 (1058) 枢密院上所编录的宋初以来宣敕札子六十卷，都是有关经武御戎之事。[28]

神宗熙宁元年 (1068)，枢密院报告档案不易检索："枢密院言，北面、西河房所行文字并系边要事件，其底本自来各属逐房分掌。稍经岁月，每遇检证，难遽讨寻。"神宗下诏凡切要事件，必须立刻写录签押，然后置册，书写缄封，付逐房收掌。[29]神宗又命令苏颂整理及编纂档案。元丰六年 (1083) 九月，苏颂上所编成的《华戎鲁卫信录》二百二十九卷，事目五卷，共二百册。诏别录一部存枢密院。[30]可惜苏颂编修的《华戎鲁卫信录》早已亡逸。他的文集里有一篇《总序》，把这本书的来龙去脉说得很清楚，也很详细。其中讨论了修书的缘由，以及苏颂作为一个很有外交经验的官员来修这部书的适当性。显然苏颂编得既快又好，所以得到神宗的赏赐。[31]后来元符二年 (1099)，哲宗又命人续编。[32]至南宋孝宗时，《华戎鲁卫信录》已经失传。[33]南宋宁宗时，因自隆兴和议后，宋对金的地位已经提升，所以右丞相赵汝愚等谓，所遣使人都是临时选择，对于职务和礼仪不熟悉，主张将隆兴以后"聘使往来之礼，吉凶庆吊之仪，编类成篇，以为准式。使已用之文，粲然可观，后来之事，酌之而行，可以息争端，可以定疑虑。今后遇遣国信使副及接送馆伴，各授一编，使之检用。诚非小补"。朝廷命枢密院承旨编修司编辑。[34]

从苏颂的《总序》来看，这本《信录》收录的范围甚广，应当特别注意的是文移、河东地界、边防、舆地等项。这几项和宋神宗时期所谓的"弃地交涉"有关。我想神宗命令苏颂编《信录》，也许是因为这次交涉需要参考大量的文书档案和地图。如熙宁八年(1075)交涉地界时，枢密院言："本朝边臣见用照证，长连城六蕃岭为界，公牒六十道。"[35]可见当时文牒来往很频繁。

宋朝档案中还有《两朝誓书册》，里面载有誓书和韩缜等馆伴泛使萧禧时所接受的御前札子六道。《长编》记载了神宗批复韩缜等人的这些札子。[36]可见《两朝誓书册》的内容除誓书外，还包括有关外交的重要文件。

宋开国后，政府藏有不少地图。如咸平四年(1001)，真宗示辅臣陕西二十三图，秦、灵、甘、伊、凉等州图，以及幽州以北契丹图。[37]大中祥符三年(1010)四月，曹玮、张崇贵上泾原、环庆两路山川城寨图，真宗令别画二图付本路及枢密院。[38]大中祥符八年，臣僚张复上《大宋四裔述职图》，真宗诏增修。[39]天禧三年(1019)，诏校订新本《十道图》及馆阁天下图经，付各司用。天禧三年，三卷书成。[40]熙宁四年(1071)，命赵彦若管勾画天下州、府、军、监、县、镇地图。[41]熙宁八年(1075)，宋辽在河东路画地界，《长编》引沈括的《乙卯入国奏请并别录》时提到有"地界第一册""地界第五册"。换言之，至少有五册，而这些册子里面包含了国信、白札子、牒和图经。[42]熙宁八年三月，沈括被任命为回谢辽国使时，于枢密院"阅案牍，得顷岁始议地畔书"，而神宗"自以笔画图"。[43]四月，富弼上疏建议以边臣坚持久来图籍疆界为据。[44]八月，朝廷派沈括报聘。枢密院言："欲令沈括等到北朝日,将见用照验文字,一一闻达北朝。"[45]韩缜上河东缘边山川、地形、堡铺地图,[46]沈括出使至定州,调查地形,"尽得山川险易之详,胶木屑熔蜡写其山川以为图。归以木刻而上之。自此边州始为木图"[47]。这些地图大概也收录在《信录》里。[48]

沈括与辽人谈判时,宋设有"河东分画地分所",辽有对应的"理办疆界所"。[49]二者都是临时设置的机构。沈括与辽枢密副使杨益戒理论时,屡次引用辽方的文牒,作为照证。沈括说:"南朝收得北朝照证甚多,亦有十年前照证,亦有今年照证,亦有州县照证,亦有圣旨照证。"[50]最重要的是,沈括引用了辽顺义军的公牒,屡次称以鸿和尔大山脚下为界。并且沈括要求北朝提出照证,而辽宰相杨益戒对此没有回答。辽人既然有"理办疆界所",则应当也保存了档案,也许保存得不如宋朝细致和完备。

宋与辽、金、蒙元互派使节的一个重要任务是搜集对方的政治、军事、民情等各方面的资料和情报。出使辽朝和接伴辽使的使臣,除了自己记录见闻和赋诗外,都有报告呈给皇帝。报告的内容包括行程、沿途见闻、呈递国书经过、与辽臣谈话记录,以及有关辽朝政局和军事的情报。国信所藏有奉使及接伴语录,[51]统称《语录》。但这些报告存留至今的甚少,据统计,现存足本及残本,北宋有二十六种,南宋有二十四种,共五十种。[52]

王曾于大中祥符五年(1012)使契丹,其报告中描写山川、城市与人物以及里程。他经过新城、涿州、良乡、燕京、顺州、檀州、富谷馆、中京等地，和治平四年(1067)的告神宗登位使陈襄经过的路线相同。陈襄著有《神宗皇帝即位使辽语录》，简称《使辽语录》，其中记载了其和辽臣的谈话和应酬。关于座位的争执，已见第四章。

苏辙于元祐四年(1089)出使，贺辽道宗生辰，回国后上《论北边事札子五道》，[53]其内容大致如下：

一、论北朝所见于朝廷不便事

本朝民间开版印行文字，北界无所不有。应禁民间不得擅开版印行书籍。

北界公私交易，并使本朝铜钱。建议河北、河东、陕西三路铸铁钱，行于沿边诸州。以铁钱兑换铜钱，由内部州军收入。钱出外界之弊自止。

二、论北朝政事大略

北朝皇帝年六十余，举止轻健，饮啖不衰。在位既久，颇知利害。若且无恙，北边可保无事。惟其孙燕王，骨气凡弱，瞻视不正，不逮其祖。虽心似向汉，未知得志之后，能弹压蕃汉，保其禄位否。

北朝之政，宽契丹，虐汉人。至于燕人强家富族，似不至如此。赋税颇轻，汉人亦易于供应。朝廷郡县，亦粗有法度，上下维持，未有离析之势。

皇帝好佛法。所在修盖寺院，度僧甚众。

### 三、乞罢人从内亲从官

使节随从人近岁差亲从官,多系市井小人。入界之后,恣情妄作。虽于使副,亦多寨傲。夷狄窥见,于体不便。缘选差使副,责任不轻,谓不须旁令小人更加伺察。况已有译语殿侍,别具语录,足以关防。乞今后遣使,不差亲从官。

### 四、乞随行差常用大车

出使每番有车六辆搬运公物,车低小脆恶,易于损坏,极为不便。

### 五、乞立差马及驼日限

出使所用马及橐驼,于太仆寺及驼坊差拨。临时差拨,因期限迫促,多有病患驼马,入界之后,经涉苦寒险远,多致倒死,有误使事。乞今后所差驼马,于出发前半月差定。

从苏辙的报告中,我们可见当时民间印行书籍外流、铜钱出界的问题。苏辙对辽道宗和其继承者天祚帝观察入微。他判断在道宗的治理下,北边可保无事。另外,辽朝重契丹人,虐待汉人,但燕人大族则不至于此。他又报告辽国赋税轻,朝廷施政有法度。第三至第五点有关使节的随从、车辆及驼马,都让我们从中了解到使节交聘的细节。

南宋楼钥的出使记录《北行日录》[54]和范成大(1126—1193)的《揽辔录》[55]载出使金都燕京的往返行程最为详细。

楼钥于乾道五年(1169)随仲舅汪大猷(1200年卒)出使,贺金世宗正旦。他的所见所闻,是研究当时金朝政治和社会文化很好的史料。例如，他在东京(开封)遇到一位曾任北宋官员的男子"自言月得粟二斗，钱二贯，短陌日供重役，不堪其劳。语及旧事，泣然不能已"。他观察到"金人浚民膏血以实巢穴，府库多在上京诸处，故河南之民贫甚，钱亦益少"[56]。他在相州遇见一个姓马的校尉，工作了二十年，抱怨自己和奴隶一样，甚至会受杖刑："言并无俸禄，只以所收课额之余以自给。虽至多不问，若有亏欠，至鬻妻子以偿亦不恤。且叹曰：若以本朝法度，未说别事，且得俸禄养家。又得寸进，以自别吏民。今此间与奴隶一等，官虽甚高，未免棰楚，成甚活路！"[57]金国官府使用三种文字："闻彼中有三等官，汉官、契丹、女真，三者杂居，省部文移，官司榜示，各用其字。吏认及教学者亦以此为别。"[58]又描写射弓宴的细节如下：

四日乙卯。晴。射弓宴。张俾赐生饩，高蕙赐宴，完颜高赐酒果，完颜仲雄押宴……酒七行，各分位换窄衫束带。将出射，宰执遣右司张汝弼传语，问俘掳人事。既退，使副及官伴射弩，仲雄射弓。射垛设庭下，上画火珠，夹以小飞鹤二，下画一彩架，以承射帖，夹以大立鹤二。绿竹数竿，帖上初为银碗五，每头二矢。少顷加四花二矢。押宴、馆伴、国信使副、知阁五人以次执一矢，起揖以射，皆坐胡床。庭下分列锦衣金帽卫士五十人，乐人立其左，又卫士一人为押宴执弓矢，二人为馆伴过弩，一人端箭，二人立垛侧喝箭。射每中，则面厅伛立，撒手报覆。乐使喝打着，即乐作，否则以抬捺后手见晓。初中时，先望阙拜赐。卫士以元矢穿所中银碟,引赐物过其前就坐,共饮。胜者酬酢必遍,然后复射。碟子重三两,中角花者随所中而得。中的者举九碟得之,以其一与喝箭者。初中亦如之。使副拜赐之后,但欲成礼即已。伴使志在于得,抵暮不肯休,屡谢止之,方已。两厅过弩者各以二碟酬其劳。易衣就座。又二行而罢。俾口宣云:"远将庆币,来会春朝。方休徒御之劳,宜有饩奉之赐。"蕙云:"长途远届,使事告成。将观射御之容,宜示宴私之宠。"高云:"已成使事,将向归途,宜有珍颁,以彰宠遇。"[59]

可见礼节相当隆重,双方在比赛中展现实力,似也可能建立友谊。

楼钥在返国途中,宿真定府。"道旁老妪三四辈指曰:此我大宋人也,我辈只见得这一次,在死也甘心。因相与泪下。"[60]

外交使节的职责包括随时随地搜集资料。兹举辽使和宋馆伴使的对话,以见一斑。乾道九年(1173)十月,金使金吾卫上将军兵部尚书耶律子敬来贺生辰,起居舍人赵雄(1129—1193)假使翰林学士为馆伴使。耶律子敬于上寿宴会后辞行,赵雄与他并马同行。通过谈话,赵雄得知若干金朝的内幕,如燕京宫殿周围二十余里,十月正是田猎季节,金帝一年出猎三次,出猎时间往往需十至二十天,或一个月。金帝每年避暑于西京云中。金世宗有七个皇子,越王(永中)是长子。金朝两个宰相都姓赫舍里(纥石烈良弼、纥石烈志宁),年四十余及五十余。金尚书令姓李(李石),年六十余。[61]

宋和辽、金、蒙元交聘，使人众多，所留下的诗篇很丰富。从诗歌中，我们可知使者所见邻国的山川地理、城镇宫室、君臣人物、当前时势，而且可见使者的个人感想，因为使者有时会借诗歌表达个人对时局的意见或批评。

至和二年(1055)，欧阳修出使，至雄州有诗《奉使初至雄州》：

古关衰柳聚寒鸦，驻马城头日欲斜。
犹去西楼二千里，行人到此莫思家。[62]

欧阳修从宋境到契丹国途中赋诗，有《奉使道中作三首》《过塞》《边户》等。他奉使道中思家，所写三首诗完全不用典，道尽旅人的心声，其一曰：

客梦方在家，角声已催晓。
匆匆行人起，共怨角声早。
马蹄终日践冰霜，未到思回空断肠。
少贪梦里还家乐，早起前山路正长。[63]

《边户》一诗指出沿边"儿僮习鞍马，妇女能弯弧"。和议成功后，双方谨守盟约，尊重国界。诗中还注意到向宋辽双方付租税的边户(也就是两输户或两属户)，及双方都不得在界河捕鱼的情形：

家世为边户，年年常备胡。

儿僮习鞍马，妇女能弯弧。
胡尘朝夕起，虏骑蔑如无。
邂逅辄相射，杀伤两常俱。
自从澶州盟，南北结欢娱。
虽云免战斗，两地供赋租。
将吏戒生事，庙堂为远图。
身居界河上，不敢界河渔。[64]

使命完成后，欧阳修又作赋《奉使契丹回出上京马上作》：

紫貂裘暖朔风惊，潢水冰光射日明。
笑语同来向公子，马头今日向南行。[65]

虽然如此，出使契丹朝旅途遥远，跋涉艰辛。欧阳修回来后写信给朋友说："使北往返六千里，早衰多病，不胜其劳。"[66]

苏颂两次出使（熙宁元年，1068；熙宁十年，1077），经过的地点不同。[67] 其路线可以和王曾、陈襄的报告中的路线比较。第一次旅途中，苏颂和副使张宗益（仲巽）唱和多首。第二次出使，已经是十年后的事，苏颂也有诗送副使姚麟《某向忝使辽于今十稔再过古北感事言怀奉呈姚同事阁使西上阁门使英州刺史姚麟》：

曾到临潢已十龄，今朝复忝建旟行。
正当胡虏百年运，又过秦王万里城。

尽日据鞍消髀肉，通宵闻柝厌风声。

自非充国图方略，但致金缯慰远盱。**68**

尤其贺年的使节饱受风霜，是相当危险的。有诗《奚山道中》写北国的道路难行：

山路萦回极险难，才经深涧又高原。

顺风冲激还吹面，滟水坚凝几败辕。（自注：山涧水留遇冰则横溢道上，彼人谓之滟水，险滑百状，每为车马之患。）

岩下有时逢虎迹，马前频听异华言。

使行劳苦诚无惮，所喜殊方识汉恩。**69**

苏颂的前后出使诗，还有诗句："上得陂陁路转艰，陷轮推马苦难前。风寒白日少飞鸟，地回黄沙似涨川。"又有诗句描写天寒地冻的北国："北海蓬蓬气怒号，四向茅檐卷地飘。"**70**

苏颂的诗篇，除描述沿途苦况外，更是记下了北地的很多风土人情。如辽朝款待宋使的宴会，"礼意极厚，虽名用汉仪，其实多夷法"。辽朝君臣有游牧的习惯，接见外国使节常在行帐（"穹庐"），而不在五京，所以看起来很简陋（"鹑居"）。苏颂诗《广平宴会》：

胡中官室本穹庐，暂对皇华辟广除。

编曲垣墙都草创，张旃帷幄类鹑居。

朝仪强效鹓行列,享礼犹存体荐余。
玉帛系心真上策,方知三表术非疏。[71]

辽人的饮食与中原不同,因此使者很不习惯。苏颂记"虏中饮食风物皆异中华,行人颇以为苦"。《虏中纪事》曰:

夷俗华风事事违,矫情随物动非宜。
腥膻肴膳尝皆遍,繁促声音听自悲。
沙眯目看朱似碧,火熏衣染素成缁。
退之南食犹成咏,若到穷荒更费辞。[72]

宋辽间使节交聘频繁,送人出使的诗篇很多。苏轼送弟弟苏辙的《送子由使契丹》:

云海相望寄此身,那因远适更沾巾。
不辞驿骑凌风雪,要使天骄识凤麟。
沙漠回看清禁月,湖山应梦武林春。
单于若问君家世,莫道中朝第一人。[73]

南宋叶梦得送其女婿出使,有诗《送严婿侍郎北使》:

朔风吹雪暗龙荒,荷橐惊看玉节郎。
楛矢石砮传地产,医间析木照天光。

传车玉帛风尘息，盟府山河岁月长。
寄语遗民知帝力，勉抛锋镝事耕桑。[74]

周紫芝的《送冯清叟使金三首》：

上尽西湖几翠峰，偶依征驿度边风。
遥知载酒寻山句，尽入弯弓落雁中。
君王慈俭不临戎，国好长因汉使通。
遥想南归寒已尽，榆关草色正春风。
黄云朔雪马凌竞，去踏河边六尺冰。
博望封侯君亦喜，归来洗眼看飞腾。[75]

以上三首诗以描述异国山河彰显使者任务的重要，并以归来的殊荣鼓励即将出发的亲友。

南宋胡铨（1102—1180）将王嘉叟的出使比拟为苏武出使匈奴和张骞出使西域，用"遐荒""绝域"来衬托使者的辛劳和使者返国后所获得的荣耀。《送王嘉叟侍郎使虏仍用其韵》：

苏张姓字炳如丹，遍历遐荒觉世宽。
龙勒殊勋标绝域，麟官奇节障狂澜。
二千里外河源远，十九年间海上寒。
二子精忠君勉继，归来锦领万人看。[76]

洪迈(1123—1202)《送王诚之舍人使北方得挥字》将出使辽境视为到"沙漠"去"宣威":

岁晏滞急景,霜雪日霏霏。
家居尚无奈,何况披征衣。
舍人使持节,正尔辞帝畿。
扬鞭出门去,言面无几微。
中朝第一人,沙漠今宣威。
朔庭天骄子,应觉眼见希。
青春反南辕,花柳相光辉。
雍容对宣室,便可持枢机。
蛾眉含笑迎,酌酒争劳归。
金碗大如斗,客醉时一挥。[77]

杨万里的《送朝士使虏》:

又见皇华赋北征,谪仙俊气似秋鹰。
诗成紫塞三更月,马渡黄河十丈冰。
赵北燕南有人否,禽胡归汉竟谁曾。
天家社稷英灵在,佳气时时起五陵。[78]

又《出北关门送李舍人使虏》:

同寮缓辔出承华，又送双星水北涯。
霜外汀洲芦叶晓，雪余园圃竹梢斜。
只惊睡起犹残月，不觉归时已落霞。
百首鸳行徒索米，故山今日政梅花。[79]

使人出使回国，往往会自述见闻，或者亲友在欢迎的聚会中会赋诗庆祝。如北宋刘敞诗《持礼北庭回示希元并寄之翰彦猷当世》：

肃承朝命谒穹庐，却卧空床涕满裾。
不敢复论天下事，更能重读箧中书。
男儿战死自无恨，国势倒悬谁为摅。
我本不来人强我，百年空使愧相如。[80]

若是诗人自己出使，其见闻和感想甚为丰富。[81]王珪（1019—1085）出使，每到一处住宿驿馆，即赋诗一首。如《望京馆》：

一从绝漠返朱轮，便有东风逐去尘。
和气旋成燕谷暖，使华重照苏门新。
山川如避中原执，天地应酬上国春。
二月寒亭行欲尽，初花犹未识归人。[82]

又如《柳河馆》：

柳河山外日晖晖，柳色犹枯草正腓。
阴壑水声多北注，晴峰云影尽南飞。
黄牛拥毳争春耦，白马弯弧落暮园。
路人陇尘谁与问，桑间胡女避人归。[83]

使人在辽境驿馆接受招待，也会赋诗一首送给接待的辽使，如《正月五日与馆伴耶律防夜燕永寿给事不赴留别》：

万里来持聘玉通，今宵宾燕为谁同。
羌歌自醉天山北，汉节先随斗柄东。
半夜腾装吹朔雪，平明跃马向春风。
使车少别无多恋，只隔燕南一信中。[84]

葛立方曾经担任接伴与送伴的工作，他就这两个职务各写了一首诗：

### 接伴贺天申节北使至阙

流虹寿节庆升平，嵩岳遥呼万岁声。
毳幕奉琛充日阙，彩船卷斾息云程。
九天镐宴欢鱼藻，重译宾筵咏鹿苹。
闻有芝泥还饯客，淮山佳处拟班荆。

### 送伴回至平江舟中与元览试茶

壑源春色起云阿,拂拂轻尘动柘罗。

骑火已惊官焙早,注汤还斗乳花多。

清风两腋添诗兴,红日三竿战睡魔。

燕颔未能飞食肉,腹中藜苋且摩娑。[85]

出使金朝的范成大每到一地,就赋诗一首,其诗作可以补充其所著《揽辔录》,如《渡淮》:"船旗衮衮径长淮,汴口人看拨不开。昨夜南风浪如屋,果然双节下天来。"如《真定舞》注云:"虏乐悉变中华,惟真定有京师旧乐工。尚舞高平曲破。"到临洺镇,诗题注:"洺酒最佳,伴使以数壶及新兔见向。"在栾城时,"伴使怒顿餐不精,欲榜县令,跪告移时方免"。过芦沟时,"去燕山三十五里,虏以活雁向客,积数十只,至此放之河中。虏法,五百里内禁采捕故也";在燕山城外的燕宾馆,"伴使把酒相劝。西望诸山皆缟,云初六日大雪",生动地描写了金人对南使的招待。[86]在燕山时作词《水调歌头·燕山九日作》:

万里汉家使,双节照清秋。旧京行遍,中夜呼禹济黄流。寥落桑榆西北,无限太行紫翠,相伴过芦沟。岁晚客多病,风露冷貂裘。

对重九,须烂醉,莫牢愁。黄花为我,一笑不管鬓霜羞。袖里天书咫尺,眼底关河百二,歌罢此生浮。惟有平安信,随雁到南州。[87]

曹勋出使路过宋故都，写下两首《道过京师》，描写怀旧心情及眼见残垣断壁的感触：

都城百雉晓云空，四塔亭亭倚望中。
自是老怀多感慨，一襟清泪湿秋风。

离离禾黍满东郊，秋入鸦声处处娇。
败壁断垣成怅望，一鞭又过懊来桥。[88]

他和王纶一同使北，途中和王纶诗三首《持节和王枢密三首》，此处录其中之一：

长淮矫首得遐观，犹记当年获奉銮。
万马饮淮貔虎肃，六师扈跸水云寒。
欣瞻幕府莲依水，慨念神州李下冠。
狼望已销归庙略，更持韵语访任安。[89]

使者眼见中原沦陷，感慨之情见于诗篇。李壁 (1158—1222) 的使金诗曰：

天连海岱压中州，暖翠浮岚夜不收。
如此山河落人手，西风残照懒回头。[90]

使人完成使命后，归心似箭，恨不能日行千里。洪咨夔诗《奉使燕山回早姓书事》：

露满中庭月满天，秋来怀抱转凄然。
客程恨不日千里，归思乱如云一川。
故国伤心那忍说？遗民望眼几回穿。
当家旧事堪垂泪，海上看牛十五年。[91]

曹勋也有一首做接伴时所写的诗《接伴书怀》，抒思归之情：

客路空过桃李春，塞尘湿遍马蹄痕。
荠花如雪薑苗老，应有垂杨绿荫门。[92]

袁说友 (1140—1204) 接伴金国聘使，赋诗《迓金国聘使舟中逢玉簪花》：

扁舟伊轧乱秋声，花下新凉暑不侵。
浓叶衬成螺展髻，芳苞拆尽玉垂簪。
谁将茉莉评高下，未必清香较浅深。
把酒问花花不语，微吟空伴小蛮吟。[93]

杨万里出使，在淮河遇见对方使人，赋诗《淮河中流肃使客》：

淮水中流各一波,南船小住北船过。
生憎两岸旌旗脚,引得霜风分外多。[94]

以上所引的奉使诗有四个特色。第一,诗人把出使的经过用古来中原与夷狄交往的先例和词句来表达,主要的先例是汉与匈奴的外交交涉。如梅尧臣的《送唐待制子方北使》:

王命来天外,阏氏坐帐中。
仪虽聘邻国,礼岂异和戎?
汉使方持节,胡人自带弓。
唯应沙漠凛,不减谏臣风。

第二,有些奉使诗作中有对外国实际情况的描写,是可贵的史料。不过眼见与中原不同的地理环境、风土人情,感触颇多,于是,使人将沙漠穷荒的凄凉景象和天寒地冻的苦况写在诗篇中,而并未出使的人则能想象使者将遭遇的处境。

第三,虽然出使外国是一件苦差,可能还会遭到处罚,甚至有生命危险,但是回国以后,想到自己完成了出使使命,巩固了邦交,心里颇感安慰。于是使者在诗中表达了自己的所思所想，而他们的思索也得到了迎接他们的亲友的赞赏。

第四，使者还会在诗作中表达自己对于外交关系的意见，有称赞也有批判。如前面提及的曹彦约的《陪使者护客晚发京口》是奉使诗中政治意味比较浓厚的一首。"前日生辰使者去，贺正又出丹阳门""敌使三节能几耳，客载万舸何为哉"，描述了迎接来使对官民的骚扰以及对资源的浪费。"甘心事仇谁作俑，耻不自羞犹忝恚。"诗人指责主国政者甘心事敌，恬不知耻。

至于悲愤之情，如陈亮以《水调歌头》表达：

不见南师久，漫说北群空。当场只手，毕竟还我万夫雄。自笑堂堂汉使，得似洋洋河水，依旧只流东。且复穹庐拜，会向藁街逢。

尧之都，舜之壤，禹之封，于中应有，一个半个耻臣戎。万里腥膻如许，千古英灵安在？磅礴几时通？胡远何须问，赫日自当中。[95]

此词上阕叹汉使到敌国致敬的无奈，下阕悲愤中原沦陷，但仍有恢复的一天。不过所谓批判，往往仅是一笔带过，如上引梅尧臣诗中"仪虽聘邻国，礼岂异和戎？"一句话点出和议的本质就是和亲。

1　如《长编》载熙宁八年关于边界交涉的公文，见卷二六四，第6463页。
2　《宋大诏令集》卷二三二，第901—902页。关于国书之体制及举例，参看聂崇岐：《宋辽交聘考》，第293—299页。吴晓萍：《宋代外交制度研究》，第232—244页、第249—260页。赵永春：《关于宋金交聘国书的斗争》，《北方文物》，1992（2），第53—58页。
3　这类国书，见《宋大诏令集》卷二二八至二三二，《四裔：契丹》。文集中所载的国书，如韩维：《南阳集》《四库全书珍本》二集），卷一五《内制》；宋庠：《元宪集》（《四库全书珍本》别辑），卷三〇《内制》。David Wright, *From War to Diplomatic Parity in Eleventh-Century China: Sung's Foreign Relations with Khitan Liao*. 书中有关于庆贺和吊唁典礼时所用文书的研究，并且翻译了几件经常性的国书，见第四章。关于国书的体制及格式，见聂崇岐：《宋辽交聘考》，收入《宋史丛考》第293—299页；参与典礼的使节名目颇多，见第283—288页。
4　《宋史》卷二八五《梁适传》，第9624页："契丹欲易国书称南北朝，适曰：宋之为宋，受之于天，不可改也。契丹亦其国名，自古岂有无名之国哉？遂止。"
5　参看吴晓萍：《宋代外交制度研究》第五章《外交文书研究》。
6　《全宋文》卷五九二二，第98—99页。
7　见中西朝美：《五代北宋における国書の形式について——「致書」文書の使用状況を中心に——》，《九州岛大学东洋史论集》，2005（33），第102—107页。此文根据《石林燕语》《契丹国志》《长编》《宋大诏令集》等记载。参看李锡厚：《论澶渊之盟非城下之盟》，收入《澶渊之盟新论》第20—21页。
8　《全宋文》卷一三一二，第247页；卷一三一一，第228页。
9　《全宋文》卷一三一二，第258页。
10　周必大：《全宋诗》卷二三三二，第26823页。
11　冒志祥认为"牒用于没有外交关系的国家之间处理外交庶务"，这显然是错误的。见冒志祥：《宋朝的对外交往格局：论宋朝外交文书形态》，扬州：广陵书社，2012，第48页。
12　《开庆四明续志》卷八，收入《宋元方志丛刊》，北京：中华书局，1990，第6013页，"收剌丽国送还人"此条史料得自黄纯艳教授，特此致谢。
13　《长编》卷一三四，庆历元年十二月庚辰，第3205页。
14　《长编》卷一八四，嘉祐元年十二月癸酉，第4462页。
15　《长编》卷三一五，元丰四年八月壬戌载，"枢密院编到自郭藸而下至沈括等二十七番泛使策并目录，总三十一策进呈。乞降本院礼房检用施行。诏令进入"。第7622页。
16　《宋会要辑稿》之《职官》六六之四至五，第3856页。
17　《宋会要辑稿》之《职官》六六之一一，第3859页。
18　《宋会要辑稿》之《蕃夷》一之一三四，第7675页。
19　《长编》卷六三，景德三年八月甲戌，第1416页。
20　《宋会要辑稿》之《蕃夷》二之二〇，第7688页。
21　《宋会要辑稿》之《蕃夷》二之一七，第7686页。
22　《长编》卷二三五，熙宁五年七月丙申，第5711—5712页。
23　《长编》卷三六一，元丰八年十一月甲辰，第8639页。
24　《宋会要辑稿》之《职官》五一之二四，第3534页。
25　参看拙著《宋辽关系中的外交文书：以"牒"为例》，收入《宋辽金史论丛》，台北：联经出版事业股份有限公司，2014，第133—181页。参看古松崇志：《契丹·宋间における外交文書としての牒》，《东方学报》，2010，85，第271—286页。
26　参看吴晓萍：《宋代外交制度研究》，第35—39页。
27　《长编》卷一八六，嘉祐六年八月乙巳朔，第4486—4487页。所谓"进内"，应当是存放在宫

146

28 《长编》卷一八八,嘉祐三年十二月甲辰,第4525页。

29 王金玉:《宋代档案管理研究》,北京:中国档案出版社,1997,第49页引《宋会要辑稿》之《职官》六之四。

30 《长编》卷三三九,元丰六年九月丙寅,第8171页。

31 苏颂:《苏魏公文集》,北京:中华书局,1988,卷六六。又见《全宋文》卷1337,第323—326页。

32 《长编》卷五一〇,元符二年四月辛丑,第12128页。

33 参看王民信:《苏颂〈华戎鲁卫信录〉——辽宋关系史》,《书目》,1980,14(3),第30—42页;蒋武雄:《苏颂与〈华戎鲁卫信录〉——一部失传的宋辽外交档案数据汇编》,收入《宋辽人物与两国外交》,新北:花木兰文化出版社,2014,第129—144页。

34 《宋会要辑稿》之《职官》五一之四十,第3542页。

35 《长编》卷二六二,熙宁八年四月丙寅,第6376—6378页。

36 《长编》卷二六一,熙宁八年三月庚衣,第6358—6359页,御前札子六道见注;二六二,四月甲子,第6373—6374页;卷二六四,熙宁八年五月癸酉及甲戌之注,第6463—6465页;熙宁八年十二月癸巳,第6637页。

37 《长编》卷四九,咸平四年十月庚戌,第1078页。

38 《长编》卷七三,大中祥符三年四月己未,第1666页。

39 《长编》卷八五,大中祥符八年九月庚申,第1951页。

40 《长编》卷八一,天禧三年十月丁亥,第1851页。

41 《长编》卷二二〇,熙宁四年二月甲戌,第5354页。

42 《长编》卷二六一,熙宁八年三月辛酉条小注,第6369页。

43 《长编》卷二六一,熙宁八年三月辛酉,第6367页。

44 《长编》卷二六二,熙宁八年四月丙寅,第6392页。

45 《宋会要辑稿》第八册《蕃夷》二之二四,第7690页。

46 《长编》卷二六六,熙宁八年七月丙子,第6526页。

47 《长编》卷二六七,熙宁八年八月癸巳,第6542页。

48 从这次交涉来看,我们可知沈括对于地图和边界的精确分析,在地理和地图学方面影响很大。关于宋代国境,并参看成奎:《宋代的西北问题与异民族政策》。Nicolas Tackett, "The Great Wall and Conceptualizations of the Border Under the Northern Song," *Journal of Song-Yuan Studies*, 38(2008), pp.99-138.

49 《长编》卷二六六,熙宁八年七月戊子;卷二七八,熙宁九年十月午午。

50 《长编》卷二六五,熙宁八年六月壬子引沈括《入国别录》,第6499页。

51 《宋会要辑稿》之《职官》三六之三八,第3076页。

52 刘浦江:《宋代使臣语录考》,收入张希清、田浩、黄宽重、于建设编:《10—13世纪中国文化的碰撞与融合》,上海:上海人民出版社,2007,第253—296页。赵永春将"行记"及洪皓《松漠纪闻》、马扩《茅斋自叙》等加入后得三十七篇。此外尚有周立志发现的宋子才《使金贺生辰还复命表》,见《宋金交聘的新文献〈使金复命表〉研究》,《北方文物》,2013(1),第61—65页。

53 苏辙:《苏辙集》卷四二,北京:中华书局,1999,第747—749页。

54 楼钥:《北行日录》,收入《攻媿集》(《四部丛刊》本),又见《全宋文》卷五九七二。参看陈学霖:《楼钥使金所见之华北城镇——〈北行日录〉史料举隅》,收入《金宋史论丛》第199—240

页。此外，赵彦卫:《云麓漫钞》，第139—140页也有自东京至女真御寨的行程。
55  参看陈学霖:《范成大〈揽辔录〉传本探索》，收入杨联陞等编:《国史释论》，台北：食货出版社，1988，下册，第491—514页。附《说郛》《黄氏日抄》及《三朝北盟会编》节本。
56  《全宋文》卷五九七二，第81页。
57  《全宋文》卷五九七二，第87—88页。
58  《全宋文》卷五九七二，第88页。
59  《全宋文》卷五九七二，第98—99页。
60  《全宋文》卷五九七二，第100页。
61  《建炎以来朝野杂记》乙集卷六《赵温叔探赜虏情》，第628—630页。李石为尚书令、纥石烈良弼、纥石烈志宁并相见《金史》卷六《世宗纪》上，第145—146页。世宗任李石为尚书令及二相于大定十年。据《交聘表》中，十年九月，移剌子敬、张仅言为贺宋生辰使副。见卷六一，第1427页。
62  《全宋诗》卷二九三，第3696页。
63  《全宋诗》卷二九九，第3763页。
64  《全宋诗》卷二九九、三○一。《边户》，见卷二八六，第3630页。
65  《全宋诗》卷二九三，第3697页。
66  欧阳修《答陆学士书》，《全宋文》卷七一二，第346页。
67  见拙著《宋辽关系史研究》第八章，第185—187页。
68  《全宋诗》卷五三一，第6418页。
69  《全宋诗》卷五三一，第6415页。
70  参看拙著《宋辽关系史研究》第八章，第187—191页。
71  《全宋诗》卷五三一，第6422页。
72  《全宋诗》卷五三一，第6423页。
73  《全宋诗》卷八一四，第9417—9418页。

74 《全宋诗》卷一四〇七,第16311页。
75 《全宋诗》卷一五二四,第17331页。
76 《全宋诗》卷一九三三,第21583页。
77 《全宋诗》卷二一二三,第24009页。
78 《全宋诗》卷二二九五,第26354页。
79 《全宋诗》卷二二九五,第26356页。
80 《全宋诗》卷四八五,第5880页。
81 参看拙著《宋辽关系史研究》第八章《从宋诗看宋辽关系》。
82 《全宋诗》卷四九七,第6005页。
83 《全宋诗》卷四九七,第6005页。
84 《全宋诗》卷四九三,第5970页。
85 《全宋诗》卷一九五二,第21807页。
86 以上见《全宋诗》卷二二五三,第25847—25856页。
87 马兴荣、刘乃昌、刘继才编:《全宋词》第三册,沈阳:辽宁人民出版社,1997,第1614页。
88 《全宋诗》卷一八三三,第21170页。
89 《全宋诗》卷一八八八,第21123页。
90 《全宋诗》卷二七四四,第32310页。
91 《全宋诗》卷二八九七,第24616页。
92 《全宋诗》卷一八九三,第21170页。
93 《全宋诗》卷二五七七,第29939页。
94 《全宋诗》卷二三〇一,第26442页。
95 马兴荣、刘乃昌、刘继才主编:《全宋词广选新注集评》,沈阳:辽宁人民出版社,1997,第886页。

第七章

增币交涉与宋辽夏三角交涉

宋辽缔结《澶渊誓书》后，两大强权各自建立了朝贡系统，稳定了东亚的国际局势，奠定了东亚和平安定的基础。[1]经过四十年的和平相处后，辽兴宗(1031—1055在位)想趁宋朝被西夏打败的机会，扩张契丹国势。《辽史》中载：重熙六年(1037)，上欲一天下，谋取三关。集群臣议。萧惠说："两国强弱，圣虑所悉。宋人西征有年，师老兵疲。陛下亲率六军临之，其胜必矣。"[2]萧孝穆则劝兴宗："我先朝与宋和好，无罪伐之，其曲在我。况胜败未可逆料，愿陛下熟察。"兴宗听从萧孝穆的意见，就没有采取行动。重熙九年(1040)，兴宗谈到后周世宗取关南十县，慨然有南伐意，萧孝穆进谏："连兵二十余年，仅得和好。烝民乐业，南北相通。今国家比之曩日，虽曰富强，然勋臣宿将，往往物故。且宋人无罪，陛下不宜弃先帝盟约。"[3]次年，兴宗对宋人的国书不合礼，又想动兵，被老臣张俭劝止。《辽史》中载："会宋书辞不如礼，上将亲征。幸俭第……徐问以策。俭极陈利害，且曰：第遣一使问之，何必远劳车驾？"[4]兴宗同意，遂派使节提出归还关南地的要求。

庆历二年(辽重熙十一年，1042)三月，契丹遣宣徽南院使、归义节度使萧英(亦作萧特末)和翰林学士、右谏议大夫、同修国史刘六符至宋廷交涉，以索还周世宗北伐取得的关南十县之地，且问兴师伐西夏及沿边疏浚水泽，增益兵戍之故。[5]

宋廷已经预先探听到契丹将有动作，于是在正月挑选出使人选，但群臣都不敢前往。宰相吕夷简举富弼，富弼见仁宗，说："主忧臣辱，臣不敢爱其死。"仁宗命富弼为接伴使，又以贾昌朝（997—1065）为馆伴使。二月，富弼至雄州，契丹使入境，萧英称足疾不拜。富弼说自己曾经出使，即使当时有病，仍应按照礼节行礼。萧英立即醒悟，命人扶起自己行拜礼。富弼在与萧英谈话时留意探听来意，萧英竟偷偷告诉富弼兴宗的目的：即可从，从之。不从，更以一事塞之。宋廷的原则是不许割地，许以信安僖简王允宁女出嫁契丹太子梁王洪基，或者增加岁币。只有富弼和贾昌朝不赞成联姻。[6]契丹使至汴京，刘六符曾对馆伴使贾昌朝说，南朝的塘泺有什么用处。而当时宋朝也有人认为应当填平塘泺，因王拱辰谏阻而罢。[7]

三月，契丹使呈递国书，大要如下：

弟大契丹皇帝谨致书兄大宋皇帝：……窃缘瓦桥关南地是石晋所割，迄至柴氏，以代郭周，兴一旦之狂谋，掠十县之故壤，人神共怒，庙社不延……关南元割之县，俱归我国，用康黎人。如此，则益深兄弟之怀，长守子孙之计。

并指出太宗北伐师出无名，且直抵燕蓟；又谓西夏与契丹是甥舅关系，宋人对西夏开战，应当先通知契丹。此外，又谴责宋人增加边境防御工事。[8]

四月，仁宗以右正言、知制诰富弼为回谢契丹国信使，西上阁门使符惟忠（?—1042）为副使。[9]宋回复契丹朝的国书主要辩称关南地是后周取得，与宋无关。并指出太宗当年出师讨北汉，因契丹援助北汉，才转而北征。又解释宋讨伐西夏曾经通报契丹，且并没有积极增加边备。[10]

七月，富弼等至契丹朝廷，以联姻及增岁币的条件与刘六符谈判：

刘六符："北朝皇帝坚欲割地，如何？"

富弼："北朝若欲割地，此必志在败盟。假此为名，南朝决不从。有横戈相待耳。"

刘六符："若南朝坚执，则事安得济？"

富弼："北朝无故求割地，南朝不即发兵拒却，而遣使好辞更议嫁女、益岁币，犹不从，此岂南朝坚执乎！"

富弼见契丹主："两朝人主，父子继好，垂四十年。一旦忽求割地，何也？"

兴宗："南朝违约，塞雁门，增塘水，治城隍，籍民兵，此何意也？群臣请举兵，而寡人以谓不若遣使求关南故地，求而不得，举兵未晚也。"

富弼："北朝忘章圣皇帝之大德乎？澶渊之役，若从诸将之言，北兵无得脱者，且北朝与中国通好，则人主专其利，而臣下无所获；若用兵，则利归臣下而人主任其祸。故北朝诸臣争劝用兵者，皆为其身谋，非国也。"

并问若用兵，北朝能否保其必胜？兴宗说不能。富弼说：

胜负未可知，就使其胜，所亡士马，群臣当之欤？抑人主当之欤?若通好不绝,岁币尽归人主,臣下所得止奉使者岁一二人耳。群臣何利焉?

兴宗领悟点头。至于关南地,富弼说:

晋高祖以卢龙一道赂契丹,周世宗复伐取关南,皆异代事。宋兴已九十年,若各欲求异代故地,岂北朝之利乎?

兴宗又问,西夏对契丹称藩尚主,宋为何对西夏用兵,不通知北朝?富弼反问北朝伐高丽、黑水,为何也没有通知南朝。

富弼告诉刘六符,宋帝认为北朝想得到关南地,不过是为了租赋,宋方愿意以金帛代替土地。

在与兴宗一起出猎时,兴宗说割地和好才能长久。富弼答:"北朝欲得祖宗故地,南朝亦岂肯失祖宗故地耶?且北朝既以得地为荣,则南朝必以失地为辱矣。兄弟之国,岂可使一荣一辱哉?"

刘六符又提出和亲。富弼反对,说:"结婚易以生衅,况夫妇情好难必,人命修短或异,则所托不坚,不若金帛之便也。"又说南朝帝女年纪太小,而且嫁女的嫁妆不过十万缗。[11]于是,兴宗命富弼回去带誓书来,由他选择条件。

富弼回朝。皇帝命他起草国书两封和誓书三封:如和亲就没有金帛,若契丹能令西夏对宋进贡(令夏国复纳款),则增岁币二十万。富弼建议于誓书中增加三件事:一、两界塘淀不得开展；二、各不得无故添屯兵马；三、不得停留逃亡诸色人。

富弼出发后怀疑国书、口宣及诏书与原来议定的条款有所出入，遂打开文书，果然发现问题，原来宰相吕夷简将密封的誓书改换了词句。

富弼立即赶回汴京面见仁宗，指出吕夷简欲置他于死地。仁宗命知贡举的王拱辰照原意重写后交给富弼，富弼才再度前往。[12]

最终富弼于八月与契丹订立《庆历誓书》（又称《关南誓书》），宋答允增加二十万岁币，而岁币的输送方式经富弼力争，最后仍以"纳"币名义输送。双方的辩论如下：

兴宗：须于誓书中加一（献）字乃可。

富弼：献字乃下奉上之辞，非可施于敌国。况南朝为兄，岂有兄献于弟乎？

兴宗：南朝以厚币遗我，是惧我也。献字何惜？

富弼：南朝皇帝守祖宗之土宇，继先皇制盟好，故致币帛以代干戈，盖惜生灵也。岂惧北朝哉？今陛下忽发此言，正欲弃绝旧好，以必不可成冀相要耳。则南朝亦何暇顾生灵哉？

兴宗：改为纳字如何？

富弼：亦不可。

兴宗：誓书何在？取二十万来。

富弼答应。

兴宗：必与寡人加一纳字，卿勿固执，恐败乃主事。我若拥兵南下,岂不祸乃国乎!

富弼:陛下用兵,能保其必胜否?

兴宗:不能。

富弼:胜未可必,安知其不败耶?

兴宗:南朝既以厚币与我,纳字何惜?况古有之。

富弼:自古惟唐高祖借兵于突厥,故臣事之。当时所遗,或称献、纳,亦不可知。其后颉利为太宗所擒,岂复更有此理?

兴宗默然。见富弼词色俱厉,知道不能达到目的,说:我自遣使与南朝皇帝议之。若南朝许我,卿将何如?

富弼:若南朝许陛下,请陛下与南朝书,具言臣等于此妄有争执,请加之罪,臣等不敢辞。

兴宗:此乃卿等忠孝为国之事,岂可罪乎?

富弼退出后,指帐前高山对刘六符说:"此尚可逾,若欲'献''纳'二字,则如天不可得而上也。使臣头可断,此议决不可诺。"

九月,契丹使耶律仁先、刘六符持誓书至宋廷,仍要求用纳字,誓书里明写令夏国纳款这件事,兴宗不悦,要富弼改,富弼拒绝。但晏殊答应在国书中用纳字,和议成。[13]

这次的外交谈判,应当注意的要点是增加岁币的性质,即十万岁币用来补偿契丹放弃土地与和亲的要求,另外十万岁币是契丹答允要求西夏对宋臣服的报酬。[14]誓书于复述《景德誓书》后,约定如下:

窃以两朝修睦，三纪于兹。边鄙用宁，干戈载偃。追怀先约，炳若日星。今绵祀已深，敦好如故。如关南县邑，本朝传守，惧难依从。别纳金帛之仪，用代赋税之物。每年增绢一十万匹，银一十万两，前来银绢，般至(所管)雄州交割。[15]

后来宋神宗批评说："朝廷做事，但取实利，不当徇虚名。如庆历中，辅臣欲禁元昊称兀卒，费岁赐二十万，此乃争虚名而失实利。富弼与契丹再议盟好，自矜国书中入南朝白沟所管六字，亦增岁赐二十万。其后白沟亦不尽属我也。"[16]

所谓"南朝白沟所管"六字，不见于《长编》和《宋会要辑稿》记载的誓书全文。不过，《三朝北盟会编》卷六记载宋联金灭辽的过程，宋使马扩到燕京劝辽投降时，辽拿出两朝誓书宣读，其中有"所管白沟"四字：

每年增绢一十万匹，银一十万两，并前银绢，搬至"所管"白沟交割。[17]

契丹得到金帛五十万，勒碑纪功，奖赏刘六符"极汉官之贵，子孙重于国中"[18]。不过就对等而言，岁币送到契丹称"纳"，契丹略占上风。契丹人则对内及对高丽下诏夸称外交的胜利，称宋对契丹"进贡"：

朕以关南十县,我国旧基,将举兵师,议复土壤。宋朝屡驰专介,恳发重言,定于旧贡三十万两匹外,每年别纳金缯之物。再论盟约,永卜欢和。[19]

宋辽缔结的第二个和约,进一步巩固了东亚的长期和平。富弼不认为这次外交是自己的功劳。他指出,契丹、夏两国具有可与中原比拟的高度文化,而且有中原王朝所不及的武力,所以不应当把他们当作古代的夷狄。显然,富弼担心契丹、夏(西北二敌)联手对付宋,因此主张对契丹让步。[20]从这次谈判过程来看,富弼与刘六符和辽兴宗的交锋,未失立场。宋仁宗和宰相吕夷简则比较保守。富弼在谈判中只好在可以允许的范围之内灵活应对。他自作主张地拒绝了兴宗和亲的要求,这也许受当时儒家尊王攘夷思想的影响,也是宋人在国家力量不如汉唐的现实下唯一可以自我安慰的一点吧。

有些宋臣,如欧阳修认为己方遭受侮辱,说:"前者刘六符之来,朝廷忍耻就议,盖为河朔无可自恃,难与速争,须至屈意苟合,少宽祸患。"[21]后来王安石也认为订立《庆历誓书》是耻辱。

苏舜钦(1008—1049)则赋诗《寄富彦国》称赞富弼:

自古猾者胡与羌,胡羌相连动朔方。
奸谋阴就一朝发,直欲截割吾土疆。
遣使持书至阙下,四方物论如沸汤。

天子庆席旰未尝，相君日暮犹朝堂。
彦国感慨请奉使，誓将摧折其锋铓。
受诏驱马出都门，都人走观叹且伤。
猾胡闻风已厌伏，聚听大议羞乱常。
愿如故约不敢妄，脱甲争献宝玉觞。
旆旌威迟还上国，所至观者如倾江。
杖父奔蹶喜出泣，妇女聚语气激昂。
至尊虚怀坐楮床，中人催入见未央。
对久赤日下辇道，翠华影转熏风凉。
归来堂上拜寿母，宾客塞破甘泉坊。
衣尘未涤又出使，网罗绝域如门墙。
已知高贤抱器识，因时与国为辉光。
不烦一甲屈万众，以此可见才短长。
彦国本为廊庙器，何祗口舌平强梁。
使之当国柄天下，夷狄岂复能猖狂！

作为富弼的好友，苏舜钦的诗描述了富弼出使的整个过程，特别值得注意的是，诗中描写了当时汴京城百姓的感受与激昂的情绪："旆旌威迟还上国，所至观者如倾江。杖父奔蹶喜出泣，妇女聚语气激昂。"苏舜钦的赞扬也许稍显夸张，不过不费一兵一卒便扭转了当时契丹、夏二敌交侵的危机，富弼终究还是功在国家。[22]

历史学家李焘在《续资治通鉴长编》中叙述增币交涉的过

程后写下结语,他指责吕夷简:"时契丹实固惜盟好,特为虚声以动中国。中国方困西兵,宰相吕夷简持之不坚,许与过厚,遂为无穷之害。"[23]南宋时常有人忆起富弼的功劳,如周紫芝的《读郑公奉使录》有如此感想:

> 黶房难交玉帛欢,只因献纳是争端。
> 郑公不请长缨去,有口真堪伐可汗。
> 诸公有意勒燕然,不道昭陵闭玉关。
> 却遣毡裘窥汉鼎,拜公遗像独何言?[24]

周紫芝慨叹南宋对金外交之困难,可惜已见不到富弼的奉使报告。

王十朋也有诗咏富弼曰:

> 富公昔使虏,厉色争献纳。
> 臣节安敢亏,君恩以死答。
> 煌煌中国尊,忍为豺狼屈。
> 堂堂汉使者,刚气不可折。
> 斯人嗟已亡,英风复谁接。
> 衔命虏庭人,偷生真婢妾。[25]

庆历和议的背景是宋夏战争于康定元年(1040)爆发,宋军连败。辽兴宗显然是利用西夏战胜宋朝的机会,对宋提出割地的要求。当时夏主李元昊(1038—1048在位)自称西朝，俨然与宋、契丹形成三国鼎立的形势。如果契丹、夏合作对付宋，就会对宋造成极大的威胁，所以宋人力求破解辽夏同盟，以增加一部分对契丹岁币，作为促使契丹对西夏施压，令其与宋和好的条件。

宋雍熙三年(986)，李元昊的祖父李继迁降附契丹，得到契丹主的册封。端拱二年(989)，契丹义成公主下嫁继迁，自此西夏与契丹成为甥舅之国。[26]宝元元年(1038)，李元昊即皇帝位，国号大夏，后实行改革，大建官制，自制文字，改汉衣冠，又遣使至宋，上表称已即帝位，年号天授礼法延祚。[27]宝元二年(1039)，宋除李元昊官爵，罢榷场。次年，夏军攻宋，宋将刘平、石元孙在三川口(今陕西延安市境)兵败被俘。庆历元年(1041)，夏军又败宋军于好水川(今宁夏隆德西北)，宋将任福阵亡。庆历二年(1042)，夏军再攻宋，宋将葛怀敏战死于定川砦(今宁夏固原西北)。[28]

庆历年间，主持国家大计的重要人物参知政事范仲淹(989—1052)和枢密使韩琦，他们对"北西二敌"契丹、夏的政策，是采取守势，主张"以和好为权宜，以战守为实务"[29]。庆历元年年初，李元昊遣寨主高延德至延州，与知延州范仲淹议和。因高延德没有带书信，范仲淹没有文件可以上奏朝廷，遂以个人名义写了一封信给元昊，遣监押韩周与高延德同去。范仲淹在信中称李元昊为大王，劝其归附，指出朝廷对西夏有恩逾三十年，近来朝廷不杀来使，而且命自己"有征无战，不杀非辜，王者之兵也"。接着，范仲淹指出李元昊称帝的名号不能与契丹朝相比，因北朝称帝由来已久，与宋朝为兄弟之邦。大宋朝廷以仁守国，发生战争会造成蕃汉兵民死伤，若大王以爱民为意，愿意入贡，天子必复王爵，每年必有物帛之厚赐，并且有恢复贸易等益处。[30]

二月，任福败死于好水川。四月，李元昊遣野利旺荣回信给范仲淹，更是傲慢。范仲淹录好副本后，当着使者的面烧掉信件原件二十六页中的二十页，将剩下的六页删改后上报朝廷。这种做法引起一场争论。大臣们都说范仲淹不当与李元昊通信，且不该烧掉信件的原件。吕夷简将擅入西界的韩周削官，监通州税。吕夷简私下对宋庠说："人臣无外交，希文何敢如此！"因此宋庠(996—1066)上朝说："仲淹可斩也。"杜衍反对："仲淹本志盖忠于朝廷，欲招纳叛羌尔，何可深罪！"吕夷简公开支持杜衍。知谏院孙沔也上疏为范仲淹辩，仁宗这才没有对范仲淹予以重责，只是将他由陕西经略安抚副使、兼知延州、龙图阁直学士、户部郎中降为户部员外郎、知耀州。[31]这件事也说明在皇权制度下，大臣不能擅自对外展开任何外交活动。[32]

庆历二年冬，朝廷密诏知延州庞籍(988—1063)招纳李元昊。庞籍召西夏教练使李文贵来谈，文贵遂成为宋与李元昊议和的使臣。庞籍约李元昊"称臣归款"[33]。次年年初，西夏使李文贵携李元昊的书信至宋境，书中李元昊的头衔是"男邦泥定国兀卒曩霄上书父大宋皇帝"，表明自己称子不称臣。宋廷内一片哗然。韩琦、范仲淹等言：元昊派人来，欲与朝廷抗礼，其不改称号，意图朝廷允许他为"鼎峙之国"。他们认为如果元昊"大言过望，为不改僭号之请"，有不可许者三，大可防者三。他们提出不可许的理由是：其一，西夏是小国，不能和契丹相比。"自古四夷在荒服之外，圣帝明王恤其边患，柔而格之，不吝赐予，未有假天王之号者也。何则？与之金帛，可节俭而补也。鸿名大号，天下之神器，岂私假于人哉？惟石晋借契丹援立之功……故僭号于彼，坏中国之大法，而终不能厌其心，遂为吞噬，遽成亡国，为千古之罪人。"契丹称帝灭晋之后，事势强盛；西夏则从来附属于宋，不能和契丹比。其二，如果容忍李元昊的僭越之举，其公文将有西朝、西帝的称号，元昊可以借此招揽汉人，提高西夏的地位，"与契丹并立，交困中国"。其三，有人认为李元昊此举不过是在提升西夏对其他外族的地位。韩、范等人不以为然。他们认为如果让李元昊得逞，元昊将谋侵据汉地，所以坚持不可以对李元昊让步。至于"大可防者三"是：其一，同意李元昊的要求后，中国的边备会废弛。其二，李元昊不会谨守盟约。其三，蕃汉之人出入京师，会造成祸害。[34]韩、范想表达的重点是：金帛可以付出，名分则不可退让。富弼更进一步地指出：

若契丹谓中国既不能臣元昊，则岂肯受制于我？必将以此遣使来，未知以何辞答之；若契丹谓元昊本称臣于两朝，今既于南朝不称臣，渐为敌国，则以为独尊矣。异日稍缘边隙，复有所求，未知以何术拒之。臣晓夕思之，二者必将有一焉。不可不早虑也。[35]

富弼的意思是，如果西夏成为宋的敌国，契丹人将认为契丹的地位超过宋，因为西夏臣服于契丹。

庆历三年 (1043)，辽兴宗得到宋增加岁币的利益，遣使促李元昊与宋和好，李元昊却约契丹攻宋，被契丹拒绝。契丹作为夏的宗主国，必须对西夏施以压力。这样的外交，让契丹取得宋辽夏三国交涉中的主动地位。

但是庆历三年七月，夏使至宋廷时，仍称男不称臣。宋君臣倾向许和，韩琦和谏官欧阳修等反对和议。谏官蔡襄 (1012—1067) 说："元昊始以'兀卒'之号为请，及邵良佐还，乃欲更号'吾祖'，足见羌戎悖慢之意。纵使元昊称臣，而上书于朝廷，自称曰'吾祖'，朝廷赐之诏书，亦曰'吾祖'，是何等语邪？"[36] 余靖说："彼称陛下为父，却令陛下呼为我祖，此非侮玩而何？"欧阳修也说："夫吾者，我也；祖者，俗所谓翁也。今匹夫臣庶尚不肯妄呼人为父，若欲许其称此号，则今后诏书须呼吾祖，是欲使朝廷呼蕃贼为我翁矣。"他主张制裁西夏，反对给予西夏使节优厚的待遇，"待其来人，凡事不可过分。至于礼数厚薄、赐与多少，虽云小事，不足较量，然于事体之间，所系者大。"[37] 又说：

伏自西贼请和以来，众议颇有异同，多谓朝廷若许贼不称臣，则虑北戎别索中国名分，此诚大患。然臣犹谓纵使贼肯称臣，则北戎尚有邀功责报之患。是臣与不臣，皆有后害。如不得已，则臣而通好犹胜不臣。然于后患不免也。[38]

欧阳修指出，如果允许西夏不称臣，则契丹可能又提出"名分"上的要求，问题更严重。但是他也说，即使西夏称臣，契丹仍然会居功。他认为令西夏称臣比较好，却不免后患。换言之，在宋辽夏三角交涉中，契丹占有最有利的地位。由于西夏向契丹称臣，如果与宋对等，则宋对契丹似难维持平等的地位。这一点应当是宋臣反对西夏要求的主要原因。此外，宋人始终把西夏当作藩属国，视其为较契丹弱小的夷狄，虽然西夏的武力给宋廷造成了巨大的国防压力。[39]

庆历四年(1044)，西夏无法与契丹达成共同采取军事行动对付宋的目的，乃与契丹争夺辽夏边境的部落。兴宗遣秦德昌为使问罪，[40]并决定对夏用兵。七月，契丹遣使耶律元衡至宋，要求宋廷停止册封李元昊的行动。[41]翰林学士承旨丁度(990—1053)、学士王尧臣(1003—1058)、吴育(1004—1058)、宋祁、知制诰孙抃、张方平、欧阳修、权御史中丞王拱辰、侍御史知杂事沈邈等人都主张下诏给李元昊，要他归顺契丹，与此同时回复契丹，告知已经命李元昊归顺契丹，若李元昊不从，则不接纳。[42]余靖不赞成拒绝与西夏的和议，主张让李元昊全力对付契丹。于是宋廷采取余靖的策略，命他出使契丹。国书中表达的大致意思是如果李元昊来归顺，宋廷很难拒绝：

若以元昊于北朝失事大之体，则自宜问罪。或谓元昊于本朝稍效顺之故，则无烦出师，矧延州昨奏元昊已遣杨守素将誓文入界，傥不依初约，犹可沮还；如尽遵承，则亦难却也。[43]

余靖使还,力主即刻封册李元昊,让李元昊全力对契丹作战。[44]最后宋于辽夏战争爆发前册封李元昊为夏国主,促成契丹对夏用兵时,宋不会卷入。十月,西夏决定接受宋廷的册封和岁赐银、绢、茶二十五万五千两匹、斤等。[45]随后西夏虽然两次打败契丹军,但是最后还是对契丹称臣纳贡。不过辽兴宗没有答应西夏的求婚。

　　李元昊要求与宋对等,其实除了更上一层楼的野心外,还有利用宣示对等地位来获取利益的意图。他在外交上和经济上得到利益后,仍对宋称臣。虽然宋对西夏摆出宗主国的姿态,但是西夏有充分的自主权。宋人实行以夷制夷的外交政策,以岁币和岁赐为代价,成功地维持了国际均势,同时造成了辽夏之间的矛盾与冲突。

1　但王赓武认为,北宋已经没有以宋为中心的世界秩序。见 Wang Gungwu,"The Rhetoric of a Lesser Empire,"in *China Among Equals*, pp.47-65, esp. p.62。
2　《辽史》卷九三《萧惠传》,第1374页。
3　《辽史》卷八七《萧孝穆传》,第1332页。
4　《辽史》卷八〇《张俭传》,第1278页。
5　《辽史》卷一九《兴宗纪》,第227页作萧特末。任命在正月。《宋史》卷一一,第213页《仁宗纪》

作萧英、刘六符。

6 《长编》卷一三五,庆历二年三月壬申,第3230页。

7 刘敞:《王开府行状》,《公是集》卷五一(《丛书集成》本),第614页。《长编》卷一三五,庆历二年三月己卯,第3235—3236页。

8 《长编》卷一三五,庆历二年三月己巳,第3229—3230页。

9 符惟忠在途中病死,以张茂实替代。《辽史》亦载宋使为富弼、张茂实,见卷一九《兴宗纪》,第227页。

10 《长编》卷一三五,庆历二年四月庚辰,第3234—3235页。据刘敞:《王开府行状》,《公是集》卷五一,第615页。国书中有关于太宗北征的解释,出自王拱辰。

11 《辽史》卷一九《兴宗二》载宋使于六月到辽廷。《长编》卷一三七,庆历二年壬戌,第3283—3286页。贾昌朝反对和亲,见王珪撰墓志:"契丹遣使求关南之地,且议和亲。复为馆伴使,公言和亲辱国,而尺寸地不可许。"第285页。

12 《长编》卷一三七,庆历二年七月壬戌、癸亥,第3283—3287页。刘敞:《王开府行状》,《公是集》卷五一,第615页。

13 《长编》卷一三七,庆历二年九月癸亥,第3291—3293页。

14 参看拙著《宋辽关系史研究》,第79—89页;拙著《余靖与宋辽夏外交》,《食货月刊》,1972,1(10),第534—539页。

15 《长编》卷一三七,庆历二年九月乙丑,第3293—3294页:"窃以两朝修睦,三纪于兹。边鄙用宁,干戈载戢。追怀先约,炳若日星。今绵祀已深,敦好如故。如关南县邑,本朝传守,惧难依从。别纳金帛之仪,用代赋税之物。每年增绢一十万匹,银一十万两,前来银绢,般至雄州交割。两界塘淀,乙前开畎者并依旧外,自今已后,不得添展。其见在堤堰水口,逐时决泄壅塞,量差兵夫取便修垒疏导,非时霖潦别至大段涨溢,并不在关报之限。南朝河北沿边州军,北朝自古北口以南沿边军民,除见管数目依常教阅,无故不得大段添屯兵马。如有事故添屯,即令逐州军移牒关报。两界所属之处,其自来乘例更替及本路移易,并不在关报之限。两界逃走作过诸色人,并依先朝誓书外,更不得似日前停留容纵。恭维二圣,威灵在天。顾兹纂承,各当遵奉。共循大体,无介小嫌。且夫守约为信,善邻为义,二者缺一,罔以守国。皇天厚地,实闻此盟。文藏宗庙,副在有司。余并依景德、统和两朝盟书,顾惟不德,必致大信。苟有食言,必如前誓。专奉书咨闻,不宣。"《宋会要辑稿》之《蕃夷》一之三九载誓书大致相同。

16 神宗语,见《长编》卷三一七,元丰四年十月乙卯,第7656页。

17 徐梦莘:《三朝北盟会编》卷六,第56—57页:"窃以两朝修睦,三纪于兹。边鄙用宁,干戈是偃。近视先誓,炳若日星。今绵祀已深,敦好如故。关南十县,本朝传守已久,愧难依从。别纳金缯之仪,用代赋敛之物。每年增绢一十万匹、银一十万两,并前银绢搬至所管白沟交割。两界塘淀,除已前开畎者并依旧外,自今已后,各不得添展。其见在堤堰水口,逐时决泄壅塞,量兵夫立便修垒疏导等,非时霖潦大段涨溢,并不在关报之限。两地作过逃走诸色人,并依先朝誓书外,更不得似日前停留容纵。恭维二圣,威灵在天。顾兹纂承,各当遵奉。共存大体,无介小嫌。且夫守约为信,善邻为义,二者阙一,罔以守国。皇天厚地,实闻此立。其盟文藏之宗庙,付在有司。依景德年中两朝誓书,顾惟不德,必敦是盟。苟或食言,有如前誓。专奉书咨闻,不宣。"

18 《长编》卷一三七,庆历二年九月乙丑,第3294页;《辽史》卷八六《刘六符传》,第1323页。

19 《辽史》卷一九载:"宋岁增银、绢十万两、匹,文书称贡。"金渭显编著:《高丽史中中韩关系史料汇编》,台北:食货出版社,1983,第141页,靖宗八年(1042),十一月辛卯。

20 韩琦、富弼和钱彦远的意见,参看拙著《宋辽关系史研究》,第118—121页。

21 《论郭承佑不可将兵状》,《全宋文》卷六八〇,第465—466页。《长编》卷一四一,庆历三年七月戊寅。

22 参看拙著《富弼与宋辽谈判》,收入《历史的瞬间》,台北:联经出版事业股份有限公司,2006,第17—25页。

23 《长编》卷一三七,庆历二年九月乙丑,第3294页。
24 《全宋诗》卷一五〇五,第17164页。
25 《全宋诗》卷二〇一五,第22586页。
26 参看李范文:《试论西夏与辽金的关系》,《辽金史论集》第六辑,北京:社会科学文献出版社,2000,第428—439页。
27 《宋史》卷四八五,《外国》一,《夏国》上,第13993—14000页。
28 吴天墀:《西夏史稿》,成都:四川人民出版社,1983,第59—63页。今地依吴著。
29 《长编》卷一四九,庆历四年五月壬戌朔,第3597—3603页。
30 《长编》卷一三〇,庆历元年正月是月,第3085—3089页。
31 《长编》卷一三一,庆历元年四月癸未,第3114页。吕夷简语及宋庠被夷简陷害,见卷一三二,五月辛未,第3127—3128页。
32 范仲淹后来为自己辩解,指出他的行动曾经得到朝廷的同意。见其《耀州谢上表》,《范文正公集》卷一五,台北:台湾商务印书馆,1965,第214页。参看拙著《范仲淹与宋对辽夏外交》,《宋辽金史论集》,第201—214页。
33 《长编》卷一三八,庆历二年是岁,第3332页,据《宋史》卷三一一《庞籍传》,为知延州鄜延都总管、经略安抚缘边招讨使。据《长编》卷一三八,庆历二年十一月辛巳,"于是复置陕西四路都部署、经略安抚兼缘边招讨使,命韩琦、范仲淹、庞籍分领之"。(第3322页)
34 《长编》卷一三九,庆历三年二月乙卯,第3348—3354页。这些基本是范仲淹的意见,见《范文正公集》。

35 《长编》卷一四〇,庆历三年四月己亥,第3361—3362页。
36 《长编》卷一四二,庆历三年七月癸巳,第3409页。
37 《论元昊来人不可令朝臣管伴札子》,《全宋文》卷六八〇,第467页;卷六七九《论元昊来人请不赐御筵札子》,第442页。
38 《全宋文》卷六八〇《论西贼议和利害状》,第470—471页。又见《长编》卷一四二,庆历三年七月癸巳,第3410—3412页。《长编》中"北戎"作"契丹"。
39 李华瑞:《北宋朝野人士对西夏的看法》,收入《宋史论集》,保定:河北大学出版社,2001,第172—190页。
40 遣秦德昌问罪,墓志并无日期。参看李宇峰:《从出土墓志略论辽朝中期与高丽西夏之外交》,《辽海文物学刊》,1993(1),第187—192页。
41 《长编》卷一五一,庆历四年七月癸未,第3668页。
42 《长编》卷一五一,庆历四年八月乙未,第3677页。
43 《长编》卷一五一,庆历四年八月戊戌,第3678—3680页、第3680—3682页。
44 《长编》卷一五二,庆历四年九月甲申,第3705—3706页。
45 《长编》卷一五二,庆历四年十月己丑朔,第3706—3707页。以上参考吴天墀:《西夏史稿》,第59—74页;附录西夏大事年表。

# 第八章

# 宋辽划界纠纷

庆历和议缔结后，宋辽边界仍有一些问题需要交涉。主要的问题是两国边境的百姓互相争地，或越界引起争执。宋辽在河东边境设有缓冲地带，称为"禁地"，但北方人马时常侵入。庆历元年(1041)，代州报告，谓契丹旧界在苏直等耕地，却移文以故买马城为界。朝廷下诏由代州以牒答复。[1]皇祐五年(1053)，韩琦在河东任地方官，将禁地的范围划为距边界十里，让百姓可以利用荒废的田地重新耕种。比较严重的越界交涉发生于嘉祐二年(1057)，河东发生地界纠纷，契丹遣使至宋廷，指控宋人侵入北界。宋廷以河东地图示契丹使，辩称所谓入侵不过是恢复过去被北人占领的田地。治平二年(1065)，英宗遣官员与契丹定疆界。司马光(1019—1086)批评知雄州赵滋(？—1063)处理北人在界河捕鱼的手段过当。[2]这些纠纷，双方都有责任。后来韩琦指出，百姓侵占北界的田地应当交还：

宜遣使报聘，优致礼币，开示大信，达以至诚……且疆土素定，当如旧界，请命边吏退近者侵占致地，不可持此造端，欲隳祖宗累世之好。永敦信约，两绝嫌疑。[3]

自神宗熙宁五年(1072)起，宋廷开始收到契丹人马越国界擅入宋境樵采及在界河捕鱼的报告。五年正月，宁化军送契丹西南面都招讨府牒到府州，称南朝兵骑越境，射伤百姓。宋廷下诏给河东缘边安抚司，令其移牒北界依理交涉。[4]当时正值王安石当政，与神宗忙于西夏事势。

四月，王安石对神宗说：

边事寻当帖息，正宜讨论大计。如疆场尺寸之地，不足校计。要当有以兼制夷狄，乃称天所以畀付陛下之意。今中国地广民众，无纤芥之患，四夷皆衰弱。陛下聪明齐圣，忧勤恭俭，欲调一天下，兼制夷狄，极不难。要讨论大计而已。

神宗认为兵粮皆不足，又无将帅。王安石不认同神宗的观点，说："自古兴王，皆起于穷困寡弱之中，而能为富强众大。若待富强众大然后可以有为，即古无兴王矣。方今之患，非兵粮少，亦非无将帅也，若陛下能考核事情，使君子甘自竭力，小人革面不敢为欺，即陛下无为而不成，调一天下，兼制夷狄，何难之有？"

显然，王安石的意思是当政者不必计较细枝末节，而应该讨论制伏夷狄的大计。为了说服神宗，王安石说即使国家还没有富强起来，只要有心努力改革，最终一定会成功。神宗听了，"大悦"[5]。

同月，河北缘边安抚司报："北人渔于界河及夺界河西船，并射伤兵级，虽已指挥都同巡检以便婉顺止约，虑彼国不知边臣不顾欢好，信纵小民，渐开边隙。"朝廷下诏同天节送伴使晁端修等谕北使，称宋廷素来信守条约，从来没有挑起事端，请转告辽廷，严加约束。[6]不久，知雄州张利一报告，北界有七八千骑兵越过拒马河，到两输地。归信、容城县尉带兵前往，辽骑即离去。所谓两输地，又称两属地，是上述两县之地，其中人户向辽宋两方纳税，双方均不可派兵进驻。两输地是宋辽之间的缓冲区，辽方在此之前从未派兵进入此地。朝廷令安抚司调查后提出报告。[7]

五月，雄州上报，涿州又来牒，谓白沟增修馆舍及添驻兵甲。神宗下诏缘边安抚司官员仔细调查后速具上奏。[8]

同月，雄州报告，点交岁币中绢的部分，辽人不顾过去的交割方式，要一匹匹验收。朝廷下诏：北界多不循旧规，近来颇生事，虑可能另有阴谋，令河北、河东以丰厚赏金找人刺探对方动静。[9]不过，后来派人检视交给辽人的绢，发现真有几百匹穿孔的绢。宋廷因此处罚了雄州官吏。[10]

六月，知雄州张利一报告，辽人修城隍，点阅甲兵，一定有阴谋，宜先做准备。王安石认为不要无端引起对方的疑心，对契丹应当"静以待之"，对方自会安定。[11]张利一又报告北界差兵过拒马河巡查，要派官兵驱逐，宣示强势。王安石说，恐不宜如此。若争小事，恐坏了大计。于是神宗令张利一不可轻妄出兵，只以文牒诘问。[12]

七月，神宗同意经略使孙永的意见，命令雄州归信、容城县不得无故乡巡，免致骚扰百姓。王安石主张停止乡巡，希望双方不要升级对抗。参知政事冯京(1021—1094)认为这样会让契丹占领两属地。王安石辩称必无此理。他认为如果朝廷有"大略"(大计划)，即使放弃两属地四千人户也没有损害。王安石还劝神宗不要"只与彼日夕计较边上百十骑人马往来，三二十里地界相侵，恐徒劳圣虑，未足以安中国也"。冯京和枢密使文彦博(1006—1097)都反对罢乡巡。王安石则强调"契丹主必不容边吏如此非理生事也"[13]。

结果契丹巡马不停地入侵。七月，契丹来牒，指责雄州修驿馆，作箭窗、女墙、敌楼，制造事端。神宗命拆去。[14]闰七月，雄州张利一追逐过界的契丹巡马。王安石反对用武力，并谴责张利一生事，神宗也同意。[15]九天后，张利一说，因朝廷决定罢乡巡，辽人见宋人怯弱，巡马过河的次数更多，担心辽向南移口铺(边界的地标)，占两输地。王安石认为辽人充实守备，是恐怕宋人陵蔑，力主"遇之以静"，"应契丹者，当以柔静而已"，并劝神宗："契丹主即位已二十年，其性情可见，固非全不顾义理，务为强梁者也。然则陛下以柔静待契丹，乃所以服之也。"又说张利一"生事"，不能留在雄州。于是，神宗罢张利一，命客省使、文州防御使冯行己知雄州，皇城使、端州团练使、枢密副都承旨李绶为西上閤门使知代州。[16]

八月初，冯行己尚未到雄州，张利一上奏请"理会"(理论)巡马过河一事，王安石不肯。神宗仍令回复"婉顺"的牒本。[17]几天后，王安石对神宗抱怨张利一移牒涿州不讲理，所以涿州来牒言语"甚激切"。又说张利一"非理侵侮北界事极多"。文彦博指出辽人要求宋人将送礼物到白沟称作"送纳"，以前称"交割"，张利一当然可以和对方理论。王安石说，从前争"献纳"，现在"送纳"与"交割"为何争论？文彦博说，不理会的话，他们必定会移口铺。王安石答，等他们移了口铺再说。文彦博等人退下后，王安石对神宗说：

交割与送纳无所校，陛下不须令边臣争此。臣保契丹无它。若出上策，即契丹移口铺，陛下亦不须问。若出中策，即待移口铺，然后与计校未晚。若纵边臣生事，臣恐以争桑之小衅，成交战之大患……只契丹移口铺，陛下便须为之惶扰，即听惑，听惑即奸人过计或误而见听，奸人过计或误而见听，即宗庙社稷安危未可知。陛下既未能堪事，即未宜使边鄙有事。陛下欲胜夷狄，即须先强中国。《诗》曰：无竞维人，四方其训之。然则强中国，在于得人而已。

神宗说："契丹庆历中亦为西事故来求关南。"王安石说："庆历中，为仁宗计事者，皆全躯保妻子，妨功害能之臣。如公孙弘之徒众，而如汲黯者寡。此中国之所以不强而契丹敢侮也。"[18] 枢密院打算令雄州牒涿州理论送纳字。王安石反对，说：

天命陛下为四海神民主，当使四夷即叙。今乃称契丹母为叔祖母，称契丹为叔父，更岁与数十万钱帛，此乃臣之所耻。然陛下所以屈己如此者，量时故也。今许其大如此，乃欲与彼疆场之吏争其细，臣恐契丹豪杰未免窃笑中国。[19]

孙永奏：张利一移牒辽人不当，妄要占两输地为南朝地，以致辽人回牒不逊。王安石指出张利一的过错是"创馆驿不依例程,添团弓手,决百姓为不合与北界巡兵饮食,又行公牒要占两属地界,此即是利一引惹"[20]。

因朝廷派到雄州调查的孙永、阎士良等人的上奏所见不同,神宗再令入内供奉官、勾当御药院李舜举前往查看。[21]

不久,雄州又奏契丹巡马过河。枢密院认为契丹必定会增置口铺。王安石仍说,契丹大国,怎会争区区口铺?他们争到口铺地,有何利益?双方地方官将对抗升级是为了争功劳,而这都是张利一生事。辽人未必肯渝盟,神宗要想经略四夷,就应当讨论所施先后。[22]

九月,雄州报告契丹欲以兵来立口铺。文彦博、枢密副使蔡挺(1014—1079)主张如果来立口铺,必须拆除。神宗说:"拆却若不休,即须用兵,如何?"蔡挺说:"不得已须用兵。"神宗为难。王安石说:"大抵应口铺事当宽柔徐缓,修中国守备当急切。以臣所见,口铺事不足计,惟守备为急切。苟能修攻守之备,可以待契丹,即虽并雄州不问,未为失计。若不务急修攻守之备,乃汲汲争口铺,是为失计。"[23]几天后,朝臣为宋辽争口铺事辩论,文彦博力争保持口铺,说:"国不竞亦陵。"王安石则说,等对方不可柔服然后用壮。神宗担心引起战争。朝廷上,文彦博与王安石辩论:

文彦博:"交兵何妨?"
王安石:"河北未有备,如何交兵无妨?"
文彦博:"自养兵修备到今日,如何却无备?"

神宗:"朕实见兵未可用,与契丹交兵未得。"

文彦博:"契丹若移口铺,侵陵我,如何不争?"

王安石:"朝廷若有远谋,计契丹占却雄州,亦未须争。要我终有亦胜之而已。"

文彦博:"彼占吾地,如何不争?占雄州亦不争,相次占瀛州又不争。四郊多垒,卿大夫之辱!"

王安石:"太颠、闳夭之徒为文王卿大夫。文王事昆夷不以为辱,以为昆夷强,非由我不素修政刑,以致如此故也。要之吾终有以胜昆夷而已。自古大有为之君,其歙张取与必有大过人者。非特中国,虽四夷之雄亦必如此。冒顿邻国请其所爱阏氏,乃曰与人邻国奈何爱一女子!至请弃地,乃发兵,遂灭邻国。其操纵如此。此所以能当汉高也。若但一口铺尺寸之地而必争,恐非大有为之略。"

吴充:"冒顿至请弃地即必争。"

王安石:"臣所论者,以为当如冒顿知歙张取与,非以为如冒顿争地也。"

文彦博:"须先自治,不可略近勤远。"

王安石:"文彦博言须先自治固当,即七十里、百里可以王天下。孟子曰:'未有千里而畏人者也。'今以万里之天下而畏人,只为自来未尝自治故也。"

神宗:"呼契丹为叔,契丹邻敌乃呼为皇帝,岂是不畏彼?岁赐与金帛数千万已六七十年,六七十年畏契丹,非但今日。"

文彦博:"吾何畏彼?但交兵须有名。如太祖取河东亦须有蜡书之事。"

神宗:"患无力,岂患无名?"因言太祖答江南使人事。

王安石:"苟非无力,便取幽燕,不为无名。陛下以尧舜文武有天下,肯终令契丹据有幽燕否?"

文彦博:"要服契丹,即先自治,当令人臣不为朋党。"

王安石:"小人乃为朋党,君子何须为朋党?……"

从这场辩论来看,可见王安石的主张仍然是不计较小利益。文彦博本来力主争口铺,不惜用兵,但后来也认为要先自治。可见神宗赞成王安石的大策略,由他主导外交。不过最后辩论的焦点竟是朋党,而大臣因意见不同动辄指责对方为小人,颇为偏激。[24]总之,关于辽人巡马侵入两输地一事,王安石认为,契丹的举动引起一些小冲突不足为虑,宋廷应以充实国防为重。虽然契丹骚扰宋边境的报告仍不断地传入宋廷,但是诚如王安石所料,河北方面并没有发生重大冲突。神宗派冯行己去调查雄州的情况,冯行己回来说增加弓手骚扰百姓,百姓怨,才引起北人巡马过河。[25]李舜举的调查报告也说辽人并没有移口铺的意思,但增加乡巡弓手的确扰害百姓,现在已经罢乡巡,情况已经安定。王安石认为张利一罪状明确,于是神宗将张利一降为皇城使、达州刺史、卫州钤辖。[26]

张利一显然企图建立功名而又操之过急。王安石为推行自己的主张,必须除去张利一。《宋史·张利一传》则没有记载他被罢的事,反而说他曾知保州、雄州,辽人抓两属地的百姓当兵，当地人不胜其扰，利一安抚百姓。有大姓南迁，同来的达两万人，都得到张利一的接济。而且利一移文诘问涿州，让辽人不敢再来两属地抓人。[27]

熙宁六年(1073)二月，起居舍人、直集贤院章衡等使辽回朝，说河北沿边罢乡巡弓手不便。提点刑狱孔嗣宗也附和。神宗说，此事在开始就有过失，但现在如复置，辽人必定增兵，不可不谨。王安石指孔嗣宗为张利一游说。[28]

六月，雄州上报北界巡马五百余骑进入两输地。神宗说："北人渐似生事。"而河北兵器都不可用。王安石说，增强边备并不难。[29]

十一月，宋廷得到有关辽人将争蔚、应、朔疆界的消息。熙宁七年(1074)二月，神宗担忧契丹事，又收到谍报称辽人欲再求关南地。[30]

三月，辽道宗遣林牙兴复军节度使萧禧来，将要求重新划界的国书呈给宋神宗，并抗议宋朝地方官在河东沿边越界实行的措施，要求双方共同调查疆界：

爰自累朝而下，讲好以来，互守成规，务敦夙契。虽境分二国，克保于骓和，而义若一家，其思于悠永，事如闻于违越，理惟至于敷陈。其蔚、应、朔三州土田一带疆里，祇自早岁曾遣使人止于旧封，俾安铺舍，庶南北永标于定限，往来悉绝于奸徒。洎览举申，辄有侵扰，于全属当朝地分，或增修戍垒，或存止居民，皆是守边之冗员，不顾睦邻之大体，妄图功赏，深越封陲。

今属省巡，遂令案视，备究端实，谅难寝停。至于缕细之缘由，分白之事理，已具闻达，尽合拆移。既未见从，故宜伸报。爰驰介驭，特致柔缄，远亮周隆，幸希详审。据侵入当界地里所起铺形之处，合差官员同共检照，早令毁撤。却于久来元定界至再安置外，其余边境更有生创事端，委差去使臣到日，一就理会。如此，则岂惟疆场之内不见侵逾，兼于信誓之间且无违爽。兹实便稳，颙俟准依。

王安石不认为辽使会提出无理的要求，但神宗认为辽人会要求关南地。及至见到辽国书，神宗认为争疆界"此细事，疆吏可了。何须遣使？"，认为派一个官员和对方官员去办就好了。神宗问萧禧还有什么事，萧禧说："雄州展托关城，违誓书。"神宗说："誓书但云不得创筑城池，未尝禁展托。然此亦细事，要令拆去亦可。"萧禧说："北朝只欲南朝久远不违誓书。"神宗说："若北朝能长保盟好，极为美事。"又问萧禧还有何事，萧禧答：没有其他的事。[31]

神宗任命权判三司开拆司、太常少卿刘忱至河东路商量地界，并与知忻州、礼宾使萧士元，检详枢密院史、后房文字、秘书丞吕大忠共同商量，且与契丹的萧素、梁颖在边境会商。[32]

萧禧等辞行，神宗面谕，令官员与北朝官员一同检视地界；雄州修城并非创筑城隍，北朝既然关注，会停止后续工程；朝廷向来约束边臣不令生事，有人擅入北朝地方，都已被处罚。宋廷回复辽朝的报书指出两国应和平共处，有如一家：

经界之间，势形可指，方州之内，图籍具存。当遣官司，各加覆视。倘事由夙昔，固难徇从，或诚有侵逾，何吝改正？而又每戒疆吏，令遵誓言，所谕创生之事端，亦皆境候之细故，已令还使具达本国，缅料英聪，洞垂照悉。[33]

即疆界以图籍为依据。宋廷以兵部郎中、天章阁待制韩缜假龙图阁直学士、给事中为回谢辽国使。[34]

四月，王安石罢相。吕大忠请枢密院将有关疆界的地图文籍交韩缜赴辽廷交涉。神宗下诏，命韩缜说明两朝通好以来，宋朝一直遵守旧规，未尝挑起争端；白沟馆驿增建部分已经毁去，雄州旧城的修复并非创筑；河东边界，已遣人与辽朝派来的官员商量；苏直一带，过去双方已经画定标示，今日却要变动，不可；彼此都是大国，应守信约。神宗令韩缜"随宜应答"。韩缜到辽廷，与辽相李相熙"略相酬对而还"[35]。另遣刘忱往河东与辽人商议地界。[36]

七月至九月，刘忱、萧士元与辽使萧素、梁颖在河东大黄平会谈。萧素以自己是平章事，要正南面坐，并且以座位的高下分坐。刘忱等人不从，移文辩论十几次，后来国信所查出，"至和元年，国信使萧德带平章事，与馆伴使行马坐次，皆分宾主以报"，有了这样的先例做依据，辽使才不再争，终以宾主礼相见。[37]

十一月，宋廷改以西上阁门副使、知石州吕大忠代替萧士元。刘忱等与辽人谈判，萧素等人坚持蔚、应、朔三州以分水岭为界。吕大忠参与后，屡次以理辩论，但萧素等人仍不肯让步。³⁸ 同时，刘忱报告辽人侵入宋界横都谷，边臣观望，而不驱逐。刘忱希望朝廷遣郭逵驻代州，协力办理边疆事务，但没有得到回应。³⁹ 到了月底，宋辽官员在大黄平举行的会议进展并不顺利，萧素、梁颖决定回去请辽主另派大使。于是，刘忱、吕大忠回朝，双方只以公牒往还。⁴⁰

熙宁八年 (1075) 二月，吕大忠建议置地界局于代州，刘忱、萧士元主持与辽人长期谈判。吕大忠认为辽人只会在一种情形之下用武，就是被激怒了。但不可妄动的原因有五点，主要原因是不会放弃岁币，且辽人兵力已不如以前。⁴¹ 后来，宋廷在太原建地界司。⁴²

二月，王安石复相。

辽使萧禧至白沟驿，逗留了几十天，由太长少卿向宗儒、皇城使兼阁门通事舍人王择接伴。引起宋廷疑虑。⁴³

三月，辽使林牙兴复军节度使萧禧再来致书，由韩缜馆伴。萧禧面见神宗，抱怨宋人迁延，催促划界：

乃者萧禧才回，韩缜续至，荐承函翰，备识诚悰。言有侵逾，理须改正。斯见和成之义，且无违拒之辞。寻命官僚同行检照，于文验则甚为显白，其铺形则尽合拆移。近览所司之奏陈，载详兹事之缕细，谓刘忱等虽曾会议，未见准依。自夏及冬，以日逮月，或假他故，或饰虚言，殊无了绝之期，止有迁延之意。若非再凭缄幅，更遣使人，实虞诡曲以相蒙，罔罄端倪而具达。更希精鉴，遐亮至怀。早委边臣，各加审视。别安戍垒，俾返旧常。一则庶靡爽于邻欢，一则表永敦于世契。[44]

神宗命兵部侍郎、天章阁待制韩缜和西上阁门使、枢密副都承旨张诚一往河东与辽人会识地界，速速结案。[45]吕大忠与刘忱觐见神宗，神宗有意接受辽使的请求，吕大忠说："敌他日若遣魏王英弼来尽索关南地，陛下将欲从之乎？"刘忱说："大忠所言，社稷至计也。愿陛下熟思之。"神宗默然，于是改命韩缜。[46]

又遣右正言、知制诰沈括假翰林院侍读学士为回谢辽国使报聘，西上阁门使、荣州刺史李评假四方馆使为副使。因萧禧久留不走，所以神宗命沈括为泛使，到辽廷当面谈判。神宗问沈括："敌情难测，设欲危使人，卿何以处之？"沈括答："臣以死任之。"神宗说："卿忠义固当如此，然卿此行，系一时安危，卿安则边计安。礼义由中国出，较虚气无补于国，切勿为也。"[47]神宗对于边界问题有几点指示，担心使人的处境。中书、枢密院的意见，则是以分水岭为界的问题，使人不能自作主张，不过辽人没有"苦辱使人"的道理。[48]

沈括在枢密院看案牍，发现辽人过去以古长城为分界，现在所争的是黄嵬大山。沈括在资政殿觐见神宗，神宗惊喜，对沈括说："两府不究本末，几误国事。"神宗自己画地图，责备大臣，并以图示辽使。另赐沈括银千两。根据沈括的研究，蔚州所争地东西约七里以上。朔州以黄嵬大山分水岭为界，所争地南北约三十里。武州所争地南北十里以上。应州所争地南北约十七八里。[49]

四月,辽使萧禧辞行。宋朝答辽朝书指出辽使理屈,要点是:"重念合天地鬼神之听,共立誓言,守祖宗疆土之传,各完生聚。不啬金缯之巨万,肯贪壤地之尺寻?特欲辩论,使无侵越,而行人留馆,必于分水以要求。枢府授辞,则以兴师而移拆,岂其历年之信约,遂以细故而变渝。已案舆图,遥为申画,仍令职守,就改沟封。遐冀英聪,洞加照悉。"[50]要点是两国交好,辽国得到岁币,难道为了贪图疆土小事,不顾誓约?

神宗赐韩琦、富弼、文彦博、曾公亮手诏,问:"敌情无厌,势恐未已。万一不测,何以待之?"韩琦认为过去"好进之人不顾国家利害,但谓边事将作,富贵可图",献策图幽蓟之地,让辽人怀疑。他主张遣使,"优致礼币,开示大信,达以至诚",要把近来侵占的土地退还,再将辽人所疑之事,如在河东河北增置将官之类罢去。文彦博主张不退让,重守备。曾公亮主张遣使报聘,说明疆界案验明白,不可侵越,使辽主知道,不被邀功之臣所惑。[51]

神宗诏雄州移牒涿州,说明沈括为回谢使,"不可以审行商议为名"。原来涿州移牒雄州,要改宋使的名称。王安石建议回答:"受旨回谢,不合预商议。"如果一定要改名,请派泛使来谈。神宗问王安石:"他们真的派泛使来,如何?"王安石说:"他们以为我们怕泛使,我们无所谓。"神宗问:"泛使来了不走如何?"安石答:"若不肯走,就厚待他们。"经过讨论,神宗诏雄州等沈括过界几天后再移牒。[52]

六月，宋廷立法禁止边民卖地给北人，因过去边民与辽人买卖土地，日久疆界不明，往往引发事故。[53]

沈括至雄州，辽人不让入境，沈括在雄州待了二十多天，直到萧禧北归，才能入境。沈括将遗奏交付兄长、雄州安抚副使沈披："臣不还，敌必倾国为寇。敌之器甲、材武皆不逮中国，所恃者惟众而习劳苦，不持粮。"沈括提出"制敌之术"在于充实边防。

沈括与辽南府宰相杨益戒在永安山远亭子会谈。沈括出使前曾在枢密院查阅有关宋辽边界的文件和地图，加以详细研究，并且令部属背诵文件，因此在与辽廷谈判时，他能根据历年宋辽双方的来往文书，振振有词，不肯让步：

括至敌庭，敌遣南宰相杨益戒就括议。括得地讼之籍数十于枢密院，使吏属皆诵之。至是，益戒有所问，顾吏属诵所得之籍。益戒不能对，退而讲寻。他日复会，则又以籍对之。益戒曰："数里之地不忍，终于绝好，孰利？"括应之曰："国之赖者，义也。故师直为壮，曲为老。往岁北师薄我澶渊，河溃，我先君章圣皇帝仁宗不以师徇，而柔以大盟。庆历之初，始有黄嵬之讼。我先皇帝于是有楼板之戍，以至于今。今皇帝君有四海，数里之瘠何足以介？国论所顾者，祖宗之命，二国之好也。今北朝利尺寸之土，弃先君之大信，以威用其民，此遗直于我朝，非我朝之不利也。"凡六会，敌人环而听者千辈，知不可夺，遂舍黄嵬而以天池请。括曰："括受命黄嵬，不知其他。"得其成以还。[54]

根据沈括的报告《乙卯入国奏请并别录》，杨益戒指出蔚、应两州已经谈妥，只有朔州的天池、黄嵬大山有争议，要以分水岭为界。沈括提出证据，力争黄嵬大山属于宋朝，应以大山脚下为界。争执的地区最大的东西长约二十里，南北阔约三十里，也就是六百平方里左右。沈括与辽人会谈的结果，是在河东辽朔州与宋宁化军交界处，以黄嵬山脚和天池为界。

谈判中有一个有趣的插曲：辽帝居然到沈括随员的帐篷中谈话。沈括的《别录》中载，"五月二十九日，北朝皇帝与皇子各变服来帐前，书表司王纯、鲍忻，职员张履，御厨李回，指使王宣等，同皇帝相揖后，地上列坐。"兹引一段辽道宗与职员张履、御厨李回的对话：

时皇子亦在。吃茶罢，王纯谓皇帝曰：今日天凉，太师可饮京酒一两杯。皇帝曰：好。遂具酒果相次。皇帝先发问曰：地界还如何了当？张履云：地界事已了。萧琳雅已受了撇拨文字，别无未了。皇帝曰：黄嵬、天池本是北朝地土，昨因苏钤辖等强来侵占，今来只要依旧。张履云：康定中，两朝已曾定夺苏直所争地土了当。鲍忻云：记得北朝曾差教练使王守源、副巡检张永、句印官曹文秀计会。南朝阳武寨都监翟文秀、崞县令教练使吴岊指挥拨立定苏直地土。已立定黄嵬大山脚为界。此事甚是分白。张履曰：天池，南朝自有顺义军开泰五年牒，称地属宁化军，亦是照据的确。皇帝又云：天池既是南朝地土，因甚于天池庙左侧旋盖铺形？张履又云：亦是自家地土上修盖，有何不可？鲍忻因举手谓皇帝曰：北朝来理会五处地土，南朝已应副了三处，此两处为已经定夺了当，及有文字照据的确，决南为应副。北朝皇帝须是体认南朝皇帝意度，便是了当。皇帝又云：此处地土，某曾亲到来。遂指画铺形去处。鲍忻、张履同指李回谓皇帝曰：李司徒久在河东，尽知子细。皇帝问李回曰：萧纠格太保曾来否？回曰：今日不曾来。萧纠格太保便是萧爱六宅。皇帝曰：河东三州疆界，左藏甚知次第。黄嵬大山有些争竞事，为甚未了？回答云：闻萧琳雅昨来商量已了，更无争竞去处。已将过文字来，太师必曾见上面都了也。皇帝云：只为未见道黄嵬山分水岭。回答云：北属代州阳武寨，自康定二年及嘉祐二年两次两朝遣使差官商量，定夺了当，必更难言。分水岭其黄嵬大山北脚下为界，更如何改得？[55]

上引谈话，主要在于土地和边界的辩论。沈括的随员对于争议的地点和过去的争执都完全了解，也熟记文书档案，显然是有备而来，对辽帝毫不畏惧。道宗是游牧民族的领袖，可以和来使的三节人员谈话，其平易近人的作风与高高在上的中原皇帝大为不同。

《辽史》记载这次交涉十分简略，不但没有夸耀外交上的大胜利，而且只认为是取回宋人所侵之地，是"正疆界"。[56]可惜宋廷不能坚持立场。王安石罢相后，主持划界交涉的韩缜会同辽使在河东分划地界，结果是大致以分水岭为界，使宋方遭受颇大的损失，所失之地据说东西达五百至七百里。时人黄廉反对让步，说："分水画境，失中国险固，启豺狼心。"两不耕地都被契丹取去，"父老以为恨"[57]。

元祐元年(1086)，御史中丞刘挚，谏官孙觉、苏辙、王觌论韩缜与契丹谈判，割地六百里，"边人怨之切骨"，不可在相位。韩缜遂罢相。[58]

在这次交涉中，王安石的策略遭到群臣的严厉批评。"弃地"成为王安石的政敌攻击他的借口。据说王安石自始至终主张放弃若干土地以换取和平，而且还说过"将欲取之，必固与之"的话。后来也有很多史家批评王安石的策略，认为王安石应当为"弃地"负责。实际上，王安石的主张是：在宋廷做好收复燕云的准备工作之前，维持和契丹的良好关系是必要的，至于富国强兵的步骤，必须先内后外，所以对于契丹的骚扰必须忍耐。同时，王安石积极布置河北、河东的防务，在河北实行保甲法和保马法，训练军队，增加边将。熙宁八年(1075)王安石对于地界纠纷的言论，随着北疆防务的巩固而转为强硬。最后宋神宗和韩缜对契丹让步时，王安石已经不在相位主持大计。因此，后来苏辙抨击韩缜时，根本没有提到王安石。[59]

宋辽划界交涉，表明当时宋辽是两个对等的国家，他们以"契丹"和"宋人"称呼彼此，认为两个朝代是"北朝"和"南朝"，两国人民是"北人"和"南人"。这次边界交涉，虽然神宗认为是小事，但是负责谈判的使者，如刘忱、吕大忠和沈括，都郑重其事，不肯让步。可见两国都非常重视国家的疆土和国界，详细会商，达成协议。中国过去历代虽然重视土地，但直到宋代才明确地以和约的形式制定国界，而且明文规定人民不可以随意越界。这一点不但在宋以前的朝代没有发生过，即使在当时的世界上也是空前的创举。[60]

总之，宋辽关系是中国历史上值得重视的平等外交关系。宋人在无法消灭契丹收复失地的时候，只好采取理智的态度，运用外交策略和贿赂，与强敌维持和好关系。《澶渊盟约》缔结以后，若干宋人对于契丹的态度逐渐变为尊重。政治家和外交家如韩琦和富弼，都指出宋朝不应以传统的态度去应付契丹，而应当承认契丹是势均力敌的平等之国。在这种情况之下，宋人暂时放弃了"攘夷"的口号，而将对于政治的关注放在"尊王"和内政方面。外交方面，"以德怀远"的理论遂大行其道。长期的和平使宋人感觉不到来自北方的沉重的军事压力，范仲淹说："自古王者外防夷狄，内防奸邪。夷狄侵国，奸邪败德。国侵则害加黎庶，德败则祸起萧墙。乃知奸邪之凶，甚于夷狄之患。"不过他仍然认为"御戎之计，在北为大"，想湔雪石晋割地称臣的"千古之耻"。王安石变法的目的在于富国强兵，强兵旨在收复燕云，"制夷狄"。

1　《长编》卷一三四，庆历元年十二月庚辰，第3205页。
2　《长编》卷二〇五，治平二年六月己酉，第4969页。
3　《长编》卷二六二，熙宁八年四月丙寅，第6390页。以上参看拙著《宋辽关系史研究》第八章《宋辽边界交涉的问题》。
4　《长编》卷二二九，熙宁五年正月己丑，第5568页。
5　《长编》卷二三二，熙宁五年四月壬子，第5628页。

6 《长编》卷二三二,熙宁五年四月庚申,第5631页。
7 《长编》卷二三二,熙宁五年四月乙亥,第5638页。参看佐伯富:《宋代雄州缓冲地两输地》,《中国史研究》第一,第488—523页。并见安国楼:《宋辽边境的两属户》,《中国史研究》,1991(4),第149—153页;李昌宪:《北宋河北雄州的两属地》,《南京大学学报》,1993(3),第116—118页。
8 《长编》卷二三三,熙宁五年五月辛巳,第5646页。
9 《长编》卷二三三,熙宁五年五月辛卯,第5654页。
10 《长编》卷二三四,熙宁五年六月壬戌,第5677页。
11 《长编》卷二三四,熙宁五年六月乙丑,第5681页。
12 《长编》卷二三四,熙宁五年六月丙子,第5692页。
13 《长编》卷二三四,熙宁五年七月戊子,第5700—5701页。
14 《长编》卷二三四,熙宁五年七月丙寅,第5711页。
15 《长编》卷二三五,熙宁五年闰七月戊申朔,第5725—5726页。
16 《长编》卷二三五,熙宁五年闰七月丙辰、庚申,第5733—5740页。
17 《长编》卷二三七,熙宁五年八月丁丑朔,第5757—5758页。
18 《长编》卷二三七,熙宁五年八月壬午,第5761—5762页。
19 《长编》卷二三七,熙宁五年八月甲申,第5762页。
20 《长编》卷二三七,熙宁五年八月甲申,第5763页。
21 《长编》卷二三七,熙宁五年八月己巳,第5771页。
22 《长编》卷二三七,熙宁五年八月丁酉,第5772页。
23 《长编》卷二三八,熙宁五年九月丙午朔,第5787页。
24 朋党之争非本书重点。王安石与神宗论人才,神宗欲任沈括判兵部,王安石指责沈括是"壬人"(佞人),又指责文彦博是小人。见《长编》卷二六三,熙宁八年闰四月甲午,第6419—6420页。
25 《长编》卷二三八,熙宁五年九月丁未,第5790页。
26 《长编》卷二三八,熙宁五年九月庚戌,第5798—5799页。
27 《宋史》卷二九〇,第9712页。
28 《长编》卷二四二,熙宁六年二月辛丑,第5906页。
29 《长编》卷二四五,熙宁六年六月丙申,第5972页。
30 《长编》卷二四八,熙宁六年十一月戊午,第6046页。熙宁七年二月己巳朔,第6082页。熙宁七年二月丙子,第6087页。
31 《长编》卷二五〇,熙宁七年三月丙辰,第6121—6123页。
32 《长编》卷二五一,熙宁七年三月丙辰,第6132页。《宋会要辑稿》之《蕃夷》二之二四,第7690页。
33 《长编》卷二五一,熙宁七年三月癸亥,第6135—6136页。《宋会要辑稿》载,辽使于四月五日辞行,朝廷报书文字完全与《长编》所载不同,大意是关于辽方侵越疆界,希望信约,不致因小事破坏。见《蕃夷》二之二四,第7690页。
34 《长编》卷二五一,熙宁七年三月癸亥,第6136;甲午,第6137页。

35　《长编》卷二五二，熙宁七年四月甲午，第6176—6177页。据《长编》卷二五二，第6201—6202页，是月，刘庠主张对辽的要求应当强硬拒绝。
36　《长编》卷二五四，熙宁七年六月戊午，第6224页。
37　《长编》卷二五六，熙宁七年九月戊申，第6252页。
38　《长编》卷二五八，熙宁七年十一月丙申，第6286页。
39　《长编》卷二五八，熙宁七年十一月壬戌，第6292页。
40　《长编》卷二五八，熙宁七年十二月是月，第6306页。
41　《长编》卷二六〇，熙宁八年二月壬申，第6334页。
42　《长编》卷二六五，熙宁八年六月戊车，第6517页。
43　《长编》卷二六〇，熙宁八年二月甲申，第6344页。
44　《长编》卷二六一，熙宁八年三月庚子，第6358页。
45　《长编》卷二六一，熙宁八年三月辛丑，第6359页。
46　《长编》卷二六一，熙宁八年三月己酉，第6360页。《宋史》卷三四〇《吕大忠传》，第10845页与此同。
47　《长编》卷二六一，熙宁八年三月癸丑，第6362页。
48　《长编》卷二六一，熙宁八年三月甲寅，第6363页。
49　《长编》卷二六一，熙宁八年三月辛酉，第6367页。
50　《长编》卷二六二，熙宁八年四月丙寅，第6376—6386页。李焘于此日附《实录》《张方平墓志》《韩宗武记韩缜遗事》《吕惠卿集》等。
51　《长编》卷二六二，熙宁八年四月丙寅，第6386—6397页。
52　《长编》卷二六三，熙宁八年闰四月丙申，第6427—6428页。注引沈括：《乙卯入国奏请并别录》，第6428—6432页，应另文研究。
53　《长编》卷二六五，熙宁八年六月己酉，第6493页。
54　《长编》卷二六五，熙宁八年六月壬子，第6497—6498页。
55　《长编》卷二六五，熙宁八年六月壬子，第6510—6513页。康定二年的争议，源自庆历元年所谓苏直地，见《长编》卷一三四，庆历元年十二月庚辰："代州言，契丹旧封界在苏直等见耕之地。而近辄移文，欲以故买马城为界。浸有侵斩不便。诏本副牒谕之。"
56　参看拙著《宋辽关系史研究》第八章《宋辽边界交涉的问题》。
57　《宋史》卷三四七《黄廉传》，第11003页。
58　《宋史》卷三一五《韩缜传》，第10311页。
59　参看拙著《宋辽关系史研究》第七章。
60　参看拙著《宋辽关系史研究》（联经版），第98—102页；简体字版第七章。葛兆光：《宅兹中国》，北京：中华书局，2011，第49—54页。西方学者也开始注意宋辽间的疆界，如Christian Lamouroux, "Geography and Politics: The Song-Liao Border Dispute of 1074/75," in Sabine Dabringhaus and Roderich Ptak, eds., *China and Her Neighbours: Borders, Visions of the Other, Foreign Policy, 10th to 19th Century*, Wiesbaden: Harrassowitz, 1997, pp.1-28。此文著者认为因为这次的交涉促成宋辽间划界，国界不再是一个区域，而是一条界线。Naomi Standen, "(Re) Constructing the Frontiers of Tenth-Century North China," in Daniel Power and Naomi Standen, eds., *Frontiers in Question: Eurasian Borderlands, 700-1700*, London: Macmillan, 1999, pp.55-79。

第九章

# 宋与辽、夏、高丽的互动

嘉祐七年(1062)，夏主李谅祚请求宋帝以公主下嫁。宋仁宗没有答应。宋英宗时，夏人时常扰边，宋人以停止岁赐因应。神宗即位后，册夏主李秉常为夏国王。治平四年(1067)，种谔取绥州。西夏对宋的军事武力逐渐失去优势，对辽更加依赖。在遭受宋军的军事压力时，夏人屡次向辽乞援。

神宗君臣积极经略西夏。熙宁三年(1070)，夏人进攻，庆州之役因宋军兵变而败。元丰四年(1081)，宋军分五路大举攻打西夏，在灵州以战败结束。次年，再度西进，又大败于永乐城。虽然如此，神宗朝仍攻取了西夏的领土。在宋夏交战期间，元丰五年(1082)，夏人请辽调停。辽道宗命涿州以牒问宋人，说夏国遣使称"南朝无名起兵讨伐，不知事端"。宋神宗命雄州移牒涿州，指出夏主受宋封册，但李秉常为其母梁氏之党囚辱，却引兵数万侵犯边疆，所以对夏用兵。[1]辽人遂没有继续追究。

元丰八年(1085)，西夏主李秉常之母去世，宋人得到夏使的报告后，认为是和谈的契机。保守的官僚建议改变拓边政策，放弃所得的西夏土地。他们主张弃地的理由，除了取得的边外地区难于防守，没有价值之外，更重要的是他们认为中国对夷狄应当以信义为重。双方虽然于元祐四年(1089)达成和议，不过，夏人仍不放弃侵扰宋朝边境，因此宋朝君臣再度采取了强硬的政策。[2]

当宋夏冲突时，西夏依赖辽朝为外援，请辽调停。辽也会为了制衡宋朝而保护西夏。元祐七年(1092)，宋人又对西夏用武，西夏国势渐弱，乃向辽求援。辽朝通过涿州移牒雄州："奉辽主旨，夏使告乞应援，缘南北两朝通好年深，难便允从。委涿州牒雄州闻达南朝，相度施行。"宋朝的回牒把夏国侵犯宋边境的情形告诉辽朝。[3]次年正月，保安军得到宥州移牒，西夏对宋请和："本国准北朝札子，备载南朝圣旨，称夏国如能悔过上表，亦许应接。今既北朝解和，又朝廷素许再上表章，欲遣诣阙。"宋廷虽已准西夏遣使，但因尚书左丞梁焘(1034—1097)批评此时辽人并没有介入宋夏之争，夏人不当引"北朝解和"之语，恐其中有诈，提议打听清楚夏人有无诚意。朝廷便采纳了梁焘的建议，令边臣退换牒文："夏国如果能悔过，遣使谢罪，可差人引伴赴阙。其辞引北朝非例，令经略使以意谕之。"[4]

宋哲宗绍圣四年(辽道宗寿昌三年，1097)，朝廷得到涿州给雄州的牒文，牒文中称："西夏本当朝建立，两曾尚主。近累遣使奏告，被南朝侵夺地土，及于当朝侧近要害处修城寨，显有害和好。请追还兵马，毁弃城寨，尽归所侵地土。如尚稽延，当遣人别有所议。"众臣惊讶于来牒的不客气，章惇(1035—1106)则笑称元丰时期也来过这种牒文，只一次而已。当时仅回一牒，对方后来再问，也不甚有力。检查元丰时期的牒文和神宗当年草定的回牒，果然与章惇所说的相同。[5]

元符二年(辽寿昌五年，1099)，西夏再度要求辽介入或遣援军。辽不愿西夏被宋侵灭，辽道宗遣泛使到宋廷，劝宋朝不得侵略西夏。三月，辽泛使左金吾卫上将军萧德崇，副使枢密直学士、尚书礼部侍郎李俨见哲宗。萧德崇对哲宗说，北朝皇帝告南朝皇帝："西夏事早与休得，即甚好。"哲宗令大臣答复："西人累年犯顺，理须讨伐，何烦北朝遣使？"[6]

右正言邹浩（1060—1111）认为，多年来辽人没有遣泛使，今遣泛使来此，决非虚发，实在是大事，希望朝廷重视，召百官商议。朝廷不许。[7]

辽使呈递国书，历数过去宋人屡次侵取，本该答应夏人的要求出兵援助，但念"辽之于宋也，情重祖孙；夏之于辽也，义隆甥舅"，所以信守誓约，遣使来谈：

肇自祖宗开统，神圣贻谋，三朝通五世之欢，二国敦一家之睦。阜安万宇，垂及百年。粤维夏台，实乃藩辅。累承尚主，迭受封王。近岁以来，连表驰奏，称南兵之大举，入西界以深图。恳求救援之师，用济攻伐之难。理当应允，事贵解和。盖念辽之于宋也，情重祖孙；夏之于辽也，义隆甥舅。必欲两全于保合，岂宜一失于绥存？而况于彼庆历、元丰中，曾有被闻，皆为止退。宁谓辄违先旨，仍事远征。尔后移问稠重，谕言委细。已许令于应接，早复罢于侵争。倪蔽议以无从，虑造端而有自。则于信誓，谅系谋维。与其小不忍以穷兵，民罹困弊，曷若大为防而计国，世固和成。[8]

除国书之外，辽使还拿出一卷文字（白札子）要馆伴使蔡京接收，蔡京上奏后接收。白札子的内容为："夏国差人告奏，与南宋历年交和，忽于诸路齐发人马，大行劫掠，今则深入近里地分，及于朝廷边界相近诸要害处，多修城壁，侵取不息。伏望计会南宋,却令还复所夺疆土城寨,尽废所修城壁。"接着引用过去西夏与宋争战,辽人介入的史实,要求宋人"子细详究,早为指挥,勾退兵马,及还复已侵过疆土城寨,用固祖宗信誓,不失两朝久来欢好。右请馆伴所闻达南朝"[9]。

馆伴所报告:"信使以白札子云:西人悔过谢罪,许以自新,则是全不干北朝遣使之意,兼未见答'休退兵马,还复疆土'八字,往复久之,未肯收受。"宋君臣为答复辽人的要求,在朝廷上展开讨论。章惇和曾布的意见不同。最后辽使带回的国书内容为:

载书藏府,和好于万年;使节驰轺,达诚心于二国。既永均于休戚,宜共嫉于凶奸。惟西夏之小邦,乃本朝之藩镇,曲加封植,俾获安全。虽于北尝预婚姻之亲,而在南全居臣子之分。涵容浸久,变诈多端。爰自累岁以来,无复事上之礼,赐以金缯而不已,加之封爵而愈骄。杀掠吏民,围犯城邑,推原罪恶,在所讨除。聊饬边防,稍修武事,筑据要害,扼控奔冲。辄于去岁之冬,复驱竭国之众,来攻近塞,凡涉两旬,自取死伤,数以万计,粮尽力屈,众溃宵归。更为诡诞之词,往求拯救之力,狡谲之甚,于此可知。采听之间,固应洞晓。必谓深加沮却,乃烦曲为劝和。示以华缄,将之聘币,礼虽形于厚意,事实异于前闻。缅料雅怀,诚非得已。顾于信誓,殊不相闻。惟昔兴宗致书仁祖,谕协力荡平之意,深同休外御之情。至欲全除,使无噍类,谓有稽于一举,诚无益于两朝。祖宗诒谋,斯为善美;子孙继志,其可弭忘。今者详味缛辞,有所未喻,辄违先旨,谅不在兹。如永念于前徽,宜益敦于大信。相期固守,传示无穷。矧彼夏人,自知困蹙,哀祈请命,屡叩边关。已戒封疆之臣,审观情伪之状,傥或徒为空语,阴蓄奸谋,暂示柔伏之形,终怀窥伺之志,则决须讨伐,虽议矜容,若出自至诚,深悔前罪,所言可信,听命无违,即当徐度所宜,开以自新之路。载惟聪达,必亮悃愊,方属清和,冀加葆啬,续遣使人咨谢次。[10]

宋廷回书拒绝辽使的要求,强调西夏本是宋朝的藩镇、臣子,近年变诈狡猾,自取死伤。对于辽的调停,宋人希望夏人悔过,若悔过则会给予自新之路,且认为宋夏之争,没有违反宋辽的和约。国书之外,宋廷还对辽方提出的"文字"即白札子进行了详细答复。宋廷引兴宗两次伐夏皆告知宋人的史实,认为宋人有理由惩罚西夏:

夏人有罪,则欲协力讨除。及西征胜捷,则驰书相庆。虑彼称臣修贡,则欲当朝勿赐允从。自来两朝欢好岁久,契义日深,在于相与之心,宜加于前日。今乃以夏人穷蹙之故,诡词干告,既移文计会,又遣使劝和,恐与昔日兴宗皇帝书意稍异。况所筑城寨,并无与北朝边界相近之处,即非有违两朝信誓,必料北朝臣僚不曾检会往日书词及所立誓约,子细闻达。寻具进呈,奉旨,据夏人累年于当朝犯边作过,理合讨除。况今来止是驱逐备御,于两朝信誓及久来和好殊不相干。兼夏人近以事力困穷,累次叩关请命,且云：国母丧亡,奸臣授首。欲遣使告哀谢罪。缘夏国久失臣节,未尝开纳。今以北朝遣使劝和之故,见令边臣与之商量。又缘夏人前来,曾一面修贡,一面犯边,虑彼当计穷力屈之时,暂为恭顺以款我边备,边臣审察见得情伪。若依前狡诈,内蓄奸谋,俟后少苏,复来作过,则理须捍御,及行讨伐。若果是出于至诚,服罪听命,亦当相度应接,许以自新。[11]

辽使在宋京城逗留三十七天。在交涉过程中,宋人对于辽使要求"抽退兵马,还复疆土"八个字,坚持不肯答应。另外辽使提出加上"特免讨伐"四字,宋廷也不许。[12]

西夏倚仗辽的帮助,显然西夏的存在可以牵制宋,这对辽来说是有利的。西夏若被宋吞并,则对宋辽两国的势力消长大有影响。[13]四月,宋廷以朝散郎、中书舍人郭知章为回谢北朝国信使,东上阁门使、文州刺史曹诱为副使(后副使改遣宋深)。萧德崇见郭知章,问："南北两朝通好已久,河西小国,蕞尔疆土,还之如何？"知章说："夏人入寇,边臣择险要为城栅以守,常事也。"德崇又说："礼数岁赐当且仍旧。"知章答："夏国若恭顺,修臣子礼,本朝自有恩恤,岂可豫知？但屡年犯边,理当致讨。本朝以北朝劝和之故,务敦大体为优容,今既罢问罪,令进誓表,即无可复问也。"[14]

北宋末年,宋朝终于制夏成功。而西夏仍然依赖辽为外援。崇宁三年(辽天祚帝乾统四年,1104),夏主李乾顺遣李造福、田若水向辽求援。辽乾统五年(1105),夏主再遣李造福等至辽廷求援,且求出兵伐宋。天祚帝遣枢密直学士高端礼等使宋，请宋朝归还所侵夏地。十二月，夏国复遣李造福、田若水求援。宋遣林洙来议与夏约和。[15]据《宋史》，崇宁四年(1105)四月，辽遣萧良来，为夏人求还侵地及退兵。五月，宋遣林摅报聘于辽。[16]林摅出使，见《宋史》：

初，朝廷数取西夏地，夏求援于辽，辽为请命。摅报聘，(蔡)京密使激怒之以启衅。入境，盛气以待迓者，小不如仪，辄辩诘。及见辽主，始跪授书。即抗言数夏人之罪，谓北朝不能加责，而反为之请。礼出不意，辽之君臣不知所答。及辞，辽使摅附奏，求还进筑夏人城栅。摅答语复不巽，辽人大怒，空客馆水浆，绝烟火，至舍外积潦亦污以矢溲，使饥渴无所得。如是三日，乃遣还，凡饔饩、祖犒皆废。归复命，议者以为怒邻生事，犹除礼部尚书。既而辽人以失礼言，出知颍州。[17]

林摅使辽还有一个插曲。辽人建碧室，如中国的明堂。接伴使出上联："白玉石天子建明堂。"林摅对："口耳王圣人坐明堂。"辽使说："奉使不识字，只有口耳壬，却无口耳王。"林摅词穷，骂人，几乎辱命。辽大臣说："所争非国事，岂可以细故成隙？"遂以牒告知宋廷，而宋人竟因林摅"骂虏"，不但没有责罚，反而将其升为中书侍郎。[18]

《辽史》又载乾统六年(1106)遣知北院枢密使事萧得里底、知南院枢密使事牛温舒使宋，讽归所侵夏地。[19]据《辽史·牛温舒

传》载:

> (乾统)五年,夏为宋所攻,来请和解。温舒与萧得里底使宋。方大燕,优人为道士装,索土泥药炉。优曰:"土少不能和。"温舒遽起,以手藉土怀之。宋主问其故,温舒对曰:"臣奉天子威命来和,若不从,则当卷土收去。"宋人大惊,遂许夏和。[20]

夏人再度利用辽,而辽则再一次抑制宋。[21]辽对宋夏之间关系的干预,导致宋对夏难以采取更积极的政策。不过,终北宋一代,辽夏没有联合灭宋的企图。

辽朝末年,西夏迫于金人的压力,将逃亡至天德军(治所在今内蒙古境内)的辽帝耶律延禧捕送给金帅完颜宗望。西夏向金称臣。

南宋初年,宋金激烈交战。宋臣主张联西夏制金,但无结果。史载南宋于建炎二年(1128)遣谢亮(?—1136)[22]、何洋持诏书使西夏,夏主对他们态度倨傲。次年,南宋政权最危急的时候,甚至愿意对西夏的地位让步,承认西夏为对等的政权。建炎三年(1129)七月,知枢密院事张浚(1097—1164)谋北伐,图联合西夏,建议朝廷遣使往西夏,带去的国书两封,"一如例程,一用敌国礼",仍由谢亮前往,但不得要领。[23]西夏对金政策矛盾,既向金称臣,为金的藩属;也时常侵占金朝控制的土地。西夏与金朝既有榷场贸易,有时又会发生局部战争。宋金和议后,金朝取得陕西,隔绝宋夏,因此宋人无法与西夏联系。金朝末年金夏之间连年战争,双方都因战争而衰敝,予蒙古以可乘之机。[24]

五代时期，高丽曾经谋求联合五代各国攻打或牵制契丹，而五代诸国也试图利用高丽牵制契丹。[25]宋建国后，高丽派使臣至宋(962)，献方物，受宋封册，已见前述，其后宋与高丽之间基本维持友好的关系。只是迫于辽的压力，宋和高丽间的关系时断时续。两国间维持和好关系，是为了与辽金的势力平衡。[26]不过，宋与高丽与其说是互相援助，不如说相互利用。雍熙二年(985)，宋太宗计划再度对辽用兵，派遣韩国华为特使，约高丽与宋"迭相犄角，协比邻国，同力荡平"。高丽始而反对，继而勉强同意，而实际上根本未动用兵力。[27]其后辽经常对高丽用武力或通过外交施压，避免两面受敌。在对宋交涉取得利益后，辽立即通知高丽，夸张其成果，目的在于警告高丽，令其不得妄动。辽的这种行为，说明高丽在宋辽之间具有举足轻重的地位。

就高丽而言，联宋制辽当然是理想的态势，所以只要在宋辽的势力此消彼长时衡量情势，对辽或宋称臣纳贡，或对宋辽双方都维持封贡关系即可。但是宋与高丽始终未能成立联盟。

宋神宗采取联高丽制辽的政策，对高丽的交涉值得一提。双方交涉的执行机关分别是宋朝的高级地方官和高丽的礼宾省，而中间的书信来往则由双方的民间人士担任。神宗熙宁元年(1068)，宋人黄慎将皇帝给湖南荆湖两浙发运使罗拯的旨意转告高丽，次年，高丽礼宾省移牒罗拯，准备朝贡。[28]熙宁三年(1070)，罗拯遣黄慎至高丽。黄慎出使回国后，移牒福建，请福建准备高丽使来贡。熙宁四年(1071)，高丽使金悌奉表至宋进贡。[29]换言之，移牒是宋与高丽展开外交关系的重要手段，在没有遣使进贡的时候或没有封贡关系的时期，两国就用移牒的方式来互通消息。明州是宋与高丽联络的重要联络点。元丰元年（高丽文宗三十二年，1078），明州教练使顾允恭带着文牒至高丽，通报皇帝遣使通信之意。[30]宋朝建造了两艘"神舟"，命名为"凌虚致远安济"和"灵飞顺济"，由国信使安焘、副使陈睦率领，浩浩荡荡航行到高丽。使者带去的大批礼物，清单都见于《高丽史》。[31]高丽王以高规格招待宋使，宋使贪得无厌，竟然请求高丽王不要招待得那么好，可否把招待用的经费折算为银两送给他们，闹了一个国际笑话。[32]

　　高丽与宋贸易，宋商成为外交的管道。高丽一直希望从宋朝得到书籍，而宋朝也允许使人购买若干书籍。同时，宋人也想从高丽获得中国自古以来佚失的典籍，如哲宗元祐六年（1091）高丽户部尚书李资义回国，上奏谓宋帝命馆伴所授高丽使所求书籍书目，包括逸书，见《高丽史》。神宗时即因高丽使入贡，谕进先秦古书。而高丽确实向宋廷进呈了若干异书。[33]宋朝对高丽使节有些限制，元祐八年（1093）正月，诏：高丽国自先朝以来，累次陈乞《太平御览》，以禁书，难为传示外国，故不许。今又陈乞，宜依向来例，或别作一不许意降指挥。[34]二月，高丽使请求买《册府元龟》、历代史、《太学敕式》等书籍，礼部尚书苏轼反对。他说高丽入贡，有害无益，朝廷及地方赐予迎劳费用甚大，而高丽使除为营利外，其实是为契丹所用。朝廷下诏："所买书籍，曾经收买者，许依例。"苏轼又说："《元祐编敕》，诸以熟铁及文字禁物与外国使人交易，罪轻者徒二年。看详此条，但系文字，不问有无妨害，便徒二年，则法意亦可见矣。以谓文字流入诸国，有害无利。故立此重法，以防意外之患。……古人有言，一之为甚，其可再乎？今乃废现行《编敕》之法，而用一时失错之例，后日复来，例愈成熟，虽买千百部，有司不敢复执，则中国书籍山积于高丽，而云布于契丹矣。臣不知此事于中国得为稳便乎？"[35]

不过，朝廷已经依过去之例，让高丽使人买书，《册府元龟》等书籍，并非"中国所秘"。苏轼反对无效。[36]

元符元年（辽道宗寿昌四年，1098）七月，高丽遣尹瓘、赵珪至宋告登位，进方物。至次年六月才回国。[37]

元符三年（高丽肃宗六年，1100）五月，宋命明州牒报哲宗皇帝崩，皇弟端王赵佶立。[38]政和六年（1116），宋徽宗升高丽使为国信使，礼在夏国之上。[39]在此之前，苏辙已经指出宋对高丽过分优待，而高丽使可能"阴为契丹耳目，或言契丹常遣亲信隐于高丽三节之中"。他认为朝廷的外交应以辽夏为重，高丽的待遇不应高于辽夏。他比较都亭驿（招待辽使）、西驿（招待夏使）与同文馆待高丽的"条约"，其中有关使节买东西的规定如下：

北使条约

一、人使送到买物札子，如内有不系卖与物色，更不关报国信使下行并官库供纳。仰馆伴使副婉顺说与。

西使条约

一、西人到关，随行蕃落将不许出驿。或有买卖，于本驿承受使臣处出头，官为收买。

二、西人到京买物，官定物价，比时估低小，量添分数供买，所收加台纳官。

**高丽使条约**

一、诸人从出外买到物并检察有违碍者，即婉顺留纳。以杂支钱给还价值。

二、诸下节日听二十人出馆游看买卖，仍各差亲事官壹人随。愿乘马者，于诸司人马内各借壹匹，并牧马兵士壹人。至申时还，仍责随人所往处状。

比较之下，可见辽使买物须开单，由馆伴办理。夏使节不得出外买物，而高丽使则可以每天出外游玩购物，并且有马匹可乘。所以苏辙说："高丽之于契丹，大小相绝，有君臣之别。今馆饩之数，出入之节，或皆如一，或更过厚，其于事体实为不便。"[40] 对高丽使人这样的优待，是因高丽从来对两宋友好，宋人也想利用高丽，而辽夏被宋人视为敌人，所以宋人对契丹和夏人防范严格。

宣和四年(1122)，宋持牒使姚喜等至高丽。次年，持牒使许立至高丽。[41] 又次年，明州移文高丽取索宋商。[42] 当宋联金灭辽时，高丽王劝宋停止对兄弟之邦的军事行动，甚至劝宋联辽灭金，其目的在于扶持弱势的辽来对付新的敌人金朝。

南宋时，高丽成为金朝的附庸国，南宋与高丽的外交不如北宋时积极。绍兴五年(1135)，高丽遣使带文牒至宋。[43] 次年，高丽持牒官金稚圭至明州。[44]绍兴八年(1138)，宋商持明州牒至高丽。绍兴三十二年(1162)，宋明州牒报高丽采石之捷。[45]隆兴二年(1164)之后，宋与高丽外交关系断绝。[46]

总之，高丽在两宋与辽金两朝间，扮演着平衡两大国之间关系的角色。因为高丽在文化上倾向宋，也利用宋来牵制辽金，所以辽金一直注意高丽的动向，以免高丽和宋结盟，造成辽或金两面受敌的状况。

1 《长编》卷三二二，元丰五年正月癸卯，第7764—7765页。
2 参看方震华：《和战与道德——北宋元祐年间弃地论的分析》，《汉学研究》，2015, 33（1），第67—91页。
3 《长编》卷四七六，元祐七年八月乙巳，第11347页。
4 《长编》卷四八〇，元祐八年正月辛卯，第11420页。
5 《长编》卷四九二，绍圣四年十月壬辰，癸巳，第11685页。
6 《长编》卷五〇七，元符二年三月丙辰，第12075页。
7 《长编》卷五〇七，元符二年三月丙辰，第12075—12076页。
8 《长编》卷五〇七，元符二年三月壬戌，第12081页。
9 《长编》卷五〇七，元符二年三月壬戌，第12081—12084页。
10 《长编》卷五〇八，元符二年四月辛卯，第12133页。
11 《长编》卷五〇八，元符二年四月辛卯，第12114—12116页。

12 《长编》卷五〇九,元符二年四月甲戌,第12117—12118页。

13 《长编》卷五〇九,元符二年四月辛卯。参看杜建录:《西夏与周边民族关系史》,兰州:甘肃文化出版社,1995,第115—135页。曾瑞龙:《拓边西北:北宋中后期对夏战争研究》,香港:中华书局,2006,第152—154页。

14 《长编》卷五〇九,元符二年四月癸巳,第12121—12122。《宋史》卷三五五《郭知章传》,第11196—11197页。

15 《辽史》卷二七《天祚纪》一,第321页。

16 《宋史》卷二〇《徽宗纪》二,第374页。

17 《宋史》卷三五一《林摅传》,第11110页。

18 赵彦卫:《云麓漫钞》卷十,第165页。参看《长编拾补》卷二五。

19 《辽史》卷二七《天祚纪》一,第320—322页。

20 《辽史》卷八六《牛温舒传》,第1325页。

21 看李华瑞:《宋夏史研究》,天津:天津古籍出版社,2006,第320—338页。李范文:《试论西夏与辽金的关系》,《辽金史论集》第六辑,北京:社会科学文献出版社,2000,第428—439页。

22 谢亮卒年据《要录》卷一〇二,第1669页。

23 《要录》卷二五,七月癸未,第506页。《宋史》卷四八六《夏国》下,第14022—14023页。

24 参看吴天墀:《西夏史稿(增订本)》,桂林:广西师范大学出版社,2006,第112—117页。

25 金渭显:《高丽与契丹关系述论》,收入金渭显编著,陈文寿校译:《韩中关系史研究论丛》,香港:香港社会科学出版社,2004,第42—44页。

26 参看拙著《宋辽关系史研究》。黄宽重:《南宋与高丽的关系》,收入《南宋史研究集》,台北:新文丰出版公司,1985,第265—305页。

27 郑麟趾:《高丽史》卷三,台北:文史哲出版社,1972,第38页;《宋史》卷二七七《韩国华传》,第9443页;卢启铉:《高丽外交史》,延吉:延边大学出版社,2002,第37—40页,但记韩国华于986年至高丽。

28 《宋史》卷四八七《外国三·高丽》,第14046页。

29 金渭显编著:《高丽史中中韩关系史料汇编》上册,第42—43页。金渭显:《宋丽关系与宋代文化在高丽的传播及其影响》,收入《韩中关系史研究论丛》,第119—122页。辽对高丽文牒见阎凤梧、贾培俊、牛贵琥编:《全辽金文》,太原:山西古籍出版社,2002,第313—316页、第905—906页。诏书散见各处,录自《高丽史》及《东国通鉴》。对宋的文牒见《全辽金文》第899—904页,皆录自《宋会要辑稿》《长编》,及转录自陈述编《全辽文》。

30 金渭显:《高丽史中中韩关系史料汇编》,第48页。参看金渭显:《高丽与契丹关系述论》,第45—46页、第70—71页、第77—79页。

31 金渭显:《高丽史中中韩关系史料汇编》,第48—50页。

32 《宋史》卷四八七,第14047页;《高丽史》卷九,第133—134页。

33 金渭显:《高丽史中中韩关系史料汇编》,第58—60页。屈万里:《元祐六年宋朝向高丽访求佚书问题》,《东方杂志》,1975,复刊8(8),第23—26页。

34 《长编》卷四八〇,元祐八年正月辛丑,第11426页。

35 《长编》卷四八一,元符二年二月辛亥,第11440—11442页。

36 《长编》卷四八一,元符二年二月辛亥,第11442页。

37 金渭显:《高丽史中中韩关系史料汇编》,第62—63页。

38 金渭显:《高丽史中中韩关系史料汇编》,第64页。

39 黄宽重:《高丽与金、宋关系年表》,《南宋史研究集》,第393页。

40 苏辙:《乞裁损高丽事件札子》,《苏辙集》卷四六《御史中丞论时事札子一十三首》,第801—803页。

41 黄宽重:《高丽与金、宋关系年表》,见《南宋史研究集》第399页;《高丽史中中韩关系史料汇编》,第77页。

42 《高丽与金、宋关系年表》,第400页;《高丽史中中韩关系史料汇编》,第79页。

43 《高丽与金、宋关系年表》,第443页。

44 《高丽与金、宋关系年表》,第445—446页。

45 《宋史》卷四八七,第14052页。

46 黄宽重:《南宋与高丽的关系》,见《南宋史研究集》第249—250页。

## 第十章

# 联金灭辽与北宋灭亡

宋太祖开国后，建隆二年(961)宋即得到女真进贡的方物和马匹。自此向女真买马是宋廷一贯的政策。为了市马，宋廷豁免了山东登州沙门岛居民的赋税，命他们备船只从辽东半岛运送马匹，但辽于淳化二年(991)断绝此一通道。神宗元丰五年(1082)，宋要求高丽允许女真通过高丽国境卖马给宋人，但是没有成功，因为女真没有卖马。[1]

12世纪初，女真族经过长期的军事和政治发展，在酋长完颜阿骨打(1068—1123)和他的家族的领导下勃兴，建立新朝，以强大的武力不断扩张版图。宋朝竟不顾与辽之间一百二十年的和约，企图和女真联合对付辽，于是展开了联金灭辽的策略。

政和元年(1111)九月，郑允中、宦官童贯使辽，有燕人马植(即赵良嗣)见童贯，说辽朝必亡，可以联女真取燕地，得到童贯的赏识。政和五年(金收国元年, 1115)，马植从辽境归宋，更名李良嗣，献策联金灭辽："女真恨辽人切骨，而天祚荒淫失道。本朝若遣使自登、莱涉海，结好女真，与之相约攻辽，其国可图也。"徽宗召见，李良嗣说："王师一出，(燕人)必壶浆来迎。"徽宗赐良嗣姓赵。童贯、太师蔡京谋取燕云，河东经略薛嗣昌、知雄州和诜、中山守张杲、高阳关路安抚使吴玠(1093—1139)等迎合童贯。[2]政和六年(1116)，童贯任签书枢密院事。后因方腊叛变，徽宗命童贯为江、浙、淮南等路宣抚使，领兵讨方腊。[3]政和七年(金天辅元年)春，尚书司封员外郎陶悦使辽返国，上言不可图辽。知枢密院事邓洵武(1057—1121)也不以联女真为然，联女真一事暂时中止。[4]

当时太宰郑居中（1059—1123）反对联女真的策略，谴责太师蔡京不守两国和约，指出自景德、庆历与契丹议和，"四方无虞，今若导主上弃约复燕，恐天怒夷怨"；而且用兵胜负不常，若不胜，则患害不测。蔡京把责任推给徽宗："上厌岁币五十万匹两，故有此意。"郑居中说："岁币五十万匹两，比之汉世和单于岁尚给一亿九千万，西域七千四百八十万，则今与之币，未为失策。"蔡京说："上意已决，岂可沮乎？"郑居中怒道："使百万生灵肝脑涂地，公实使之，未知公异日如何也！"[5]邓洵武引太宗、赵普、曹彬、潘美经营燕云无功而返的史事劝徽宗："百年盟誓，一朝弃之，何以令吾民告敌国乎？诚恐兵革一动，中国昆虫草木皆不得休息矣！"徽宗听了这些谏言，有些醒悟，遂暂时收回成命。[6]

政和七年（1117）秋，辽人高药师自海道至登州，报告女真已经占领大半辽地。太师蔡京、领枢密院事童贯，命知登州王师中以买马为名，和高药师由登州前往与女真联络，但未抵达即折回。[7]重和元年（金天辅二年，1118）五月，童贯上平燕策，主张分兵扰燕、蓟，重兵取云中。[8]八月，宋廷遣武义大夫马政、马政子承节郎马扩、平海军指挥使呼延庆使金。三人见完颜阿骨打与粘罕、阿忽、兀室等，商议共同伐辽。马政对阿骨打等人说："贵朝在大宋太祖皇帝建隆二年时，尝遣使来买马。今来主上闻贵朝攻陷契丹五十余城，欲与贵朝复通前好，兼自契丹天怒人怨，本朝欲行吊伐，以救生灵涂炭之苦，愿与贵朝共伐大辽。虽本朝未有书来，特遣政等军前共议。若允许，后必有国使来也。"

十二月，完颜阿骨打遣渤海人李善庆、小散多（《金史》之散靛）等带国书及礼物与马政等至宋廷。[9]同年，辽与金议和，辽帝册封阿骨打为东怀国皇帝，阿骨打不满册文，不接受封册。

宣和元年（1119）正月，余深为太宰，王黼（1079—1126）为少宰。三月，童贯遣直秘阁赵有开、王瓌与李善庆持诏书使金。赵有开至登州去世。朝廷命呼延庆送李善庆用登州牒返金。阿骨打责登州移文错误，说："不以书示，而以诏诏我，已非其宜。使人虽卒，自合复差使人，止令使臣前来议事，尤非其礼。"要宋朝早示国书。[10]这时候显然已经有汉人或契丹人为新朝筹划军政策略及新朝皇帝的地位，宋廷不得不承认金朝的对等地位，以国书对金交涉。

宣和二年（1120）三月，朝廷再命右文殿修撰赵良嗣、王瓌仍以买马为名，不带国书，付以御笔，约阿骨打夹攻辽。阿骨打令译者对宋使说："契丹无道，我已杀败，应系契丹州域，全是我家田地。为感南朝皇帝好意，及燕京本是汉地，特许燕云与南朝。"阿骨打要求岁币五十万。金谋臣高庆裔谓平、滦、营等地不属燕京，至于西京（大同），阿骨打要等获得天祚帝再处理。此外，双方约定夹攻辽朝，宋军攻燕京，金军自平州松林往古北口，若不能做到，则难依约执行。同时，双方出兵，以古北松亭及平州东榆关为界，以免两军相见，引起冲突。[11]七月，阿骨打遣使斯剌习鲁带国书至宋廷许燕地，要求宋廷将输辽的岁币转给金人，不可对辽许和，并须依约夹攻，否则不能执行原约（"若是将来举军，贵朝不为夹攻，不能依得已许为定从"）。[12]九月，朝廷以登州兵马钤辖马政持国书随习鲁报聘，约定夹攻，并问动兵日期，及要求西京等州。[13]十一月，马政、马扩见阿骨打，但阿骨打不承认说过归还西京的话，也不允将平、滦、营三州交给宋朝。马扩随阿骨打出猎，称为"打围"，即以两翼骑兵包围兽类并射杀之。阿骨打说，"我国中最乐无如打围"，其行军布阵，大概出此。[14]当时余深罢太宰，王黼继为太宰，力主夹攻辽。

宣和三年(1121)正月，阿骨打差大使曷鲁、副使大迪乌持国书议夹攻，许与燕京及所管州镇，但"若不夹攻，难应已许"[15]。因童贯征方腊，将金使留在登州至五月才进京，在汴京逗留三个多月后才返国。此时徽宗对夹攻之事颇有悔意，听取太宰王黼的建议，不遣使。八月，金使曷鲁带宋国书返国，重申夹攻之约，没有宋使同去。[16]联金灭辽时的金使先后有渤海李善庆，渤海大迪乌、李靖，以及与郑望之(1078—1161)交涉的契丹人萧三宝奴、耶律忠。金人遣使多用渤海人、汉人和契丹人。

宣和三年年底，高丽新君仁宗对宋朝遣高丽为睿宗治病的两位医者说："闻朝廷将用兵伐辽。辽，兄弟之国，存之足以为边捍。女真，虎狼耳，不可交也。业已然，愿二医归报天子，宜早为备。"但是医者回国向朝廷报告时已经无法挽回了。[17]

宣和四年(1122)年初，金军攻占辽中京。辽天祚帝逃往西京。三月，秦晋国王耶律淳在燕京自立为帝。四月，金军取西京，天祚帝西奔西夏。宋徽宗以领枢密院事童贯为陕西、河东、河北路宣抚使，童贯遣张宝持书入燕京招谕燕王，燕王杀张宝。童贯再遣阁门宣赞舍人马扩入燕，问天祚帝所在及自立之故，意在招降。耶律淳命萧龥责备宋人违背誓约："南朝礼仪之邦，今不顾盟好，辄先举兵。兵贵有名，不知兵戈何至此？"又说："臣民推戴，册立今上事，与贵朝殊无干涉，何至问罪！"马扩答道："本朝虽有哀救之心，无所施设。今大兵压境，止在旦夕。祸福存亡，贵朝君臣自裁可也。"萧龥拿出真宗、仁宗画像，读景德、庆历誓书，责备宋人违约，但愿意为宋朝藩属。[18]五月，金人担心宋军取燕，得不到岁币，遂遣通问使徒姑旦乌歇、高庆裔持国书自登州使宋。国书指出金军继续追捕天祚帝，夏人已经来谈和，愿称藩及鞑靼愿输岁贡，请不可容纳天祚帝。童贯因与女真有约，不可与辽和，至雄州，督河北、河东宣抚副使蔡攸（1077—1126）进发，命种师道（1051—1126）率师前进攻打燕京，但部将杨可世被辽军打败。种师道至白沟，"为大石林牙、萧干掩击，不战而还"。六月，种师道回师至雄州，又被辽军掩击。[19]同月，耶律淳卒，其妃萧氏主军国事，号皇太后。

九月，金使徒姑旦乌歇、高庆裔来议夹攻。宋廷以赵良嗣为馆伴使，赐御筵，招待金使极为优厚。宋廷以奉使大金国国信使兼送伴赵良嗣、马政同送伴、副使马扩报聘，国书再提原约归还燕云之地，及与辽军接战，"大获胜捷"。[20]同时，辽涿州守将郭药师率常胜军精兵八千降宋。宋军占领了涿、易两州，燕京的辽萧后害怕，遣使纳款奉表称臣。[21]童贯因已与金人有约，仍不敢接受。[22]宋使赵良嗣、马扩取代州路往见阿骨打，此时宋廷的政策为：如宋军乘胜入燕京，即不让金军入关；如不能取燕，则请金人入关。马扩认为不可让金人入关，而赵良嗣认为宋宣抚司已经没有能力取燕，主张以岁币诱金人替宋取燕京：

> 良嗣愕然曰：今宣抚司已退遁，兵力不支，自非借彼兵力助取之，后以金帛诱之，何以得燕？
>
> 某曰：经图既知我军力不能取，何不明白奏上，画与女真使自取之？急修我边备，守白沟旧界，保吾故疆。岂可含糊苟且，图目前小利，不防久远之患？[23]

十月下旬，童贯用刘延庆、郭药师再攻燕，入城后，萧干率援军来，宋军再败。[24]十一月一日，赵良嗣与金使徒姑旦乌歇、高庆裔见阿骨打，阿骨打许燕京及蓟、景、檀、顺、涿、易六州二十四县地与宋，要宋纳岁币，另遣国信使李靖、副使王度剌等与赵良嗣至汴京谈判。此时赵良嗣觉得出使有好消息，赋诗曰：

> 朔风吹雪下鸡山，烛暗穹庐夜色寒。
> 闻道燕然好消息，晓来驿骑报平安。

马扩认为赵良嗣"小器，不知安危"，和诗曰：

> 未见燕铭勒故山，耳闻殊议骨毛寒。
> 愿君共事烹身语，易取皇家万世安。[25]

十二月初，宋遣赵良嗣、周武仲带国书与李靖等北返，许金依辽旧例银绢。赵良嗣仍求营、平、滦三州。[26]

十二月六日，阿骨打攻燕。燕京萧后、萧干、耶律大石等已经逃亡，守臣左企弓、曹勇义、刘彦宗等开门投降。马扩随阿骨打在金军中，报道取燕的过程：

十二月一日，经妫、儒二州。初五日，抵居庸关，契丹弃关走。仆随行。阿骨打谓曰：契丹国土十分，我已取其九，祇有燕京一分地土。我着人马三面逼着，令汝家就取，却怎生受，奈何不下？初闻南军已到卢沟河，已入燕，我心下亦喜南家故地教他收了，我与他分定界分，军马归国，早见太平。近闻刘延庆一夜走了，是甚模样？仆答曰：使人留此，不得而知。兵家进退常事，恐亦非败，纵使刘延庆果败，亦别有大军在后。阿骨打云：似恁统领底人，败了军国大事，汝家有甚赏罚？扩答曰：将折兵死，兵折将死。延庆果是退败，便做官大，亦行军法。阿骨打云：若不行军法，后怎使兵也。待一两日，到居庸关，尔看我家兵将战斗，有敢走么！初六日入居庸关。……次日，抵燕京北门，两府汉儿官左企弓、于仲文、曹勇义、刘彦宗、萧一信等开门迎降。[27]

宣和五年(1123)春，金使李靖与宋国信使赵良嗣、副使周武仲、计议使马扩同至汴京。金人要求燕京赋税，岁币之外，增一百万缗，并以货物充折。徽宗令龙图阁直学士赵良嗣为国信使、周武仲为副使、马扩为计议使回报燕地赋税金，国书并提到疆界的划分、使节的交换和置榷场。[28]二月，赵良嗣等将商妥的国书带往金廷，再求西京等地，金人答应交回西京，但需犒军钱。三月，金主将国书和所拟"誓草"由宁术割（《金史》作银术可）带往宋廷。宁术割问："今后通好，不知或为兄弟，或为叔侄，或为知交？"王黼回答："敌国往来，只可用知交之礼。"[29]

宣和五年，宋金签订条约，宋人依约写成誓书，金人让燕京及六州地，宋人基本上将输辽的岁币转交金国，另加燕京代税钱，其他条文与宋辽誓书大致相同。金人誓书的主要内容为：

维天辅七年，岁次癸卯，四月甲申朔，八日辛卯，大金皇帝致书于大宋皇帝阙下：惟信与义，取天下之大器也。以通神明之心，以除天下之害。昨以契丹国主失道，民坠涂炭，肆用兴师，事在诛吊。贵朝遣使航海计议，若将来并辽国，愿还幽燕故地，当时曾有依允。乃者，亲领兵至，全燕一方，不攻自下。尚念姑欲敦好，与燕京、涿、易、檀、顺、景、蓟并属县及所管户民，与之如约。今承来书：缘为辽国尚为大金所有，以自来交与契丹银二十万两、绢三十万匹，并燕所出税赋五六分中只算一分，计钱一百万贯文。合值物色，常年搬送南京界首交割，色数已载前后往复议定国书。每年并支绿矾二千栲栳。两界侧近人户，不得交侵。盗贼逃人，彼此无令停止。亦不得密约间谍，诱扰边人。[30]

宣和五年四月，童贯、蔡攸领军入燕京。宋人收复燕京及六州，汴京朝野大肆庆祝，认为太祖、太宗没有达成的目标，如今已达到。童贯上"复燕奏"，朝廷以收复燕云，曲赦河东、河北、燕山府（燕京改为燕山）、云中路。[31] 以王安中为庆远军节度使、河北河东燕山府路宣抚使知燕山府。[32]

联金灭辽的外交，至此告一段落。宋与金合力夹攻辽朝，宋完全没有功劳，却仍然得到燕京和六州，这是宋自开国以来从未获得的巨大成就。不过，没有建功而获得利益，是相当侥幸的事。而且宋人看到金人的军事力量，也应当反省检讨，自此努力充实军备，完善国防设施。尤其重要的是，对金的平等条约得来不易，宋应该像列祖列宗对辽朝一样对金绝对谨守誓言，尊重两国间的和平关系。

八月，阿骨打去世，弟吴乞买（1123—1135在位）继位。十二月，遣勃堇李靖告哀，以高术仆古等为遗留使，高兴辅、刘兴嗣为告即位国信使。宋遣连南夫（1085—1143）等人吊祭。金贺正旦使为高居庆、丘忠、杨璞。[33] 又遣许亢宗、童绪为大金皇帝登宝位国信使，同行者管押礼物官钟邦直等共八十人。许亢宗的《行程录》记载了觐见金帝吴乞买的情形：

乾元殿，阶高四尺许，阶前土坛方阔数丈，名曰龙墀。两厢旋结架小苇屋，羃以青幕，以坐三节人。殿内以女真兵数十人，分两壁立，各持长柄小骨朵，以为仪卫。日役数千人兴筑，已架屋数千百间未就，规模亦甚侈也。虏主所坐若今之讲坐者，施重茵，头裹皂头巾，带后垂，若今之僧伽帽者，玉束带，白皮鞋，薄髯，可三十七八许人。前施朱漆银装镀金几案，果碟以玉，酒器以金，食器以玳瑁，匙箸以象齿。遇食时，数胡人抬异十数鼎镬致前，杂手旋切割饾饤以进，名曰御厨宴，所食物与前略同，但差精细而味和耳。食余颁以散三节人。乐如前所叙，但人数多至二百人，云乃旧契丹教坊四部也。每乐作，必以十数人高歌以齐管也，声出众乐之表。此为异尔。[34]

许亢宗等返国途中，在庆源府遇见贺金主生辰的使节、假给事中卫肤敏(1081—1129)，许亢宗告诉卫肤敏金人将入侵，不可去。卫肤敏仍前往，经燕京抵达金境，金人已经动兵，其国书欲以押字代国玺，卫肤敏力争用玺。金人逼他见金帝时双跪，卫肤敏说："双跪乃北朝礼，安可令南朝人行之哉！"结果单跪行礼。金人不悦，卫肤敏被羁留近半年之久。后回程，在涿州见完颜斡离不，金人要求行跪礼，卫肤敏说："北朝止一君耳，皇子郎君虽贵，人臣也。一介之使虽贱，亦人臣也。两国之臣相见，而用君臣之礼，是北朝一国有二君也。"金人只好由卫肤敏自己决定采用何种礼节，卫肤敏长揖而进。金人给他看誓书，被他拒绝，说："远使久不闻朝廷事，此书真伪不可知。"因论及用兵，几又被拘留。[35]

十一月，完颜斡离不围平州。原辽兴平(平州)节度使张觉降金后，金人命他为临海军节度使，知平州。金人将燕京交还宋人后，张觉叛金，杀金燕京宰相左企弓等人，以平州归附宋朝。

被成功冲昏了头的宋徽宗听了知燕山府王安中的话，竟违反条约，接纳张觉，犯了严重的错误。赵良嗣反对不顾誓书"不招纳叛亡"的条款接纳叛人，但朝廷竟允许张觉任世袭节度使。[36]

于是，斡离不要宋廷交出张觉，宋廷不得已，王安中杀貌似张觉的囚犯，函首送给金人，却被金人识破。最后宋廷只得将张觉处死，将首级送给金人。[37]宋朝容纳叛人，显然违反和约，给了金朝出兵的借口。归附的郭药师宣言："金人欲觉即与，若求药师，亦将与之乎？"郭药师的常胜军因此解体。[38]

宣和七年(1125)二月，完颜娄室追获辽天祚帝，辽亡。[39]七月，金以擒获辽天祚帝，差告庆使李用和、王永福至宋。九月，宇文虚中、高世则馆伴金使。

十月，金太宗完颜吴乞买下诏伐宋，西路以谙班勃极烈完颜杲兼都元帅，移赉勃极烈完颜粘罕（宗翰）为左副元帅先锋，经略使完颜希尹（陈王悟室，金朝的开国功臣）为元帅右监军，左金吾卫上将军耶律余覩为元帅右都监，自西京攻太原。东路以六部路军帅完颜挞懒（昌）为六部路都统，斜也副之；完颜斡离不为南京路都统，阇母副之；知枢密院事刘彦宗兼领汉军都统，进攻燕山。[40]金元帅府对中原发出檄书，谴责宋人背盟，招诱金境官民，以及不交岁币，所以举义师奉天伐罪。[41]十一月，宋宣抚司遣马扩、辛兴宗为使副，带书信至粘罕军前，商议移交蔚、应两州，及探听粘罕是否有南侵的打算。粘罕批评宋人阴纳张觉，违背誓约，所以不肯交还蔚、应。[42]马扩等返太原，粘罕派使者王介儒、撒卢拇至童贯的宣抚司，提出割河东、河北地及以黄河为界。[43]

是年冬，金兵分两路从山西和河北入侵。西军粘罕自云中起兵，不久包围太原，童贯逃走。东军自平州入侵。十月，宋遣傅察为接伴金国贺正旦使。傅察至燕京，听说金军来攻，有人劝他不要冒险前往，傅察仍往见斡离不，斡离不命他拜，傅察不屈，因而被杀。[44]十一月下旬，斡离不攻陷蓟州，获宋使贺允中、副使武汉英。斡离不囚禁贺允中，武汉英则薙发左衽投降。斡离不说武汉英是南朝第一降人。[45]十二月初，斡离不攻燕京，郭药师投降，宋军的防线瓦解。十二月十日，斡离不入燕京，守臣蔡靖等官员都成阶下囚。十二月中旬，宋廷派李邺讲和。徽宗下诏罪己，罢花石纲，计划南下。十二月二十三日，徽宗将皇位让给太子赵桓，即钦宗。

钦宗即帝位，改元靖康，大赦天下，下诏亲征。太上皇则离开汴京往江南。耿南仲(? —1129)任签书枢密院事。[46]耿南仲一意主和，排斥李纲，不准备战守。[47]

靖康元年(1126)正月，钦宗用吴敏(1089—1132)知枢密院事，李梲(? —1130)同知枢密院事，李纲为尚书右丞。[48]钦宗本想离开汴京避敌，被李纲谏阻。钦宗遂以尚书右丞兼知枢密院事李纲为亲征行营使，马军太尉曹蒙为副使。李纲主战，但不久钦宗罢亲征，以李纲为御营京城四壁守御使。且罢太宰白时中，以主和的李邦彦(? —1129)为太宰，张邦昌(1081—1127)为少宰。

斡离不率军渡黄河，遣吴孝民至汴京，问宋取首谋取燕的童贯、谭稹、詹度等人。[49]七日，斡离不攻打汴京。出使的李邺回京，竟说金兵"入水如蛟，入山如虎，登城如猿，不可敌也"[50]。宋廷派郑望之为大金军前计议使、高世则为副使至金军前。郑望之等与金官员萧三宝奴、耶律忠、张愿恭谈判，金人要以黄河为界。郑望之则谓朝廷愿增岁币，其与萧三宝奴的对话如下：

望之云："……北朝得南朝地，亦恐难守，盖人情向背不同，岂肯一向宁贴？不若多增岁币，此事却可商量。"

三宝奴云："南朝得北朝地，固不能守，北朝得南朝地，岂守不得？"

望之云："耶律德光到汴京，不及一月，如何谓之守得？"

三宝奴云："有守得底。"

……

三宝奴云："金人去家有六七千里，动经一二年，须是逐人得两铤银、一铤金方得。"

望之云："太师开许大口。又似以河为界，好难商量。"

张愿恭云："说道东京人家富庶家便设一铤金。今来须官中民间尽底将来赎取性命。"

望之云："此非是讲和之语，意在强取物耳。"[51]

斡离不遣吴孝民与郑望之同回，斡离不移牒宋廷，以"赵皇"(宋帝)为对象迫和，除谴责背盟招张觉、杀四执政大臣外，直指宋军是"不知兵之众而拒我熟练征伐强勇之士"，请遣大臣

"早图万世之利，若大祸已成，须至自取灭亡"[52]。宋廷再派知枢密院事李梲[53]、郑望之与吴孝民往见斡离不。行前，钦宗表示愿意付岁币三五百万。李梲与斡离不订城下之盟，割让太原、中山、河间三镇予金，尊金主为伯父，赔款金五百万两、银五千万两、牛马各万匹、绢缎各一百万匹。[54]金使通直郎、给事中沈晦和右武大夫、康州防御使王仲通带誓书至宋廷讲和。《大金吊伐录》载宋少主新立誓书：

靖康元年正月十五日，侄大宋皇帝桓谨致书于伯大金皇帝阙下：昨自太上皇帝遣使越海结约，请复幽、燕旧地。交割之后，著定誓书。不逾月，手诏平山张觉，招纳叛亡，岁输之物衍期，正旦使贺允中致"传语"二字。由此伯大金皇帝远遣数路重兵，入境问罪。太上皇帝自省前非，传付神器。适有大圣皇帝次子郎君一路兵马先到京城之下，遂专差知枢密院事李梲、尚书工部侍郎郑望之趋诣军前，代上皇引过自悔，告和乞盟。乃承二郎君遣使赍到文字，开谕恩旨：如到日深悔前非，再乞欢和，即委就便酌中施行。今已计议定：可中山、太原、河间府南一带所辖县镇以北州军，分画疆至，别有地图，仍比至定了疆界，屯兵以前，于内别有变乱处所，当朝自当应管擒制交送。已后至于尺土一民，不令侵犯招纳。若是与三府以南州军犬牙出入不齐去处，临时两平兑易外。据往复国书，伯侄施行，并应系亡辽官吏、僧道、教坊、工匠、百姓等，除元不曾到并已死亡外，并行遣还。在京令随逐前去，在外接续逐处起发，一无停匿。为放河北、河东土地，每岁输送银二十万两、绢三十万匹、钱一百万贯，以金银匹帛并杂物折纳。无依前粗恶衍期，以报重恩，再结欢好。斯言之信，金石不渝。有违此盟，天地鉴察，神殛无赦。宗社倾覆，子孙不享。……[55]

钦宗与金人缔结城下之盟，割让河北、河东三镇及增加岁币。虽然钦宗没有答应以黄河为界，但是屈辱求和，与完颜吴乞买成为侄儿和伯父的关系。宋朝仍可自称大宋，却丧失了对等的地位。此外，宋廷又以康王赵构和太宰张邦昌为人质。正月十日，张邦昌、康王出使。

金兵撤退后，种师道和姚平仲的援兵抵达京师，主战派李纲等反对议和，不允割地。二月一日夜，姚平仲率步骑万人劫金兵寨失败，恐被处死而逃走。斡离不以书质问，钦宗遂罢主战的李纲和种师道，遣宇文虚中持报书出使，并遣驸马都尉曹晟为质，又遣李棁、路允迪、秦桧、程瑀奉地图交割三镇。

但是主战的臣僚仍请用李纲。二月五日，太学生陈东等上书，军民不期而集，数万人抗议，骂宰执李邦彦等，杀伤内侍二十余人。[56]钦宗被迫再以李纲为尚书右丞、京城四壁守御使，又命宇文虚中、王球为送路使，以国书与斡离不道别，仍下割三镇之诏。金军遂班师。二月十日，康王被放回。十四日，李邦彦罢相，钦宗以吴敏为少宰、李纲知枢密院事、徐处仁为中书侍郎、耿南仲为尚书左丞、李棁为尚书右丞。[57]二月十七日，金兵渡河北去。二月二十五日，王云、曹曚使斡离不军。另以路允迪、告和使宋彦通、滕茂实(？—1128),馆伴金人王介儒、刘思等使粘罕军,且告割三镇地。[58]

虽然如此,朝野仍认为不可放弃三镇。于是,钦宗以种师道为河北河东路宣抚使。数日之间,政策反复。三月,贬蔡京、童贯、蔡攸、朱勔等。三月十六日,钦宗下诏固守三镇。[59]

四月,太上皇回到京师。此时诸路军队陆续抵达汴京,大臣以为可以抵御金人,乃不肯割地。完颜粘罕遣萧仲恭索取贿赂,使节中的燕人赵伦告诉接伴使邢倞,辽降将耶律余覩不满金人,可以策反。邢倞报告宰相徐处仁和吴敏,徐、吴信以为真,乃以蜡书交赵伦带去,赵伦却将蜡书交给粘罕,粘罕大怒,差杨天吉、王汭质问宋廷。[60]七月,宋廷遣使王云与王汭同去,说明愿增岁币三十万,请求免割三镇。

七月,钦宗再遣使请求金帅免割三镇,而以三镇的税收为岁币,[61]又遣李若水为大金山西军前和议使、王履为副使往山西。李若水请粘罕允许不割三镇,粘罕不许,说"若不割得三镇土地人民,决不可和"[62]。李若水出使时,本想有所成就,途中有诗赠副使王履:

**奉使太原途中呈王坦翁副使其一**
中山忠义定何人,数月相从笑语真。
未信功名孤壮志,不妨诗酒寄闲身。
此来饱看千岩秀,归去遥知两鬓新。
就使牧羊吾不恨,汉旄零落落花春。

### 奉使太原途中呈王坦翁副使其二

旧持汉节愧前人，闻许传来若不真。

五鼓促回千里梦，一官妨尽百年身。

关山吐月程程远，诗景含秋句句新。

孤馆可能忘客恨，脱巾聊进一杯春。[63]

七月，蔡京病死，朝廷遣官杀童贯、赵良嗣。八月，钦宗罢徐处仁、吴敏，以唐恪为少宰兼中书侍郎，何㮲（1089—1126）为中书侍郎。李纲求去。[64]

九月，金兵再度入侵。粘罕攻下太原，执河东安抚使张孝纯。金遣王汭索三关地，而被命坚守三镇的诸将皆失败。朝廷赐蔡攸自尽。同月，罢李纲，出知扬州，起用主和的耿南仲。[65]十月，宋廷遣黄锷由海道使金，希望能直接见到金太宗吴乞买，与之议和，但没有结果。[66]

十一月，完颜斡离不和完颜粘罕分别渡黄河。十四日，钦宗召百官共议割三镇的利弊。范宗尹带头主张割地，说既然已经答应割地，不能失信。何㮲、梅执礼、孙傅、吕好问、洪刍、秦桧、陈国材等三十六人反对，认为河北为天下之四肢，天下乃祖宗之天下，非钦宗的天下："敬瑭之事，岂可遵乎！"认为应以石晋的屈辱为戒。[67]但钦宗决定割地，遣冯澥（?—1140）、李若水为告和使及副使，与王云、马识远至粘罕军前交割三镇，[68]又以康王赵构为告和使，和刑部尚书王云到河北斡离不军前议和。[69]李若水等见粘罕，谓讲和交割三镇后，元帅可以回军。粘罕告诉他们，三镇已经不是问题，因为他已经决定以黄河为界："昨日已遣使往汴京，令以黄河为界。三镇事更不须议。"[70]宗翰遣杨天吉、王汭割地，言辞"颇不逊"，要大臣往河北、河东交割地界。[71]

康王等到磁州，当地人反对和议，杀王云，康王逃脱。[72]朝廷又遣耿南仲使于粘罕，割河东；聂昌 (1078—1127) 使于斡离不，割河北。[73]聂昌行至绛州，被守臣和民众所害。[74]耿南仲与金使王汭往卫州，乡兵要杀王汭，王汭逃走。耿南仲奔相州，以钦宗旨谕康王，起河北兵入卫汴京。徽、钦二帝被掳北去后，门下侍郎耿南仲率众劝康王就帝位。[75]

金两路大军一同包围汴京。闰十一月初开始攻城。同时金帅并派萧庆与宋使冯澥入城议事。斡离不要亲王二人为质。钦宗命枢密曹辅 (1169—1127)、右丞冯澥、宗室赵士㒟前往。[76]同时迁阁门祗候秦仔等八人持钦宗亲笔蜡书至相州，拜康王为河北兵马大元帅。[77]二十五日，金兵登城，汴京失守。军民杀金使刘晏等。[78]钦宗急派景王和谢克家出使。粘罕遣留在金军中的李若水入城，钦宗命宰相何㮚回应，何㮚见粘罕，有如下的对话：

粘罕问之曰："汝为宰相，知吾提兵将至，何不投拜？而乃拒战，又不能守城，何也？"

何㮚曰无以对。

又曰："闻劝宋主与我战者，岂非汝耶？"

曰："然。"

粘罕曰:"汝有何学术与我战耶?"

曰:"㮚无学术,为国为民,当如是耳。"

粘罕曰:"我欲洗城,如何?"

㮚从容曰:"率兵洗城,元帅一时之威也;爱民施德,元帅万世之恩也。"

粘罕悟曰:"古有南即有北,不可无也。今之所期,在割地而已。"

㮚再拜谢。粘罕曰:"相公回奏皇帝,欲请上皇出郊相见,不可辞也。"

无辞以对,应命而还。

何㮚虽然胆小,但仍是个忠臣。粘罕要上皇出城。[79]二十七日,钦宗再派济王和谢克家出使,而何㮚返回。二十八日,何㮚再使于金军前,祈请免让上皇出城。闰十一月三十日,钦宗被迫出城,到青城。金帅粘罕遣萧庆向钦宗索取降表,钦宗被迫上降表,内容被金人修改数次,大要为:

臣桓言:背恩致讨,远烦汗马之劳,请命求哀,敢废牵羊之礼。仰祈蠲贷,俯切凌兢。臣桓诚惶诚惧,顿首顿首。窃以契丹为邻,爱构百年之好;大金辟国,更图万史之欢。航使旌,绝海峤之遥;求故地,割燕云之境……上皇引咎以播迁,微臣因时而受禅。惧孤城之失守,割三府以请和。屡致哀鸣,亟蒙矜许。官军才退,信誓又渝……遂劳再伐,并兴问罪之师……自知获罪之深,敢有求生之理?伏惟皇帝陛下,诞膺骏命,绍履鸿图。不杀之仁,既追踪于汤、武;好生之德,终俪美于唐、虞。所望惠顾大圣肇造之恩,庶以保全弊宋不绝之绪。虽死犹幸,受赐亦多。道里阻修,莫致吁天之请;精诚祈格,徒深就日之思。[80]

钦宗哀求金人能够保全赵氏之绪。钦宗和两位金帅议和,粘罕要以黄河为界,然后请钦宗回宫。此时金人还没有废掉赵宋政权的打算,他们开始索取宋政府文籍、军器,并大举搜索开封城内的金银财帛、各种工匠和书籍,似计划搜刮财富带回东北。金人放回钦宗,邓肃有诗《靖康迎驾行》写当时汴京官民争迎钦宗回来:

女真作意厌人肝,挥鞭直视无长安。
南渡黄河如履地,东有太行不能山。
帝城周遭八十里,二十万兵气裂眦。
旌旗城上乱云烟,腰间宝剑凝秋水。
雪花一日故蒙蒙,皂帜登城吹黑风。
我师举头不敢视,脱兔放豚一扫空。
夜起火光迷凤阙,钲鼓硑訇地欲裂。
斯民嗷嗷将焉之?相顾无言惟泣血。

以上写到金兵渡河,举黑旗登城时,宋军无能,百姓惊惶无助的情形。大臣何㮚等束手无策,于是"奇兵化作乞和使"。金人则"虏人慕德犹贪利,千乘载金未满意。钗钿那为六宫留,大索民居几卷地"。钦宗被羁留十天,"南门赤子日輧阗,争掬香膏自顶然。忿气为云泪如雨,漫漫白昼无青天"。钦宗回城时,"会看春风拥赭黄,万民欢歌喜欲狂"[81]。

钦宗立即遣陈过庭(1071—1130)、折彦质出使,交割河北、河东地。[82]但金人在考虑形势后,决定仍要钦宗前往。其中的变化,根据后来于建炎元年出使的傅雱(?—1158)[83]的报告,金帅斡离不的态度比较温和,主张保存赵氏朝廷,而粘罕听了完颜兀室的异议后改变了策略,要废除赵氏,另立异姓。[84]正月十日,钦宗再到青城,同时命阁门宣赞舍人符彬带着诏书到北道总管司,谕河北军民:

金人攻围京城,已及一季,应援兵尚尔稽迟,使吾社稷生灵,坐以待尽。比者金人已登京城,按甲议和,欲使朕与吾民肝脑涂地。金人请求,靡有不从。每念屈辱之极,时事至此不获,已许帝姬和亲,立大河为界。而金人实未敛兵,欲质我太上皇,又欲使朕南迁王室。见今愈守京城,终不退归。朕上祷皇天未之震怒,下告民人未之怀愤。思祖宗积累至此,而欲尽乎!朕之德薄,不能以保吾民乎!朕思一身,朝夕不能安,痛切深思,实无罪戾,夫何使朕与吾民至于此极也。洛尔河北之民,与其陷于蕃夷,各宜自愤,抱孝怀忠,更相推立首领,多与官资监司守土帅臣,与尔推诚结集北道州军,自以为保守疆土,使予中国不失于蕃夷,天下平安,朕与汝等分土共享之。朕言及此,痛若碎首，故兹诏示，宜体至怀。[85]

这篇诏书中提到已经许金人以帝姬和亲及以黄河为界。据说福金帝姬是徽宗儿媳，故反对和亲。钦宗令吴并与金使萧庆同见完颜宗翰(国相)，"备述太上出质，人子难忍；妃姬改嫁，臣民所耻"[86]。

在京城中的群臣作最后的努力，同知枢密院孙傅等两次送文状至金元帅府，解释童贯、赵良嗣、王黼等妄起事端，皆已处斩，徽宗听信奸臣，而幼主为大臣所误，求金帅保全新主，则"岁修臣事之仪，如抛降金银表缎之数……乞班师之后，退守偏方，以备藩屏"，或者另选"国王"(皇帝)，于子弟中择一贤者，或自神宗二子中择选，使"长得北面，永为藩屏"[87]。金帅却令使者催宋臣另立异姓为新主。最后群臣不得已，推选张邦昌。[88] "金人有旨：'如三日不伏推戴，先戮大臣，次尽杀军民。'百官父老哭告邦昌，令即权宜之计，救取一城老小。王时雍、徐秉哲、吕好问曰：'大金欲册立太宰，三日不立，将夷宗庙，杀生灵。'邦昌谓时雍等曰：'诸公怕死，乃掇送与邦昌。虽督责而归，焉可免祸？身为大臣，岂篡逆耶？有死而已。'时雍等强之，邦昌引刀自裁，众夺之。遂议申推戴文字至金国军前。"张邦昌本来坚决不肯答应，据《靖康小雅》载：

邦昌初顾义且坚避。久之，百官有进言于邦昌：相公宜从权，他日相公为伊尹、为王莽，皆在相公。邦昌乃勉从之，曰：

邦昌以九族保此一城人。又欲以刀绳自裁。或曰：相公城外不死，今欲死，涂炭一城耶？遂已。[89]

三月七日，金元帅府立张邦昌为大楚皇帝，都于金陵。[90]金人入侵华北时，屡次以檄书声明他们的所作所为是因为徽、钦二帝毁盟约，于册立张邦昌的文书中再次谴责宋朝："父既无道于前，子复无断于后，以故征师命将，伐罪吊民。"[91]强调他们的军事行动是合法合理的。金元帅府立张邦昌的"行府告谕亡宋诸路立楚文字"，对中原官民说明金朝予宋的恩德很多，与宋朝缔结誓约，本来久通和好，不料宋人毁约背盟，所以对宋用兵，"伐罪吊民"，宋主内禅后，哀泣求和，愿割三镇，订立新约，但"誓墨未干，盟言已变……先帝有大造于宋，而宋人悖德，故去年有问罪之举……宋之旧封，颇亦广袤，既为我有，理宜混一。然念所举，止为吊伐，本非贪土。宜别择贤人，立为屏藩，以主兹土"[92]。说明金人不能容忍赵氏，又无意于土地，所以在黄河以南另立一个政权，作为金国的屏藩。张邦昌政权实际上是比后晋石敬瑭更为不堪的傀儡，金人利用他收拾兵火之后的残局，以便日后策划进一步的大计。

钦宗在位时，和战不定，主政的宰相和百官频频更换，政策摇摆不定，前往河北、河东的使节络绎于路，而使人也有随时丧命的危险，如傅察被斡离不所杀，王云被磁州百姓杀害，聂昌也丧命于愤怒的绛州人之手。[93]多次使金的吏部侍郎李若水最后也因反对另立皇帝，与王履一同被害。粘罕逼迫李若水另立异姓，李若水坚持不肯。粘罕说赵皇失信，李若水说粘罕也失信，又说："你劫金帛子女，止是一大贼喊捉贼耳。你灭亡决不久。"粘罕大怒，将他处死。李若水和王履至死不降。[94]另一方面，金使也是冒着生命危险执行任务。如金军攻城时，入城的金使刘晏即被宋军民所杀。[95]

四月一日，金人班师，掳徽、钦二帝，押解百官、学者、后妃、宫女、太监、工匠，宫中和政府的礼器书籍，以及搜括来的大量金银财宝北还。金人还劫迫百姓，"华人男女，驱而北者，无虑十余万"。而汴京城被围时，由于粮食匮乏，以致物价高涨，"一鼠亦值数百（钱）。道上横尸，率取以食，间有气未绝者，亦剜剔以去，杂猪马肉货之。……城中猫犬残尽。游手冻馁死者十五六，遗骸所在枕籍。"[96]吕本中(1084—1045)的《兵乱寓小巷中作》一诗描写了围城的惨状：

城北杀人声彻天，城南放火夜烧船。
江湖梦断不得往，问君此住何因缘。
窜身穷巷米如玉，翁寻湿薪煴爨粥。
明日开门雪到檐，隔墙更听邻家哭。[97]

另《城中纪事》如实记载了汴京陷落时的惨状：

昨者城破日，贼烧东郭门。
中夜半天赤，所忧惊至尊。

是时雪正作,疾风飘大云。

十室九经盗,巨家多见焚。

至今驰道中,但行胡马群。[98]

金军撤退,到处抄掠,"杀人如麻,臭闻数百里"[99],留下傀儡张邦昌管理劫后的华北。张邦昌不敢就皇帝位,请出藏匿在民间的元祐皇后孟氏垂帘听政。[100]

在金军两次南下期间,钦宗命他的弟弟康王赵构到河北招兵,所以当金兵攻下汴京时,赵构不在京城中,也就没有被金兵俘虏。赵构是徽宗的第九个儿子,据说颇有勇气,所以被钦宗委以谈判的任务。赵构在汴京陷落,二帝被俘北去后,发表文告安定人心,得到元祐皇后的支持,被余下的官员拥立,即为南宋的第一个皇帝高宗,并改年号为建炎。(详见第十一章)

北宋之亡,评论者甚多,兹举南宋叶适的意见。叶适认为中国不应对外国不守信义,联金灭辽是错误的政策:

自景德元年与契丹盟,更六圣百二十年,聘使往来,天子亲与之揖逊于庭,未尝一日败盟约也。女真本小种落,契丹奴役耳。不幸天祚失道,使得猖狂,破取其国。天祚以为与大国义兼兄弟,当来援我。或遂不复其国,则望白沟以南自归。当是时,中国以大义之故,遣十万众制女真使不得逞,彼知大国为之助,其势何遽至此也?岂与约并灭其国,分取幽州故地以为功者比乎?失此不念,遂有今日。然则夷狄虽不义,常以信义望中国。

中国以夷狄为不义，是以不用信义答之。不知此其所以为中国者，本不以夷狄之无而废也。[101]

真德秀(1178—1235)论北宋之亡，举出十大失误：朝政大坏；军政大坏；不畏天戒(灾变)；不恤人言；毁忠忌贤；滥用小人；蒙蔽欺上；横征暴敛，民不聊生；授任非才(童贯出使)；联金灭辽。真德秀不认为结纳张觉和耶律余覩是根本原因，认为即使没有张觉事件，盟约还是难保：

徒知徇其(女真)欲而无以服其心，其祸固应尔也。或者惟以纳张觉结余覩为造衅之由，而不知召侮取轻，其渐非一。虽微结纳之事，其能保盟约之不寒乎？[102]

作为忠于宋朝的大臣，真德秀自然避免论及皇帝的过失。

到了明末，王夫之对宋代诸帝予以严厉的批评。关于北宋之亡，王夫之尤其重责徽宗带着北宋走向亡国。他说："宋至徽宗之季年，必亡之势不可止矣。""徽宗有财而不知所施，有兵而不知所用。无他，唯不知人而仕之。而宋之亡，无往而不亡矣。"[103]

今人金毓黻论靖康之祸，认为原因有三：一、和战不定；二、徽宗无术以任天下之重；三、军备堕废。并谓远因为新旧党之交哄，置国事于不顾。[104]宫崎市定将北宋之"颓废"归因于独裁政治与蔡京之专横。[105]近年关于徽宗的研究，如伊沛霞(Patricia B. Ebrey)等人，则大致认为徽宗不理朝政，但是不会比其他朝代的皇帝更坏。[106]

　　按北宋末年的大势,宋廷在收回燕云后,若能一方面治理好新得的土地和人民,另一方面充实国防,整军经武,则至少可以暂时维持类似宋辽间的和平关系。但昏庸的徽宗君臣被恢复燕京的喜悦冲昏了头脑,于大事庆祝之余,不积极谋划收复的疆土、收拾战乱后的秩序,以及安定燕京地区的人民。因此,北宋灭亡的原因,可以说主要是君臣昏庸无能,蔡京、童贯等人好大喜功,西面图谋平服夏国,北方又想摧毁辽朝,导致宋朝的人力物力不能应对这样的耗损。军事方面,攻辽燕京失败,金人看到宋军的弱点。在外交方面,联金灭辽不一定是错误的策略,但是既然要执行此一策略,各方面都应配合,尤其是当时金人并无进兵中原的意向,既然订立了和约,宋朝就应当像从前遵守与辽朝订立的和约那样,遵守与金朝订立的和约。但是当政者居然破坏刚订立的和约,容纳叛亡,给金人以进兵的借口。这时候的宋朝,政治和军事似已完全瘫痪。至于开国以来的强干弱枝国策,虽然不能说必然造成了国家的积弱,但自与辽议和以后,长期的和平令宋朝举国上下因循荒惰,军政腐败。王安石努力改革,却因当政时日不多,用人不当,加以旧党掣肘,得不到神宗的全力支持。北宋末年,新党当政,于削弱西夏后,希冀联合新兴的女真,一举消灭契丹,收复燕云十六州,最终在国力不充实的情况下演出了一场轻率从事军事冒险活动的失败悲剧。同时,长期的和平也导致契丹军政怠惰,加之天祚帝治国无方,以致女真族在十年之内接连灭亡两大帝国。

1 参看拙著《女真史论》,台北:稻乡出版社,2003,第20—21页。
2 徐梦莘:《三朝北盟会编》卷一,政和七年七月四日,第19页。《要录》卷一,第2—3页。
3 徐自明撰,王瑞来校补:《宋宰辅编年录》,北京:中华书局,1986,卷一二,第772—775页。
4 李心传:《要录》卷一,第3页。
5 《会编》卷一,政和八年(即重和元年)四月二十七日,第21—22页。《宋史》卷三五一《郑居中传》,第11103—11104页。
6 《会编》卷一,第22页。
7 《要录》卷一,第3页载蓟州人高药师于七年夏至登州。
8 《会编》卷二,第20页。徐自明撰,王瑞来校:《宋宰辅编年录》,第774页载童贯上平燕策在政和六年。
9 《会编》卷二,八月四日、闰九月九日、九月二十七日、十二月二日,第31页。《金史》记此事于天辅元年十二月,乃误记。看卷二校勘记注6。《宋史》卷二一《徽宗纪》载遣马政等在二月,第399页。
10 《会编》卷四,宣和元年十二月二十五日,第39页。
11 《会编》卷四,宣和二年三月六日,第39—41页。《金史》卷六〇《交聘表》上,第1388页。
12 《会编》卷四,宣和二年七月十八日,第41页。
13 《会编》卷四,宣和二年九月二十日,第42—43页。
14 《会编》卷四,宣和二年十一月二十九日,第43—45页引马扩《茅斋自叙》。
15 《会编》卷四,宣和三年正月,第45页。
16 《会编》卷四,宣和三年正月;卷五,宣和三年二月十七日、五月十三日、八月二十日,第45—46页。
17 《宋史》卷四八七《外国三·高丽》,第14049页。又见张端义:《贵耳集》,收入《中国野史集成续编》第六册,成都:四川人民出版社,1983,第589页"高丽王对宋医者说:'高丽小国,世荷国恩不敢忘。闻天子用兵,辽实兄弟国,苟存之,犹是为国捍边,其他乃虎狼,不可交也。'"参看卢启铉著,紫荆、金荣国译,金龟春译审:《高丽外交史》,第203页。
18 《会编》卷六,第54—58页引马扩《茅斋自叙》及《封氏编年》。
19 《会编》卷七,宣和四年五月二十六日、六月三日,第60—63页。
20 《会编》卷九,宣和四年九月十八日,第73—74页。
21 《会编》卷一〇,宣和四年九月二十七日,第76页。
22 《会编》卷一六,第118页,引自朱胜非《秀水闲居录》。
23 《会编》卷一〇,宣和四年十月一日引《茅斋自叙》,第79页。
24 《会编》卷一一,宣和四年十月二十三日,第82—84页。
25 《会编》卷一一,宣和四年十一月一日,第87页。
26 《会编》卷一一,宣和四年十一月一日至二十一日,第85—89页;卷一二,十二月二日至三日,第90—91页。
27 《会编》卷一二,宣和四年十二月六日,第91—92页。参看黄宽重:《马扩与两宋之际的政局变动》,《"中央研究院"历史语言研究所集刊》,1990,61本4分,第789—808页。
28 《会编》卷一三,宣和五年正月二十五日至二十七日,第98—100页。《金史》卷六〇,第1389—1390页。
29 《会编》卷一五,宣和五年三月一日,第107页。
30 《会编》卷一四,宣和五年二月九日,第105—106页;卷一五,宣和五年四月十一日,第112页。

31　《会编》卷一八，宣和五年四月二十二日、二十七日，第117页、第119页。
32　《宋史》卷三五二《王安中传》，第11125页。
33　《金史》卷六〇。《会编》卷一九载金国信大使富谟右、李简为遗留使至宋。宋以张壎、马扩为吊祭使。《宋史》卷二二《钦宗纪》，第414页金遗留使作富谟弼。金贺正旦使为高居庆、杨璞。与《金史》记载不同。
34　《会编》卷二〇，第145页。
35　《宋史》卷三七八《卫肤敏传》，第11661 — 11662页。
36　《会编》卷一八，宣和五年六月五日，第127页。
37　张觉事见《会编》卷一七，宣和五年五月十四日，第121 — 122页；卷一七，宣和五年六月二日，第125 — 126页；卷一八，宣和五年六月五日，第126 — 127页、第129 — 132页。《宋史》卷三五二《王安中传》，第11125页。
38　《宋史》卷三五二《王安中传》，第11125页。
39　《金史》卷六〇，第1392页：天会三年"六月，遣李用和等以灭辽告庆于宋"。
40　《金史》卷三《太宗纪》，第53页。
41　佚名编，金少英校补，李庆善整理：《大金吊伐录校补》，北京：中华书局，2001；佚名编，金少英校补，李庆善整理：《大金吊伐录》，北京：中华书局，2000，卷一，《元帅府左副元帅右监军右都监下所部事迹檄书》。
42　《金史》卷六〇，第1392页。《会编》卷二二，第156 — 157页；《宋史》卷二二《钦宗纪》，第416页作李孝和。
43　《会编》卷二三，宣和六年十二月三日，第162页。
44　《会编》卷二二，宣和七年十一月二十一日，第158 — 159页。
45　《会编》卷二三，宣和七年十一月二十八日，第161页。
46　徐自明撰，王瑞来校补：《宋宰辅编年录校补》，北京：中华书局，1986，第813 — 818页。
47　《宋史》卷三五二《耿南仲传》，第11131页。参看王曾瑜：《宋钦宗和他的四名宰执》，收入《宋史研究论文集》，银川：宁夏人民出版社，1999，第16 — 18页。
48　《宋宰辅编年录校补》，第813 — 814页。
49　《金史》卷三《太宗纪》，第54页；卷六〇，第1393页。
50　《会编》卷二八，靖康元年正月七日，第197页。
51　《会编》卷二九，靖康元年正月八日，第199 — 201页，据郑望之《奉使录》。又见李纲：《靖康传信录》，收入《全宋笔记》第三编第五册，卷上，郑州：大象出版社，2008，第16页，出使者李棁，郑望之、高世则为副使。
52　《会编》卷二九，靖康元年，第201 — 203页。
53　李棁于建炎四年在建康降金，宗弼北返时道死，见《要录》卷三三，第644页。
54　《宋史》卷三五八《李纲传》，第11244页。李纲《靖康传信录》，第16 — 17页。参看汪藻著，王智勇笺注：《靖康要录笺注》卷一，成都：四川大学出版社，2008，第130 — 133页。
55　《会编》卷二九，靖康元年，第204 — 205页，引朱胜非《秀水闲居录》；卷三〇，正月十一日，第206 — 207页。《大金吊伐录校补》，第146 — 147页。
56　《会编》卷三四，靖康元年二月五日，第234 — 240页。据李纲《靖康传信录》卷中，第21 — 22页。又《靖康前录》则记载抗议者数万人，杀一内侍，殴打张太尉等三十七人。《宋史》卷三五八《李纲传》作"军民不期而集者数十万人"。见第11245页。参看汪藻著，王智勇笺注：《靖康要录笺注》卷九，成都：四川大学出版社，2008，第903 — 906页。
57　李纲：《靖康传信录》卷中，第24页。
58　《靖康要录笺注》卷二，第293页。

59 《靖康要录笺注》卷四,第492页。
60 此事《宋史》卷二三载于十月。参看《会编》卷五八,靖康元年十月十七日,第3—5页;《要录》卷一,载此事于四月,见第14—16页。李心传有考证。
61 《会编》卷五〇,靖康元年七月是月,第348页。此次遣使不知何人,不见于《要录》。
62 《会编》卷五五,靖康元年九月十五日,第372—374页。
63 《全宋诗》卷八〇六,第20122页。
64 李纲:《靖康传信录》卷下,第44页。
65 《宋史》卷三五八《李纲传》上,第11250页作"提举亳州明道宫,责授保静军节度副使,建昌军安置,再谪宁江"。
66 《会编》卷五九,靖康元年十月二十八日,第11页。不见于《宋史》《要录》。
67 《会编》卷六二,靖康元年十一月八日,第33页;丁特起:《靖康纪闻》,收入中国野史集成编委会、四川大学图书馆编:《中国野史集成》第五册,成都:巴蜀书社,1993,第465—507页。
68 《会编》卷六三,靖康元年十一月十三日,第36页。
69 《会编》卷六三,靖康元年十一月十六日,第39页。
70 《会编》卷六三,靖康元年十一月十三日,第37页。
71 《会编》卷六三,靖康元年十一月十七日,第41页。
72 《会编》卷六四,靖康元年十一月二十一日,第44—45页。参看邓小南:《关于泥马渡康王》,《北京大学学报(哲社版)》,1995(6),第101—108页。
73 《会编》卷六四,靖康元年十一月二十二日,第45—46页。《宋史》载耿南仲使斡离不军,聂昌使粘罕军,许河为界。《会编》所载国书乃一书分致粘罕和斡离不。
74 《宋史》卷三五三《聂昌传》,第11144页。
75 《要录》卷四,建炎元年四月癸亥,第95页。
76 《会编》卷六八,靖康元年闰十一月十九日,第76页。
77 李心传:《要录》卷一,闰十一月壬辰朔,第19页。《宋史》卷二四《高宗纪》一,第440页。
78 《会编》卷六九,靖康元年闰十一月二十五日,第85页。
79 《会编》卷七十,靖康元年闰十一月二十六日,第89页。引《靖康遗录》载,何㮚非常害怕,见粘罕请死,"粘罕厉声曰:南朝拒战,谁为之谋?答曰:主战议。粘罕云:赵皇坚欲拒战决,有此否?㮚云:议皆出于㮚。皇帝无之。粘罕又云:我昔遣使招汝出城,尔何不来?今城破来此,何也?答曰:昔之不来,为生灵。粘罕默然,久之,曰:尔亦忠臣,然我须见赵皇,面约和议,然后奏闻北朝"。
80 《会编》卷七一,靖康元年十二月一日,第95页。《大金吊伐录校补》,第351—352页。
81 《全宋诗》卷一七七一,第19692页。
82 《会编》卷七二,靖康元年十二月五日,第101页。

83 傅雱卒年据《要录》卷一八〇,第2988页。

84 《会编》卷一一〇引傅雱《建炎通问录》。参看本书第十一章。

85 《会编》卷七四引《宣和录》,第116—117页。又见《要录》卷一,靖康二年正月庚子,第26—27页。李心传注:"实录无和亲至南迁等语,盖节文。今依宗泽遗事增入。"据《瓮中人语》,靖康二年正月十三日,"王宗沔同房使入城窥伺帝姬,已议和亲"。见确庵、耐庵编,崔文印笺证:《靖康稗史笺证》二,北京:中华书局,1998,第77页。

86 《靖康稗史笺证》四《南迁录》,第134—135页。

87 《会编》卷七九,靖康二年二月七日,第150页。

88 《会编》卷七九,靖康二年二月十日、十一日,第154—155页。

89 《会编》卷八三,靖康二年二月一日,第178页。

90 《会编》卷八四,靖康二年三月七日,第182—183页。《要录》卷二,建炎元年二月丙寅,第38—40页;卷三,三月辛卯朔,第63页。

91 《大金吊伐录校补》,第434—437页。

92 《大金吊伐录校补》,第458—464页。《会编》卷八四,第182页。参看拙著《宋辽关系史研究》第九章《对于北宋联金灭辽政策的一个评估》。

93 《会编》卷六七,靖康元年闰十一月十五日,第68—69页。

94 《会编》卷八一,靖康二年二月二十一日,第165—166页;卷八二,靖康二年二月二十一日,第167—173页。

95 《会编》卷六七,靖康元年闰十一月二十五日,第85页。

96 《要录》卷四,四月辛酉,第92—93页。

97 《全宋诗》第18135页。

98 《全宋诗》第18134—18135页。

99 《要录》卷四,四月庚申朔,第87页。

100 《靖康稗史笺证》二,第63—88页。

101 叶适《外论一》,《全宋文》卷六四八五。

102 《西山先生真文忠公文集》(《四部丛刊》本)卷五《江东奏边事状》,第120页。

103 王夫之:《宋论》,收入船山全书编辑委员会编:《船山全书》,长沙:岳麓书社,2011,第十一册,第196、第201页。

104 金毓黻:《宋辽金史》,第67—68页。

105 宫崎市定:《北宋史概说》,《アジア史研究》第一,第272—274页。

106 Patricia B. Ebrey, *Emperor Huizong*, Cambridge, Mass.: Harvard University Press, 2014. 伊沛霞:《宋徽宗》,桂林:广西师范大学出版社,2018。及 Patricia B. Ebrey and Maggie Bickford, eds., *Emperor Huizong and Late Northern Song China: The Politics of Culture and the Culture of Politics*, Cambridge, Mass.: Harvard University Press, 2006。

## 第十一章

# 宋金和战

建炎元年(1127)的早春,河北兵马大元帅康王赵构由相州经东平至济州。三月,金人立张邦昌为楚帝。金兵退师,掳徽、钦二帝北迁后,张邦昌不敢就大位,"不御正殿,不受常朝,不山呼,见百官称予不称朕,不称圣旨"。张邦昌在位三十二日,从民间找到哲宗的废后元祐皇后,[1]遣谢克家迎赵构到汴京。耿南仲、汪伯彦等人也对赵构劝进,而张邦昌表示将避大位,请元祐皇后垂帘听政,并率百官劝进。元祐皇后遣孟忠厚(?—1157)持告中外手书送康王,书中重点是以晋文公和汉光武的故事,要赵构就皇位:"乃眷贤王,越居旧服,已徇群臣之请,俾膺神器之归。繇康邸之旧藩,嗣宋朝之大统。汉家之厄十世,宜光武之中兴;献公之子九人,惟重耳之尚在。"[2]于是,赵构于五月一日在南京(归德,今河南商丘)即皇位,大赦天下,赦文中谴责张邦昌僭位号,但对于围城士大夫的行为一概不问,"死节及殁于王事者,并推恩。奉使未还者,禄其家一年"。高宗以黄潜善(1078—1130)为中书侍郎、汪伯彦(1069—1141)为同知枢密院事,[3]尊钦宗为孝慈渊圣皇帝,元祐皇后为元祐皇太后,召副元帅宗泽(1060—1128)赴行在。[4]至于怎样处置张邦昌,高宗对黄潜善等说:"欲驭以王爵,使异时金人有词,则令邦昌以天下不忘本朝,而归宝避位之意告之。"遂任张邦昌为太保奉国军节度使,封同安郡王,五日一赴都堂,参决大事。[5]暂时不杀邦昌,似避免刺激金人。

赵构政权建立之初,军事和经济上都无从与金抗衡。高宗以黄潜善和汪伯彦为御营使和副使,两人一意规划议和。[6]高宗命黄潜善等募忠信能专对之士奉使金国。除作国书外,命张邦昌写信给金人，筹划立即遣使。[7]

当时金太宗完颜吴乞买在东北，以太祖同母弟完颜杲为谙班勃极烈兼领都元帅居京师。中原由宗翰、希尹、宗望等负责军事和政治上的一切事务。[8]从宋高宗即位至绍兴十一年宋金达成绍兴和议，这一时期两国处于长期交战的状态，其间南宋对金外交是非常艰苦的。高宗即位之初，就屡次遣使求和，但见不到远在东北的金朝皇帝。高宗派去的使者只能和两位拥有军政大权的金帅接触，即在河东的左副元帅宗翰（即粘罕、宗维）与右副元帅完颜宗望（即斡离不）。宗望于1127年六月病死。宗辅继任右副元帅，而宗翰在中原权力最大。[9]建炎元年，金人只承认张邦昌的楚国，而与赵构政权处于交战状态之中，赵构的新政权不为金人承认。在张邦昌被处死后，金人即大举南下，要歼灭赵构政权。两位金帅掌握战和的主动权，有时候愿意谈判，遂放回宋使，使之将信息带给南宋朝廷。即使在谈判的过程中，仍然继续以战逼和，而提出南宋君臣很难接受的条件。南宋求和的使节，在相当长的一段时期里，都是派遣到两位金帅处，他们的头衔是"金国通问使""祈请使"或"大金军前通问使"，他们几乎没有取得任何外交成果，因为金朝的两位元帅对宋使要么全不理会，要么将使人拘禁。

建炎元年五月，黄潜善、汪伯彦任命修职郎迁朝奉郎假刑部侍郎王伦、进士补修武郎朱弁为大金国通问使和副使，又以从事郎傅雱特迁宣义郎假工部侍郎为大金通和使，武功大夫赵哲为副使。王伦是名相王旦之孙，家贫无行，以侠自任。汴京陷落时，王伦自请维持秩序，此时上书请出使，问徽、钦二帝起居。但被任命后，王伦、朱弁与傅雱、赵哲都未启程。[10]同月，另遣地位较高的太常少卿周望假给事中充大金通问使，赵哲为副使，亦未前往。[11]为了直接与金朝皇帝接触，宋廷再派迪功郎胡蠡假通直郎宗正少卿、承节郎黄钺假阁门宣赞舍人为高丽国信使和副使，希望能够通过高丽到达金境，但是高丽王王楷不许宋使通行。胡、黄不得要领而回。[12]

高宗君臣考虑在何处建都，知扬州许份等以为扬州之地，控带江淮，城壁新修。高宗批答不允。[13]知同州唐重请移关中。[14]高宗以宝文阁直学士、浙江荆湖等路经制发运使翁彦国知江宁府，缮治宫室，以备巡幸。[15]监察御史张所上疏说：皇帝留在南京，军民俱怒，不知道是谁的计谋，乃是失计。他认为不可迁都，应当立即回汴京，"不能如此，徒欲南渡以自便，是偷朝夕之安，非所谓社稷之大计，臣知其不可"[16]。

五月初五(甲午)，高宗任李纲为尚书右仆射兼中书侍郎，朱胜非为中书舍人，吕好问为尚书右丞，黄潜善兼御营使，汪伯彦为副使，范讷为京城留守，邵溥为副留守。[17]高宗以李纲为右相，左正言邓肃以为必有一番作为，作诗《贺梁溪李先生除右府》：

虏兵震地喧鼙鼓，黑帜插城遍楼橹。
蔽空戈甲来如云，群盗相随剧豺虎。
胡尘漠漠四壁昏，诸将变名窜军伍。

十万兵噪龙德宫，上皇避狄几无所。
嗣君匹马诣行营，朕躬有罪非君父。
奸臣草表遽书降，身率百官先拜舞。
那知冯道冷笑渠，立晋犹存中国主。
翠华竟作沙漠行，望云顿有关河阻。
九天宫殿郁岿峣，目断离离变禾黍。
生灵日夕望中兴，犹幸君王自神武。
相公特起为苍生，下视萧曹无足数。
词议云涌纷盈庭，群策但以二三取。
老谋大节数子并，行见犁庭灭金虏。
立马常依仗下鸣，日咏杜鹃怀杜甫。
飞鸟犹尊古帝魂，激烈浩歌来义旅，
规模共佐李西平，庙貌不移旧钟簴。[18]

诗人在这首诗的小序中自称门人，"直述京城围闭，君父蒙尘之状，以见不共戴天之仇，在所必报也"。诗中回顾汴京沦陷，张邦昌被金人立为傀儡，还不如契丹所立的后晋石敬瑭，石敬瑭虽然对契丹称臣，但仍为中国之主。

邓肃和很多大臣对李纲抱有很高的期望，但是主和的御史中丞颜岐(？—1141)附和汪、黄，反对起用李纲，甚至说：金人喜欢张邦昌，应当尊重；金人不喜欢李纲，不可用。[19]

六月一日，新任尚书右仆射李纲见高宗。[20]六月二日，李纲上十议，其一议国是，要点是"今日之事，欲战则不足，欲和则不可。莫若先自治，专以守为策"。但朝廷犹以和议为然，"是将以天下畀之敌而后已。为今之计，莫若一切罢和议，专务自守之策"。对于遣使，李纲主张只当"岁时遣使奉问二圣（徽、钦二帝）"，至于金国，"我不加兵，专以守为策，俟吾政事修，士气振，然后可议大举"。其二议巡幸，认为皇帝至少必须到汴京去一趟。天下形势，长安为上，襄阳次之，建康又次之。除四京外，以长安为西都，襄阳为南都，建康为东都，这样就可以安天下。不必定都于一个地方，留在南京（应天）或往建康都不是好计划。其三议赦令，要改正张邦昌的赦书。其四议僭逆，主张惩罚张邦昌。其五议伪命，即将依附张邦昌伪楚的官员定罪。其六议战。其七议守。其八议本政。其九议久任。其十议修德。[21]高宗对李纲的十议中的"僭逆""伪命"持保留意见，其他付中书省讨论执行。[22]

新朝廷应该在何处落脚，成了两派争论的一个焦点。李纲主张都长安，后来又主张都襄邓，仍然反对都东南。尚书祠部员外郎喻汝砺说不可以迁都，他认为汴京是天下的根本，都金陵是把中原（中州之地）让给敌人。[23]在议伪命方面，黄潜善支持张邦昌，吕好问也附和黄，李纲力主严惩张邦昌及受伪官者。李纲与黄潜善辩论，论张邦昌不能临难死节，朝廷不处罚他，反而尊崇他，四方谁不解体？并以去就相争。[24]

高宗遂贬张邦昌，将他安置在潭州，[25]并处罚拥立张邦昌的宋齐愈和王时雍，罢靖康主和的门下侍郎耿南仲、李回、前宰执李邦彦、吴敏、蔡懋、宇文虚中等，[26]又褒奖死节的使人李若水和战死的刘韐等。

新知襄阳府宗泽听说黄潜善等主和议,上疏批评,谓如果放弃中原,"是欲蹈东晋既迁之覆辙,裂王者一统之绪为偏霸耳。为是说者,不忠不孝之甚"。高宗以宗泽知青州。[27]

不久,高宗接受李纲的建议,令宗泽守汴京。宗泽请皇帝回汴京,反对张邦昌之流主张都金陵之议。[28]

至于对金遣使,李纲认为此时应"枕戈尝胆,内修外攘,使刑政修而中国强,则二帝不俟请而自归。不然,虽冠盖相望,卑辞厚礼,恐亦无益。今所遣使,但当奉表通问两宫,致思慕之意可也"[29]。高宗遂命李纲起草书信。六月,高宗命徐秉哲为大金通问使求和,但秉哲不受命,遂被责罚。[30]因周望往河北,无人往河东,由李纲推荐,以宣义郎特迁宣教郎傅雱为大金通和使、阁门宣赞舍人马识远为副使,往河东金军前通问徽、钦二帝。傅雱等带有国书和礼物。[31]高宗又令张邦昌写信给两位金帅,请用靖康时的誓书,以黄河为界。[32]国书的称谓是"大宋皇帝致书于大金国相元帅帐前",请求宗翰放回徽、钦二帝:

盖闻天属所系,遇患相收;邻国之交,行道为福。辄披哀恳,用彻聪闻。顾大义之当然,宜高怀之洞照。痛念本国远通贵朝,原其浮海之初,各有誓山之志。事有可恨,谋因不臧。一变欢盟,重罹祸故。兴言及此,虽悔何追?昨为将命之行,深冀接辞之幸。取道偶异,有怀弗宣。逮提入卫之师,承奉再和之诏。初谓登陴而不下,荷德何言;终闻举族以偕行,措躬无地。便欲自投于死所，莫能终拂于舆情。继体非心，抆泪盈握，早夜以思，投告无所。乃惟博达，必照几微。天有常理，不多上人者，盖识消息盈虚之数；天无私覆，非大无道者，皆有扶持安全之心。谅国相元帅，特扩大度，深矜至衷。资二帝之南还，择六官而偕行。无留宗族，并返官联。上承天地好生之心，俯慰黎元愿息之意。倘施恩之出此，宜图报之何如！四海流闻，必服柔而慕德，上穹降鉴，亦眷佑以垂休。兹惟治国之远图，不特冲人之私幸。炎蒸在候，调护惟宜。所有二帝诸后问安表笺，并望指挥，即令通达，许人进见，以慰夐夐瞻慕之心。有少礼物，具如别幅。谨白。[33]

这封信坦言宋廷过去破坏和约，对此感到后悔不已。过去的错误，请求对方的谅解，然后希望能够放回二帝。在最艰难的时候，南宋向金军元帅求和，需要大量的私觌礼物。傅雱带去的三十椁礼物还是在汴京办理的：

抬椁共三十，以两椁载朝廷礼物，二十八椁载使人私觌礼物。是时朝廷礼物亦少，只有锦十匹、玳瑁家事三件。使人私觌礼物于东京旋行收买，打造花缬，供作五百匹段，并生姜、腊茶、锡器、纸笔等。[34]

七月，高宗将曹勋从北方带回的太上皇在绢质背心上亲书的八个字"可便即真，来救父母"宣示群臣。

群臣说这是高宗受命于太上皇的八个字，应当藏在宗庙里，传于后世。[35]高宗庆幸太上皇为他就皇位的合法性加持。这件事见《宋史·曹勋传》：曹勋随徽宗北去，徽宗对他说，不知中原百姓推戴康王否？于是将御衣的衣领上写的"可便即真，来救父母"八个字，及韦贤妃、康王妃邢夫人信，交曹勋带给高宗。[36]

随后高宗忽然下诏："京师未可往，当巡幸东南，为避敌之计。来春还阙。"[37]原来汪、黄两人都要高宗到东南去。高宗下巡狩诏，将太后六宫送至江南，自己有意留在中原与敌人决战。但数日后又诏不去京师，将往东南避敌。李纲极力反对，认为"自古中兴之主，起于西北，则足以据中原而有东南；起于东南，则不足以复中原而有西北"。

李纲与汪、黄辩论的结果是皇帝收回诏书，许幸南阳，命观文殿学士范致虚知邓州，修城池，治宫室，预备秋末冬初前往。[38]卫尉少卿卫肤敏评扬州城不高，池不深，封域不广，又近河朔，敌人容易来侵，主张往建康。大臣都不主张都南阳，中书舍人刘钰反对都南阳，也主张都建康。于是汪伯彦、黄潜善皆主东幸，士大夫都附议。[39]

八月，傅雱等见金左副元帅宗翰、左监军完颜希尹、右监军耶律余覩、时立爱、高庆裔等。金人看见带来的礼物很高兴，当时送礼物的还有鞑靼国献羊、黑水国献马。傅雱见三个酋长"皆席地重毡跌坐。第一人是左监军兀室郎君（即完颜希尹，金开国功臣之一）权元帅职，第二人右监军余覩，第三人是时相国（粘罕）"。高庆裔传话，问："奉使远来不易，不知今日奉使来理会甚公事？"傅雾答：“今皇帝方即位，差使人于贵朝通问。”郎君谓：“本国与贵朝本来无甚深怨，只缘前后语言失信。”雾答以"此事皆前朝所失"。又说：“去年皇子郎君兵至城下，南朝本无备，易破，尔全不知此段恩义。及许三镇，又说：祖宗之地，尺寸不可与人。语言如此，其信安在？”雾答以"此亦是前朝所失"。又说："丈夫三镇之地，何足计较？若不失信，诸事亦有商量。"又说："使人今日之来，方为通问，如何才通问，便来取二帝？"即答以"今圣皇帝即位之后，惓惓于父兄之情，实不能忘，所以差人往通问，及恳祷郎君，此事郎君以为是，孰敢以为非；郎君以为非，孰敢以为是？若郎君以为是，全在郎君矜念周旋此段祈祷之情"。即说："使人且归馆中。别听指挥。"

完颜希尹等差大理寺卿、昭文馆学士李侗馆伴。傅雾与李侗长谈，李侗透露了几个要点。一、自古以来中原与夷狄相争，"汉武何尝杀尽夷狄耶？耶律德光何尝并得中原？南北异宜，岂可混并？""盛衰固自有时，强弱亦自有数。周旋如转轮，反覆如引锯。天下何尝有常强之势？贤人君子佐世，因时识消长之理。时违事变，达擒纵之权于此，能变守改节，即于盛衰强弱之中，常使生灵不坠涂炭，免得此一段杀戮。这个因果，最为大事。其他不足道也"。这些话意在对高宗君臣招降。二、请归徽、钦二帝之事，需要问朝廷，在军前不能商量，而且不是一次请求就会有结果的。三、二太子（斡离不）曾与国相商量，"若立其主，刻大碑于梁宋间，使天下后世，知行兵有名，且不绝人后，以使南兵自此数百年不敢动。若如此施行，不惟兵强，德亦有余。这个功绩大。若直破其国，携其主而归，只是兵强而已，德不足也。兼他日若赵氏自立，即是无立主一段恩义。国相遂然其说，放回少帝入城。后来因缘别有异议，其论又复稍变，所以其言不谐"。傅雱问："议论缘何不谐？"李侗说商议多日不成，因完颜希尹有异议而改变了策略。从这段话来看，斡离不的态度比较温和，可惜他不久就去世了。此外，二太子主张以黄河为界，所以才另择贤人守京城。由此可知立张邦昌及后来立刘豫(1073—1146)都是希尹和粘罕主其事。傅雱认为从李侗的话里可知"虏人既得河北，已饱其欲，方务为保守之计，将自河北以南，皆已置度外矣"[40]。

九月，傅雱携完颜希尹所交金回书南还，金人要求交回河东在南方的百姓，并为西夏要求归还神宗时所侵之地，又想置榷场。[41]金朝的《大金吊伐录》载《回康王书》：

天会五年十月四日，元帅右监军、右都监同致书于前宋康王阁下：

且以亡宋累违誓约，故前年有城下之盟。洎成之后，不务遵奉，反图不轨，虽使悔之，终无悛改。故今年有灭国之举。汴人既与执迷，理宜夷戮，而登城不下，择立贤人，盖以罪有所归，肯多上人而违安全之心乎？至于告谕诸路，不许复思赵氏，以使后世为人上者，怿于盟信，不敢放纵，以为深戒，岂是已甚耶？今阁下身既脱网，亦合守分，辄敢窃入汴邑，僭称王号，遣使诣府，一无逊辞，反求父兄宗亲官联，而阴遣军兵，频来战斗。详味其意，全无追悔父兄之误，特有以力抗拒之心。况朝廷所立大楚皇帝，不言所在之处，帅府议定割与夏国陕西诸路之地，有无已未依从，难议允听。今因人使回，专奉书陈达，不宣。白。[42]

金人在这封信中谴责宋人违反誓约，不知悔改，所以要另立贤人。金人还指责赵构竟敢称王，抗拒金人，甚至不告知大楚皇帝在何处。

傅雱的出使带回来一些内幕，即金人似乎并没有立即灭亡高宗政权的计划，只是谴责宋人失信。此外的信息是若想接回徽、钦二帝，不是一次请求就会有结果的。

七月，宗泽反对割地，前后上奏二十余封，请高宗还京，又反对南迁，并拘禁以使楚为名的金使牛太监等八人，请高宗同意杀金使。高宗命宗泽优待金使，宗泽不从。高宗下诏放人，宗泽只好遣返他们，但仍上表请高宗回汴京。[43]

八月，宗泽再请高宗回汴京，说汴京防务坚固。[44]高宗派张所探视皇陵，张所请组织两河民兵。李纲向黄潜善推荐张所，黄潜善答应任张所为河北招抚使，拨千余空名告及三千兵士。张所招来豪杰，以王彦为都统制，岳飞为准备将，却为汪伯彦所阻。[45]李纲因杀主张张邦昌就皇位的宋齐愈，被殿中侍御史张浚弹劾私意杀侍从以及买马招军之罪。张浚说李纲杜绝言路，独擅朝政。高宗遂罢李纲，并决定前往扬州。[46]自六月一日就任至八月十八日罢任，李纲主政共计七十八日。[47]

黄潜善、汪伯彦为禁止不同的言论，竟处死上书要求留任李纲，罢汪、黄及促高宗还京的太学生陈东和进士欧阳澈。[48]建炎三年，胡寅批评汪、黄两人误国，"以乳妪护赤子之术"待高宗。[49]绍兴二年刘嵘上万言书，也指出汪、黄"以乳妪护赤子之术待陛下，曰：上皇之子，殆将三十人。今所存惟圣体，不可不自爱重也。曾不知太祖勤劳取天下，列圣兢业慎守，不敢失坠也"[50]。

九月，高宗赐死张邦昌。高宗的诏书指出张邦昌被金人胁迫，以权宜摄国事，"犹以迫于金人之势，或不得已"，但"在内中衣赭衣，履黄袱，宿福宁殿，使宫人侍寝，心迹如此，甚负国家……止令自裁，全其家属"。[51]

十月，迫于金人的武力压力，高宗君臣南下至扬州。[52]

从新政权的建立到李纲罢相，我们可以清楚地看到高宗和主和的汪、黄等人已经决定了宋廷对金的基本政策就是和议。高宗不理会宗泽和李纲的呼吁，不肯回汴京，一面派遣外交使节求和，一面不断地退让，从南京退到扬州。后来即使因汪、黄的错误，害得高宗狼狈南奔，高宗仍继续对金求和。

同月，高宗遣朝奉郎王伦、阁门宣赞舍人朱弁为大金通问使副，见完颜宗翰议和。[53]王伦等至次年五月才渡黄河。两人虽见到宗翰，却被金人拘留。[54]金朝大将一意灭亡高宗的新政权，所以对于宋人的求和置之不理。《金史》中关于天会五年（宋建炎元年，1127）至六年间宋使与金帅交涉的记载很简略，天会五年完全没有记录。《交聘表》载：

(六年)七月乙巳,宋康王贬号称臣,遣使奉表。[55]

《金史·宗翰传》载:

先是,康王尝致书元帅府,称:大宋皇帝构致书大金元帅帐前。至是,乃贬去大号,自称宋康王赵构谨致书元帅阁下。其四月、七月两书皆然。[56]

这里提到康王自称皇帝的书信,就是傅雱等带去的国书。所谓"贬去大号,自称宋康王"及"四月、七月两书",是指天会六年(1128)康王到扬州以后的事。从《金史》的这段记载可见建炎元年赵构尚自称皇帝,至二年贬去"大号",并以完颜宗翰而不是金朝皇帝为对等对象,南宋与金的地位当然不对等。

建炎二年正月,高宗下诏,说有人假勤王之名,公为聚寇之患。宗泽回应说,如将两河豪杰解体,将不得民心。二月,高宗以宣教郎假户部尚书刘诲为大金军前通问使,朝奉郎假拱卫大夫、合州防御使王贶为副使。[57]三月,又遣两浙东路马步军副总管假刑部尚书杨应诚、韩衍为大金、高丽国信使,从杭州登海船至高丽,欲通过高丽往金境,直接与金主交涉,迎接徽、钦二帝。但高丽国王王楷不允协助他们入金境。杨应诚等在高丽留六十四日,不得已而还。[58]

这时徽宗子信王赵榛起兵于五马山,遣马扩至高宗处求援。信王送马扩诗两首,其一曰:

遣公直往面天颜，一奏临朝莫避难。

多少焦苗待霖雨，望公只在月旬间。[59]

四月，高宗任命马扩为河外兵马都元帅。因为据说信王欲入汴京，高宗怕宗泽与信王合流，乃下诏还京，但是并没有任何行动。[60]信王写信高宗，批评"何故只信凭奸邪，与仇方为他日之画，营缮金陵，迎奉元祐太后，仍遣省官迎太庙木主，弃河东、河西、河北、京东、京西、淮南、陕右七路千百万生灵如粪壤草芥，略不顾恤，比仇方遣奸狡小丑，假作使伪楚为名，来观我大宋虚实"[61]。

金兵渡黄河。五月，高宗以资政殿大学士宇文虚中、杨可辅为大金通问使，又改名为祈请使。[62]宇文虚中是位阶最高的大使，但是所带书信，史籍中都没有记载。宇文虚中等被金人拘留。六月，徽宗致书金左副元帅完颜宗翰约和。信件由当时在金境的秦桧润色后交给宗翰。约和的主旨是存赵氏，则金人"受兴灭继绝之名，享岁币玉帛之好"[63]。此事当然不会有结果。《金史》中载"七月，宋主遣使奉表请和，诏进兵伐之"[64]，应是对宇文虚中、杨可辅出使的反应。

建炎二年七月，宗泽因高宗始终不愿回汴京，愤慨忧郁而死。[65]宗泽去世后，高宗先任宇文虚中权东京留守，后来以杜充代替宇文虚中。[66]八月，金兵破五马山。信王不知去向。[67]

驻跸扬州并不安全，吏部侍郎魏宪指出，扬州"南枕大江，自古未有背天险而为都者。金人劲骑自京西不四五日可至。宜有以备之"。工部侍郎刘观说:"敌骑出没山东,人情危惧,望移跸金陵。"殿中侍御史马伸评劾汪、黄,高宗不理。承议郎赵子砥自燕山归来,说不可讲和。[68]汪、黄不听这些话。此时反对高宗留在扬州,主张往建康去的大臣还有卫肤敏。其后建炎三年,高宗南渡,卫肤敏劝说临安也不是帝王居,请早还建康。[69]

十月,高宗君臣至扬州。十一月,高宗仍然遣原为太学生的魏行可(?—1136)为奉议郎假礼部侍郎充大金军前通问使,右武大夫、果州团练使郭元迈(?—1136)为副使。后来两人都被拘留。魏行可曾上书金帅,谓刘豫何德,赵氏何罪,劝将中原还给赵氏,赵氏"贤于奉刘氏万万也"。两人于绍兴六年死于金境。[70]

十二月,刘豫以济南府降金。高宗以汪、黄并相。李心传写道:"当上初政,天下望治。潜善独当国柄,专权自恣,而卒不能有所经画。伯彦继相,略与之同。由是敌国益无所惮。"[71]

建炎三年(1129)正月,大金通问使刘诲、副使王贶及杨可辅被遣回,而留宇文虚中。宇文说他的任务是接回徽、钦二帝,所以不肯此时南返。王、刘二使没有带回任何议和的信息。[72]朝廷再遣果州团练副使李邺与中书舍人周望分往河东河北,以兵部员外郎宋彦通和左武大夫、贵州防御使、同管客省四方馆阁门公事吴得体分别为大使和副使。黄潜善草致二帅书信。但不久金兵来袭,遂未能成行。[73]

金军攻徐州、泗州。韩世忠(1090—1151)军溃。二月,金军攻扬州。江淮制置使刘光世(1089—1142)军溃。高宗因被蒙蔽,不料金兵忽然来攻,仓皇骑马至瓜州镇,乘小船南渡。官兵溃散,各自逃命，家属十之六七性命不保。人民都被金兵驱掳，不从的就被杀。高宗即位以来所积财富，一旦尽失。他从镇江经常州、无锡，至平江。[74]与黄潜善、汪伯彦、中书侍郎朱胜非商议，决定派秉义郎、阁门祗候刘俊民往扬州与金人谈判。刘俊民请以张邦昌一子同行，因此高宗下诏尊礼张邦昌。[75]此次遣使仍然没有任何结果。高宗继续经吴江、秀州、崇德县，至杭州，以州治为行宫。降诏罪己，求直言。此时君臣仍想责罚主战的李纲来讨好金人。[76]不久，汪、黄终于被罢。三月，高宗以朱胜非为右相。[77]

三月五日，护卫高宗的苗傅和刘正彦两将不满奸臣误国、主将王渊擅权及内侍干政，发动兵变，杀王渊及内侍康履等人，要与金人议和，逼高宗退位。二将认为高宗不当即大位，将来钦宗回来，不知如何处置，遂立年幼的太子，而以太后垂帘听政，并遣使与金议和。于是，二将以王孝迪、卢益为奉使大金国信使，辛道宗、郑大年为副使，并以黄大本、吴时敏为先期告请使。[78]但因不久后高宗复辟，这些人都没有成行。吕颐浩(1071—1139)、刘光世、韩世忠等发兵勤王。朱胜非说服苗、刘，四月一日，苗、刘让高宗复位后逃走。四月六日，高宗罢朱胜非，用吕颐浩为相。韩世忠领军讨伐苗、刘，终于捕获两人，分别处死。[79]高宗至此再贬黄潜善、汪伯彦，用吕颐浩、张浚。当时在临安还有未遣的金国通问使李邺和宋彦通，两人分别任地方官。[80]苗、刘之变对于高宗来说，应是一次心理上的严重打击。从此，他似乎认为敌人的威胁远不如近在身边的军人的叛变严重。苗、刘之变也是南宋初年削夺武将兵权的先声。[81]当时有些文臣不断地请高宗小心控制诸将。如绍兴元年(1131)二月，高宗诏侍从条具时政，中书舍人汪藻上书，论皇帝必须控制诸将，提出驭将之说三篇，即示之以法、运之以权和别之以分。书中有警语如"自古以兵权属人久，而未有不为患者，岂不以予之至易，收之至难？不早图之，后悔无及耶"。《会编》著者徐梦莘引《遗史》说，诸将对此说不满，有人辩称误国的都是文臣，"自此文武二途，若水炭之不合矣"[82]。

建炎三年五月，高宗以江宁为建康府，任命徽猷阁待制假礼部尚书洪皓为大金通问使，武功郎龚璹为副使。洪皓说天道好还，金人怎能久据中土？他们带去的国书中表示高宗愿意免除尊号(皇帝)，用金朝正朔。也就是说，南宋皇帝的地位等于藩臣。八月，洪皓等自寿春出界。[83]洪皓至金，被留在太原近一年，至云中见粘罕，被金人扣留，后来因拒绝任齐国之官，被置于北方的冷山。洪皓在冷山生活艰苦，但为完颜希尹所敬重，希尹请他教导自己的儿子。洪皓著《松漠纪闻》，记录了不少他与希尹两子的来往诗作，更重要的是此书记载了女真的历史、制度和风俗，以及宋金关系中的一些重要事件。[84]

七月初，宋廷遣谢亮使西夏。为了争取西夏的支持，宋廷给西夏发出两种国书，一封如往常的诏书，一封则用"敌国礼"。此外，另草拟一封国书给完颜粘罕请和，并上大金国表。[85]

金右副元帅完颜宗辅回燕山，留右监军完颜昌守山东。高宗担心金人南下，七月，再遣朝奉郎、监诸司审计司崔纵为中奉大夫、右文殿修撰假工部尚书充奉使大金军前使，武节郎、阁门宣赞舍人郭元明为副使前往议和。[86]

建炎三年八月，因洪皓未能迅速前往，高宗另遣朝散大夫、京东路转运判官杜时亮为秘阁修撰、假资政殿学士充奉使大金军前使，进士授修武郎、假武功大夫、开州刺史宋汝为充副使，持书向金主请和，且致书左副元帅完颜宗翰，言辞非常卑微：

八月日，谨致书国相元帅阁下：某昨遣洪皓摅恳切之诚，惧道涂梗塞，或不时布闻，则又令崔纵进书御者。既遣使者于庭，君臣相聚，泣而言曰：古之有国家而迫于危亡者，不过守与奔而已。今大国之征小邦，譬孟贲之搏僬侥耳。以中原全大之时，犹不能抗，况方军兵挠败，盗贼交侵，财贿日朘，土疆日蹙，若偏师一来，则束手听命而已……今越在荆蛮之域矣，所行益穷，所投日狭。天网恢恢，将安之耶？是以守则无人，以奔则无地。一并彷徨，局天蹐地，而无所容厝。此所以朝夕諰諰然惟冀阁下之见哀而赦已也。恭维元帅阁下，以宗英之重，行吊伐之师，谋略如神，威权不世。其用兵之妙，与黄帝争驱。遂北平契丹，南取中国，极天所覆，混为一区，此岂载籍所有哉！故（缺十二字）愿削去旧号，自此一（缺二字）者，盖知天命有归，而欲仰以成（缺二字）一尊之人也。如此则（缺十三字）金珠玉帛者，大金之外府也。学士大夫者，大金之陪隶也。是天地之间，皆大金之国，而无有二上矣。亦何必劳师远涉，然后为快哉？……伏望元帅阁下，恢宏远之图，念孤危之国，回师偃甲，赐以余年。……社稷存亡，在阁下一言。某之受赐,有若登天之难。而阁下之垂恩,不啻转圜之易。"[87]

高宗在这封信中求金帅"见哀而赦己",说金人"天命有归"、"天地之间,皆大金之国",请金人"赐以余年",可说卑微至极。十月,宋汝为至寿春,未与杜时亮会合,遇完颜宗弼(?-1148,就是有名的金兀术)军,奉上国书。宗弼侮辱宋汝为,宋汝为不屈服,宗弼遂将其留在军中。[88]

建炎年间,赵构政权风雨飘摇,一面抵挡金兵,一面则对金朝元帅说出这种卑微之话,等于是自愿将自己放低,成为金朝的附庸,连皇帝的名称也愿完全放弃("削去旧号,无有二上"),承认金国是大国,自己是小邦,承认金人侵略契丹和中国是吊伐,于歌颂金人用兵之妙外,乞求"赐以余年"。高宗对金人的这种态度,对内并不讳言。建炎三年闰八月,高宗曾用御笔写下这样一段话:"朕嗣位累年,凡可以和戎息兵者,卑辞降礼,无所不至。"[89]后来,高宗甚至下诏愿意改用金朝年号,成为金朝的藩属:"朕纂承以来,深轸念虑,谓父兄在远,而兵民未抚。不欲身陷于锋镝,故包羞忍耻,为退避之谋,冀其逞志而归,稍得休息,卑辞厚礼,遣使相望,以至愿去尊称,甘自贬黜,请用正朔,比于藩臣。"[90]

九月,高宗遣迪功郎张邵为奉议郎、直龙图阁假礼部尚书充大金军前通问使,武翼大夫杨宪为副使,往见左监军完颜昌。当时秦桧在完颜昌军中。[91]完颜昌要张邵行拜礼,张邵不肯,说："监军与邵为南北从臣，无相拜礼。"而且写信给完颜昌："兵不在强弱，在曲直。宣和以来，我非无兵也，帅臣初开边隙，谋臣复启兵端，是以大国能胜之。厥后伪楚僭立，群盗蜂起，曾几何时，电扫无余。是天意人心未厌宋德也。今大国复裂地以封刘豫，穷兵不已，曲有在矣。"完颜昌怒，将张邵囚禁。次年，完颜昌要张邵做刘豫的官，张邵责刘豫以君臣大义，不屈，后被金人拘留于会宁府。杨宪与从人图谋杀监禁者脱逃，事败被施鞭刑，并被囚禁于地牢中。最后杨宪等投降。[92]

十一月，金军渡过长江，骚扰和抢掠江苏、浙江、江西和湖南。主将完颜宗弼陷建康，杜充投降。十二月，完颜宗弼攻明州，张俊(1086—1154)抵御，有明州之捷，但次年初明州陷落。高宗于十二月初逃到明州，然后航海避敌，高宗"御舟南航"经定海、昌国、台州，建炎四年(金天会八年，1130)正月到温州。三月，金帅完颜宗弼追逐逃奔海上的宋高宗五百里，无功而还，遂退师。四月，高宗到越州。五月，完颜宗弼至建康，大肆杀戮，死者八万人。[93]

当金兵南侵，即将渡长江时，宋廷仍于十一月任命通直郎假尚书兵部员外郎孙悟为大金军前致书使，承信郎卞信臣为忠翊郎假阁门祗候充副使。[94]

完颜宗弼班师北返时在长江中遭遇韩世忠的水师拦截。宗弼被困在长江南岸四十多天，难以突破韩世忠的阻挡。四月，完颜宗弼以火攻焚烧宋军兵舰，突围北返。宗弼自此深知华南水道纵横，骑兵不能施展，加以宋人以水军见长，所以他没有再试图渡江南侵。宗弼被韩世忠阻于江上，就是著名的黄天荡之战。

建炎四年七月，金人见南下灭高宗政权不成，而君臣尚无直接统治黄河以南地区的计划，遂再择人建立新政权。左副元帅宗翰和完颜昌选择投降的济南守臣刘豫建立新政府，国号齐，将黄河以南的地区交给齐国。刘豫用金朝年号一年后，改号阜昌，都大名，后迁至汴京。所谓的齐国政权显然是金朝的傀儡，金人册立刘豫的文宣称刘豫是金朝皇帝的儿子："岁修子礼，永贡虔诚。"立刘豫的原因，一方面金人灭北宋后，没有吞并中原的贪心，而是向宋徽、钦二帝问罪："无并尔疆，以示不贪之德；止迁其主，用彰伐罪之心。"所以另立新政权来统治中原。[95]另一方面利用刘豫打击高宗政权，"以华制华"，如布衣吴伸上书说，金人"以中原攻中原"[96]。齐国政权成为宋金之间的缓冲地区，如陈公辅指出："立豫之意，非唯使我国中自相屠戮，亦欲为其藩篱。"[97]

金人建立齐国后，南宋的对金外交更加困难了。宋人先称刘豫政权为大齐，"待以敌国礼，国书称大齐皇帝"[98]。绍兴元年(1131)十一月，襄阳镇抚使桑仲请正刘豫恶逆之罪，高宗没有答复。[99]后来宋人称刘豫政权为伪齐。南宋与齐没有使节来往，齐初时不许南宋遣使假道至金，但是后来对宋使有馆伴。[100]刘豫企图消灭南宋，时常发动侵略战争，从建炎四年到绍兴七年刘豫被废，宋金间的战事以宋和齐的冲突为主。当金军援助齐兵时，也常和宋军交战。同时，刘豫积极招诱南人，如阜昌元年（建炎四年,1130),建归受馆于宿州,招延南方士大夫、军民;并建榷场通南北之货。阜昌二年(绍兴元年,1131),置招受司于泗州。[101]十二月,宋相吕颐浩请通京东河北商贾。[102]绍兴二年,知光州许约与知寿春府陈卞皆与伪齐往来,兼用绍兴、阜昌年号。[103]南宋军民投奔伪齐者甚多。绍兴元年,李成附刘豫。[104]九月,李忠奔于刘豫。[105]绍兴二年二月,知商州董先叛附伪齐。[106]七月,蕲黄镇抚使孔彦舟叛归伪齐。九月,刘忠附伪齐。[107]十月,知楚州祝友叛附刘豫。[108]绍兴三年四月,御前忠锐第七将徐文带海舟叛奔伪齐。[109]绍兴四年正月,秦州观察使、熙河兰廓路马步军总管关师古叛。[110]绍兴四年十一月,丁成、魏进叛。[111]绍兴七年七月,郦琼率四万人叛附伪齐,是规模最大的一次叛附。这些附齐的诸将,如李成、杜充和李邺后来都被金人所用。[112]南宋则于企图劝刘豫来归之外,[113]也积极招揽北方人士,如绍兴二年闰四月刘光世"招纳蕃汉及淮北人民,来归者不绝。江东安抚大使叶梦得之未去也,亦招宿州人陆清等率众来归"。不过,"枢密院言事体非便,诏今后不许招纳"[114]。虽然如此,仍有人来降,如绍兴二年十月,伪齐京西路提点刑狱公事牛皋(1087—1147)来降。[115]

这段时期的主要战役,是建炎四年(1130)在西面战场中,宋金决战于富平,宋军大败。幸赖次年(绍兴元年)吴玠在和尚原一役击败金兵,才保全了南宋的西陲。

同时,南宋屡次遣使求和,要求归还徽、钦二帝,但都没有结果。

建炎四年十月,秦桧夫妇南归,自称从完颜昌军中逃回。当时人怀疑秦桧夫妇被完颜昌放回,而不是脱逃。秦桧原是北宋末年的太学生,靖康之难时,赴金营请求放回徽、钦二帝,被金军扣留,后来被留置在完颜昌军中,和完颜昌建立关系。建炎四年,秦桧和妻子王氏南归,有人质疑何以他和王氏带着从人和行李安然脱险。而从秦桧一意主和的行为来看,秦桧似是被完颜昌放回,成为金人和谈的一颗棋子。兹录徐梦莘《三朝北盟会编》的记载于下:

(建炎四年九月二十五日甲子金人陷楚州),御史中丞秦桧初以不愿立张邦昌,遭粘罕拘执北去,并其妻王氏同行。随行有小奴砚童、少婢兴儿、御史街司翁顺而已。至金国,见房主文烈帝,高其不附立异姓之节,以赐其弟挞懒为任用。任用者,执事也。挞懒亦高其节,甚相亲信。金人许随南官迁徙之人各逐便,砚童、兴儿、翁顺皆不欲舍桧去,乃共约同死生,遂不相离……桧为任用,又随行作参谋军事,又为随军转运使,在孙村浦寨中。楚城陷,孙村浦寨金人纷纷争趋入楚州。桧常以梢工孙静为可与语,遂密约静于淮岸,乘纷纷不定,作催淮阳军海州钱粮为名,同妻王氏、兴儿、砚童、翁顺及亲信高益恭等数人,登小舟,令静挂席而去。至涟水军界,为丁禩水寨逻者所得,将执缚而杀之。桧知水寨尚为国家守,乃告之曰,御史中丞秦桧也。寨兵皆村民,不晓其说,且谓执到奸细,陵辱之。桧曰:此中有秀才否,当知我姓名。或谓有卖酒王秀才,当令一看之。王秀才名安道,字伯路,素不识桧,乃佯为识桧,以绐其众,且欲存桧也。一见而长揖之,曰:中丞安乐劳苦不易。众皆以为王秀才既识之,即不可杀,遂以礼待之。砚童、兴儿、翁顺、高益恭等一行皆得生全。王秀才之力也。[116]

以上是南宋史家的描述,而秦桧见高宗时的情形是:"桧自言杀监己者奔舟来归。朝士多疑之者。而宰相范宗尹、同知枢密院事李回与桧善,力荐其忠。乃命先见宰执于政事堂。翌日,引对,桧言:如欲天下无事,须是南自南,北自北。遂建议讲和。且乞上致书左监军昌求好。"[117]所谓"南自南,北自北"的意思是双方讲和后,逃奔南方的人回到北方,归附北方的南人也回到南方。也就是说,天下分为两个国家。

今人多认为秦桧是金完颜昌放回的奸细,到宋廷后力主和议,甚至在相位时仍然通敌,而且有人认为秦桧因完颜宗弼的要求而兴岳飞之狱。[118]

这一年有一段关于宋使到金境的插曲。当时任宣抚处置使的张浚派杨安带着宇文虚中的家书到金境找寻宇文虚中。十一月,杨安见到宇文虚中,虚中将矾书交给杨安回报,内容主要是被囚多年,不能回朝,只有等死而已。杨安至绍兴四年才回到江南。[119]

绍兴元年(1131)二月,高宗以秦桧为参知政事,八月,擢秦桧为右相同中书门下平章事,兼知枢密院事。[120]由此任命可见秦桧主张和议的想法与高宗契合,所以回来后不久就得到高宗的重用。

绍兴二年(1132)八月，完颜宗翰放回建炎初使金的王伦。宗翰致书高宗，有意议和："既欲不绝祭祀，岂肯过于吝爱，使不成国？"[121]宗翰的举动令人怀疑他是否在与完颜昌竞争。当时被拘留的宋使有洪皓、朱弁、魏行可、崔纵、张邵、孙悟等，宇文虚中要王伦和朱弁两人之一探筹(抽签)决定，朱弁不肯回朝，说："此(探筹)市道之所为耳。吾之来，固自与以必死，岂今日乃觊幸于先归者哉？愿使昌亟诣军前受书，归报天子，遂成两国之好。使吾君得以蚤申四海之养于两宫，如前日临遗诏书本指，则吾虽暴骨方外，犹生之年也。"[122]于是，宗翰放王伦回国，目的是要南宋派人前往议和。[123]宗翰先下手，所以高宗必须与他交涉，而完颜昌则落后一步。

金人打开了一扇和谈的门，但是左相吕颐浩与秦桧不和，所以宋廷暂时没有反应。殿中侍御史黄龟年(1083—1145)弹劾秦桧："秦桧专主和议，沮止国家恢复远图，且植党专权，渐不可长。"高宗说："桧言南人归南，北人归北，朕北人，将安归？"秦桧因和议时机尚未成熟而去位。[124]

金人既然有意与南宋和谈，高宗因彗星出，大赦，许中外臣民直言时政。绍兴二年九月，高宗以左迪功郎潘致尧为左承议郎假吏部侍郎充大金奉表使兼军前通问，秉义郎高公绘为武经郎、假武功大夫、忠州刺史充副使。高宗命王伦写信给完颜宗翰近臣耶律绍文，并附香药果茗钱帛金银，送给徽宗金三百两、银三千两，钦宗减三分之一，两皇后又减半。送宗翰金二百两、银千两。希尹及宇文虚中减半。耶律绍文银三百两、缣帛百匹。

此外另有金钱给羁留在金境的宋通问使朱弁。宰相吕颐浩甚至写信并送礼物给刘麟(刘豫之子)。出使的潘、高两人的子弟各有两人得官且得到丰厚的金帛。[125]十月，右迪功郎刘嵘上书，提出七策，其中第一策即罢和议而修战略，"盖和之可讲者，势力相敌，利害相当故也，非强弱盛衰不相侔所能成也"，刘嵘指出几年来卑辞厚礼，避地称臣，无所不至，却没有效果。"今乃以谦退仁慈之事，望于反常悖道腥膻禽兽之粘罕，岂有此理哉！"请罢绝和议，刻意讲武，以使命之币为养兵之费。[126]

绍兴二年(1132)，被金人留置在北方的宇文虚中听说金军将侵蜀，遂派相偶见宣抚处置使张浚，并交钦宗的亲笔信，用道家隐语："善持正道，有进无退。魔力已衰，坚忍可对。虚受忠言，宁殒无悔。"所谓"虚受忠言"，是将虚中的名字隐在其中。虚中又有信给家人，意思是自己被迫做金朝的官，将来不会亏负宋朝的。虚中在信里还提及出使的约一百人中至今仍活着的只有十二三人，有使节来时，可带几千钱的东西救济他们。宇文虚中的妻子想托通问使潘致尧带一些衣物药品过去，但潘、高两人已经出发。[127]

绍兴三年(1133)，宋以四大将为骨干，逐渐稳定大局。五月，潘致尧返，传达金人的意思，要更派大臣去议和。[128]宋廷遂任命重臣吏部侍郎韩肖胄为端明殿学士、同签书枢密院事充大金军前奉表通问使，给事中胡松年为试工部尚书充副使。[129]六月，韩肖胄辞行，说："和战未有定论，然和议乃权时之宜，以济艰难。他日国步安强，军声大振，理当别图。"既然朝廷主张和议，他希望半年内不要改变政策。若半年不能回来，就可以进兵。换言之，韩肖胄担心出使有风险，自己可能会被金人拘留。[130]七月，宋使至汴京，刘豫要见宋使，胡松年说可以。刘豫的大臣要宋使以臣礼见，胡松年说：我们都是大宋的臣子，应以平等的礼节相见。韩、胡见刘豫时，刘豫想以君臣之礼见宋使，胡松年拒绝，说："松年与殿下比肩事主，不宜如是。"刘豫问宋主如何。胡松年说："圣主万寿。"刘豫问："其志如何？"松年答："主上之志，必欲复故疆而后已。"刘豫面有赧色。[131]

八月，宋使见宗翰。十一月，韩肖胄等使还，金遣使安州团练使李永寿、职方郎中王翊等九人与韩肖胄至宋议和。宋廷命刑部员外郎潘致尧、浙西兵马都监高公绘接伴，兵部侍郎赵子画（1089—1142）和右武大夫、忠州防御使、提举台州崇道观杨应诚为馆伴，并且命令金使经过的州军都避金国讳旻、晟二字。[132]十二月，金使至临安，提出要求：一、归还伪齐俘虏及在东南的西北士民；二、划长江以北地区给刘豫。[133]数年来宋使赴金境，都没有报聘。这次金使与宋使同来，虽然宋廷不能接受金人苛刻的条件，但是仍然继续遣使议和。

在和谈进行期间，两国仍然继续交战。绍兴三年十二月，完颜宗弼攻下和尚原。

绍兴四年（1134）正月，金使入见高宗。宋廷以龙图阁学士、枢密都承旨章谊（1078—1138）为大金军前奉表通问使，给事中孙近（？—1153）[134]为副使，与金使同行。高宗请求左副元帅完颜宗翰归还两宫及河南地，又命王伦作书给完颜宗翰的亲近耶律绍文和高庆裔。^135 在议和期间，发生了一件淮北人归南宋的插曲。伪齐宿迁令张泽带百姓二千余人来归，知泗州徐宗诚接受后，朝臣端明殿学士、签书枢密院事徐俯居然要将张泽斩首送刘豫，并要处罚徐宗诚。赵鼎 (1085—1147) 力争，说如果怕妨碍和议，可令韩世忠秘密接纳，并告诉伪齐，北界来人都已经被驱散。殿中侍御史常同指出，金人虽来议和，但并没有禁止双方人民来往，何况伪齐明明置招受馆，立厚赏以招纳南人之外，还派李成侵襄、邓、郢等地，而朝廷的做法，"人心自此离矣"。处罚徐宗诚会重挫士气，是错误的做法。朝廷这才免徐宗诚罪，安置来人于淮西。而徐遂去位。^136

同时，宋金仍然继续交战。绍兴四年三月，完颜宗弼自宝鸡进攻仙人关，为吴玠所败。五月，岳飞 (1103—1142) 复郢州、襄阳，六月复隋州，七月复邓州。

七月，章谊、孙近还，报告见宗翰和希尹的经过，金人仍坚持淮南不驻军马，意思是把淮南地区交给刘豫。^137 八月，宋廷再以左宣教郎、权守尚书吏部员外郎魏良臣 (1094—1162) 为左朝散郎充大金国军前奉表通问使，武德郎、阁门宣赞舍人王绘为武显大夫充副使，另仍命魏良臣假工部侍郎，王绘假右武大夫、果州团练使，各赐金带一装、钱千缗，官其家三人，俸从有官者进秩四等，白身人补初品官。^138 九月，魏良臣、王绘见宰相朱胜非请使旨，朱胜非说见高宗便知道。两人见高宗问使旨，高宗对两人"训敕详尽"。对于和议，高宗关注的是疆界大小和岁币数量。王绘退回朝堂，对朱胜非、赵鼎说："今乞增币，只是虚数。"又说:"今虏之所欲,吾淮南、川陕之土地耳。且以淮南盐论之,岁一千万缗,与岁币孰多?今虽增数,虏未必受。故曰虚数。"[139] 魏、王二人见高宗辞行,高宗说:"卿等此行,切不须与虏人计较言语。卑辞厚礼,朕且不惮,如岁币岁贡之类,不须计较。"[140] 魏良臣字道弼,金陵人。吕颐浩推荐他出使,他写好遗书,谓人若遭到不幸,即告知其父母。行前,魏良臣对直学士院孙近谓朝廷愿意增岁币至五十万。[141]

此时金人已经决定南侵,而宋廷不知。金完颜宗辅为权左副元帅,完颜昌为权右副元帅,右都监完颜宗弼为将前军,调军五万,与刘豫子刘麟合兵南下。宋君臣听说金齐联军来袭,震恐之下,有人劝高宗避敌。幸亏赵鼎反对,说:"战而不捷,去未晚也。"[142] 高宗同意赵鼎之策,并决定亲征。九月壬申(二十六日),金齐兵南渡淮水。十月丙戌(十一日),魏良臣、王绘渡长江,丁亥(十二日)见韩世忠。韩世忠派人送他们出界。次日(戊子,十三日),韩世忠败金人于大仪。因此魏良臣等人出使至淮南,冒险经过宋金交战之地。十四日,宋使遇见金人,金人责备宋人一面议和,一面用兵,没有诚意。这次出使,王绘留下《绍兴甲寅通和录》,我们从中可以一窥当时使节遭遇的困难和谈判的经过。[143] 以下是魏、王等人见到完颜昌的情形(接伴官为团练使萧褐禄、少监李聿兴):

李聿兴问来议何事。某等云:某等此来为江南欲守见存之地,每岁贡银绢各二十五万匹两。引某等至屋下,见挞懒高坐,并用芦席钉壁铺地,左边又用紫布遮壁。某认得是毡车子上所用之物。旁有四人坐，皆衣辉纱短袍，裹头巾，着毯头靴。右边有纻丝战袍或着毛衫军官五十余人，并有全装甲士十余人。引某等向前，礼毕，令译者问云：皇帝安乐？某等对云：圣躬万福。又问使旨。某等答云：某等离江南日，奉圣旨指挥，令致诚恳，请乞早定和议，迎请二圣……又问某云：元帅问你，当时不是曾随皇帝来军前么？某云：是时先人仲通曾充国信副使，同沈晦随从肃王出使大国，在燕京死节。译者传达了，挞懒首肯数回。译者又云：我这里说得话，望你们到皇帝处一一说。某等云：岂敢遗落一字？须一一奏知。某等皆是皇帝亲选差使，只是真实，所以遣来恳告。况今日既荷大国许和，莫非至诚恳请，尚恐不蒙听从，更岂可不任诚信？[144]

完颜昌见宋使，接宋方议事（愿每岁贡银绢二十五万两匹）及迎请（徽、钦二帝）两件国书，谓将与左元帅商议后决定和议条件（"画定事节"）。[145]十月二十六日，魏、王等第二次见完颜昌，完颜昌仍谴责宋人一面作战，一面求和，命宋使还，通过译者说："本朝事体，秦桧皆知。若未信，可问他们。"遂将左副元帅书信给宋使。[146]

十二月，魏良臣等回到临安入见。高宗问所见金军情况，并问完颜昌状貌，魏良臣说："其身长大，面微赤色，如患风疾。"[147]王绘请致仕，获准。当时朝臣主战，魏良臣被张浚所斥。侍御史魏矼（1097—1151）[148]说朝廷遣使三次，而刘豫父子却南侵不已，所以不可相信和议。[149]

与遣使议和的同时，九月，金齐联军渡淮南侵，韩世忠于大仪战胜金军，已见前述。当时高宗以赵鼎为相。十月，高宗决意亲征，他对群臣说："朕为二圣在远，生灵久罹涂炭，屈己请和，而金复肆侵陵。朕当亲统六军，往临大江，决于一战。"[150]十一月，高宗下诏讨伐伪齐，并召用张浚知枢密院事。这时南宋才声讨刘豫之罪。[151]十二月，金人退师。魏良臣、王绘出使，并无结果。高宗这次亲征抵平江，次年二月回临安。[152]

绍兴四年十二月，金太宗完颜吴乞买去世。次年年初，完颜亶继位，即金熙宗（1135—1150在位）。金熙宗即位后仍用天会年号，三年后改元天眷（1138）。

绍兴五年（1135）三月，高宗诏问宰执战守方略。[153]大臣们提出意见，吕颐浩上十策，认为不用兵不可能接回徽、钦二帝，也不能恢复中原。和议必不可行，也不可保江南。但大家意见不同，应当采取的政策，应由高宗独断。[154]朱胜非认为此时宜乘机进取。李纲请高宗"勿以保全东南为可安，而以中原未复、赤县神州犹污腥膻为可耻。勿以诸将屡捷为可贺，而以军政未修、士气未振、尚使狂寇得以潜逃为可虞，则中兴之期可指日而俟"。在讨论攻战守备后，李纲指出应移跸建康。又批评近年的论调只是"闲暇则以和议为得计，而以治兵为失策；仓促则以退避为爱君，而以进御为误国……上下苟且偷安，而不为长久之计"，多次遣使，并无结果。"和议之与治兵，退避之与进御，其效既可睹矣。""退避之策，可暂而不可久；可一而不可再。退一步则失一步，退一尺则失一尺。往时自南都退而至于维扬，则关陕河北河东失矣。自维扬退而至于浙江，则京东西失矣。……

臣愿陛下自今以往，勿复为退避之计，可乎？"并且主张不再遣和议之使：

臣又观古者敌国善邻，则有和亲。仇仇之邦，鲜复遣使。岂不以衅隙既深，终无议好修睦之理故耶？东晋渡江，石勒遣使于晋，元帝命焚其币而却其使。彼遣使来，且犹却之，此何可往？假道僭伪之国，其自取辱，无补于事，祇伤国体。金人造衅之深，知我必报，其措意为何如？而我方且卑辞厚币，屈体以求之，其不推诚以见信，决矣。器币礼物，所费不赀，使轺往来，坐索士气，而又邀我以必不可从之事，制我以必不敢为之谋，是和卒不成，而徒为此扰扰也。非特如此，于吾自治自强之计，动辄相妨，实有所害。金人二十余年，以此策破契丹、困中国，而终莫之悟。夫辨是非利害者，人心所向，岂真不悟哉？聊复用此以侥幸万一，曾不知为吾害者甚大，此古人所谓几何侥幸而不丧人之国者也。臣愿自今以往，勿复遣和议之使，可乎？[155]

李纲反对遣使，认为两国交战时，我方不断遣使低头求和，使节必须经过伪齐，这种情况不仅有伤国体，而且耗费财力，也重挫士气。再者使节往来，至今并无结果，所以主张不必遣使。李纲说得很有道理，但高宗和主和的大臣无法接受。

秦桧说自靖康以来，和战之说纷然，治国者"太怯"，并夸称自己回朝后，命刘光世通书金帅谈刘豫："得地则归豫，失亡则在虏。"高宗允许他这样去做，金人果然退兵。又说得到"海州擒获汉儿高益恭,稍知文字。臣又尝妄议,俾携大《会编》作"酋"长书,谕以立国之体,当明逆顺,助豫则叛者得利,金国何以统众,从《会编》作"款"本朝则河南之地,自非金国所欲者,渊圣所割河朔,既亦有盟约,岂敢睥睨?又明言不当留朝廷所遣信使,以致不敢再遣。得旨作书,纵益恭北还。旋有所留一二使人来归。后所遣使,悉不拘留。臣益知事有正理,不必太怯也"[156]。从秦桧的这段话里,我们可知他曾经得到高宗的许可,让刘光世与金帅通信,更进一步由"汉儿高益恭"带信给金帅,结果是金人不再拘留宋使,而且让一两位使人归来。可见秦桧与金人通消息有自己的管道,而且得到高宗的认可。秦桧主持秘密外交,命高益恭往返于金宋之间,其他大臣并不知晓。这个高益恭显然是秦桧的密使,而此人就是当年秦桧从完颜昌处携眷归宋的亲信。

至绍兴九年(1139),完颜昌(挞懒)被杀,还有一段关于高益恭的记载:

《遗史》曰:初,秦桧在虏中,与挞懒相善。桧还朝为宰相,闻挞懒封鲁王,桧欲间挞懒使贰,乃令高益恭赍书与挞懒。益恭者,燕人,与桧通心腹,随桧归朝,桧授以承信郎,令赍书贺挞懒封鲁,劝挞懒就封,以治鲁地。且已为南朝宰相以相应。令刘光世差人送高益恭至沂州刘冷庄金人寨取收文字。光世令涟水军山寨统领官王勋送益恭至金人寨,得回文到清河,遇祝友据楚州,差人在清河把隘,遂杀勋。光世以承信郎借补勋之子恪。益恭至祁州投书，为人所告。金人遂杀挞懒一族良贱八百余口，而益恭以烹死。[157]

这段文字简单叙述了秦桧通过亲信与完颜昌联系的经过，在时间上是从秦桧回朝至完颜昌和高益恭被处死而止。可见秦桧和完颜昌关系密切是毋庸置疑。

汪伯彦主保淮甸，然后可以驻跸建康。王绹（1074—1137）建议保淮南，皇帝进驻建康。"驻跸之地未有过于建康者。"张守（1084—1145）[158]则谓大将权太重，"朝廷之势日削，兵将之权日重"，主张应当拔擢众将，每将统率不过五千人。翟汝文（1076—1141）批评战守之计未定，常谋避地。李邴（1085—1146）于论战守外，特别指出应有专人掌管使事。翟汝文批评朝廷无远略，无定论，无腹心谋议之臣。韩肖胄指出使者潘致尧带回金人来书，要江北不可驻兵，对此应以理拒绝，并主张在淮南屯田。[159]高宗并没有表示出接纳任何意见的意思，也许他听得进去的是如何削弱诸将手中的兵权吧！

绍兴五年五月，右相张浚遣忠训郎、阁门祗候何薛特迁修武郎"赴金军前，奉表通问二圣"[160]。中书舍人胡寅上疏论数年来"卑辞厚礼，以问安迎请为名而遣使者，不知几人矣"，但既不知徽、钦二帝所在，也没有见过他们，更没有因讲和而停止战争。他强调女真人劫持徽、钦二帝，不敢用兵："中国所重在二圣，所惧在劫质，所畏在用兵。而中国坐受此饵，既久而不悟也。天下谓自是必改图矣，何为复出此谬计邪？"因此极力反对和议。[161]高宗虽然奖励了胡寅，但并没有采纳他的意见。张浚又上奏，谓"使事兵家机权"，不采胡寅之说。又遣承节郎、都督行府帐前准备差使范宁之与问安使何藓同行。胡寅再上疏，谓遣使无益者八，有害者二，大概是说：过去不遣使，金兵也不来；后来每日遣使，则引金兵来。所遣使都是侍从之官，不知礼节，见粘罕都受欺侮，匆匆回来。何况何藓作为使臣，如何能够探听到什么大事，若被压迫，或许竟把我朝的情形告诉敌人。现在既然下诏谴责刘豫，刘豫怎会让使人到金廷去。这就是所谓无益。至于遣使的理由是问安二圣，但至今对二圣的情况一无所知。金人不让我们知道二圣的情况，我们以父兄之仇，不与二圣通信，则名正而事顺。如我们遣使不绝，金人则把持二圣作为要挟，"归罪曲我。名实俱丧，非陛下之利也"。今日大计在于复仇，若尚未做到，则在坚守。如政策摇摆，不会有所作为。何藓之行必然无效，而且自取其辱。

胡寅既然与张浚意见不同，乃自以父病请一小郡。朝廷遂任之知邵州。[162]

不过宰相张浚和赵鼎都主战，所以何藓使金后，直至绍兴七年间，宋廷未再遣使。绍兴六年，宋使魏行可、郭元迈卒于金。[163]在金朝方面，左副元帅完颜宗辅卒于绍兴五年夏季，完颜昌（挞懒）继为左副元帅，封鲁王。完颜宗弼则为右副元帅。[164]完颜昌是穆宗子，与太祖、太宗同辈。徽、钦二帝被掳后，完颜昌为元帅右监军，在山东发展，刘豫以济南府降，完颜昌为右副元帅，至天会十五年为左副元帅，封鲁国王。

高宗君臣曾经力图恢复失土，也曾试探着与西夏联合以牵制金朝。西夏在北宋被金人攻击时，曾经乘机侵占宋人的一些据点，但是金人也攻击西夏。西夏于1124年对金称臣。此后宋夏之间并没有达成任何联合的协议。不过金夏之间也不如以前辽夏间关系亲密。宋金议和后，宋与夏就很少接触了。

绍兴六年(1136)八月，高宗听从张浚的建议，计划驻跸建康。赵鼎主张驻跸平江。

同时，两年前使金的何藓、范宁之被遣回，于绍兴七年(1137)正月二十五日带来右副元帅完颜宗弼书，报告徽宗和宁德皇后去世。[165]高宗君臣立即抓住机会办理丧事礼仪，并任命秦桧为枢密使。二月，宋廷以右文殿修撰、主管台州崇道观王伦为徽猷阁待制，充奉使大金国迎奉梓宫使，武节郎、阁门宣赞舍人高公绘为武经大夫、达州刺史充副使。[166]同时，因朱弁等使人十年未回，赐朱弁家湖州田五顷，诏诸郡存恤魏行可、郭元迈、洪皓、龚璹、崔纵、郭元明、杜时亮、宋汝为、张邵、杨宪、孙悟、卜世臣家属，各赐钱三百缗。[167]

绍兴七年正月，高宗下诏驻跸建康："朕获奉丕图，行将一纪，每念多故，惕然于心。属叛逆以来侵，幸以时而克定。重念两宫征驾，未还于殊俗，列圣陵寝，尚隔于妖氛。黎元多艰，兵革靡息。永惟厥咎，在予一人。其敢即安，弥忘大业。将乘春律，往临大江。驻跸建康，以察天意。播告遐迩，俾迪朕怀。"[168]三月，高宗亲自到建康行宫，由张浚筹划进取。[169]四月，王伦等辞行。高宗诏王伦带信给完颜昌："河南之地，上国既不有，与其付刘豫,曷若见归?"附进皇太后、钦宗黄金各二百两,并经由王伦赐宇文虚中、朱弁、孙傅、张叔夜家属赈给。**170**

张浚用兵部尚书吕祉 (1092—1135) 往淮西抚谕诸军,而军中将官郦琼 (1104—1153) 与王德 (?—1155) 不和,吕祉请罢郦琼。八月,郦琼反叛,杀吕祉,率四万人降刘豫。**171**高宗于是罢免张浚。这是高宗对金、齐最积极的北伐计划,结果反而成为一大挫折。张浚去职后,高宗用赵鼎为左相兼枢密使。赵鼎劝高宗不必立即回临安。关于高宗回临安的原因,徐梦莘在《三朝北盟会编》中这样记载:

初,降诏幸建康也,有以观天意之文。人皆喜上之英断,有恢复中原之志。上自建康驻跸未久,会有淮西郦琼之变,又张浚自盱眙退军建康,江上事纷纷。是时王仲嶷有复官之命,王与郡。左正言辛次膺弹枢密使秦桧妻党王仲嶷、王父仲山尝投拜虏人,仲嶷不当复官,不当作郡。桧力营救。次膺乃并劾之,曰:是将有蔽主之渐。时桧议使金国请和,面陈及上疏者六七。会亲疾丐侍养,乃以直秘阁荆湖南路提刑。于是主和与主战之说不能定,人心回惶。议者以复幸临安为是,遂降诏候来春复幸浙西。**172**

当时辛次膺 (1092—1170) 是批评秦桧最严厉之人,他离去后,主张高宗回临安的人颇多,也包括赵鼎。不久高宗回临安,重用秦桧为右相,一意对金议和。

在金朝方面，绍兴七年(1137)七月，大将完颜宗翰的家臣高庆裔谋反被处死。不久，宗翰也去世。十月，金廷以完颜昌为左副元帅，完颜宗弼为右副元帅。完颜昌在中原大权在握，金朝内部发生了重臣和大将间的权力斗争。皇帝和官僚集团以完颜宗干为首，力谋集权于中央，而完颜昌企图保有他在华北的势力，和吴乞买之子完颜宗磐、宗隽连手。宗磐、宗隽势力日增，为了免除后顾之忧，他们主张将河南地还给南宋。《金史》载，完颜宗磐、完颜宗隽和完颜昌"跋扈嗜利，阴有异图，合谋以齐地归宋，遣(王)伦归"。他们说服金熙宗，决定议和。

金朝宣义郎、总管府议事官杨尧弼和迪功郎杨凭献和议三策于完颜昌与完颜宗弼："上策还宋梓宫(徽宗棺木)，归亲族，以全宋之地，责其岁贡而封之。中策守两河，还梓宫。下策以议和款兵，重邀岁币。出其不意，举兵攻之，侥幸一旦之胜。"又说："今宋使以梓宫为请，万一不许，大军缟素遮道。当此之时，曲在大金而不在宋。"后来完颜昌多采用两人的建议。[173]

王伦等见完颜昌，并见金熙宗。王伦说服完颜昌废伪齐，并且把黄河以南的伪齐故地完全交还给南宋。[174]完颜昌对王伦说："好报江南，既道涂无壅，和议自此平达。"[175]金廷由完颜昌主导对宋议和。以下是宋楼钥记载的王伦和完颜昌的对话：

(昌)问：过淮已久，何来之迟？公(伦)备言刘齐邀索，住睢阳者数月。因言：豫在本朝，曾握台谏，外朴内奸，营私掊刻，民怨神怒。方欲吞噬两朝，能保他日不为大国之患乎？恐妨远图，敢布腹心。问曰：若将豫与南宋，能制之否？公曰：皇帝圣孝神武，卧薪尝胆，志在恢复。但以天下为度，不忍轻以动兵。豫之父子，忘背国恩，孰不愿食其肉？倘欲驱除，何难之有？痛言利害，泪满茵席。达兰(昌)谓乌珠(宗弼)曰：江南有忠臣如此，何虑不能立国？越夕，使人导意云：侍郎升休，已驰奏矣。是冬，废豫。使谓公曰：归报皇帝，强梗扫去，自此和议无复间沮。但有当议者，须不倦以终之。[176]

可见王伦是在挑拨完颜昌和刘豫的关系。后来和议成功，金使乌陵思谋对高宗说："陛下知刘豫之废否？始因王某极言，遂了此事，真口伐也。北朝将相重之如山斗，真社稷臣也。"[177]

绍兴七年十一月，金朝废伪齐，置行台尚书省。诏书谓本来割黄河以南之地让刘豫治理，不贪土地，但八年之中，刘豫还是依赖金人保护，所以没有存在的必要。[178]金帅完颜昌和宗弼入城后，对居民宣告：

自今不用汝为签军，不取汝五厘钱，为汝敲杀貌事人，请汝旧主人少帝来此住坐。[179]

由此可见金人仍把宋钦宗当作一个可用的筹码。齐国被废以后，完颜昌主导的和议得以实现。刘豫被废的原因，始于完颜昌对刘豫相当不满，因刘豫被封册为帝后，不出迎完颜昌，说："豫今为帝矣，若相见，无拜之礼。"完颜昌怒，不受刘豫的贡献。[180]

关于刘豫之废和河南地归宋,史家有好几种解释。其一,刘豫之废,有所谓"宋人施行反间说",即张浚进行反间活动,故意将策反刘豫之密谋透露给金人,以致刘豫被废。其二,有"宋金幕后交易说",谓宋高宗遣王伦求废刘豫及河南地归宋,交换条件是高宗对金称臣纳贡。其三,"刘豫对金无用说",指出刘豫被金人利用来灭南宋,但是屡战屡败,对金朝没有用途。其四,"金朝内部矛盾斗争说",该说法认为刘豫卷入金朝内部的政争,最后成了牺牲品。赵永春于分析以上几种说法后,认为金朝内部的斗争是最本质的解释,反间和幕后交易之说只起到了加速的作用。[181]周宝珠指出,伪齐之立,粘罕听高庆裔的建议,抢到功劳。后来高庆裔被斗争处死,粘罕病卒。金廷废刘豫和河南地归宋,与金朝内部的政治斗争有极密切的关系。而王伦"对于金废伪齐无疑起了加速的作用"[182]。主导废刘豫的主要人物是完颜昌,为了自己的权力和在中原的地盘,他希望与宋达成和议,除去后顾之忧。于是王伦的催化,使完颜昌扩大权力的野心得以暂时实现。

王伦在刘豫之废和归还河南地的历史事件中扮演了重要的角色,《宋史》(卷三七一)和《金史》(卷七九)里都有他的传记。后来金军复取河南地后,王伦被金人拘留。金人逼他任官,他坚决拒绝,以致被处死。《宋史》对王伦的外交评价很高,论曰:"王伦虽以无行应使,往来虎口,屡被拘留,及金人胁之以官,竟不受。悲夫!"[183]《金史》则谓完颜挞懒、宗磐谋反,熙宗质问王伦:"但只知有元帅(挞懒),岂知有上国耶?"赞曰:"王伦纨绔之子,市井为徒,此岂'行己有耻'之士,可以专使者耶?"[184]而另一位宋使宇文虚中也在宋金二史中皆有传。宇文虚中接受了金朝的官职,并且帮助金人建立官制,但因才高气傲遭忌,终被加以谋反之罪处死。当时有传说宇文虚中计划反金,因而被杀。[185]

绍兴七年十一月,宋使王伦、高公绘回朝。王伦带回消息,谓金人许还徽宗梓宫及皇太后。[186]高宗曾说:"朕以梓宫及皇太后、渊圣皇帝未还,晓夜忧惧,未尝去心。若敌人能从朕所求,其余一切非所较也。"[187]及至见王伦说金人许还梓宫及皇太后,又许还河南诸州,高宗大喜,赐予特异,再命徽猷阁直学士、提举醴泉观王伦为奉使金国迎奉梓宫使,右朝请大夫高公绘为副使,游说金人以黄河为界。[188]

绍兴八年(1138)三月,秦桧任右相兼枢密使。[189]四月,王伦见完颜昌,说明高宗主和的决心,又见金熙宗,谢金废刘豫。[190]

金廷于五月遣太原少尹乌陵思谋、太常少卿侍庆克与王伦同至宋廷许和。[191]高宗命吏部员外郎假太常少卿范同(1097—1148)和武功大夫、高州刺史、带御器械刘光远接伴。[192]高宗在谈及优厚馆待金使时,说希望早些休兵,使百姓免遭涂炭,是他的本意。[193]本来高宗任权吏部侍郎魏矼为馆伴使,右武大夫、荣州防御使蓝公佐(?—1149)为副使。秦桧主导和议,问魏矼何以不主和议,魏矼说敌情难保。秦桧说:"公以智料敌,桧以诚待敌。"魏矼说:"相公固以诚待敌,弟恐敌人不以诚待相公耳。"秦桧不能说服魏矼,遂改命王伦为馆伴使,魏矼和蓝公佐为馆伴。王伦又辞,遂以给事中吴表臣取代,而王伦往来馆中计事。[194]

此时,左宣义郎王之道(1093—1169)写信给魏矼论和议,认为朝廷"纵王伦卖国,引贼入家"。若和议,有九不可而一可:

> 父母之仇,不共戴天,自徽宗皇帝、宁德皇后上仙,虽云厌世,其实杀之。又况渊圣之与六宫,尚困沙漠,此不可和一也。强敌之性,非明誓可结,二也。和所以息兵,而与议乃尔,盖伤弓之心,犹思靖康之覆辙,而惧其复蹈,三也。金立刘豫于济南,岁责币三百六十万缗,豫奉之未尝少有失坠,一旦乘其不虞,以计废豫。今又欲和,是以刘豫畜我,四也。今从金之约而遂罢兵,则非特不能保其不叛盟,又恐朱克融之徒变生不测。从之而兵不可罢,则不能不于养兵之外,横赋重敛。岁供贡币,其势必至陈胜、吴广之起于秦,青犊、黄巾之起于汉,为祸殆有甚于此,五也。顷年以来,诸将非不能进兵,终不能取淮北尺寸之地,或暂得之,复旋失之,正使举大河以南,尽还朝廷,度其力能保有之乎?六也。今得河南之地,不足以立国,而金藉此求和,则必天地以要我,自此以后,虽复军声日振,有敢议恢复之事哉?七也。今天下之权,不在庙堂,而在诸将,诸将拥重兵,据要地,偃寨自肆,倘从金盟,而不于诸将议,使金诚和,犹恐自疑而至溃败。万一挟诈,是使诸将得以有词而不出兵矣。八也。主上以休兵为重,固不惮臣事金人,且以金为君,则其使盖同列也。若金使如李义琰之言,倨慢无礼,不知朝廷何以待

之。九也。然则所谓一可者孰可？今金诚欲还二帝六宫，与祖宗之故地，为德于我，而无所事贿，夫谁曰不可？为今日计，当以此意明告使者，而俾复命焉。苟其不从，是金无意于盟，我何罪也。[195]

所谓一可，是可以与金达到和平对等。从当时的形势来看，这一点应该很难达到。王之道的意见，可视为当时群臣的普遍看法。

高宗思念母亲，说："太后春秋已高，朕朝夕思念，欲早相见。故不惮屈己，以冀和议之成者此也。"秦桧说："陛下不惮屈己，讲好外国，此人主之孝也。群臣见人主卑屈，怀愤愤之心，此人臣之忠也。君臣用心，两得之矣。"[196]

金使南来，群臣大多认为和议不可深信。高宗对反对的意见"往往峻拒之，或至震怒"。宰相赵鼎建议说："陛下与金人有不共戴天至仇，今乃屈体请和，诚非美事。然陛下不惮为之者，凡以为梓宫及母兄耳。群臣愤懑之辞，出于爱君，非有他意，不必以为深罪。陛下宜好谓之曰：讲和诚非美事，以梓宫及母兄之故，不得已为之。议者不过以敌人不可深信，但得梓宫及母兄，今日还阙，明日渝盟，所得多矣。意不在讲和也。群臣以陛下孝诚如此，必能相谅。"上以为然，群议遂息。这时候赵鼎似亦主和，王庶(?—1143)[197]批评他"首鼠两端"[198]。

六月，金使福州管内观察使、太原府少尹、河东北路制置都总管乌陵思谋和中散大夫、太常少卿、上骑都尉石庆克到临安，高宗命宰相赵鼎与金使谈判，金使见面时想以客礼，赵鼎拒绝，遂行以从官见宰相之礼。赵鼎问金使的来意，金使说是因"王伦恳之"。赵鼎问与王伦谈判的内容，金使说："有好公事商议。"赵鼎问："地界何如？"金使说："地不可求，听大金所与。"金使见高宗，高宗命王伦谢金人照管太上皇梓宫，并问及钦宗情况。金使说但望和议早成。[199]

七月，高宗以徽猷阁直学士、提举万寿观王伦假端明殿学士为奉使大金国奉迎梓宫使，大理寺丞陈括为尚书金部员外郎假徽猷阁待制充副使。陈括不肯奉命，高宗乃以右武大夫、荣州防御使知阁门事蓝公佐代替。[200]反对和议的枢密副使王庶两次上章，认为金人人马消耗，宿将死亡略尽，故来谈和，以致我方休兵，等到内部平定后，必寻干戈。王庶又指出当时的局势已经稳定，"何苦不念父母之仇，不思宗庙之耻，不痛宫闱之辱，不恤百姓之冤？含糊湎涊，姑从谬悠，不能终始，以坠大业，非特逆天，其所以辜人望者，未可以一二数也。伏愿陛下反复前后，鉴观天人，免思良图，以冀善后。天下之福也，陛下之福也"。指出金人因有内讧外叛，所以求和，暂待平定，然后有所图谋。[201]

王伦出使前问赵鼎议和礼数。赵鼎答以上登极既久，君臣之分已定，岂可更议礼数？王伦又问割地远近。赵鼎答以大河为界，乃渊圣旧约，非出今日。宜以旧河为大河，若近者新河，即清河，非大河也。二事最切，或不从，即此议当绝。李心传归纳出以上两点，是基于赵鼎保存的《使旨笔录》，该笔录议事共

十五项，要点为：[202]

一、岁币——和议成，若过有邀求，合如何对？和议成，若要岁币，须量力应副。币银绢各不得过二十五万两匹。

二、土地——访闻大河近年不行故道，向着近南。今若议和，以河为界，却只以即今新河道标立界至，合如何商议？大河须是旧浊河，应陕西、京东路州军皆是。若以新河为界，全不济事，须是尽得刘豫地土。

三、礼数——许和之后，欲行封册，移损尊称，合如何对？上即位已十二年，已四次郊见上帝，君臣上下名分已定，更不烦行此礼数。切须拒之，断不可从也。

四、迁都——将来到军前，坚请移跸建康，就便商议，如何对？建康为经残破，百色不便，难以久驻。兼与临安相去不远，商议事自不相妨。

五、叛将——所有本朝叛将，旧在伪齐。今来和议既成，乞于未交割前，先与赦贷。和议既成，即已前叛将自合赦贷。

十月，秦桧力劝高宗屈己议和，赵鼎反对，因此罢相。赵鼎辞行时说，他离去后，高宗一定会被人以"孝悌之说胁制"。[203]

王伦与金使至金廷，熙宗命签书枢密院萧哲等为江南诏谕使。韩世忠听说后，上疏请慎和议，不可轻易许诺，并请到临安商议。高宗不许。王庶求免职，高宗也不许。[204]

十一月，王伦返国，被任命为国信计议使，冯楫(？—1152)[205]

为副使。[206]枢密副使王庶再次上疏反对和议，望高宗铭记不共戴天之仇，提出三策：上策拘金使，金人必定来战；中策不见金使，随机应变；下策暂对金示弱，待以厚礼，等金使出界后以精兵攻击。[207]又论金人的计谋是"讲和为上，遣使次之，用兵为下"。即金人得到中原后，不易治理，大将死亡殆尽，所以上策是讲和。过去金人灭辽和北宋都是利用遣使（外交手段），现在又以遣使来"察我之虚实，耗我之资源，离我之心腹，怠我之兵势"，所以中策是遣使。现在金人用兵，内有牵制，外多疑忌，不如过去强悍，所以下策为用兵。王庶再以老病为由求去，最终高宗解除了他的职务。[208]

礼部侍郎兼侍读曾开（？—1150）[209]上疏，说自对金作战以来，金使南来，同时又用兵，建议请大臣集议。兵部侍郎兼吏部尚书张焘（1092—1166）也请皇帝询问大家的意见。高宗欲屈己求和，下诏要群臣表示意见：

大金遣使至境。朕以梓宫未还，母后在远。陵寝宫阙，久稽泛扫。兄弟宗族，未得会聚。南北军民，十余年间，不得休息。欲屈己求和，在庭侍从台谏之臣，其详思所宜，条奏来上。[210]

高宗这篇求言的诏书，明显是向大众宣布，要"屈己求和"，愿意当一个对金称臣纳贡的小皇帝，因此百姓可以得到安宁。上疏反对"屈己求和"的有张焘、晏敦复（1120—1191）、魏矼、胡铨、李纲等，而诸将韩世忠、岳飞也都反对和议。[211]张焘列举当时推测和议可成的意见，他认为：一、金人自知不能占据中原；二、废刘豫后担心宋人乘机恢复失地；三、契丹人有再兴起的趋势，所以金人要与南宋和；四、金朝君臣厌兵，加以大帅连续死亡，恐怕不能抵挡宋军。张焘劝高宗不要轻信和议，应当谨守边防，忍耐着等待机会。吏部侍郎晏敦复劝高宗不要屈己议和。他在奏章中说：金使以诏谕为名，难道陛下可以拜受？金使要与陛下分庭抗礼，可以接受吗？一旦上下之分已定，则封号、诏令、年号、正朔等都要顺从。即使得到黄河以南之地，未必能守。议和之后，西北忠于朝廷的人民都会离去。权吏部侍郎魏矼则仔细讨论不能接受委屈的礼节，并说高宗应听万民三军的意见，即应问计于诸将如韩世忠、岳飞等，而他们皆反对议和。[212]总之，群臣认为祖宗留下来的土地，尺寸不可予人；高宗的父母之仇，不共戴天，也不可令社稷蒙羞；和议不可相信；且和议会使民心涣散、士气受挫，无法再战；和议也不能安民心，而且予盗贼作乱的机会。[213]上疏反对和议的，以枢密院编修官胡铨的言论最为激烈。胡铨上疏痛指宰相无识，说王伦是市井狎邪小人，应当处斩：

夫天下者，祖宗之天下也，陛下所居之位，祖宗之位也。奈何以祖宗之天下，为金人之天下？以祖宗之位，为金国藩臣之位？陛下一屈膝，则祖宗庙社之灵，尽污夷狄；祖宗数百年之赤子，尽为左衽。朝廷宰执尽陪臣，天下士大夫皆当裂冠毁冕，变为胡服。异时无厌之求，安知不加我以无礼如刘豫也哉？夫三尺童子，至无知也，指仇敌而使之拜，则怫然怒。今堂堂大朝，相率而拜仇敌，曾无童稚之羞，而陛下忍为之耶？（王）伦之议乃曰：我一屈膝，则梓官可还，太后可复，渊圣可归，中原可得。呜呼，自变故以来，主和议者，谁不以此说啖陛下哉？然而卒无一验，则敌之情伪，已可知矣。陛下尚不觉悟，竭民膏血而不恤，忘国大仇而不报。含垢忍耻，举天下而臣之甘心焉。就令敌决可和，尽如（王）伦议，天下后世，谓陛下何如主也？[214]

胡铨用开国的祖宗来教训高宗，用三尺童子来比喻高宗君臣，最后主张斩秦桧、王伦、孙近，否则情愿蹈海而死，也不愿意做"小朝廷"的臣子求活。高宗大怒，将他窜斥，因几位大臣救他，乃监昭州盐仓。监登闻鼓院陈刚中以启（陈述性文体）送他：

屈膝请和，知庙堂之无策。张胆论事，喜枢庭谋远之有人。身为南海之行，名若泰山之重。[215]

十二月，宋廷命宗正少卿冯檝假徽猷阁待制为国信计议副使。冯檝上奏：天下事有经有权，遇经事可以守常，遭变事则用权。皇帝为父母兄弟宗庙陵寝而屈，是屈而行孝悌；为祖宗境土，族属臣民而屈，是屈而施仁慈。而且屈也可以伸。他劝高宗不要听诸将和士大夫的话，"臣愿陛下毋惑士大夫之言，毋徇诸将之议，断自渊衷，度利多害少则行之"。高宗看了冯檝的奏疏，立即命他与王伦同见金使议事。[216]

宋廷另命端明殿学士、提举万寿观韩肖胄以旧职签书枢密院事为大金奉表报谢使，光山军承宣使、枢密都承旨钱惷（？—1136）为副使。[217]王伦为迎奉梓宫奉还两宫交割地界使，蓝公佐为副使，许岁贡银绢共五十万两匹。后宋廷又任命王伦为东京留守，兼权开封府。[218]

礼部侍郎兼侍讲尹焞上疏："《礼》曰：父母之仇，不共戴天；兄弟之仇，不反兵。今陛下信仇敌之谲诈，而觊其肯和以纾目前之急，岂不失不共戴天、不反兵之义乎？又况使人之来，以诏谕为名，以割地为要，今以不戴天之仇与之和，臣切为陛下痛惜之。或以金国内乱，惧我袭己，故为甘言以缓王师。倘或果然，尤当鼓士卒之心，雪社稷之耻。尚何和之为务？"尹焞又写信给秦桧，批评和议，谓上策是自治。高宗和秦桧都不回答。于是，尹焞辞去新的任命。[219]

张焘和晏敦复痛批施庭臣、勾龙如渊、莫将（1080—1148）[220]附和议而得升官，"自朝廷有屈己之议，上下皆已解体，倪遂成屈己之事，则上下必至离心。人心既离，何以立国？"

金朝诏谕江南使张通古、萧哲抵临安，谓先归河南地，再谈其他。宋廷以高宗谅阴三年不言为借口，不使金使见高宗，由秦桧摄冢宰接受其国书。国书大要："向者建立大齐，本以休兵，欲期四方宁谧。奈何八年之间，未能安定，有失从来援立之意。于是已行废黜。况兴灭国，继绝世，圣人所尚。可以河南之地俾为主。"据当时人记载，张通古所持诏书言辞不逊，而高宗皆容忍。[221]《金史·张通古传》中载："为诏谕江南使。宋主欲南面，使通古北面。通古曰：大国之卿当小国之君。天子以河南、陕西赐之宋，宋约奉表称臣，使者不可以北面。若欲贬损使者，使者不敢传诏。遂索马欲北归。宋主遽命设东西位，使者东面，宋主西面。受诏拜起皆如仪。"[222]可见在金使的逼迫之下，高宗不能南面称帝。

绍兴九年(1139)正月，高宗以金人来和，令官司行文务存两国大体，不得诋斥。大赦天下。赦文曰："乃上穹开悔祸之期，而大金报许和之约，割河南之境土，归我舆图；戢宇内之干戈，用全民命。"命官奏告天地宗庙社稷，下诏建皇太后宫室，又诏建钦宗庙。[223]

宋廷提拔龙图阁学士、提举醴泉观王伦，赐他同进士出身，除端明殿学士，同签书枢密院事，并任其为迎奉梓宫奉还两宫交割地界使，荣州防御使、知阁门事蓝公佐为宣州观察使充副使。宋许金岁贡银绢共五十万两匹。[224]

金人以割地诏告河南吏民：虽然曾立刘豫，但天意不忍灭宋社稷，让康王在江南安定百姓。"若能偃兵息民，我国家岂贪尺寸之地，而不为惠安元元之计乎？所以去冬特废刘豫，今自河之南复以赐宋氏。尔等处尔旧土，还尔世主，我国家之恩亦已洪矣。尔能各安其心，无忘我上国之大惠，虽有巨河之隔，犹吾民也。"[225]

高宗任命王伦为东京留守，兼权开封府，并负责河南地的交割，王伦的地位达到最高点。[226]正月下旬，王伦、蓝公佐辞行。当时高宗与秦桧不顾群臣与将帅的反对，接受金帝的诏书，达成和议。[227]金人将黄河以南之地让与南宋。于是南宋不费一兵一卒，得到河南和开封。不过徽宗的梓宫和高宗生母此时并未归还，直至绍兴十一年和议达成后才再度往迎。

对于和议，仍然有人继续反对。张浚在致参知政事孙近和李光（1078—1159）的书信中指出，深仇之下只有幸安，将来使者会提出增加岁币等要求。宝文阁学士、知广州连南夫上书指出：得梓宫不足为恩，得土地何足为恩？若金新主有厌兵之心，正当乘其懈而击之。如其不然，先发制人，后发制于人。河北之人必箪食壶浆以迎王师。[228]

右迪功郎、监明州比较务杨炜（1106—1156）上书李光，批评他不反对和议，其中有一段话论两国强弱大小与和议的关系，指出一个弱小的国家无法得到与强大敌国一样的平等地位，两国强弱相当才可能有和平：

西汉之与匈奴，本朝之与辽虏和也，皆以安强盛大适相若也，相与之和，盖和在彼此。然匈奴犹为汉患，辽虏数惊边鄙，正犹禽兽豺狼，不可以信义结也。虽然，曾不致以为大患者，以其皆可以相制服也。[229]

正月中，高宗下诏修建渊圣皇帝宫殿。胡寅写信给张浚，说在临安增建皇太后、渊圣宫殿，是不为北迁之计。"然则居杭者乃实情，而恢复者乃空言耳。"[230]二月，吉州免解进士周南仲上书，说天下舆论有五不可和三急务，所谓五不可，为不可主和议、不可失机会、不可居多东南、不可不将将、不可废公论。[231]

三月，东京留守王伦至汴京见完颜宗弼，接受河南地界。宗弼移行台于大名。[232]

五月，左迪功郎张行成献书二十篇，谓和议恐未坚，战守二事，必居其一。建都莫如金陵。至于遣使，认为"梓宫亲属，悠悠未返，若迫而求之，则要我益坚。若遂赂之，彼虽先归梓宫，而母后兄弟未必归也。苟若缓而图之，卑辞可以屈己，厚币不可伤国"，期待数年之后，宋强金弱，则梓宫亲属何患不归？[233]

六月，高宗的皇后邢氏去世，享年三十四岁。[234] 但此事南宋方面并不知情。

韩肖胄等返回汴京。这次出使，金接伴使谓当称谢恩使，韩肖胄以使名敕授，不敢更动，再三辩论，最终没有改变名称。[235]

金人归还河南地，宋廷收复汴京，答允每年对金岁贡银绢共五十万两匹。可是，王伦从汴京到金境见宗弼，宗弼向熙宗告密，说完颜昌谋反。[236]在金朝的权力斗争里，皇帝（熙宗）和忠于皇室的大将完颜宗弼得胜。不到半年，七月，熙宗杀宗磐、宗隽、宗英等。八月，宗弼杀完颜昌。据说完颜昌曾经想逃往江南。张汇《金虏节要》记其事：

初，挞懒为元帅，宗磐为上相。二人据内外之权，共图不轨。兀术既平宗磐之难，驰至燕山，以图挞懒。挞懒除鲁国王，挞懒为燕京行台左丞相，签书杜充为燕京行台右丞相。命初下，挞懒谓使者曰：我开国之功臣也，何罪而使我与降奴杜充为伍耶？不受命，遂叛。初欲南归朝廷，不克，既而北走至沙漠儒州望云凉甸。兀术遣右都监挞不也追而获之，下祁州元帅府狱。至八月十一日伏诛。[237]

九月，王伦与金使乌陵思谋、侍庆克至金庭，见到熙宗。熙宗对高宗的请求没有回答，命耶律绍文问王伦知道完颜昌的罪否，王伦答不知。又问为何不提岁币，却要金朝割地？批评他只知道元帅，不知道"上国"（金朝皇帝）。王伦回答："萧哲等以国书来，许割河南，归梓宫、太母，天下皆知上国寻海上旧盟，与民休息，使人奉命通好两国耳。"[238]王伦被拘。

绍兴十年（1140）正月，宋廷以尚书工部侍郎兼直学士院兼侍讲李谊为工部尚书假资政殿学士充迎护梓宫奉迎两宫使，集英殿修撰、京畿都转运使莫将为副使。李谊不肯出使，朝廷以莫将试工部侍郎为大使，济州防御使、知阁门事韩恕为副使。[239]但贺正旦使、礼部侍郎苏符（1086—1156）至东京，金人不允许前进，无功而返。[240]

金熙宗废刘齐及收回河南地的两通诏书很长，大意是太宗不贪土地，大河以南，先后立张邦昌和刘豫。但两人都无法治理中原，所以大臣建议取河南。然达赉（完颜昌）擅自将河南地赐予大宋，谓对宋人恩义深重，而百姓得以休息。实情则是达赉有奸谋，让他不会受到宋人夹攻：

达赉等实稔奸谋，相为接好。将启祸心，预图外交。先施责报，庶无夹攻之患。包藏诡状，专辄陈请，割赐土壤。

至于宋人多次遣使求和，金帝并没有食言，而是王伦虽来报谢，却并无诚意：

王伦等至，理又乖衷。虽报谢为名，而于实不既。故蓝公佐回，丁宁理索，谊故当然。审必可行，乃令款报。比得莫将等来，所陈事目，靡所遵承。袭旧爵以自知，略王正而不用。愿辞封建，拒进誓草。

而且宋廷不接受金朝要求的岁贡和封册，因此"河南中原之地，实惟天所授，天与不取，纵敌长寇，为患滋甚"，派蓝公佐返宋，及莫将前来却"愿辞封建，拒进誓草"。既然如此，金帝乃命令元帅府领大军数道，并进抚定。"至恩威弛张之间，盖不得已也。"[241]

绍兴十年五月，金帅越国王完颜宗弼再度进兵汴京，留守孟庾投降。宗弼占领以前属于伪齐的地盘后，继续向南挺进，却遭到刘锜(1098—1162)和岳飞的奋力抵抗。六月，刘锜和陈规败金兵于顺昌，以步兵持长枪斩女真骑兵的马腿，因而大捷。[242]七月，岳飞败金兵于郾城和颍昌，先锋牛皋进兵朱仙镇，同时联络两河义兵，声势浩大。但是岳飞接到高宗的命令，在七月中自郾城班师。[243]

虽然绍兴八年的和议没有成功，高宗也传檄声讨完颜宗弼的大罪:"惟彼乌珠号四太子,好兵忍杀,乐祸贪残,阴蓄无君之心,复为倡乱之首。戕杀叔父,擅夺兵权。"[244]而实际上,高宗仍然倚重秦桧继续进行谈判。绍兴十年夏,据说洪皓遣人带皇太后蜡书给高宗,高宗大喜,对使臣说:"朕不得皇太后安问且十五年,虽遣使百辈,不如此一书"。[245]

绍兴十一年(金皇统元年,1141)春,宗弼率大军渡淮南下,[246]虽然在柘皋被杨沂中战败,但是三月里宗弼仍然攻占了濠州。朝廷要岳飞去救援,据说岳飞到淮西太迟。[247]不久,宗弼退师。

于是,秦桧召回韩世忠、张俊和岳飞三大将,任命他们为枢密使和枢密副使,夺其兵权,不再出师。完颜宗弼见对峙之局不易改变,高宗又屡次卑辞求和,遂允许进行和谈。

绍兴十一年(1141)九月,完颜宗弼遣回莫将等,致书高宗,说过去遵奉金帝的意思,把黄河以南之地赐予南宋,而南宋却"摇荡边鄙,肆意桥梁,致稽来使,久之未发。而比来愈闻妄作,罔革前非,至于分遣不逞之徒,冒越河海,阴遣寇贼,剽攘城邑。考之载籍,盖亦未有执迷怗乱至于此者。今兹荐将天威,问罪江表,已会诸道大军,水陆并进。师行之期,近在朝夕。义当先事以告。因遣莫将等回,惟阁下熟虑而善图之"。这封信严厉地斥责了高宗,威胁将大举入侵,但是遣回莫将等使人,就是重新开始接触的信号。多年后,韩恕回忆当年出使所受的屈辱:

绍兴七八年间,同莫将使金国,不许至其都,止燕山以待。久之,报房主来,将等亦不得见,但呼至都堂。其宰相等五人设榻坐堂上，将等立白事，屡被诟辱，几不可堪。既留国书，即徙将等于涿州驿中，伺守颇严。遇太守来招议事，将、恕以下皆朝服步往，未尝给车马也。**248**

高宗接到信后，自然立即回应，以拱卫大夫、利州观察使刘光远和左武大夫、吉州刺史曹勋为使副，在回答的报书中贬抑自己，委屈求和：

某昨蒙上国皇帝推不世之恩，日夜自思，不知所以图报，故遣使奉表以修事大之礼。至于奏禀干请，乃是尽诚，不敢有隐。从与未从，谨以听命。不意上国遽起大兵，直渡浊河，远逾淮浦。下国恐惧，莫知所措。夫贪生畏死，乃人之常情。将士临危，致失常度。虽加诛戮，有不能禁也。今闻兴问罪之师，先事以告，仰见爱念至厚，未忍弃绝，下国君臣，既畏且感。**249**

根据李心传的附注，他把宗弼的书信中夸大之语如"执迷怙乱至于此"的"怙乱"二字删削。虽然如此，高宗还是对朝臣说："敌人议和，熟思所以应之。若彼我之势，强弱相等，如是而和者，彼有休兵之意。我强彼弱，足以制其命，如是而和者，彼有惧我之意也。是二者于何为易？若乃彼强我弱，压以重兵，要盟而和，则必有难从之事，邀我以逞。当思有以应之者。可预戒诸将，厉兵秣马，以为待敌之具。事或难从，岂得避战也？"**250**上引报书中的两句话"将士临危，致失常度。虽加诛戮，有不能禁也"颇令人起疑。此前并没有将士受到所谓的处罚，甚至被"诛戮"，高宗却把金人复取河南地时，宋将的抗争说成他们自发的行动，似乎不受皇帝的控制，高宗以此表示他要控制那些"失常度"的诸将。也许这就是为何有人怀疑高宗杀岳飞是为了满足和议的要求。

十月，宗弼遣刘光远带来第二封书信，谓"如果能知前日之非而自讼，则当遣尊官右职名望夙著者，持节而来。及所赉缄牍，敷陈万一，庶几其可及也"，要宋廷派大使，说明条件。[251]换言之，宗弼开启了谈判之门。高宗乃派尚书吏部侍郎魏良臣为大金军前通问使，翊卫大夫、保信军承宣使、知阁门事、福州观察使王公亮为副使，带答书前往，听从对方所提条件："惟上令下从，乃命之常，岂辄有指迷重蹈僭越之罪？端令良臣等听取钧诲。顾力可遵禀者，敢不罄竭以答再造。"求对方"乞先敛士兵，许弊邑遣使奉表阙下，恭听圣训"。答书里魏良臣是"禀议使"[252]。不过带去的礼物不是上等，高宗要把上等的礼物送给金朝皇帝。谈判时，宗弼要以长江为界，魏良臣谓朝廷允许以淮河为界。宗弼表面上答应，和约中却写成以长江为界。良臣私自打开信封，一见大惊，立即向宗弼抗议。宗弼才另取玺纸改写。[253]看来金朝的外交完全由宗弼执行，如以长江或以淮河为界这样重要的事，宗弼都可以做决定。

十一月，宗弼遣行台尚书户部兼工部侍郎萧毅为审议使、翰林待制同知制诰邢具瞻为副使，与宋使魏良臣带第三封书信到宋廷。在信中，宗弼说他奉金帝的命令，便宜从事。本来要

"上自襄江，下至于海以为界"，见淮南凋敝已久，宋人没有淮南不能为国，加以使人再三叩头，哀求甚切，于情可怜，遂许以淮水为界，岁币银绢各二十五万两匹。又要宋割让唐、邓两州。[254] 宋以吏部侍郎魏良臣为接伴使，拱卫大夫、忠州防御使、知阁门事曹勋为副使，接着命工部侍郎莫将为馆伴使。[255] 金使入见的礼仪，不设仗卫，而设黄麾仗一千五百埋伏在殿廊下。金使见高宗，秦桧奏，自古盟誓是双方谈判而成，但现在誓书完全依照金人的意思。高宗说："朕固知之。然朕有天下，而养不及亲。徽宗既无及矣，太后年逾六十，日夜痛心。今虽与之立誓，当奏告天地宗庙社稷，明言若归我太后，朕不惮屈己与之和。如其不然，则此要盟，神固不听，朕亦不惮用兵也。"[256] 高宗以对母亲尽孝为借口，一切都可以牺牲。

绍兴十一年(1141)，宋金和议成，条件为：(1) 宋对金奉表称臣。高宗自称"臣构"，称宋为"弊邑"，称金为"上国"。(2) 两国国界，东以淮水，西以大散关为界。宋割唐、邓二州予金。(3) 每年宋遣使贺金帝正旦及生辰，与金使至宋廷礼节不同。(4) 宋岁贡银绢各二十五万两匹于金。

绍兴十一年的和约，对南宋是屈辱的。但是由于南宋君臣和史家讳言对金称臣纳贡，南宋史料中不载此一事实。李心传在《要录》里所载要点是："今来画疆，合以淮水中流为界，西有唐、邓二州，割属上国，自邓州南四十里，西南四十里为界，属邓州。其四十里外，南并西南，尽属光化军，为弊邑沿边州军。生辰并正旦，遣使称贺不绝。所有岁贡银绢二十五万匹两，自壬戌年首，每春季差人般送至泗州交纳。"但省去高宗称"臣构"及对金上表等文字。实际的情形是高宗对金"事大"，书信称"表"，署名称"臣构"："既蒙恩造，许备藩方，世世子孙，谨守臣节。"又自称宋朝为"弊邑"。高宗对金进"誓表"，金朝皇帝对高宗下"誓诏"。金人对宋高宗的"誓诏"的内容，见《金史·宗弼传》："臣构言，今来划疆，合以淮水中流为界，西有唐、邓割属上国。自邓州西四十里并南四十里为界，属邓州。其四十里外并西南尽属光化军，为弊邑。沿边州城，既蒙恩造，许备藩方，世世子孙，谨守臣节。每年皇帝生辰并正旦，遣使称贺不绝。岁贡银绢二十五万两匹，自壬戌年为首，每春季差人般送至泗州交纳。有渝此盟，明神是殛。坠命亡氏，蹋其国家。臣今既进誓表，伏望上国蚤降誓诏，庶使弊邑永有凭焉。"南宋实际对金称臣进贡，成了金朝的附庸。[257]

促成和议的一个条件是岁币。南宋从建立后屡次求和，都提出赠送岁币。清代赵翼认为以岁币换取和平是对的：

澶渊盟而后，两国享无事之福者且百年。元昊跳梁，虽韩、范名臣不能制，亦终以岁币饵之，而中国始安枕。当北宋强盛时已如是，况南渡乎？宋之为国，始终以和议而存，不和议而亡。盖其兵力本弱，而所值辽、金、元三朝，皆当勃兴之运，天之所兴，非人力可争，以和保邦，犹不失为图全之善策。[258]

宗弼给高宗留了一点儿面子，并没有要求高宗遣贡使带着贡品到金廷叩头，而是派官员在淮河的盱眙把岁币交给对岸泗州的金人。而且每年交换使节仍然依照宋辽之间的做法。此外，据《金史》卷七九《宇文虚中传》，宋誓表中还有关于在南方的北人回到北方的文字："自来流移在南之人，经官陈说，愿自归者，更不禁止。上国之于弊邑，亦乞并用此约。"在和约达成之后，金人不断要求将北人以及归顺金朝的官员的家属送回。

绍兴十二年（金皇统二年，1142）二月，宋对金开放榷场，以军器监主簿沈该为直秘阁、知盱眙军，措置榷场之法。其后又置榷场于光州枣阳、安丰军花靥镇。金人于蔡、泗、唐、邓、秦、巩、洮州、凤翔府置榷场。[259]

三月，金熙宗遣光禄大夫、左宣徽使刘筈册封高宗为"宋帝"，册文曰：

> 皇帝若曰：咨尔宋康王赵构，不吊，天降丧于尔邦，亟渎齐盟，自贻颠覆。俾尔越在江表，用勤我师旅，盖十有八年于兹。朕用震悼，斯民其何罪？今天其悔祸，诞诱尔衷，封奏狎至，愿身列于藩辅。今遣光禄大夫、左宣徽使刘筈等持节册命尔为帝，国号宋，世服臣职，永为屏翰。呜呼钦哉，其恭听朕命。[260]

同样，宋方记载讳言"册封"，只称金封册使为"金使""金国大使""大金人使"。从宋金使臣的互动礼节，我们可知金使的地位高于宋接伴使。[261]刘筈至临安，见高宗的宫殿名"行宫"，说："未受命，而名行宫，非也。"请把行宫名称除去，才行礼。

宋人佩服他的见识，想以金珠三十万贿赂他，被他拒绝。宋人叹道："大国有人焉。"[262]宋廷将誓书藏于内侍省。

在外交礼节方面，宋使在金廷的待遇，和金使在宋廷的礼节，都与宋辽时有很大的差别。例如，北宋时辽使朝见的受书仪式中，辽使须跪拜，皇帝不直接受书，南宋高宗则须降榻受书。[263]杨联陞称此时的宋金关系是传统朝贡关系的"反向朝贡"(tribute in reverse)。[264]

绍兴和议的屈辱条件，只换回了宋徽宗的灵柩和高宗的生母韦太后。岳飞反对和议最力，被秦桧诬以谋反，下狱治罪，最后被赐死。《宋史·岳飞传》指秦桧与完颜宗弼交通，"必杀飞，始可和"[265]。今人金毓黻指出宋代的传统政策是严防武臣跋扈和以文臣制武臣。权臣不能自擅其权，而是窃弄皇帝的权力。至于岳飞之狱，高宗的责任大于秦桧。[266]陈垣认为秦桧害死岳飞，但又指出南宋诸儒奉高宗为天子，不敢直斥高宗之害岳飞。"岳飞有不臣之心乎？岳飞有爱国保种之心，而无不臣之心。其不臣之心，高宗虑之。高宗胡以虑之？高宗有鉴乎宋太祖之得国而虑之……后之人乃以飞之死之罪归罪于秦桧。夫高宗不有意，秦桧乌得而害之！"[267]刘子健也说岳飞忠的观念是忠于国家高于忠君。[268]

和议成，宋廷以御史中丞何铸为端明殿学士、签书枢密院事充大金报谢使，容州观察使曹勋为副使，到金朝进誓表。高宗给何铸等的使命是请求归还亲族尤其他的生母，要求对金人说："慈亲之在上国，一寻常老人耳，在本国则所系甚重。往用此意，以天性至诚说之，彼亦当感动也。"[269]又对金使说："若今岁太后果还，自当谨守誓约。如今岁未也，则誓文为虚设。"同时下诏官司文字，并称大金。又诏边臣保守见存疆界，不得出兵生事，招纳叛亡。[270]何铸和曹勋的使命很重要，而且其中还有一段故事。《宋史·何铸传》中载：

秦桧力主和议，大将岳飞有战功，金人所深忌。桧恶其异己，欲除之。胁飞故将王贵上变，逮飞徙系大理狱，先命铸鞫之。铸引飞至庭，诘其反状，飞袒而示之背，背有旧涅"尽忠报国"四大字，深入肤理。既而阅实俱无验，铸察其冤，白之桧。桧不悦曰：此上意也。铸曰："铸岂区区为一岳飞者？强敌未灭，无故戮一大将，失士卒心，非社稷之长计。"桧语塞，改命万俟卨。飞死狱中，子云斩于市。

秦桧以何铸为报谢使。何铸回朝后，被贬到徽州。"时有使金者还，言金人问铸安在，曾用否。于是复使知温州。未几，以端明殿学士、提举万寿观兼侍读，召赴行在，力辞。乃再遣使金，使事秘而不传。"此处秘而不传的究竟是什么事情，不得而知。《何铸传》中最后提到秦桧"遣铸衔命，盖桧之阴谋，以铸尝争岳飞之狱，而飞竟死，使金知之而其议速谐也"[271]。也就是说令何铸出使，目的是让金人知道岳飞已死，双方和谈涉及的事项，如送还高宗生母等，就会快些完成。

宗弼和宋廷为割地、归还在南方的北人及迎回太后等事项来往书信，前后共七封。宗弼于绍兴十一年十二月致宋高宗的第四封信，索取在南方的北人及催促割陕西地。宋廷遣试尚书工部侍郎权本部尚书莫将和刑部侍郎周聿(? —1146)[272]往割唐、邓两州。[273]绍兴十二年二月，何铸等在金廷，恳请归还太后。金主大赦，许还徽宗梓宫及太后。[274]

绍兴十二年四月，宋廷以少保、判绍兴府、信安郡王孟忠厚为迎护梓宫礼仪使，参知政事王次翁(1079—1149)[275]为奉迎两宫礼仪使，又以吏部侍郎魏良臣为接伴使，知阁门事蓝公佐为副使。[276]此时忽然接到泗州传来的消息，说高宗的邢皇后已经去世。于是，朝廷开始讨论应当举行的丧礼，即为邢后发丧。[277]

五月，遣户部侍郎沈昭远(? —1152)[278]假礼部尚书为大金贺生辰使，福州观察使知阁门事王公亮假保信军承宣使为副使。送金茶器千两、银酒器万两、锦绮千匹。金人依照辽代惯例，每年不需要接待宋使两次，即贺年和庆生一并接待，并于此时起定有大使、副使、三节人升官，装钱、探请俸两个月等制度。[279]金完颜宗弼以书信(第六封)索取北方旧宋官员的家属。宋廷同意金人所索陕西、河南人，唯郑亿年是秦桧的亲戚，请求得以留在南方。同时，何铸带回宗弼的要求，索取和尚原、方山原等地。高宗命川陕宣抚使郑刚中计议。[280]

六月，金使明威将军、少府少监高居安寔从皇太后等南来，又以御前左副都检点完颜宗贤、秘书监刘陶为使。宋廷以曹勋为接伴使。[281]

八月，完颜宗弼以书信(第七封)来要求商州及和尚原、方山原等地，并要宋朝应许淮北人回乡，告知已放回郑亿年家属。此外，特别点名索要张中孚兄弟、张孝纯、宇文虚中、王进等人的家属。郑刚中言和尚原自绍兴四年后，即由刘豫治理，不属吴玠所管区域，应当割还金朝。宋廷只好答应，[282]因此损失和尚原和方山原，以大散关为界。[283]

依绍兴和议，南宋应遣回北方人及割地。宗弼索宇文虚中家属，高宗派内侍往福建去接人。宇文虚中的女婿赵恬计划留宇文师琼一子为嗣，守臣程迈不许。宇文师瑗命赵恬用海船载孩子至温陵，程迈害怕，派人入海将孩子截回。师瑗到临安上疏请留一子，秦桧不允。虚中妻黎氏请以所赐田换钱来代替。皇帝赐黎氏黄金百两，而将赵恬免职。[284]朝廷给宗弼的答书，谓已经处罚赵恬，居然建议宗弼详细质问宇文师瑗："只如虚中家属，往就赵恬迟留，见已重作行遣，勒停赵恬。又专遣内侍许公彦前往迎押。师瑗到上国日，可以细质问也。"[285]从这件事可见金人对高宗和秦桧的严厉态度。

同月，徽宗、显肃郑后、高宗邢皇后三梓宫[286]和皇太后渡淮河，高宗亲自在临平镇迎接。[287]高宗以御史中丞兼侍读万俟卨（1083—1157）为参知政事，充大金报谢使。高宗对大臣说："和议既定，内治可兴。"秦桧奉承他，说："以陛下圣德，汉文帝之治不难致。"高宗说他素来有这个志向，又说唐太宗不如汉文帝。[288]随后，高宗以荣州防御使、带御器械邢孝扬（？—1152）[289]为大金报谢副使，又迁邢孝扬为保信军承宣使，官邢孝扬及万俟卨家各二人。高宗念洪皓的忠心，命邢孝扬带金帛赐洪皓。[290]

宋廷答金国都元帅完颜宗弼书,许以陕西地界,即凤、成、阶、和四州,还有商州。此外,书中答应北人归乡,不再禁止,并且积极遣还张中孚兄弟、杜充、张孝纯、宇文虚中、王进家属。送回前东京留守孟庾、知陈州李正文、开封府推官毕良史等人。[291]宇文虚中的家属因赵恬迟延,已经处分,并遣内侍许公彦前往迎押。杜充家属尚在广州,因帅臣连南夫听其自便,宋廷也将连南夫落职名,督责现在帅臣找寻。尤其提到郑亿年"过蒙恩念,特为取降圣旨,已令遵守"[292]。郑亿年是秦桧的表亲（亿年之母王氏乃王仲山之妹、秦妻之姑妈,秦桧的妻兄娶了亿年的妹妹）,曾任伪齐的工部侍郎,又移吏部,任开封府尹等,金人废刘豫后,仍知开封府。他脱身回到临安,宋廷立即恢复其资政殿学士的身份。刘子健撰《秦桧的亲友》一文,指郑亿年的事迹是"千古怪事",说他是秦桧和金人暗通消息的重要人物。[293]刘子健另撰文讨论张中孚、中彦兄弟反复效忠于西夏、金和南宋,见《宋金间叛臣反复的记载》。[294]绍兴十五年,金人又来索北客,秦桧还遣周襮、马观国、史愿。又江南西路马步军都总管程师回有亲兵数百也遣回北方。[295]

绍兴十二年九月,高宗任命左相兼枢密使秦桧为太师,封魏国公。[296]

宋廷以参知政事王次翁为大金报谢使,德庆军节度使、提点皇城司钱愐为副使;[297]遣中书舍人杨愿(1101—1152)假户部尚书为贺金主正旦使,左武大夫、宣州观察使何彦良(?—1148)[298]假奉国军承宣使为副使。贺正旦的礼物和贺生辰的相同,自此成为惯例。[299]

至此，宋金间的"绍兴和议"所涉事项的执行可以说大致完成，两国间的外交步入正轨，南北人民期待从此会有相当长期的和平关系。从上述宋金外交谈判来看，金朝的外交完全是由完颜宗弼代表皇帝主动发起和完成的。

和议成立，反对和议者被贬逐。绍兴十二年六月，王庶责授向德军节度副使，道州安置。[300]高宗下诏将胡铨除名，贬送新州编管。[301]绍兴十三年十月，何铸因援救岳飞远窜徽州居住。[302]十一月，赵鼎、王庶、曾开、李弥逊并落职。此时秦桧不知王庶已卒。[303]

表一　绍兴八年反对和议群臣

| 姓名 | 籍贯 | 职务 | 资料出处 | 备注 |
| --- | --- | --- | --- | --- |
| 魏矼 | 和州历阳 | 权吏部侍郎 | 《要录》卷一二三，第1993—1995页；《宋史》卷三七六 | 丁父忧去 |
| 王之道 | 濡须 | 左宣义郎 | 《要录》卷一一九 | |
| 王庶 | 庆阳 | 枢密副使 | 《要录》卷一二〇、一二一；《宋史》卷三七二 | 落职提举临安府洞霄宫 |
| 张戒 | 绛州 | 监察御史 | 《要录》卷一二三 | 知泉州 |
| 冯时行 | 璧山 | 左奉议郎 | 《要录》卷一二〇 | |
| 韩世忠 | 延安 | 京东宣抚处置使 | 《要录》卷一二二，第1976页；《宋史》卷三六四 | |
| 岳飞 | 汤阴 | 湖北京西宣抚使 | 《要录》卷一二五 | |

| 姓名 | 籍贯 | 职务 | 资料出处 | 备注 |
|---|---|---|---|---|
| 张九成 | 钱塘 | 权尚书礼部侍郎兼侍讲 | 《要录》卷一二三,第1960页;《宋史》卷三七四 | 罢官 |
| 曾开 | 赣州徙河南 | 礼部侍郎兼侍读 | 《要录》卷一二四,第2010页;《宋史》卷三八二 | 提举江州太平观 |
| 张焘 | 饶州德兴 | 兵部侍郎兼权吏部尚书 | 《要录》卷一二三,第1991页;《宋史》卷三八二 | |
| 辛次膺 | 莱州 | 左正言 | 《要录》卷一一八;《宋史》卷三八三 | 罢官 |
| 晏敦复 | 临川 | 吏部侍郎 | 《要录》卷一二三,第1992页;《宋史》卷三八一 | |
| 胡铨 | 庐陵 | 枢密院编修官 | 《要录》卷一二三,第1997页;《宋史》卷三七四 | 昭州编管 |
| 范如圭 | 建州建阳 | 秘书省正字 | 《要录》卷一二三,第2000页;《宋史》卷三八一 | 主管台州崇道观 |
| 李纲 | 邵武 | 观文殿大学士、提举临安府洞霄宫 | 《要录》卷一二四,第2008页 | |
| 赵雍 | | 枢密院编修官 | 《要录》卷一二四,第2014页 | |
| 胡珵 | 毗陵 | 秘书省著作郎 | 《要录》卷一二四 | 罢职 |
| 朱松 | 婺源 | 尚书省司勋员外郎 | 《要录》卷一二四;《宋史》卷四二九 | 出知饶州 |
| 张广 | | 秘书省著作郎 | 《要录》卷一二四 | |
| 凌景夏 | 余杭 | 中书舍人兼直学士院 | 《要录》卷一二四 | 出知外郡 |
| 常明 | 眉山 | 秘书省正字 | 《要录》卷一二四 | |

| 姓名 | 籍贯 | 职务 | 资料出处 | 备注 |
|---|---|---|---|---|
| 李弥逊 | 吴县 | 户部侍郎 | 《要录》卷一二四,第2020页;《宋史》卷三八二 | 坐诋和议谪籍 |
| 梁汝嘉 | 丽水 | 户部侍郎 | 《要录》卷一二四,第2025页;《宋史》卷三九四 | |
| 楼炤 | 婺州永康 | 给事中兼直学士院 | 《要录》卷一二四,第2025页;《宋史》卷三八〇 | |
| 苏符 | 眉山 | 中书舍人兼资善堂翊善 | 《要录》卷一二四,第2025页;《宋史》卷三三八 | |
| 萧振 | 温州平阳 | 权工部侍郎 | 《要录》卷一二四,第2025页 | |
| 薛徽言 | 温州永嘉 | 起居舍人 | 《要录》卷一二四;《宋史》卷三七六 | 中寒疾卒 |
| 尹焞 | 河南 | 权礼部侍郎兼侍读 | 《要录》卷一二四,第2026页;《宋史》卷四二八 | 徽猷阁待制提举万寿观。不拜 |
| 曾几 | 赣州徙河南 | 浙西提刑 | 《宋史》卷三八二 | 罢官 |
| 方庭实 | 莆田 | 监察御史 | 《要录》卷一二四,第2020页 | |
| 辛炳 | 福州侯官 | 御史中丞 | 《宋史》卷三七二 | |
| 喻樗 | 南昌 | 秘书省正字兼史馆校勘 | 《宋史》卷四三三 | |
| 陈刚中 | 福州闽清 | 监登闻鼓院 | 《要录》卷一二三,第2004页 | 秦桧大恨之 |
| 张浚 | 汉州绵竹 | 责授左朝奉大夫、秘书少监永州居住 | 《要录》卷一二五,第2037页 | |
| 连南夫 | 安陆 | 知广州 | 《要录》卷一二五,第2035页 | |

| 姓名 | 籍贯 | 职务 | 资料出处 | 备注 |
|---|---|---|---|---|
| 杨炜 | 山阴 | 右迪功郎监明州比较务 | 《要录》卷一二五，第2040页 | |
| 汪应辰 | 信州玉山 | 秘书省正字 | 《要录》卷一二五，第2044页；《宋史》卷三八七 | |
| 周南仲 | | 吉州免解进士 | 《要录》卷一二五，第2055页 | |
| 陈橐 | 绍兴余姚 | 刑部侍郎 | 《宋史》卷三八八 | |
| 李稙 | 泗州临淮 | 户部员外郎 | 《宋史》卷三七九 | 奉亲杜门不仕 |
| 程瑀 | 饶州浮梁 | 兵部尚书 | 《宋史》卷三八一 | 提举江州太平兴国宫 |
| 林季仲 | 永嘉 | 吏部郎 | 《要录》卷一一八；《会编》卷一八九 | 罢去 |

### 表二 绍兴八年赞成和议群臣

| 姓名 | 籍贯 | 职务 | 资料出处 | 备注 |
|---|---|---|---|---|
| 秦桧 | 建康 | 宰相 | | |
| 勾龙如渊 | 永康军导江 | 中书舍人兼直学士院 | 《宋史》卷三八〇 | 御史中丞 |
| 李光 | 越州上虞 | 端明殿学士知洪州 | 《要录》卷一二二 | |
| 孙近 | 无锡 | 龙图阁学士知绍兴府 | 《要录》卷一二二 | 翰林学士承旨 |
| 冯檝 | 广汉 | 左朝奉大夫主管洪州玉隆观 | 《要录》卷一二四 | 宗正少卿 |
| 莫将 | 宁州 | 太府寺丞 | 《要录》卷一二四 | 赐同进士出身超拜起居郎 |
| 施庭臣 | 成都 | 监察御史 | 《要录》卷一二四；《宋史》卷三八二，《张焘传》，第11758页 | 侍御史 |

| 姓名 | 籍贯 | 职务 | 资料出处 | 备注 |
|------|------|------|----------|------|
| 沈该 | 吴兴 | 左朝奉大夫 | 《要录》卷一二四，第2021页 | |
| 陈懋 | | 选人 | 《要录》卷一二四，第2021页 | |
| 王伦 | 莘县 | 端明殿学士 | 《宋史》卷三七一，第11524页；卷三八二，第11759页 | |
| 王次翁 | 济南 | 参知政事 | 《宋史》卷三八〇 | |
| 范同 | 建康 | 中书门下省检正诸房公事、权吏部侍郎兼实录院修撰 | 《宋史》卷三八〇 | 迁给事中 |
| 万俟卨 | 开封 | | 《宋史》卷四七四 | |
| 罗汝楫 | 徽州歙县 | 殿中侍御史 | 《宋史》卷三八〇 | |
| 赵鼎 | 解州 | 宰相 | 《要录》卷一二二，第1970页注 | |

附注：

绍兴八年，大多数群臣反对和议，见表一。真德秀说："绍兴之际，以和好为不足恃者，公议也。"[304]本表中反对及赞成和议者根据绍兴八年的数据，八年以后反对的声音大为减弱，主要是高宗和秦桧用高压的手段控制和惩罚异己，同时金人归还河南地的结果也暂时令反对者销声。当时有很多人反对秦桧，但是对和议的立场不明，如高登上疏讥秦桧，又反对胡舜陟为秦桧立祠，谓"某知有君父，不知有权臣"，几被秦桧处死。[305] 此类并不列于本表中。日本学者衣川强在其研究秦桧的论文中，曾列表显示秦桧当政时反对与赞成者，与本表一和表二所列大致相同。因衣川氏文中所列不限于绍兴八年，所以较多，不过从南宋学案中找出的少数学者，对和议的主张并不十分清楚。[306]

绍兴十三年（1143）六月，金主以生子大赦，将羁留在金朝的宋使洪皓、张邵、朱弁遣回。从南宋建立至此，出使被扣的使节三十人，生还的只有三人而已。金人把崔纵、郭元迈、张宇发（靖康时所遣）、林冲之的遗骨送还。死于金境的宋使，还有陈过庭、聂昌、司马朴、滕茂实、魏行可、吕达等。[307]

洪皓当年出使，被完颜希尹留置，有诗《奉使留金金臣悟室求诗口占漫答》：

久持使节傍门庭，薄命犹赊五鼎烹。
羝乳何心占北海，雁书随梦到京城。
莫言地广频修怨，应念民劳早戢兵。
国宝善邻君宝信，坐膺难老早升平。[308]

他在这首诗里表示不会屈服，劝敌人为了百姓停止战争。洪皓经过金境的一些地方时均作诗记事。如《讲武城》叹三国袁绍"长笑袁本初，妄意清君侧。垂头返官渡，奇祸怜幕客"。

又如《过穷头岭》,记当地"千里无爨烟,四顾多障碍"。"平生尝险阻,已负垂裳戒。今兹有此行,其又谁怨憝。上天实为之,于我无可奈。私生安之命,靡靡咏行迈。"[309]在异域过节,想起亲人便赋诗,诗题曰:"节至思亲,不觉泪下,因记杜子美诗云:'无家对寒食,有泪如金波。'又云:'佳辰强饮食犹寒,隐几萧条戴鹖冠。'清明诗云:'风水春来洞庭阔,白苹愁杀白头翁。'王元之诗云:'无花无酒过清明,兴味都来似野僧。'二公佳句正为我设也。将命求成五年矣。去秋和议,王侍郎南去,我独淹留,命也如何?感时述怀,赋四韵呈都官兼简监军":

寒食无家泪满巾,清明无酒更愁人。
不闻东道开东阁,空叹白头哥白苹。
日永萧条徒隐几,雪埋苍莽阻寻春。
王郎归去我留滞,始信儒冠解误身。[310]

诗中的王侍郎是王伦,监军是陈王完颜希尹。希尹安排洪皓教导其子,洪皓与希尹的儿子完颜彦清往来,有诗数首,如在金境一年时《赠彦清》:

好生恶杀号苍天,天悯斯民欲息肩。
自是大邦兵不戢,在于南国使无愆。
论功弗用矜三捷,持胜何如保万全。

愿早结成修旧好,名垂史策画凌烟。
门下栖迟近一年,郎君高义薄云天。
傥能一语宁三国,应有嘉名万古传。[311]

这时的洪皓,仍然规劝女真人好生恶杀,并且希望自己能够达成使命,让两国重新修好。希尹是金初有学问的大臣,用汉字和契丹字创女真字。彦清受过汉人的教育,颇有文化修养,会弹琵琶,见洪皓诗《彦清弹琵琶有感。彦清者,金相陈王固新长子》:

黄金捍拨紫檀槽,推引柔荑品调高。
妃子和亲瞻马首,乐天送客驻江皋。
一时听罢嗟流落,千古声存诉切嘈。
青冢青衫羌没久,宁知孤旅更萧骚。[312]

洪皓作《彦清生辰》一诗,谓彦清好学,期望他将来成为仁者:"传闻公子降生时,庆罢周正继诞弥。谁识止戈方黙武,独知好学务求师。少年已见镃基好,他日应为将相期。仁者自然天锡寿,若修阴德更何疑。"[313]洪皓为"小王"赋诗《小王仲冬望置酒学士赋诗次韵》,说"乃兄登朝立要路,黑头入侍瑶泉殿。一时壮气饮如虹,千仞威棱迅侔电。谏父休兵已可嘉,延儒教子尤堪羡",这几句透露"小王"兄弟,亦即彦清、彦深、彦亨、彦隆等受到汉文化的影响,尤其洪皓的影响,劝其父休兵。[314]

位高权重的完颜希尹却与完颜宗弼不和，又遭熙宗猜忌，不但被赐死，两子同修国史把苔、符宝郎漫带也被处死。[315] 把苔疑即彦清，官至同修国史，可见有汉人学问的基础。至于希尹的孙子守贞在章宗时官至平章政事，封萧国公，读书通法律，明悉国朝故事，为章宗朝修正礼乐制度，其家学渊源应该来自洪皓。[316]

洪皓在金朝和完颜希尹一家交往的事迹，一直流传到今日东北女真人的后代中。在民间传说中，洪皓不仅教导希尹和希尹诸子，而且教希尹造女真文。洪皓不接受金朝的官职，在历代女真人的心中，完全是一位正面的大人物。人们佩服他的气节，这样歌颂他：

洪皓使金十六载，风华半世暖冷山。
白头踱蹡归乡国，磊落肝肠万世传。[317]

洪皓在为完颜彦清生日赋诗后，也为其母七十三岁生日赋诗《老母亦以是月生，行年七十有三矣，有感而作》：

息肩弛担未多时，便祝郎君愿德弥。
念母年高班绛老，为儒学浅愧萧师。
三年不问交邻道，万里宁知复命期。
南国人情都不远，赋诗怀远莫相疑。

自己的老母和家乡在万里之外，不知道何时才能完成朝廷交代出使的任务。洪皓另作《念母》一首：

复命无由责在身，可堪甘旨误慈亲。
飘零殊异三年窆，遗肉知存愧饿人。[318]

这时候的洪皓还是念念不忘作为使人的责任，还在思考如何完成使命后"复命"。而《望江南》更是表达了他无奈的思乡之情：

登高引领望江南，家在江南杳霭间。
满目烽烟归路远，萱亲不见泪潸潸。[319]

回归南方的宋使都得到了补偿，洪皓回归后被授予徽猷阁直学士、提举万寿观权直学士院，但是秦桧不能容他。金人索取赵彬等三十人，高宗下诏答应。洪皓反对，认为不遣赵彬等人不至于破坏盟约，最好告诉金人，等归还钦宗和皇族才遣赵彬等人。秦桧大怒。洪皓又说，不厚赏王伦以身殉国，以后遇有急事谁会挺身而出？洪皓被秦桧黜知饶州，是因为此事，且洪皓知道秦桧在完颜昌军中时的情形。[320]完颜昌围攻楚州，秦桧曾替完颜昌写檄书招降楚州，有一人名锡纳知道此事。洪皓回国后有一天和秦桧谈金朝，问秦桧："忆锡纳否？别时托寄声。"秦桧"色变而罢"，第二天就令侍御史李文会攻击洪皓求官，不省母，在朝必生事。[321]

与洪皓同时被拘留在金国的朱弁，从建炎二年至绍兴八年居大同普恩寺，其后居燕山。[322]绍兴三年，金人曾逼迫朱弁仕刘豫，被他严词拒绝。朱熹为他所撰《墓志》曰：

是时刘豫盗据京邑，虏迫公仕豫，且诱之曰：此南归之渐也。公曰：吾受命而北，不受命而南。且豫国贼，吾常恨不食其肉，又忍北面而臣之哉！吾有死耳，不愿归之。虏人怒，绝其饩遗以困之。公反从中固拒驿门，忍饥待尽，誓不为屈。于是虏人亦知感动，复慰安之，致礼如故。

金人知道无法强迫他，遂将他长期留置。[323]朱弁滞留金境时，吟诗成集《聘游集》四十二卷，传诵南北。今尚存多首，见《全宋诗》和《全金诗》。朱弁年岁渐长，感叹："岁序忽疆晏，节旄嗟未还"，而自己"容貌与年改，鬓毛随意斑"，不知道"战伐何年定，悲愁是处同"[324]。他作有多首思乡的诗，如《寒食》：

绝域年华久，衰颜泪点新。
每逢寒食节，频梦故乡春。
草莽唯供恨，花红只笑人。
南辕定何日，无地不风尘。[325]

北方的生活很清苦，朱弁有时自煮"东坡羹"。[326]北地冬天睡炕取暖，朱弁有诗《炕寝三十韵》曰：

> 风土南北殊，习尚非一蹴。
> 出疆虽仗节，入国暂同俗。
> 淹留岁再残，朔雪满崖谷。
> 御冬貂裘敝，一炕且跧伏。[327]

北方没有鱼吃，朱弁回国途中有诗《绍兴十三年自云中奉使回送伴至虹县以舟入万安湖》曰：

> 云中六闰食无鱼，清夜时时梦斫鲈。
> 离汝未逾千里道，渡淮先泛万象湖。[328]

朱弁曾经秘密托人与宋廷通消息，谓金朝首领多已死去，是恢复中原的时机。回朝后，朱弁对高宗仍主此说：

> 臣闻人之所难得者，时也。而时之运无已。事之不可失者，几也。而几之藏无形。惟无已也，故来迟而难偶；惟无形也，故动微而难见。陛下与金人讲和，上则返梓宫，次则迎太母，又其次则怜赤子之无辜，肉白骨于已朽，此皆知时知几之明验也。然时运而往，或难固执；几动有变，宜鉴未兆。盟可守矣，而诡诈之心宜默以待之；兵可息矣，而销戢之术宜详以讲之。且夷狄君臣上不奉若天若道，下不求合民心，人怨神怒，不知修省，

以黩武为至德,以苟安为太平,虐民而不恤民,广地而不广德,此皆天助陛下中兴之势也。若时于几,陛下既知之于其始,图惟厥终,愿陛下益留神焉。

高宗赐朱弁金帛甚厚,但秦桧以讲和为功劳,忌恶朱弁讲金朝的情况,遂压抑他。[329]

绍兴十三年十二月,金贺正旦使、左金吾卫上将军、右宣徽使完颜晔和秘书少监马谔至临安。使节带给高宗的礼物是金酒器六种、色绫罗纱縠三百段、马六匹。这些礼物成为金主贺高宗正旦的惯例。更重要的是,从这次贺高宗正旦的外交情况来看,我们可知和议后的拜年礼节:

故事,北使跪进书殿下。自通好后,金使每入见,捧书升殿跪进。上起立受书,以授内侍。金使道其主语,问上起居。上复问其主毕,乃坐。

高宗对这样的受书礼似乎并不在意,他对秦桧说:"今次使人来,大体皆正。其他小节不足较。观金人之意,和议必须坚久。"秦桧说:"所以然者,由陛下御得其道。"高宗说:"非卿学识过人,坚主和议,安得如此!"[330]

金贺正旦使在临安的活动和宴会也形成惯例。当时户部尚书馆伴北使的礼节和使节的活动,已见前文。[331]

这一年金贺正旦使完颜晔告辞时,宋廷赐予的礼物也成为惯例：大使白金一千四百两，副使八百八十两，袭衣金带三条；三节人皆袭衣涂金带，上节银四十两，中下节三十两。**332**

绍兴十四年（1144）五月，金使贺高宗生辰（天申节），礼物是珠一囊、金带一条、衣七袭、色绫罗纱縠五百段、马十匹。从此每年的生辰礼物都是如此。**333**

宋金和议后，王伦被留在金境。绍兴十四年六月，金人要任王伦为河间、平、滦三路都转运使。王伦拒绝，说他出使金国不是来投降的，他是大宋之臣，不接受金朝爵禄，因此被金人所杀。**334** 作为南宋的大使，王伦为宋金和议奔走，而且离间完颜昌和刘豫，促成齐国被废，金朝归还河南地。高宗对金议和政策是否妥当另当别论，就使人的执行能力来说，王伦是一个成功的外交家，对高宗外交政策的执行很有贡献。

与宋金外交有关的人物还有宇文虚中。绍兴十五年（1145）九月，金熙宗祀天。据说宇文虚中与高士谈等密谋劫杀熙宗，曾以蜡书求宋廷外援，秦桧拒绝。后事情外泄，虚中与子直显谟阁宇文师瑗皆被杀。宇文虚中在《宋史》和《金史》中都有传，但传中并没有这样的记载。据《宋史·宇文虚中传》，虚中在金朝接受官爵，累官翰林学士知制诰兼太常卿，封河内郡开国公，书金太祖睿德神功碑，晋阶金紫光禄大夫，金人号为国师。因东北士人愤恨陷于金朝，虚中遂和他们结约。虚中"恃才轻肆，好讥讪。凡见女真人辄以矿卤目之，贵人达官往往积不平。虚中尝撰宫殿榜署，本皆嘉美之名，恶虚中者摘其字以为谤讪朝廷，由是媒糵以成其罪矣"。《金史·宇文虚中传》记载其罪名与《宋史》所载的相同，又载有司罗织其家中图书为反具。虚中说：南来士大夫家家都有图书，高士谈比我家书更多。结果虚中和高士谈都被处死。但据《金史》，皇统六年(1146)二月，宇文虚中被告发谋反，而不是绍兴十五年(1145)。[335]

促成宋金和议的主要人物是宋高宗和秦桧。绍兴七年(1137)，高宗本来有志恢复失土，但是重用张浚等主战派并无所成。因张浚用人不当，发生郦琼兵变，大批军队投降刘豫，彻底破坏了恢复大计。高宗从此不再重用张浚。至于赵鼎，则主守而不主攻。而且他也曾主张和谈，不反对与秦桧共事。

绍兴十年(1140)，南宋的兵力已经可以成功地抵御金兵，但是高宗不愿意进一步北伐，高宗认为有效地控制诸将比打败敌人更为重要。早在建炎三年发生苗刘之变时，高宗曾被军官劫持废掉。这件事对高宗的影响极大。因此，绍兴六年岳飞遵守朝廷的命令调防，高宗对他说："刘麟(刘豫子)败北，朕不足喜，而诸将知尊朝廷为可喜也。"[336]显示出他对于诸将的猜疑和对于控制诸将的重视。

高宗治国的策略，以"清静"为主。绍兴和议成立后，他说："治天下当以清净为本。若各安分不扰，朕之志也。"[337]宋朝诸帝，他取法宋仁宗，[338]也推崇前汉文帝和后汉光武帝。以对金和议为分水岭，他前后的治国方式和态度有所不同。在绍兴十一年之前，他仰慕后汉光武帝，因为光武为汉朝带来中兴。[339]绍兴七年，朱松(朱熹之父)言"自昔之君，惟汉光武可以为法……上曰：光武固无可议"[340]。绍兴十一年之后，他转而欣赏前汉文帝的诚实。他认为唐太宗是贤君,但"夸大而好名,虽听言纳谏,然不若汉文帝之至诚也"[341]。绍兴十二年,高宗和秦桧论和议,说:"唐太宗不敢望汉文帝,其从谏多出矫伪。"又说:"朕谓专以至诚为上。太宗英明有余,诚有未至也。"[342]宋金之间既然达成和议,高宗与群臣议论尊崇汉文帝的政策是有其道理的。高宗说:

外国不可责以中国之礼。朕观三代以后,惟汉文帝待匈奴最为得体。彼书辞倨傲,则受而勿较;彼军旅侵犯,则御而勿逐。谨守吾中国之礼,而不以责外国,此最为得体也。[343]

意思是不能要求外国遵守中国之礼,换言之,金人要怎样制定礼节,宋人只得依他,不必计较。他注重文德,说:"自古无文德而有武功,往往非国家之福。"[344]

高宗相信宋金必归于和,不过因为主战者多,有时候他不能不表示他有勇气抗敌。如绍兴十年与大臣谈到赏罚时,他说:"朕若亲提一军,明赏罚以励士卒,必可擒乌珠(即完颜兀术)。"[345]次年又说:"自敌犯边,报至,人非一。朕惟静坐一室中,思所以应敌之方。自然利害皆见。盖人情方扰,惟当镇之以静。若随物所转,胸中不定,则何以应变也?"[346]

绍兴十六年(1146),宋国信使端明殿学士、提举万寿观兼侍读何铸和宾德军节度使、提举万寿观邢孝扬请求迎回皇帝的亲属。据说四川宣抚副使郑刚中反对,以致"群情为之震慑"[347]。但是《金史·交聘表》中无宋遣国信使提出这个要求的记录。

绍兴十八年(1148)，有人奉承秦桧，说秦桧有大功于和议。高宗对秦桧说，他承认自己从头到尾一心一意想讲和。他喜欢治国用"柔"道，一开始就知道将来必定会有和议。他指出北宋与辽的和议对百姓有益，北宋诸帝都不主战，而自己则以"柔道"控制(御)女真：

自顷用兵，朕知其必至于讲和而后止。在元帅府时(靖康年间)，朕不知有身，但知有民。每惟和好是念。桧曰：此所以诞受天命。上又曰：用兵盖不得已，岂可乐攻战？本朝真宗与契丹通和百余年，民不知兵。神宗讲武练兵，实未尝用。朕自始至今，惟以和好为念，盖兼爱南北之民，以柔道御之也。**348**

听闻有人批评秦桧和高宗的医生王继先(1098—1181)，高宗说："桧国之司命，继先朕之司命。"**349**可见他和这两人关系密切。

高宗没有恢复中原、报君父之仇的大志和野心，是一个怯懦而自私的人。他不羡慕汉唐的武功，很佩服宋仁宗。他屡次说主张和议是为了让百姓免于战祸，实则很怕和金人作战。他即位后始终不敢回汴京，南渡后也不敢定都于南京，而都杭州，是因为杭州近海，便于乘船避敌。建炎三年、四年金人渡江追击，他从明州浮海逃走。绍兴三十一年(1161)，金军大举南侵时，他又想入海避敌。

高宗私心里只希望接回他的母亲，而且担心金人把宋钦宗放回。而金人的确有意把钦宗当作一颗有用的棋子。除前引金人废刘豫时宣布将立旧主外，宣宗时有人谈到钦宗，说宗翰的政策是："先立张楚，次立刘齐。若果争必取，则复立靖康君，使之相持，而南自弱。"[350]绍兴八年六月，当金人有和谈的意向时，高宗说："太后春秋已高，朕朝夕思念，欲早相见，故不惮屈己，以冀和议之成者，此也。"[351]但不提钦宗。十一月，因反对和议的大臣极多，其中胡铨的批评最为激切。高宗对秦桧说："朕本无黄屋心，今横议若此。据朕本心，惟应养母耳。"[352]高宗以思念母亲，想接回太后，以尽孝道来抵制反对和议的群臣，所以奉承他的人都强调他的孝心。其后和议成功，他非常满意。其生母返抵杭州后，百官祝贺，高宗说："朕自东朝之归，方知南面之乐。"

高宗强调主张和议的是他自己，秦桧不过是执行他的政策而已。绍兴十八年(1148)，高宗与秦桧有如下的对话：

上顾秦桧曰：此(指和议)卿之功也。朕记卿初自金归，尝对朕言："如欲天下无事，须是南自南，北自北。"遂首建讲和之议，朕心固已判然，而梗于众论，久而方决。今南北罢兵六年矣，天下无事，果如卿言。桧顿首曰："和议之谐，断自宸衷。臣奉行而已，何功之有？"[353]

总之，高宗惧战、自私，只想巩固自己的皇位。秦桧深知高宗的心理，从而迎合他，使自己取得大权。和议的达成，违反了多数人的意见。诚如金毓黻引李纲所说，能战方能和。[354]南宋能和，是因为岳飞、韩世忠等能战，而岳飞反而以善战、能战而死，是中国历史上的一大冤狱。

就金朝而言，为什么金朝君臣愿意接受南宋的请求，没有继续用武力达成统一？首先，金朝内部的激烈争斗，折损了完颜宗翰、完颜希尹、完颜昌等大将，加以维持金熙宗皇位的完颜宗干去世，支持金熙宗的政治力量也被削弱，政治和军事由完颜宗弼一人担当。其次，连年对南宋征战及对北方蒙古的防御，导致将士疲累，军费负担日益沉重。再次，当时金朝的军力已经不如踏灭辽朝和北宋时强大剽悍，而南宋抵御骑军的能力得到提升，双方的势力达到平衡。王庶指出金人的政策是以讲和为上策，他的观察是"金人用兵，内有牵制，外多疑忌"，不如过去强悍，所以对金人来说，用兵为下策。就南宋而言，南宋的武力长于防守而短于出征。加之高宗的政策是以巩固自己的皇位、控制诸将为主，尤其是不愿意金人放回钦宗。绍兴八年以后，南北已经形成势力均衡的局面，所以任用秦桧来完成和议。[355]

绍兴十九年(金皇统九年，天德元年，1149)，金熙宗完颜亶被堂兄完颜亮杀死。完颜亮夺得皇位，改元天德。完颜亮推动政治改革，集中大权，并且有统一天下的野心。他迁都燕京，改年号为贞元元年(1153)，自号海陵王。

绍兴二十年(1150)三月，海陵王(完颜亮)遣龙虎卫上将军、侍卫亲军马步军都指挥使完颜思恭和翰林直学士通议大夫知制诰翟永固至宋报登位。金朝送给高宗的礼物是金注碗二、绫罗三百段、良马六匹。宋遣参知政事余尧弼和镇东军承宣使、知阁门事假保信军节度使郑藻为贺大金登位使副。[356]

绍兴二十一年（1151）二月，宋廷遣端明殿学士、签书枢密院事巫伋（1099—1173）和保信军节度使领阁门事郑藻为大金祈请使、副使。[357]巫伋等见金海陵王，请求了几件事，但都没有成功：

> 巫伋、郑藻以祈请使副于金国。至金国阙下，引见毕，内殿奏公事惟正使巫伋得入。虏主问所请者何来。伋首言，乞修奉陵寝。虏主令译者传言，自有看坟人。伋第二言，乞迎请靖康帝归国。又令译者传言，不知归后甚处顿放。伋第三言，本朝称皇帝两字。又令译者传言，此是汝中国事，当自理会。伋唯唯而退，以待辞而归。

九月，巫伋等回朝。[358]这次交涉，显然是想乘金朝新帝初立的机会，要求提升高宗的地位，但并没有达到目的。以后双方使节往来，暂时相安无事。值得注意的是，巫伋请求的第三件事，据绍兴三十一年金使王全上殿所奏，巫伋请求"宗属及增加帝号等事"[359]。刘子健据此说："1151年，高宗要求金廷允许他称自己为皇帝。但是在很长的时期里，这种努力都不成功。"可见高宗的皇帝地位不被金朝承认。[360]

绍兴二十五年（1155），秦桧病死，于是反对和议的议论兴起。高宗为了继续与金维持和平，仍用支持和议的大臣，如陈诚之、汤思退（1117—1164）、魏良臣等，并对群臣说："两国和议，秦桧中间主之甚坚,卿等皆预有力。今日尤协心一意,休兵息民,确守勿变,以为宗社无穷之庆。"[361]次年,高宗以主和的沈该、万俟卨为左、右相。

绍兴二十六年(金正隆元年,1156)三月,从北方逃到南宋的东平府进士梁勋伏阙上书,说"金人必举兵,宜为之备",但是被责罚,送千里之外州军编管,罪名是违反伏阙上书之禁和妄议边事。高宗不相信金人将败盟,下诏禁妄议边事:

朕惟偃兵息民,帝王之盛德;讲信休睦,古今之大利。是以断自朕志,决讲和之策。故相秦桧,但能赞朕而已,岂以其存亡而有渝定议耶?近者无知之辈,遂以为尽出于桧,不知悉由朕衷。乃鼓唱浮言,以惑众听。至有伪造诏命,召用旧臣,献章公交车,妄议边事。朕实骇之……自讲好以来,聘使往来,边陲绥静。嘉与宇内,共底和宁。内外小大之臣,其咸体朕意,恪遵成绩,以永治安。如敢妄议,当重寘典刑。[362]

高宗的这通诏书对金宣示了信守和约的决心:在诏书中,高宗一方面解释和议完全由自己主导,秦桧不过是支持自己的政策而已;另一方面他要求臣民尽力维持和平,禁止任何人破坏和议。秦桧死后,朝中大臣都是附和秦桧的主和派,但是主战派势力逐渐抬头,如张浚主张讲和是一时权宜,金人必将败盟。高宗认为张浚不可用,说:"浚用兵,不独朕知,天下知之。如富平之战,淮西之师,其效可见。今复论兵,极为生事。且太祖以神武定天下，亦与契丹议合。"接着批评张浚，谓石晋与契丹议和乃桑维翰之功，景延广要改行翁孙之礼，引起石晋之祸。张浚不怪罪景延广，却说桑维翰不应与契丹和好。"甚无谓。"[363]高宗的意思，显然主张国君无论用什么屈辱的名义，都以维持和议为要务。张浚被责备，众臣不敢再谈和议是否能够继续维持的问题。高宗说："不如此，议论不得定。"

绍兴二十八年(1158)二月，贺金朝正旦的使节太常少卿孙道夫(1095—1160)和阁门宣赞舍人郑朋返国，上奏金主质问在关辅买马违反和约，认为金朝将败盟。[364]

绍兴二十九年(1159)四月，宋廷遣秘书少监沈介(绍兴八年进士)为贺金正旦使，阁门祗候宋直为副使。国子司业黄中(1096—1180)为贺生辰使，阁门祗候、办御前忠佐军头引见司李景夏为副使。[365]沈介等先回，没有提到金主的动静。黄中回来后报告高宗："金国治汴京，役夫万计。此必欲徙居以见逼。不可不早自为计。"[366]当时承平已久，宋廷没有进行战备。高宗问：金是否将汴京作为离宫？黄中说，看来不是作为离宫。如迁都至此，兵马南下，几天就可以到淮河，请皇帝深虑。宰相沈该、汤思退听说后，质问黄中，沈介回来没有说到此事，你怎可如此说？汤思退甚至责骂黄中。同时，中书舍人洪遵(1120—1174)也请防边，沈该等不听。六月一日，主和的大臣沈该、汤思退建议派泛使前往金朝探听金人的意图，同时巩固盟约。于是宋廷派同知枢密院事王纶(?—1161)[367]为大金奉表称谢使，保信军承宣使、知阁门事曹勋副之，目的是刺探敌情。九月，王纶等回朝，报告金朝恭顺和好。³⁶⁸宰相汤思退等拜贺。高宗说，他担心两国兵连祸结，这时才放心："今而后，宜安边息民，以图久长。"³⁶⁹但是那时金主已经决定要南下侵宋了。

九月，皇太后驾崩。高宗以翰林学士周麟之(1118—1164)为大金奉表哀谢使，吉州团练使、知阁门事苏晔假崇信军节度使为副使，带去不少礼物，金主完颜亮也给宋使名酒等礼物。周麟之回来，将礼物呈给高宗。高宗照例把礼物赐给了他。³⁷⁰十一月，参知政事贺允中和保信军节度使、领阁门事、提点皇城司郑藻为皇太后遗留国信使、副使。³⁷¹

十二月，金朝贺正旦使、翰林侍讲学士施宜生和宿州防御使耶律辟里剌（或作翼）至宋贺正旦。宋、金二史都记载施宜生透露机密给宋人，暗示金人将南侵，并且使节中有画工画临安地图。馆伴使张焘因绍兴八年力主不拜金诏闻名。施宜生本闽人，素闻焘名，一见，顾副使说："是南朝不拜诏者。"焘以首丘桑梓动之，宜生说："今日北风甚劲。"又取几间笔扣之，说"笔来，笔来"。于是漏敌清。张焘密奏，请高宗早做准备。³⁷²施宜生回朝后因此被海陵王烹死。³⁷³

绍兴三十年(1160)二月，宋遣同知枢密院事叶义问(1098—1170)为大金报谢使（报谢金遣使祭吊显仁皇太后之丧），刘允升为副使，同时探听敌情。³⁷⁴三月，参知政事贺允中等使金还，说金势必败盟，应当防备。³⁷⁵五月，叶义问使还，报告金人必将败盟："彼造战船，备器械，其用心必有所在，宜屯驻沿海要害备之。"³⁷⁶

海陵王就位后，一方面安定内部，进行改革；另一方面则营建汴京，准备再迁都。同时征集军队，打造战船，计划对江南用兵时水陆并进，让宋高宗无处可逃。

绍兴三十一年(正隆六年, 1161)四月，宋廷听说金主将迁都，商议派人前往。周麟之"慷慨请行"，高宗大喜，以他为大金奉表起居称贺使，另择张抡为副使，贺金迁都，[377]但使节尚未出发而金使来。

五月，金贺生辰使龙虎卫上将军高景山、副使通议大夫尚书刑部侍郎王全到临安，要求重新划国界，欲以长江为界。完颜亮的国书要点是[378]：

**报钦宗之丧。**

(高宗)曾差祈请使巫伋等来，言及宗属及增加帝号等事。当时不曾允许其所言。今则惟天水郡公，昨以风疾身故。"所祈请事，后因熟虑，似亦可从"。意即允许接回钦宗灵柩。

**两国不当以淮水为界。**

淮水为界，私渡甚多。其间往来越境者，虽严为械禁，亦难杜绝。及江以北，汉水以东，虽有界至，而南北叛亡之人，互相扇诱，适足引惹边事。不知梁王(完颜宗弼)当日何由如此划分。

**指索大臣商议重划国界。**

帝当于左仆射汤思退、右仆射陈康伯及或闻王纶知枢密院，此三人内可差一人。兼杨存中亦当遣来。朕所言者，惟土田而已，务欲两国界至分明，不生边事。

本来在高景山来临安之前，曾经出使并得到金海陵王奖赏的周麟之自请前往，但这时候见情势不妙，不敢出使。周麟之对高宗说，金人既然即将入侵，事已至此，不必遣使，遣使也无益。高宗大怒，将他贬官。[379]

六月，金使返国途中，又有金牌特使大怀正来，对送伴使吕广问 (1103—1175) 等宣示金主旨意，令其归报，另告知金主将于六月迁都到南京 (汴京)。[380]高宗遣右朝散大夫徐嚞 (代周麟之) 为敷文阁待制、枢密都承旨假资政殿大学士、左中大夫、醴泉观使，充大金起居称贺使，武翼大夫、文州刺史权知阁门事张抡为大金起居称贺副使。[381]金翰林侍读学士韩汝嘉已经在泗州等候，渡淮与宋使相会，告以金主北方有事，将亲往讨伐，命宋使返回。[382]金使韩汝嘉回去见完颜亮，劝他议和。完颜亮大怒，将韩汝嘉赐死。[383]这时候宋廷主和的声音降低，虽然完颜亮仍然要宋朝于九月派大使前去，结果因徐、吕二使刚回来，一时来不及再次组团，所以没有再遣使。完颜亮大怒。[384]

南宋积极备战。完颜亮于六月率军抵达汴京。九月，金兵分五路侵宋：以水军南下直指杭州，两路攻湖北和四川，一支向淮东进发，完颜亮自领号称百万大军，从淮西渡淮河，向和州推进。宋军溃退。然而此时金人的舰队在胶西海面被李宝指挥的宋海军歼灭。而完颜亮的堂弟完颜褒 (后改名雍，即金世宗) 则自立于东京 (辽阳)。当时不愿南下的金军民都投向他。

九月，金军入侵，守将王权败归。金军长驱直入，抵达长江北岸的和州。十月下旬，金军准备渡长江。

十月一日，高宗下诏："金虏败盟，将亲征。"[385]当时有些朝臣逃走，宰相陈康伯则搬家到浙江，他劝高宗："今日之事，有进无退，进为上策，退为无策。若误听此属之言，臣恐士气衰竭，人心沮丧，大事去矣。有如六师未即遽行，且以建王为元帅，先往抚师，其亦可也。"高宗忽然有诏："如敌未退，散百官。"陈康伯烧掉诏书，然后上奏："百官散，主势孤矣。"高宗这时才坚定信心，下诏亲征。[386]

十一月七日，金主临江筑坛祭天，打算次日渡江。在长江南岸采石的宋军则因接管军队的李显忠（1109—1177）尚未抵达，一万八千名残军没有人指挥。八日，中书舍人虞允文（1110—1174）巡视采石，临时召集军队应战。金大军实际约二十万人，一时没有足够的船只载军过江。宋方则依赖长江天险和优秀的水军。少数金军强行渡江，被宋水师攻击。能够抵达南岸的金兵不是被歼灭，就是被俘虏。这就是著名的采石之战。[387]周必大记采石之役曰：

庚辰，采石捷书闻。初，虏兵虽胜，视瓜州江阔难渡，而采石浅狭，且朝廷方以李显忠代王权，统金陵之师。（完颜）亮意其号令未定也，以此月八日、九日亲执旗鼓督细军临江，而聚所掠之舟密载甲士南渡。会渔人谍知其期，走白显忠及虞允文，亟命舟师逆之。虏舟杂以木筏，又其人不习水。我以战舰乘风冲击，贼兵皆溺死。亦有数百人已登南岸者，允文激厉士卒殊死斗，尽数杀之。不然几殆。[388]

这次战役，金兵的损失据估计不到两千人。次日，金人的船只被宋军焚毁。完颜亮率军至扬州，打算在那里渡江。但是军士不愿再战，发动兵变，谋杀了完颜亮。

采石之战的影响很大。这一仗保全了南宋，鼓励了南宋的士气。更重要的是完颜亮兵败被杀，从此金人不敢再图渡江。不过，金兵北返，仍然很有纪律。罗大经评论说："采石之役，逆亮暴急嗜杀，自激三军之变，亦未易驱攘。是时亮虽造戎，虏师北归，纪律肃然，无一人叛亡。此岂易胜之师乎！朱文公曰：谢安之于桓温，陈鲁公之于完颜亮，幸而捱得他死尔。要之，吴、晋乃天幸，宋朝真天助也。"[389]

金世宗在海陵王南征失败前，已经在北方自立为帝，而且得到很多女真官员和汉臣的拥戴。海陵王被刺杀后，宋人恢复淮南地二十州，这对主战的大臣来说是一个机会，可以提升宋廷的地位。十二月，高宗亲征，次年正月初抵达建康。不久，高宗下诏暂还临安，维建康形势之胜，宜令有司增修百官吏舍，诸军营寨，以备往来巡幸。[390]

宋廷接到金大都督府牒："国朝太宗皇帝创业开基有天下，迄今四十余年，其间讲信修睦，兵革寝息，百姓安业。不意正隆失德，师出无名，使两国生灵皆被涂炭。今奉新天子命诏，已从废殒，大臣将帅方议班师赴国，各宜戢兵，以敦旧好。须议移牒，牒具如前。牒宋国三省、枢密院照验。大定元年十一月三十日。"[391]

绍兴三十一年 (金世宗大定元年，1161) 十二月，金世宗遣骠骑上将军、元帅府左监军高忠建和通议大夫、礼部侍郎张景仁充报谕宋国使报登位，与宋议和，条件是："罢兵，归正隆所侵地。"[392]

绍兴三十二年（1162）正月，宋廷以尚书左司员外郎洪迈为接伴使，文州刺史、知阁门事张抡为副使。[393]

金世宗有意议和。听说金军二月渡淮，高宗说两国之间的和平关系已绝："金国主兴无名之师，侵我淮甸，则两国之盟已绝。今日使者所以惠我国甚宠。然愿闻名称以何为正，疆土以何为准，与夫朝见之仪，岁币之数，所宜先定。不然，则不敢受也。"[394]

洪迈、张抡见高宗。高宗对宰执说："朕料此事终归于和。卿等欲首议名分，而土地次之。盖卿等事朕，不得不如此言。在朕所见，当以土地人民为上。若名分则非所先也。何者？若得复旧疆，则陵寝在其中，使两国生灵，不残于兵革。此岂细事？至于以小事大，朕所不耻。"[395]这也是他对洪迈、张抡的指示。对于已经向金朝称臣纳贡，以小事大，而且对没有名分可言的高宗来说，此时和议固然要以疆土人民为重，但也要争取名分。

闰二月，宋廷以敷文阁待制、枢密院都承旨徐嚞为馆伴大金国信使，武功大夫、吉州刺史、权知阁门事孟思恭为馆伴使。接伴使洪迈有书信给金使，要求恢复敌国礼节："自古以来，邻邦往来，并用敌礼。向者本朝皇帝，上为先帝，下为生灵，勉抑尊称，以就和好。而彼国无故兴师背盟，自取夷灭。……但一切之礼，难以复仍旧贯。"他迎接金使，"始抗礼之"，[396]即以平等的地位交涉。

洪迈奏请朝廷修改有关接伴的十四件事，不再用屈辱的礼节。内容主要是"不传御名，不问圣躬，不称上国下国，伴使与北使语，称主上为本朝皇帝，而北使亦称宋国为宋朝。旧中使读口宣，微称有旨，今抗声言有敕。旧称帝恩隆厚，今改称圣恩。旧私觌用状申送，今用目子。旧与北使远迎状，及赂北引金银等皆罢"[397]。这十四项"旧礼"透露了两国间关于交换使节的细节，更重要的是两国官员和使人重视适当的外交语言和礼仪，尤其是国格和皇帝的称谓，清楚地表示了地位的高下。原来南宋使人对金人称宋帝为"主上"而非"本朝皇帝"，北使称南宋为"宋国"而非"宋朝"，北使甚至直接称呼宋帝的名字。

太府少卿、总领四川财赋王之望(1102—1170)对宰相提出三件事："一、正名分；二、减币聘；三、画疆界。"主张："若欲通好，必寻海上之盟，复敌国之礼，然后可许。名分既然正，岁币自轻。"[398]

宋廷对金人要求用旧礼及归还宋军占领的州县两个问题进行讨论。洪迈认为："土疆实利不可与，礼节虚名不足惜也。"礼部侍郎黄中反对，说：

名定实随，百世不易，不可谓虚；土疆得失，一彼一此，不可谓实。议者或有言土地实也，君臣名也，趣今之宜，当先实而后名，乃我之利。

权兵部侍郎陈俊卿(1113—1186)也说：

今力未可守,虽得河南,不免谓虚名。臣谓不若先正名分,名分正则国威张。而岁币亦可损矣。[399]

强调皇帝的"名分"比国土更重要。

二月,高宗离开金陵回临安。三月,金使入境,沿途的接待礼节有所改变。朝廷定受书之礼,"略如京都故事",即"北使跪问上起居。客省官宣问毕。北使下殿起居"[400]。

三月,金使入见,上殿呈国书时坚持用旧礼,要求皇帝降榻受书,宰相陈康伯反对。金使要求陈康伯接国书,陈康伯也拒绝。高忠建跪地不起。陈康伯厉声问:"馆伴在馆所议何事?"馆伴使徐嚞上前抢过国书,[401]结束金人主导的受书礼。金国书略曰:"大金皇帝致书于宋帝,粤自皇统以来,修好不绝。不意正隆之末,师出无名。"且有"归两淮,敦旧好"的字词。[402]

馆伴使徐嚞向朝廷报告复位朝见、进国书仪范,及伴使与北使之间的礼仪。原来根据绍兴和议所定的礼仪,显然宋金使人相见及朝见,地位是不平等的,如所用头衔、迎送、上下马、上轿、劝酒等,至此有所改进,并且取消观涛、天竺之游。[403]

绍兴三十二年四月,起居舍人充大金国贺登宝位国信使洪迈、副使张抡出使。此次出使,洪迈等负有重任。《要录》记国书曰:

审膺骏命,光宅丕图。德合天人,庆均遐迩。比因还使,常露悃惊。粤从海上之盟,获讲邻封之信,中更多故,颇紊始图。

事有权宜，姑为父兄而贬损。衅无端隙，靡逃天地之鉴临。既边隙之一开，致誓言之遂绝。敢期后聘，许缔新欢。载惟陵寝之山川，浸隔春秋之祭祀。志岂忘于缵旧，孝实切于奉先。愿画旧疆，宠还敌国。结兄弟无穷之好，垂子孙可久之谋。庶令南北之民，永息干戈之苦。傥垂睿照，曲徇恳祈。愿兹佳音，别修要约。履兹夏序，善保圣躬。[404]

指出金人无端侵犯，双方的盟誓已经断绝，希望重划边疆，缔结新约。但据周必大所记，高宗的答书略曰："淮甸侵疆，幸先期而克复；祖宗故地，方遣使以请求。"[405]国书中也没有上述字词，而是：

国书略曰："使介来庭，缄题越式。固违群议，特往报书。"又曰："宣靖既迁，楚齐继及。"又曰："海陵失德，江介兴师。过乃止于一身，盟固难于屡变。"又曰："尺书侮慢，既匪藩臣，寸地侵陵，又违誓表。"又曰："殊无致贺之词，继有难从之请。"又有若使干戈不息，赋敛繁兴，坠民涂炭，咎将谁执之意。而末句云："尚敦旧好，勿徇群言。"[406]

不知以上国书，何者为真，不过内容并没有很大的出入。当时范成大为洪迈送行，有诗曰：

金章玉色照离亭，战伐和亲决此行。

国有威灵双节重，家传忠义一身轻。
平生海内文场伯，今日胸中武库兵。
万里往来公有相，淮濆阴德贯神明。
檄到中原杀气销，穹庐那敢说天骄！
今年蕃始来和汉，即日燕当远徙辽。
北上未干遗老泪，西陵应望孝孙朝。
着鞭往矣功名会，麟阁丹青上九霄。[407]

周必大记载洪迈出使的经过是这样的：

初，景卢在境上，与接伴约用敌国礼，接伴许诺，故沿路表章皆用京旧式。才入燕京，尽却回使，邀景卢依近例易之。景卢不可。于是扃驿门，绝供馈，而馆伴者云：尝从景卢父尚书公学，阳吐情实，言勿固执，恐无好事。须通一线路乃佳。景卢等惧留，易表章授之。既入见，使副例不跪，至是皆跪。虏主传令云：国书不如式，不当受，可付有司。其诡诈虚喝类此。[408]

据《宋史》，洪迈等见金世宗时，金人坚持用旧礼，且令洪迈称陪臣。[409]金国书有曰："名分既一言而定，贡输亦两纪于兹。"[410]可惜洪迈未能完成使命。洪迈等因奉使辱命而被罢。当时有人讥讽他："一日之饥禁不得，苏武当时十九秋。"[411]宋再遣刘珙（1122—1178）出使，金人仍坚持旧礼，拒绝接纳来使。[412]

九月，金军大败宋将吴璘于德顺州。十月，金世宗下诏，令左副元帅纥石烈志宁伐宋，右丞相仆散忠义节制伐宋诸军。"志宁移书张浚，使依皇统旧式通好。浚复书曰：谨遣使者至麾下议之。"[413]

高宗命群臣就和议发表意见。洪遵、金安节、唐文若等四人上《同翰苑给舍议北事状》：

翰林学士承旨、左朝散大夫、知制诰、兼侍读臣洪遵等，准绍兴三十二年九月七日尚书省札子节文：九月七日，三省枢密院同奉圣旨，敌人来索旧礼及中原归正之人源源不绝，宜各以己见指陈定论者。右，臣等窃度今日之势非惟中国利在速和，而虏意亦未尝不欲和也。前日使者先至，近者书词虽嫚，而卒章实致志焉。情状略可见矣。然又惧我测其实而有轻彼之心也，故倡为大言，邀索旧礼。吾若直情径行而不示以开纳之意，则边备未固，国用方匮，亟与之战，能无殆乎？若因其咫尺之书遽为之屈，安知不乘我之怯，继以难从之请？不与是废前功也，与之尚何以为国？故臣等以谓莫若折衷斯二者，而婉辞以应之，使彼有以借口，而吾可以纾难，其庶几乎？昔庆历中，契丹挟西夏之扰，无故而请地请婚，其求非不大也，仁宗一再遣使，稍增岁币遂已。为今之计，谓宜仿此，遣使若有定论，则书词未当遽屈，而使指可以密授，或许岁遗金缯如前日之数，或许稍归侵地如海、泗之类。使彼无意于和，则虽用旧礼何益？或有意也，得此亦可以借口而来议矣。使介往复，动涉月日，吾于其间汲汲然以内修外攘为事。他日以战则克，以和则固，此上策也。若夫归正之人，招之非计也，拒之不能也。惟申谕边帅，继自今勿以赏格诱之斯可矣。迂阔之言，未敢以为至当也。惟陛下择焉。谨录奏闻，伏候敕旨。[414]

这通上奏仍以不能战为底线，如果金人有意讲和，则可以稍增岁币，或归还海、泗两州；如果金人无意于和，则不用旧礼。至于归正人，则不必招诱。这四位大臣并无进取之志，引用庆历和议，意在让步。其实在海陵王败死之后，宋军收复海、泗等地，可以和金人谈判，改变自绍兴和议以来的屈辱礼节，恢复像北宋与辽间的平等地位。可惜高宗君臣没有这样的志气来改变现状。

周必大有一封《论北事札子》，其主张比较强硬，应当"以敌国之礼尝之。彼纳吾使，吾又何求？如必候旧礼而后受，则告之曰：太上皇帝前日之屈为亲也，今通好于用兵之后，主上欲以何名而屈？北朝欲以何名而受？愿以为请"。他认为应当给予大使权力："大夫出疆，圣人尝许其专矣。强则下之，弱则抗之。朝廷勿与知可也。"但这封札子似未呈给高宗，呈上的是另一封。[415]

宋金议和之际，高宗宣布他要退位。自建炎三年（1129）高宗之子去世后，高宗的妃子未能再生下一个男孩。从建炎三年起，不断有人建议高宗立储。[416]建炎四年（1130），高宗下令选太祖的几个后人进宫。绍兴元年（1131），高宗开始选择伯字辈少年。绍兴二年（1132），伯琮和伯浩入宫接受教育，伯琮改名为瑗。绍兴四年(1134)，伪齐罗诱上《南征议》，劝刘豫对南宋用兵，理由之一是高宗没有立太子，"主孤而内危"，地位不稳。[417]绍兴五年(1135)，高宗对宰相赵鼎说自己年二十九却没有儿子，决定封赵瑗为建国公，并说："艺祖创业，肇造王室，其勤至矣。朕取子行下子，鞠于宫中，复加除拜，庶几仰慰艺祖在天之灵。"[418]绍兴七年(1137)，岳飞朝见高宗时，也请立赵瑗为太子，据说这是岳飞后来得祸的原因之一：

> 飞密奏，请正建国公皇子之位，人无知者。及对，风动纸摇，飞声战不能句。上谕曰：卿言虽忠，然握重兵于外，此事非卿所当预也。飞色落而退。[419]

绍兴十二年(1142)，高宗以建国公为普安郡王。[420]秦桧也于绍兴二十三年(1153)提出以赵瑗为太子的建议。[421]高宗最终于绍兴三十年(1160)立赵瑗为太子。其间的问题之一，是与赵瑗同为可能的继承人的赵璩，封恩平郡王，得到高宗母亲显仁太后的钟爱。[422]另一个问题是高宗一直等待妃子能够生子。而且秦桧也认为高宗有可能生子："始桧尝为高宗言：赵鼎欲立皇子，是谓陛下终无子也。宜待亲子乃立。"[423]立太子之事，高宗在显仁太后和秦桧都去世之后才决定。绍兴三十一年(1161)，在对金议和的过程中，高宗立建王赵瑗为皇太子，有意退位。

绍兴三十二年(1162)十二月，宋廷举行内禅之礼。高宗称太上皇帝，退居德寿宫。[424]高宗禅位在中国历史上是一件颇为特殊的事。究其原因，有以下几点。首先，在禅位诏书中，高宗说自己在位三十六年，对外"边事浸宁，国威益振"，但想释去重任。皇太子贤圣仁孝，可即帝位。其次，在举行典礼时，他说自己"今老且疾，久欲闲退"[425]。

退位的原因，还在于绍兴三十一年(1161)宋金大战之前，高宗一直相信金朝不会破坏和议，因此他自觉误判情势，以致金军入侵时没有做好准备，甚至他还有入海避敌的计划。大战之后，他不认为与金人议和名分较土地更重要，但多数大臣都反对他的意见。他也许觉得他的主和政策该结束了。[426]皇位继承的问题与和战以及高宗和将相间的关系都有关联。

高宗以太祖的后人为继承人，是明智之举。王夫之说："决策选太祖之后为嗣，道之公也。保固祧之大计也。"[427]此举宣示他做皇帝并无私心。他作为太宗的传人，禅位给太祖的后代，表示宋朝皇帝的传承回归到太祖的帝系，可以稍释宋自开国以来人们对太宗得位的疑惑。他退位后，孝宗上尊号为"光尧寿圣太上皇帝"，他以为自己的内禅之举可以媲美古代的尧舜禅让。

虽然高宗坚持和议完全是由他主持的，但是关于高宗用秦桧主和议与和战问题，一千年来议论纷纷。为什么南宋会甘愿成为金朝的附庸？绍兴和议达成，高宗和秦桧究竟谁应负责？朱熹说："秦桧倡和议以误国，挟虏势以邀君。终使彝伦斁坏，遗亲后君。此其罪之大者。至于戮及元老，贼害忠良，攘人之功以为己有，又不与也。"[428]直指秦桧应负全责。吕中也说："秦桧始则倡和议以误国，中则挟敌势以要君，终则饰虚文以为中兴。使一世酣豢于利欲之中，奉敌称臣而不以为耻，忘仇事敌而不为怪。其弊可胜言哉？"[429]王明清说："太母回銮，卧鼓灭烽逾二十年，此桧之功不可掩者也。"但又说：完颜亮南下，若非自毙，"不然，殆哉！由桧之军政弛备所以致此，桧之罪不可逃者也"[430]。

《宋史·高宗纪》赞先将高宗与历史上的中兴之主比较，赞曰：

高宗恭俭仁厚，以之继体守文则有余，以之拨乱反正则非其才也。况时危势迫，兵弱财匮，而事之难处又有甚于数君者乎？君子于此，盖亦有悯高宗之新，而重伤其所遭之不幸也……

其始惑于汪、黄，其终制于秦桧，恬堕猥懦，坐失事机。甚而赵鼎、张浚相继窜斥，岳飞父子竟死于大功垂成之秋。一时有志之士，为之扼腕切齿。帝方偷安忍耻，匿怨忘亲，卒不免于来世之诮，悲夫！[431]

后面一段责备高宗受制于秦桧，偷安忍耻，忘记父兄之仇，所以不免被后世讥讽。

明朝郎瑛在其"宋高宗不欲恢复"条写道：钦宗托显仁太后带口信给高宗，"为太乙宫足矣"。认为："宋止遣巫伋一使迎而不终请，亦可疑。"又引邱浚："秦桧再造南宋，岳飞不能恢复。"接着论南宋财用不足，说："桧之心虽私而和之事则当。"[432]批

评高宗怕金人放回钦宗,所以只请求徽宗灵柩和高宗生母,而情愿称臣纳贡。文徵明词《满江红》:

### 满江红
### 题宋思陵与岳武穆手敕墨本

拂拭残碑,敕飞字,依稀堪读。慨当初,倚飞何重,后来何酷。果是功成身合死,可怜事去言难赎。最无辜、堪恨更堪怜,风波狱。

岂不念,中原蹙。岂不恤,徽钦辱。但徽钦既返,此身何属?千古休谈南渡错,当时自怕中原复。笑区区、一桧亦何能,逢其欲。[433]

王夫之则批评:"高宗之畏女直也,窜身而不耻,屈膝而无惭。直不可谓有生人之气矣……以时势度之,于斯时也,诚有旦夕不保之势,迟回畏,固有不足深责者焉。"认为他猜疑诸将:"宋本不孤。而孤之者,猜疑之家法也。"指出:"举皇帝王霸慭留之宇宙而授之异族,自此始矣。"但即使用李纲、韩世忠、岳飞等将,只"可以复汴京,收陕右",却不能复北宋之旧疆。[434]

关于和议的评论,今人大致认为主和者都是投降派。邓广铭指赵构和秦桧对金投降。[435]王曾瑜也认为高宗和秦桧是对金投降。[436]秦桧传记的作者则认为"南宋向金人乞和,秦桧是罪魁祸首"[437]。

1　元祐皇后是哲宗所废的昭慈孟皇后，见《宋史》卷二四三《后妃下》，第8632—8638页。因身份已经是平民，所以金人没有将她掳去。

2　《要录》卷四，建炎元年四月甲戌，第107页；《会编》卷九三，靖康二年四月十一日，第232页。

3　《要录》卷五，建炎元年五月庚寅朔一辛卯，第115—117页。

4　《要录》卷五，建炎元年五月辛卯，第117—118页。《会编》卷一〇二，第292—293页。

5　《要录》卷五，建炎元年五月壬辰，第118页。

6　《会编》卷一〇二，第293页。

7　《要录》卷五，建炎元年五月丁酉，第123页。

8　《金史》卷三，天会三年十月甲辰，第53页。

9　《金史》卷七四《宗翰传》；卷三《太宗本纪》，第57页。

10　《要录》卷五，建炎元年五月戊戌，第125—127页。《宋会要辑稿》之《职官》五一之一〇，第3527页。

11　《要录》卷五，建炎元年五月戊午，第138—139页。两人并未前往。

12　《要录》卷五，建炎元年五月己亥，第127页。

13　《会编》卷一〇三，第299页。

14　《会编》卷一〇四，第301—302页。

15　《要录》卷五，建炎元年五月庚寅朔，第118页。

16　《要录》卷五，建炎元年五月乙卯，第137页。

17　《会编》卷一〇三，第295—299页。

18　《全宋诗》卷一七七二，第19698页。

19　《要录》卷五，建炎元年五月辛丑，第129页。颜岐卒年见《要录》卷一四〇，第2268页。

20　《要录》卷五，建炎元年六月己未朔，第141页。

21　《要录》卷六，建炎元年六月庚申，第142—143页。《宋史》卷三五八《李纲传》，第11251页："谓中国之御四裔，能守而后可战，能战而后可和。而靖康之末皆失之。今欲战则不足，欲和则不可。莫若先自治，专以守为策。俟吾政事修，士气振，然后可以大举。"《会编》卷一〇四，建炎元年六月二日，第305页载李纲进十事："其一，议国是。大略谓中国之御夷狄，能守而后可战，能战而后可和。而靖康之末皆失之。今欲战则不足，欲和则不可。莫若自治，专以守为策。俟吾政事修，士气振，然后可以议大举。"类似的论调见《会编》卷一〇五，第307页纲进十事："其一，议国是。大略谓中国之御夷狄，能守而后可战，能战而后可和。而靖康之末皆失之。今欲战则不足，欲和则不可。莫若自治，专以守为策。俟吾政事修，士气振，然后可以议大举。"《会编》卷一〇五，第307—308页："以守则固，以战则胜，然后其和可保。不务战守之计，惟信讲和之说，则国势益卑，制命于敌，无以自立矣。"

22　《会编》卷一〇五，第307—309页。

23　《要录》卷六，建炎元年六月丁卯，第154。

24　《要录》卷七，建炎元年七月辛丑，第180页。李纲：《建炎进退志》，收入中国野史集成编委会、四川大学图书馆编：《中国野史集成》第五册，成都：巴蜀书社，1993，第517—519页；《要录》卷六，建炎元年六月申申，第142—145页。又见《会编》卷一〇四至一〇五。

25　《会编》卷一〇四，第305—306页；卷一〇五，第309—311页。

26　《宋宰辅编年录校补》，北京：中华书局，1986，卷一四，第886—889页、第894—897页。

27　《要录》卷六，建炎元年六月戊辰，第155页。

28　《要录》卷六，建炎元年六月乙酉，第165页。

29　《宋史》卷三五八《李纲传》，第11256—11257页。

30 《宋史》卷二四《高宗纪》，六月己未朔，第445页。

31 《要录》卷六，建炎元年六月戊寅，第160—161页。《会编》卷一一〇载傅雱的《建炎通问录》。《宋会要辑稿》以从事郎傅雱特授宣义郎、假工部侍郎为金国通和使，武功大夫赵哲副之。见《职官》五一之一〇，第3527页。

32 《要录》卷五，建炎元年五月戊戌，第125—127页。《会编》卷一〇八，第327页。

33 《大金吊伐录》，第487页。

34 《会编》卷一一〇，第340页。

35 《会编》卷九八，第205页；卷一一一，第344页。

36 《宋史》卷三七九，第11700页。

37 《宋史》卷二四，建炎元年七月乙巳，第447页。

38 《要录》卷七，建炎元年七月乙巳，第185页。《宋史》卷二四，七月丙午。又下诏定议巡幸南阳，第447页。

39 《要录》卷七，建炎元年七月癸丑，第188页。

40 《会编》卷一一〇引傅雱《建炎通问录》，包括与金馆伴使李侗的问答，第341—342页。《要录》卷八，八月末。

41 《要录》卷九，建炎元年九月末，第227页。

42 《大金吊伐录校补》，第489—491页。但日期与宋方记载不同。

43 《要录》卷六，建炎元年六月戊辰、乙亥、乙酉，第155—156页、第160页、第165页；金使于宗泽去世后才放回。《要录》卷一六，七月癸未朔，第336页。但《宋史》卷三六〇《宗泽传》则载"上乃亲札谕泽，竟纵遣之"，见第11280页。

44 《会编》卷一一三，第356页。

45 《宋史》卷三六三《张所传》，第11348页。

46 《宋史》卷三五八《李纲传》，第11258—11259页。《要录》卷八，八月乙亥，第201页。张浚论李纲罪，又见《要录》卷一〇，建炎元年十月甲子，第233页；十一月戊子，第237—239页。

47 李纲：《建炎时政记》，收入《全宋笔记》第三编第五册，郑州：大象出版社，2008，第141页。

48 《要录》卷八，建炎元年八月壬午，第206页。

49 《要录》卷二七，建炎三年八月庚寅，第534页。《宋史》卷四三五，第12917页。

50 《会编》卷五二，第174页。

51 《要录》卷九，建炎元年九月壬子，第224页。参看朱希祖：《伪楚录辑补》，台北：正中书局，1955。《金史》卷三，第57页则载康王于五月即位后，处死张邦昌。

52 《要录》卷一〇载高宗至扬州的详情。

53 《要录》卷一〇，建炎元年十一月辛护，第240页。《宋史》卷二四载此事于十一月，第450页。

54 《要录》卷一五，建炎二年五月癸卯，第323页。参看《宋史》卷三七一《王伦传》。

55 《金史》卷六〇《交聘表》上，第1395—1396页。

56 《金史》卷七四《宗翰传》。宋使带往之国书内容，除杜时亮1129年十月出使带给完颜宗翰的书信外，都没有记载。在称谓方面，显然应依《金史》。宋金两方的记载中都没有关于完颜宗翰对南宋的答复。

57 《要录》卷一三，建炎二年二月丁丑，第290页。

58 《要录》卷一四，建炎二年三月丁未，第304页；卷一六，建炎二年六月丁卯，第330—331页。《宋史》卷三七二《翟汝文传》载，汝文反对使高丽："若高丽辞以大国假道以至燕云，金人却请问津以窥吴越，将何辞以对？"后高丽果如汝文言。见第11544页。

59 《会编》卷一一六,第377页。

60 信王至五马山,见《会编》卷一一五,第374页;卷一一六,第377—379页;《要录》卷一三,建炎二年二月庚辰,第292页。遣马扩求援,见卷一四,三月是月,第305—306页;卷一四,四月,第314—315页。宗泽请高宗还京,据说信王有意回京,高宗乃下诏回京。见卷一五,建炎二年五月乙酉,第315—316页;卷一七,是秋,第355页。参看拙著《南宋初信王榛抗金始末》,收入《边疆史研究集:宋金时期》,台北:台湾商务印书馆,1971,第24—32页。

61 宗泽:《宗泽集》,《奏乞依旧拘留敌使疏》,杭州:浙江古籍出版社,1984,第6页。

62 《要录》卷一五,建炎二年五月丙申,第322页。

63 《要录》卷一六,建炎二年六月是月。李心传注:据王存冲著《道君北狩行录》载徽宗之信,及曹勋所藏秦桧在金国代徽宗所作书稿。

64 《金史》卷三《太宗纪》,第59页。

65 《要录》卷一六,建炎二年七月癸未朔,第336页。《会编》卷一一七载宗泽卒于八月,见第385页。

66 《要录》卷一六,建炎二年七月癸未朔。《会编》卷一一七、卷一一八。

67 《要录》卷一七,是秋,第355页。参看拙著《南宋初信王榛抗金始末》,收入《边疆史研究集:宋金时期》,第24—32页。

68 《要录》卷一七,建炎二年八月甲寅、庚申,第344—346页。

69 汪藻:《卫肤敏墓志》,《浮溪集》(《四部丛刊》本),卷二五,第200—204页。

70 《要录》卷一八,建炎二年十一月乙未,第368—369页。魏、郭皆卒于绍兴六年,见《要录》卷一〇七,第1750页。

71 《要录》卷一八,建炎二年十二月丙寅,第375页。

72 《要录》卷一九,建炎三年正月乙酉,第379页。宇文虚中以未达成迎回二帝的任务,拒绝南归。

73 《要录》卷一九,建炎三年正月己丑,第380页。此时任命周望,可见建炎元年曾命他出使,并未成行。

74 《会编》卷二一,第408—410页,引《维扬巡幸记》。

75 《要录》卷二〇,建炎三年二月戊午,第397—398页。

76 《要录》卷二〇,第401页:"犹欲罪李纲以谢金也。"

77 高宗渡江逃亡,见《要录》卷二〇。

78 《要录》卷二一,建炎三年三月戊子。因不知金帅在何处,朱胜非主张先遣小使探听。其实遣使只是"名为遣使,其实不行,以杜塞二凶之谋,免堕虏人之计"。见《会编》卷一二五,第10—11页。卷一二七引《建炎复辟记》载另遣黄大本、吴时敏为先期告请使,见第19页。无名氏:《建炎复辟记》,《全宋笔记》第三编第五册,第224页。

79 《要录》卷二五,建炎三年七月辛巳,第505页。《会编》卷一二九,第29页则载二将于六月一日被处死。

80 《要录》卷二二,建炎三年四月戊午,第473页。

81 看虞云国:《苗刘之变的再评价》,收入虞云国的《两宋历史文化丛稿》,上海:上海人民出版社,2011,第183—196页。

82 《会编》卷一四五,绍兴元年二月二十六日,第131—135页。

83 《要录》卷二三,建炎三年五月乙酉,第483—484页;卷二四,六月戊申,第491—492页;卷二六,八月癸亥,第522页,自寿春出界。

84 《宋史》卷三七二《洪皓传》。洪皓与完颜希尹的关系见后文,第320—325页。

85　《要录》卷二五，建炎三年七月癸未，第506页。所遣的大使是谢亮，见七月乙未，第512页。
86　《要录》卷二五，建炎三年七月丁酉，第512—513页。
87　《要录》卷二六，建炎三年八月丁卯，第524—525页。诏书略去若干字。
88　《要录》卷二八，建炎三年十月戊戌，第564页。
89　《要录》卷二七，建炎三年闰八月丁丑朔，第529页。
90　《要录》卷二九，建炎三年十一月丁卯，第576页。
91　《要录》卷二八，建炎三年九月丙辰，第554—555页。
92　《宋史》卷三七三《张邵传》，第11556页。
93　叶梦得："建康承平时，民之籍于坊郭，以口计者十七万有奇……凡驱而与者十之五，逃而免者十之一，死于锋镝敲榜者十之四……得全体四千六百八十有七，断折残毁不可计以全者又七八万。以次入于穴。"《建康掩骼记》，《叶梦得集》，《全宋文》卷3182，第35—36页。
94　《要录》卷二九，建炎三年十一月戊午，第573页。
95　《会编》卷一四一，建炎四年七月二十七日，第109—110页。
96　《会编》卷一五四，绍兴二年十二月，第184—190页。
97　《要录》卷一○八，绍兴七年正月癸卯朔，第1751页。
98　《金史》卷七七《刘豫传》，第1760页。
99　《要录》卷四九，绍兴元年十一月辛丑，第873页。参看朱希祖：《伪齐录校补》，重庆：独立出版社，1944。
100　《要录》卷六五，绍兴三年五月壬戌，第1102页。宋使韩肖胄、胡松年使金，即在汴京会见刘豫。见《要录》卷六七，绍兴三年七月乙丑，第1129页。
101　《会编》卷一四三，第124页；卷一四九，第161页。
102　《会编》卷一四九，第162—163页。
103　《要录》卷五一，绍兴二年二月庚寅，第912—913页。
104　《会编》卷一四七，第148页。
105　《会编》卷一四八，第154页。
106　《要录》卷五一，绍兴二年二月，是月，第912页；《会编》卷一五○，第166页。
107　《会编》卷一五一，第171页、第173页。《要录》卷五五，绍兴二年六月壬寅，第970—971页。
108　《会编》卷一五三，第182页。
109　《要录》卷六四，绍兴三年四月辛亥，第1097页。《会编》卷一五五，第196页作五月。
110　《要录》卷七二，绍兴四年正月，是月，第1208页。《会编》卷一五七，第210页作二月。
111　《会编》卷一六五，第255页。
112　《宋史》卷四七五《杜充传》，第13810—13811页，凌唐佐劝杜充降金。
113　《会编》卷一四九，第162—163页。
114　《要录》卷五三，绍兴二年闰四月丙午，第943页。
115　《会编》卷一五二，第182页。《宋史》卷三六八《牛皋传》无此记载。关于南宋招纳北人，参看黄宽重：《从和战到南北人：南宋时代的政治难题》，收入黄宽重的《史事、文献与人物：宋史研究论文集》，台北：东大图书公司，2003，第3—26页。
116　徐梦莘：《三朝北盟会编》卷一四二，第118—119页。又见《要录》卷三八，建炎四年十月辛未，第718—721页。王明清：《玉照新志》，上海：上海古籍出版社，1991，卷六指秦桧为完颜昌"密纵"。
117　《要录》卷三九，建炎四年十一月丙午，第733—734页。案：《宋史》系乙巳日。见《宋史》卷

| | |
|---|---|
| | 二六,第483页。又见《会编》卷一四三,十月二十八日,第122—123页。 |
| 118 | 邓广铭、刘子健、王曾瑜、赵永春等皆认为秦桧是奸细。参看王曾瑜:《关于秦桧归宋的讨论》,《历史研究》,2002(3),第166—172页。王嘉川:《秦桧归宋问题平议》,《河北大学学报》,2006(4),第98—103页。 |
| 119 | 《要录》卷三九,建炎四年十一月壬寅,第731页;卷七八,绍兴四年七月甲子,第1279页。 |
| 120 | 《要录》卷四六,绍兴元年八月丁亥,第835页。 |
| 121 | 《要录》卷五七,绍兴二年八月癸卯,第995页。金人派宇文虚中要王伦或朱弁回国议和,朱弁让正使王伦回朝。见《宋史》卷三七三《朱弁传》。 |
| 122 | 见朱熹《朱弁行状》,《全宋文》卷五六七二,第361页。 |
| 123 | 王绘于绍兴四年出使前透露,宗翰要宋遣使言和,后来与大臣商议,所以派韩肖胄出使。见《要录》卷八十,绍兴四年九月癸丑,第1306—1307页。 |
| 124 | 《要录》卷五七,绍兴二年八月甲寅,第999—1000页;《会编》卷一五一,第172页载高宗说:"秦桧言南人归南,北人归北,朕北人,将安归?又言使臣为宰相,可使耸动天下,今无闻。" |
| 125 | 《要录》卷五八,绍兴二年九月壬戌,第1004—1005页。 |
| 126 | 《会编》卷一五二至一五三,绍兴二年十月六日,第175页。 |
| 127 | 《要录》卷五八,绍兴二年九月是月,第1015页。 |
| 128 | 《会编》卷一五五,第196。 |
| 129 | 《要录》卷六五,绍兴三年五月丁卯,第1103—1104页。 |
| 130 | 《要录》卷六六,绍兴三年六月丁亥,第1112页。 |
| 131 | 《要录》卷六七,绍兴三年七月乙丑,第1129页。《会编》卷一五五,第196—197页。 |
| 132 | 《要录》卷七〇,绍兴三年十一月甲子,第1180页;戊辰,第1182页。 |
| 133 | 《要录》卷七一,绍兴三年十二月丙午,第1195页。金使抵达临安,命王伦与金使计事。己酉,金使入见,第1196页。 |
| 134 | 孙近卒年据《要录》卷一六四,第2679页。 |
| 135 | 《要录》卷七二,绍兴四年正月乙卯,第1199页;丙寅,第1201—1202页。 |
| 136 | 《要录》卷七五,绍兴四年四月丙午,第1244页。 |
| 137 | 《要录》卷七八,绍兴四年七月辛未,第1282—1283页。 |
| 138 | 《会编》卷一六一,第232—236页引王绘《绍兴甲寅讲和录》;《要录》卷七九,绍兴四年八月乙未,第1296页;卷八十,九月癸丑,第1306—1307页。 |
| 139 | 《要录》卷八〇,绍兴四年九月癸丑,第1306—1307页。 |
| 140 | 《会编》卷一六一,第232—233页。《要录》卷八〇,绍兴四年九月乙丑,第1311页。 |
| 141 | 《要录》卷八〇,绍兴四年九月庚午,第1315页。 |
| 142 | 《要录》卷八〇,绍兴四年九月乙丑,第1313页。 |
| 143 | 见《会编》卷一六一,第232—236页;卷一六二、一六三,第237—248页。 |
| 144 | 《会编》卷一六二,第240—241页。 |
| 145 | 《要录》卷八一,绍兴四年十月己丑,第1331—1332页;十月甲辰,第1340—1341页。《会编》卷一六三,第244—245页。王绘曾写过一封信给挞懒(完颜昌),说明出使目的在于"欲保守见存之地,竭偏方不腆之赋。岁岁贡献,以事事大之礼。且冀二圣复还江表"。 |
| 146 | 《会编》卷一六三,第244页。《要录》卷八二,将魏、王使还记于绍兴四年十一月辛未,第1357页。 |
| 147 | 《会编》卷一六三,第246页。 |

148 魏矼卒年据《要录》卷一六二，第2631页。

149 《要录》卷八三，绍兴四年十二月乙亥朔，第1359—1360页。魏良臣罢官，见卷八四，绍兴五年正月乙丑，第1382—1383页。并裁削他与王绘的奖赏。

150 《要录》卷八一，绍兴四年十月丙子朔，第1321页。

151 《要录》卷八二，绍兴四年十一月壬子，第1346页；《宋史》卷二七，第513页。

152 《宋史》卷二七《高宗纪》四，第512页；卷二八，《高宗纪》五，第518页。

153 《要录》卷八七，绍兴五年三月壬寅，第1450页。案:《会编》载此诏于卷一七二，绍兴七年正月十五日：诏李纲等，问"攻战之利，守备之宜，措置之方，绥怀之略。可悉条具来上，朕将屈己以听，择善而从。君臣之间，期于无隐利害之决，断以必行"。见第291页。并引李纲之对。疑《会编》有误，待考。

154 《要录》卷八七，绍兴五年三月壬寅，第1450—1452页。吕颐浩上十事，又见《会编》卷一七六，第330—335页。吕颐浩《上边事善后十策》，见《全宋文》第141—142册，卷三〇四三。编者据《会编》补年月为绍兴七年正月。但吕颐浩之奏提到"绍兴三年春，臣已定计北伐……今又二年矣"。其"贴黄"说"近又遣潘致尧……魏良臣相继续入国"。可见高宗与群臣谈论是在绍兴五年。

155 《宋史》卷三五九《李纲传》下，第11266页。《会编》卷一七一至一七二，第291—301页。《要录》卷八七载李纲之奏较简略。

156 《要录》卷八七，第1454—1455页。《会编》卷一七二，第301—302页。

157 《会编》卷一九七，绍兴九年八月十一日，第34页。

158 张守卒年据《要录》卷一五三，第2462页。

159 《要录》卷八七，绍兴五年三月壬寅，第1450—1462页。

160 《要录》卷八九，绍兴五年五月辛巳，第1482页。赐何藓金带一装、钱千缗，官其家二人。

161 《要录》卷八九，绍兴五年五月丙戌，第1487—1489页。《全宋文》卷四一六二《胡寅集》有两封札子论遣使。

162 《要录》卷九五，绍兴五年十一月戊子，第1574—1575页。《全宋文》卷四一六二《胡寅集》载"遣使无益者十"。

163 《要录》卷一〇七，绍兴六年十二月，是岁，第750页。

164 《要录》卷九〇，绍兴五年六月，第1511页。《金史》卷七七《宗弼传》载天会十五年（1137）任右副元帅，封沛王，第1754页。同卷《挞懒传》，第1764页。《金史》卷四《熙宗纪》，第72页。

165 《会编》卷一七七，第337页。《要录》卷一〇八，绍兴七年正月丁亥，第1760—1761页。

166 《会编》卷一七七，第338页。《要录》卷一〇九，绍兴七年二月庚子，第1763—1764页。两使赐装钱如前数，仍加赐银帛各二百两匹。

167 《要录》卷一〇九，绍兴七年二月辛丑，第1765页。

168 《要录》卷一〇八，绍兴七年正月癸卯朔，第1751页。《会编》卷一七一载高宗诏较长，内容略同。

169 《要录》卷一〇九，绍兴七年三月辛未，第1773页。

170 《要录》卷一一〇，绍兴七年四月丁酉，第1782页。《宋史》卷三七一，第11523页。

171 《要录》卷一一三，绍兴七年八月丁酉，第1826—1828页。

172 《会编》卷一八〇，第358页。《宋史》卷三八三《辛次膺传》，第11802页。《要录》卷一一八，绍兴七年，第1898页。

173 《要录》卷一一八，绍兴八年正月辛卯，第1897页。

174 参看拙著《完颜昌与金初的对中原政策》，收入《边疆史研究集：宋金时期》，第33—49页。

175 《金史》卷七九《王伦传》，第1794页；《宋史》卷三七一《王伦传》，第11524页。

176 楼钥：《签书枢密院事赠资政殿大学士谥节愍王公神道碑》，《攻媿集》（《四部丛刊》本）卷九五，第903—910页。

177 楼钥：《王公神道碑》，《攻媿集》卷九五，第906页。

178 《降封刘豫为蜀王诏》及《金废刘豫指挥》，见《大金吊伐录》，第544—550页。《要录》卷一一七，绍兴七年十一月乙巳，第1881—1882页。《宋史》卷四七五《叛臣传》、《金史》卷七七中均有《刘豫传》。

179 《要录》卷一一七，绍兴十年十一月丁未，第1883—1884页。

180 《要录》卷四六，绍兴元年七月丙午，第823页。参看赵永春：《金宋关系史》，北京：人民出版社，2005。

181 赵永春：《伪齐刘豫被废原因考辨》，《金宋关系史》，第128—144页。

182 周立志：《王伦与宋金外交》，收入韩世明、孔令海主编：《辽金史论集》第十四辑，北京：社会科学出版社，2016，第363—384页。周宝珠：《宋金围绕伪齐的斗争与幕后交易》，收入《庆祝邓广铭教授九十华诞论文集》，石家庄：河北教育出版社，1997，第199—204页。

183 《宋史》卷三七一，第11531页。

184 《金史》卷七九《王伦传》，第1794—1795页。

185 《金史》卷七九《宇文虚中传》，第1791—1792页。《宋史》卷三七一《宇文虚中传》，第11531页，则批评他："虽云冤死，亦自取焉。"刘浦江认为传说不可信，参看刘浦江：《金朝的一桩文字狱》，收入《辽金史论》，沈阳：辽宁教育出版社，1999，第23—24页。

186 《要录》卷一一七，绍兴七年十一月癸未，第1894页。

187 《要录》卷一一七，绍兴七年十一月丁亥，第1895页。

188 《要录》卷一一七，绍兴七年十二月癸未；丁亥，第1894—1895页。

189 《要录》卷一一八，绍兴八年三月壬辰，第1911页。

190 《要录》卷一一九，绍兴八年四月，第1923页；五月丁未，第1929页。《金史》卷四《熙宗纪》载："四月己卯，宋遣使谢河南地。"

191 《要录》卷一一九，绍兴八年四月；五月丁未，第1929页。

192 《要录》卷一一九，绍兴八年五月丁未，第1929页。

193 《要录》卷一一九，绍兴八年五月戊申，第1930页。

194 《要录》卷一一九，绍兴八年五月辛亥，第1931页。

195 《要录》卷一一九，绍兴八年五月辛亥，第1931—1932页。

196 《要录》卷一二〇，绍兴八年六月戊辰，第1938页。

197 王庶卒于绍兴十二年，见《要录》卷一四六，第2342页。

198 《要录》卷一二〇，绍兴八年六月丙子，第1944页。又见卷一二二，绍兴八年九月乙巳，李心传考和议本末，当时日历成于秦桧子秦熺之手，故赵鼎似亦主和议。

199 《要录》卷一二〇，绍兴八年六月丁丑，第1945—1946页。参看《会编》卷一八二，第380页。

200 《要录》卷一二一，绍兴八年七月乙酉朔，第1951页。

201 《要录》卷一二一，绍兴八年七月戊子，第1952—1953页。

202 《要录》卷一二一，绍兴八年七月戊戌，第1955页。《赵鼎文集》（《钦定四库全书》）卷九中有"使旨笔录"，是以问答的方式给王伦与金人谈判的指令。

203 《要录》卷一二二，绍兴八年十月甲戌，第1974页。

204 《要录》卷一二二，绍兴八年十月丁丑，第1976—1977页。

205 冯楫卒年据《要录》卷一六二，第2661页。

206 《要录》卷一二三，绍兴八年十一月丙申；己亥，第1987—1988页。原来命苏符为副使，苏符称疾不接受。冯的任命见卷一二四。

207 《要录》卷一二〇，绍兴八年六月癸酉，第1942—1943页。

208 《要录》卷一二三，绍兴八年十一月庚子，第1988—1989页。

209 曾开卒年据《要录》卷一六一，第2620页。

210 《要录》卷一二三，绍兴八年十一月辛丑，第1990页；卷一五三，第2469页、第2473页。

211 《要录》卷一二三，绍兴八年十一月甲辰；壬寅、甲辰、丁未，第1989—1998页。

212 《要录》卷一二三，绍兴八年十一月壬寅，第1991—1995页。《宋史》卷三七六有《魏矼传》。

213 王之道在致魏矼的信中大致指出这几点。见《要录》卷一一九，绍兴八年五月辛亥，第1931—1932页。

214 《要录》卷一二三，绍兴八年十一月丁未，第1997—1998页。

215 《要录》卷一二三，绍兴八年十二月壬子，第2004页。

216 《要录》卷一二四，绍兴八年十二月乙卯，第2007页。

217 《要录》卷一二六，绍兴八年十二月乙亥，第2020页。

218 《要录》卷一二四，绍兴八年十二月乙亥；卷一二五，绍兴九年正月丙戌，第2034—2035页；戊戌，第2043页。

219 《宋史》卷四二八《尹焞传》，第12735—12737页。

220 莫将卒年据《要录》卷一五五，第2499页。

221 《要录》卷一二四，绍兴八年十二月丙子，第2021页；庚辰，第2027—2029页。参看《会编》卷一八九，第416页。参看叶绍翁：《四朝闻见录》（《丛书集成》本），丙集，第75—76页。记载稍有差异。

222 《金史》卷八三《张通古传》，第1860页。

223 《要录》卷一二五，绍兴九年正月丙戌、庚寅、丁酉，第2033、2037、2039、第2042页。

224 《要录》卷一二五，绍兴九年正月丙戌，第2034—2035页。熊克：《皇朝中兴纪事本末》，北京：北京图书馆出版社，2005，第948页。

225 《要录》卷一二五，绍兴九年正月丙申，第2041—2042页。

226 《要录》卷一二五，绍兴九年正月戊戌，第2043页。

227 参看赵永春：《宋金关于受书礼的斗争》，《民族研究》，1993（6），第83页。

228 《要录》卷一二五，绍兴九年正月丙戌、戊子，第2034—2036页。

229 《会编》卷一九一，第424—429页。《要录》卷一二五，绍兴九年正月乙未，第2040—2041页。

230 《要录》卷一二五，绍兴九年正月丁酉，第2042页。

231 《要录》卷一二六，绍兴九年二月是月，第2055—2056页。

232 《要录》卷一二七，绍兴九年三月丙申，第2062—2063页。

233 《要录》卷一二八，绍兴九年五月癸卯，第2079—2082页。

234 《要录》卷一二九，绍兴九年六月庚戌，第2084页。

235 《要录》卷一二九，绍兴九年六月辛未，第2089页。

236 《要录》卷一二九，绍兴九年六月乙亥，第2092页；绍兴九年七月丁亥，第2099页。

237 《会编》卷一九七，绍兴九年八月十一日，第33页。《金史》卷四，七月—八月，第74—75页。

238 《要录》卷一三二，绍兴九年十月辛亥，第2124—2125页。

| 239 | 《要录》卷一三四,绍兴十年正月乙酉,第2146页。《会编》卷一九九,第1页上作迎奉梓宫奉迎两宫使副。 |
| --- | --- |
| 240 | 《要录》卷一三四,绍兴十年三月丙申,第2158页。 |
| 241 | 《要录》卷一三五,绍兴十年四月丙戌,第2166—2167页。据《绍兴讲和录》。参看外山军治:《金朝史研究》,京都:同朋舍,1964,"四、熙宗皇统年间与宋讲和",第310—420页。 |
| 242 | 《宋史》卷三六六《刘锜传》,第11400—11404页。 |
| 243 | 《要录》卷一三七,绍兴十年七月庚寅,第2203页。参看拙著《一一四〇年:岳飞曾经北伐到朱仙镇吗?》,收入《历史的瞬间》,第79—88页。 |
| 244 | 《要录》卷一三六,绍兴十年六月甲辰朔,第2177—2179页。 |
| 245 | 曾敏行:《独醒杂志》卷八,收入《全宋笔记》第四编第五册,郑州:大象出版社,2008,第183页。 |
| 246 | 《要录》卷一三九,绍兴十一年二月癸酉,第2232页载完颜宗弼入合肥。但《金史》卷四,第77页作皇统元年秋。 |
| 247 | 《要录》卷一三九,绍兴十一年三月庚戌,第2241页:"(岳)飞以乏粮为词。最后上御札付飞云:社稷存亡,在卿此举。飞奉诏移兵三十里而止。及濠州已迫,飞始以兵至舒、蕲境上。故张俊与秦桧皆恨之。" |
| 248 | 《要录》卷一四一,绍兴十一年九月乙卯,引《绍兴讲和录》,第2274—2275页。《会编》卷二〇六,第6下页至第7上页。《会编》保留《要录》删去的四十八字,如"不量己力,复逞蜂虿之毒""冒越河海,阴遣寇贼,剽攘郡邑。考之载籍,盖亦未有执迷怙乱至于此者"。韩恕的回忆中,七八年有误,应为十一年。见周必大文,《全宋文》卷五一五四,第309。 |
| 249 | 《会编》卷二〇六,第91页。《要录》卷一四一,绍兴十一年九月戊午,第2275—2276页,引《绍兴讲和录》,第2276—2277页与《会编》略同。 |
| 250 | 《要录》卷一四二,绍兴十一年十月庚午,第2280页。 |
| 251 | 《会编》卷二〇六,绍兴十一年,第92页。《要录》卷一四二,绍兴十一年十月乙亥,第2281页。这封信删去了十二个字。 |
| 252 | 《会编》卷二〇六,绍兴十一年,第93页。《要录》十月壬午,引《绍兴讲和录》,第2283页。 |
| 253 | 周必大:《亲征录》,《全宋文》卷五一五三,第297—298页。魏良臣曾写信给秦桧说:"天有雷霆,尚随之以雨露,欲胜天乎?愿与子孙计,毋贻后悔也。"秦桧死后,魏良臣做到参政,但周必大对他的评语是:"学术空疏,举措多轻脱。" |
| 254 | 《要录》卷一四二,绍兴十一年十一月辛丑,引《绍兴讲和录》,第2288页。《会编》卷二〇六,第93页。 |
| 255 | 《要录》卷一四二,绍兴十一年十一月壬寅,第2289页;丙午,第2290页;壬子,第2291页。 |
| 256 | 《要录》卷一四二,绍兴十一年十一月壬子,第2291页;熊克:《中兴小纪》(《丛书集成》本)卷二九,绍兴十一年十一月壬子,第340页。 |
| 257 | 《要录》卷一四二,绍兴十一年十一月辛丑,第2292—2293页。《金史》卷七七《宗弼传》,第1755—1756页。关于宋金记载的差异和宋方刻意避免屈辱的文字,参看樊文礼:《"绍兴和议"中宋方文献讳载的几个情节》,《文献》,1999(4),第85—94页。 |
| 258 | 赵翼:《廿二史札记》(《丛书集成》本)卷二六,第501页。 |
| 259 | 《要录》卷一四五,绍兴十二年二月乙巳,第2326页。 |
| 260 | 《金史》卷四《熙宗纪》,第78页;卷六〇《交聘表》上,第1401页;卷七七《宗弼传》,第1756页;卷七八《刘筈传》载刘筈为"江南封册使",第1771—1772页。 |
| 261 | 参看《要录》卷一九八及下文。参看樊文礼:《"绍兴和议"中宋方文献讳载的几个情节》。 |
| 262 | 《金史》卷七八《刘筈传》,第1771—1772页。 |

263 《要录》卷一五〇，绍兴十一年十二月己酉，第2420页。参看赵永春：《宋金关于受书礼的斗争》，《民族研究》，1993（6），第83页。

264 杨联陞：《从历史看中国的世界秩序》，收入杨联陞的《国史探微》，台北：联经出版事业股份有限公司，1983，第1—19页；英文 Historical Notes on the Chinese World Order, in Fairbank, ed., *The Chinese World Order*, Cambridge. Mass.: Harvard University Press, 1968，p.21.

265 《宋史》卷三六五《岳飞传》载："兀术遗桧书曰：汝朝夕以和请，而岳飞方为河北图。必杀飞，始可和。"（第11393页）宇文懋昭撰，崔文印校证：《大金国志校证》，北京：中华书局，1986，卷十一，第163页亦载宗弼与秦桧交通："兀术以书抵秦桧曰：尔朝夕以和请，而岳飞方为河北图，必杀岳飞，而后可和。"参看王曾瑜：《关于兀术遗桧书及其有关问题》，《南开学报》，1981（5），第78—80页、第41页。

266 金毓黻：《宋辽金史》，第84页。

267 陈垣：《丁未旧作两篇》，《秦桧害岳飞辨》、《更论宋高宗忌岳飞之原因》，收入《宋辽金史论丛》第二辑，北京：中华书局，1991，第350—351页。

268 参看刘子健：《岳飞——从史学史和思想史来看》，《中国学人》，1970（2），第43—58页。另见其《岳飞》，收入《两宋史研究汇编》，第185—207页。

269 《要录》卷一四二，绍兴十一年十一月丁巳，第2291—2292页。

270 《要录》卷一四二，绍兴十一年十一月戊午是月，第2292—2293页。

271 《宋史》卷三八〇《何铸传》，第11708—11709页。

272 周聿卒年据《要录》卷一五五，第2515页。

273 《要录》卷一四三，绍兴十一年十二月乙亥，第2296—2297页。

274 《要录》卷一四四，绍兴十二年二月戊子，第2313页。

275 王次翁卒年据《要录》卷一六〇，第158页。

276 《要录》卷一四五，绍兴十二年四月甲子朔，第2319页；戊寅，第2322页。

277 《要录》卷一四五，绍兴十二年四月辛巳，第2322页；己丑，第2323页。

278 沈昭远卒年据《要录》卷一六二，第2664页。

279 《要录》卷一四五，绍兴十二年五月乙未，第2324页。

280 《要录》卷一四五，绍兴十二年五月乙卯，第2327页；六月己巳，第2330页。

281 《要录》卷一四五，绍兴十二年五月己卯，第2332页。

282 《要录》卷一四六，绍兴十二年八月辛酉，第2338—2339页；是月，第2351—2352页。

283 《要录》卷一四六，绍兴十二年八月是月，第2351页。

284 《要录》卷一四六，绍兴十二年八月戊辰，第2342页。

285 《要录》卷一四六，绍兴十二年八月是月，第2351页。

286 参看《宋史》卷二四五《后妃下》，第8632—8646页。《会编》卷二一一，第119页载邢皇后在途中去世（上仙）。

287 《要录》卷一四六，绍兴十二年八月辛巳，第2345页。

288 《要录》卷一四六，绍兴十二年八月甲戌，第2343页。

289 邢孝扬卒年据《要录》卷一四六，第2675页。

290 《要录》卷一四六，绍兴十二年八月乙亥，第2344页。

291 《会编》卷二〇八，第105页，知陈州作李正民。

292 《要录》卷一四六，绍兴十二年八月是月，第2351页。

293 刘子健：《秦桧的亲友》，收入刘子健的《两宋史研究汇编》，第143—171页，尤其第156—

162页。

294 刘子健:《宋金间叛臣反复的记载》,《大陆杂志》,1986, 73(3),第97—98页。
295 《要录》卷一五三,绍兴十五年三月甲子,第2467页;三月辛酉,第2466页。
296 《要录》卷一四六,绍兴十二年九月乙巳,第2355页。
297 《要录》卷一四六,绍兴十二年九月乙巳,第2355页;戊申,第2356页。
298 何彦良卒年据《要录》卷158,第2562页。
299 《要录》卷一四六,绍兴十二年九月壬子,第2358页。
300 《要录》卷一四五,绍兴十二年六月辛未,第2331页。
301 《要录》卷一四六,绍兴十二年七月癸巳,第2335页。
302 《要录》卷一四七,绍兴十二年十月庚辰,第2361页。
303 《要录》卷一四七,绍兴十二年十一月丙午,第2368页。
304 《西山先生真文忠公文集》(《四部丛刊》本)卷三,第72页。
305 《宋史》卷三九九,第12130—12131页。
306 衣川强:《秦桧の講和政策をめぐって》,《东方学报(京都)》,1973, 131(45),第245—294页。
307 《要录》卷一四九,绍兴十三年六月庚戌,第2399—2400页、第2405页。宋使死于异域的还有欧阳珣。欧阳珣字全美,庐陵人,崇宁进士。靖康时使金,不复还。见曾敏行:《独醒杂志》卷八,第180页。
308 《全宋诗》卷一七〇三,第19188页。
309 《全宋诗》卷一七〇一,第19166—19167页。
310 见薛瑞兆、郭明志编撰:《全金诗》第一册,天津:南开大学出版社,1995,第45页。
311 《全宋诗》卷一七〇一,第19169页。
312 《全宋诗》卷一七〇一,第19169页。
313 《全宋诗》卷一七〇一,第19170页。
314 《全宋诗》卷一七〇一,第19172页。彦深、彦亨、彦隆见"次彦深韵",第19173页。
315 据陈相伟校注《完颜希尹神道碑》,希尹与宗弼因酒有隙,被告谋反。见李澍田主编:《金碑汇释》,收入《长白丛书》二集,长春:吉林文史出版社,1989,第81—82页。《金史》卷七三《希尹传》,第1686页。
316 《金史》卷七三《希尹传》《守贞传》,第1684—1691页。
317 希尹"拜师造字",见于又彦、王禹浪、王宏刚:《女真传奇》,长春:时代文艺出版社,1989,第211—214页。
318 《全宋诗》卷一七〇一,第19170页。
319 《全宋诗》卷一七〇一,第19170页。另有《怀母》,见卷一七〇三,第19189页。
320 《要录》卷一五〇,绍兴十三年九月甲子,第2409页。
321 《要录》卷一五〇,绍兴十三年九月甲子,第2409页。
322 参看陈学霖:《朱弁使金事迹及其纪行资料》,收入北京大学中国古代史研究中心编:《邓广铭教授百年诞辰纪念论文集》,北京:中华书局,2008,第522—540页。
323 朱熹:《奉使直秘阁朱公行状》,《全宋文》卷五六七二,第361页;《宋史》卷三七三《朱弁传》,第11551—11552页。
324 《全金诗》卷七,第98页,《岁序》《有感》;第99页,《战伐》。
325 薛瑞兆、郭明志编纂:《全金诗》第一册,第100页。

**326** 《全金诗》卷七，第99页。

**327** 《全金诗》卷七，第98—99页。

**328** 《全宋诗》卷一八三二，第1633页。此诗《全金诗》未收。

**329** 朱熹：《奉使直秘阁朱公行状》，第362—363页。

**330** 《要录》卷一五〇，绍兴十三年十二月己酉，第2420—2421页。

**331** 《要录》卷一五〇，第2421页。关于双方使人见面时礼仪的差异，见绍兴三十二年接伴使洪迈等建议改变的十四件事。卷一九八，绍兴三十二年三月辛丑注引日历。

**332** 《要录》卷一五一，绍兴十四年正月己未，第2423页。

**333** 《要录》卷一五一，绍兴十四年五月己巳，第2437页。

**334** 《要录》卷一五二，绍兴十四年七月戊午。王伦的传记见《宋史》卷三七一；《金史》卷七九。《宋史》载王伦自言废刘豫是他的谋略。《金史》赞说王伦不是孔子所谓的"行己有耻"之士，不可以专使。王伦的事迹以楼钥所撰《王公神道碑》最详细。

**335** 《要录》卷一五四，绍兴十五年八月壬子，第2484页。《宋史》卷三七一，第11526—11529页。《金史》卷七九《宇文虚中传》，第1792页。参看刘浦江：《金代的一桩文字狱——宇文虚中案考略》，收入《庆祝邓广铭教授九十华诞论文集》，第273—279页。刘认为劫杀熙宗之说不可信。

**336** 《要录》卷一〇六，绍兴六年癸酉，第1730—1731页。

**337** 《要录》卷一四七，绍兴十二年十月乙丑，第2359页。

**338** 《要录》卷四五，绍兴元年六月戊午，第817页。绍兴十七年，秦桧谓仁宗成太平之治。高宗说："仁宗皇帝即位之久，灼见治道。"卷一五六，三月己巳，第2526页。

**339** 《要录》卷七〇，绍兴三年十一月丁巳，第1178页。

**340** 《要录》卷七〇，绍兴七年八月丁酉，第1825页。

**341** 《要录》卷一四二，绍兴十一年十月丁酉，第2286页。

**342** 《要录》卷一四六，绍兴十二年八月甲戌，第2343页。

**343** 《要录》卷一四〇，绍兴十一年六月辛未，第2255页。

**344** 《要录》卷一四一，绍兴十一年七月甲辰，第2263页。

**345** 《要录》卷一三八，绍兴十年十月壬辰，第2219页。

**346** 《要录》卷一三九，绍兴十一年二月庚寅，第2236页。

**347** 《要录》卷一五五，绍兴十六年九月甲戌，第2515页。李心传注："明年九月余尧弼论郑刚中疏云：近朝廷遭使迎请天属，刚中辄倡异议，以为尽弃四川，求易二京。群情为之震慨。"查《要录》绍兴十七年九月丙子，郑刚中罢，余尧弼疏并无弃四川之事。

**348** 《要录》卷一五九，绍兴十八年四月丙寅，第2583页。

**349** 叶绍翁：《四朝闻见录》乙集（《丛书集成》本），第47页。

**350** 《大金国志校证》卷二十四，第329页。参看张星久：《阴影下的宋高宗》，收入岳飞研究会编：《岳飞研究》第四辑，北京：中华书局，1996，第221—237页。

**351** 《要录》卷一二〇，绍兴八年六月戊辰，第1938页。

**352** 《要录》卷一二三，绍兴八年十一月辛亥，第2003页。

**353** 《要录》卷一五八，绍兴十八年八月癸丑，第2564页。

**354** 金毓黻：《宋辽金史》，第75页。

**355** 外山军治认为金朝主动发起和议的原因是：一、金兵势不振；二、宋军力已可与金骑军对敌；三、蒙古入侵，金军力分散。见《金朝史研究》，京都：同朋舍，1979，第361—364页。并参看赵永春：《金宋关系史》第三章。

356 《要录》卷一六一,绍兴二十年三月庚辰,第2606页;丙戌,第2607页。

357 《要录》卷一六二,绍兴二十年三月壬戌,第2630页。

358 《三朝北盟会编》卷二一九,第172页;《要录》卷一六二,绍兴二十一年九月是月,第2645页,引文略同。

359 《三朝北盟会编》卷二二八,第229页,高景山、王全贺生辰,引晁公愬《金人败盟记》:"帝曾差祈请使巫伋等来言及宗属及增加帝号等事。"并见《要录》卷一六二,绍兴二十一年二月癸亥,第2630页注。

360 James T.C.Liu, *China Turning Inward: Intellectual-Political Change in the Early Twelfth Century*, Cambridge and London: Harvard University Press, 1988, p.60.

361 《要录》卷一七〇,绍兴二十五年十二月乙未,第2794页。

362 《要录》卷一七二,绍兴二十六年三月丙寅,第2827—2828页。

363 《要录》卷一七五,绍兴二十六年闰十月己亥朔,第2887页。

364 《要录》卷一七八,绍兴二十八年二月是月,第2941页。

365 《要录》卷一八〇,绍兴二十九年四月丁亥朔,第2987页。

366 《要录》卷一八一,绍兴二十九年四月壬辰,第3011页。

367 王纶卒年据《要录》卷一九二,第3212页。

368 《要录》卷一八二,第3023页。李心传不知为何称谢。《宋史》卷三七二《王纶传》,第11536页;卷三七九《曹勋传》,第11701页。

369 《要录》卷一八二,绍兴二十九年六月甲申朔,第3023页。卷一八三,九月乙酉,第3053页。

370 《要录》卷一八三,绍兴二十九年九月癸卯,第3056页。

371 《要录》卷一八三,绍兴二十九年十一月丁亥,第3060页。

372 《宋史》卷三八二《张焘传》,第11762页。

373 《金史》卷七九《施宜生传》,第1787页。《要录》卷一八三,绍兴二十九年,十二月庚申,第3064页。十二月丙子。《金史》卷六〇《交聘表》上,第1411—1412页。

374 《要录》卷一八四,绍兴三十年二月戊午,第3079页。

375 《要录》卷一八四,绍兴三十年三月辛卯,第3086页。

376 《宋史》卷一四三《叶义问传》,第11817页;《要录》卷一八五,绍兴三十年五月辛卯,第3099页。

377 《要录》卷一八九,绍兴三十一年四月辛未,第3167页。

378 《要录》卷一九〇,绍兴三十一年五月辛卯,第3172—3173页。

379 《要录》卷一九〇,绍兴三十一年五月壬辰,第3174页。

380 《要录》卷一九〇,绍兴三十一年六月辛亥,第3182页。

381 《要录》卷一九〇,绍兴三十一年六月戊辰,第3188页;庚午,张抡落阶官为文州刺史,第3188页。张抡应为副使。

382 《要录》卷一九〇,绍兴三十一年六月戊辰,第3188页;卷一九一,七月壬辰,第3202—3203页。《金史》卷一二九《李通传》载:"海陵至南京。宋遣使贺迁都,海陵使韩汝嘉就境上止之,曰:朕始至此,必闻北方小警,欲复归中都。无庸来贺。"

383 《要录》卷一九二,绍兴三十一年八月丙辰,第3123—3124页。

384 《要录》卷一九二,绍兴三十一年八月壬戌,第3124页。

385 周必大:《亲征录》,《全宋文》卷五一五三,第290页。《宋史》卷三二《高宗纪》九,第603页。

386 《亲征诏草》及《论金亮渝盟不可退避疏》见《全宋文》卷四一四二《陈康伯集》。《宋史》卷三八四《陈康伯传》，第11809—11810页。

387 《宋史》卷三八三《虞允文传》。参看拙著《金海陵帝的伐宋与采石战役的考实》，台北：台湾大学文学院，1963。

388 周必大：《亲征录》，《全宋文》卷五一五三，第291—292页。

389 罗大经撰，孙雪霄校点：《鹤林玉露》甲编卷一，上海：上海古籍出版社，2012，第8页，"四胜"。

390 《要录》卷一九六，绍兴三十二年正月戊子，第3310页。

391 周必大：《亲征录》，《全宋文》卷五一五三，第293页。

392 《金史》卷六一《交聘表》。

393 《要录》卷一九六，绍兴三十二年正月己丑，第3313页。

394 《要录》卷一九六，绍兴三十二年正月庚寅，第3313页。

395 《要录》卷一九六，绍兴三十二年正月壬辰，第3314页。

396 《要录》卷一九八，绍兴三十二年闰二月癸巳，第3337—3338页。

397 《要录》卷一九八，第3343页，绍兴三十二年三月辛丑注引《日历》："洪迈等奏：接伴更变旧例事件：一、旧于淮河中流取接。今于虹县北虞姬墓首。一、旧接伴使副先一日发远迎状，人使不答。今来不与。旧只传命名，而北方传值讳御名。今彼此不传。一、旧接伴使问大金皇帝圣躬万福，北使只问宋帝清躬万福。今彼此不问。一、旧相见之初，对立已定，接伴出班，就北使立班叙致。今彼此稍前。一、旧上中节公参时，接伴公服出务，迎于幕外，与之揖。今只着紫衫，接伴揖如仪。上节先作一番参，接伴稍起，不还揖。中节来，则坐受其礼。一、旧北引接初传语时，赂以金十两、银二十两。今不与。一、旧与北使语，称上国下国。今称贵朝本朝。一、旧北使口称本朝为宋国，今改称宋朝。一、旧对使人称皇帝为主上，今称本朝皇帝。一、旧赐御筵，中使读口宣，低称有旨。今抗声言有敕。一、旧中使与北使相揖，北引接，请中使稍前。今只依平揖。一、旧御筵劝酒，传语称帝恩隆厚。今称圣恩隆厚。一、旧私觌伴伴用御位名名申状。人使回状押字不书名。今彼此用目子。"

398 《要录》卷一九八，绍兴三十二年闰二月癸巳，第3338—3339页。

399 《要录》卷一九八，绍兴三十二年三月丁未，第3344页。《宋史》卷三七三《洪迈传》，洪迈主张："土疆实利不可与，礼际虚名不足惜。礼部侍郎黄中闻之，亟奏曰：名定随实，百世不易，不可谓虚。土疆得失，一彼一此，不可谓实。兵部侍郎陈俊卿亦谓：先正名分，名分正则国威张，而岁币亦可损矣。"又见卷三八三《陈俊卿传》。李心传：《建炎以来朝野杂记》，甲集卷二○，《癸未甲申和战本末》，第462—471页记载隆兴和议的过程很详细。

400 《要录》卷一九八，绍兴三十二年三月壬子，第3346页。

401 《要录》卷一九八，绍兴三十二年三月壬子，第3346—3347页。

402 周必大：《亲征录》，《全宋文》卷五一五三，第296页。

403 《要录》卷一九八，绍兴三十二年三月辛酉。注引《日历》："自接见至出驿，有更改事件下项：一、近例馆伴传衔，以牒四张单借先通于北使副。北使副以纸一张，双衔便回答。今彼此只用一张双衔。一、近到馆伴，先于亭子内等候北使副上轿，先立轿于班荆馆门外待候。北使副上轿同入。今改只各就船同上轿摆定，入馆门归幕次中。一、近例掌仪以下，先于北使副船外，岸上立定趋参。其北使上、中、下节已就幕次内参馆伴。今未争议本所掌仪以下，与此上、中、下节各不公参。一、近例在驿每遇过位，馆伴使副于位次便门立定相迎，同至设厅。今改更不相迎。止就设厅上对立相揖。一、近例遇使人入内，使副于宫门内隔门里上下马。今改宫门外上下马。一、近例三节人于皇城门里上下马。今改皇城门外上下马。一、使人朝见并意度等仪范，并系与北使对南面争议遂急，申明朝廷降到指挥，今来与近例更改不同。一、近例使人在驿，遇天使赐到物，以两次赐物并作一番受赐，拜表谢恩。今改逐次拜表谢恩。一、近例使人观涛、天竺之游。今更不往。一、近例临安知府书送酒食并书仪与北使副，并用状子系衔书名。北使副回状系衔押字。今改不用状。一、使人朝辞，捧授国书等礼仪，系是争议改更，并从旧例，即与定例不同。一、近例夜筵解换馆驿，诸都管以下就筵劝酒，馆伴起身与都馆以下相揖。其北使副不起身。今改北使副皆起身。一、近例馆伴自执注子斟劝都管以下。今改作只令通事斟劝。"第3350页。

404　《要录》卷一九九，绍兴三十二年四月戊子，第3364页。
405　周必大：《亲征录》，《全宋文》卷五一五三，第296页。
406　周必大：《亲征录》，《全宋文》卷五一五四，第306—307页。
407　《全宋诗》卷二二四九，第25817页。"淮濆阴德贯神明"，这句话的意思是洪迈曾为掩埋两淮战场上的尸骸努力。范成大自注："近日两淮战地掩骼，公之功也。"
408　据周必大：《龙飞录》，《全宋文》卷五一五四，《文忠集》卷一六四，第1148—774页。
409　《宋史》卷三七三《洪迈传》。《金史》卷六一《交聘表》中，第1418页，洪迈"书词不依旧式，诏谕洪迈，使归谕宋主"。
410　宇文懋昭：《大金国志》，北京：中华书局，1986，卷十六，第223页。
411　罗大经：《鹤林玉露》丙集卷三《容斋奉使》，第177页。
412　《要录》卷二〇〇，绍兴三十二年七月癸亥，第3394页。
413　《金史》卷六一《交聘表》，第1418—1419页。
414　周必大：《全宋文》卷五〇五八，第446—447页。
415　周必大：《全宋文》卷五〇五八，第448—449页。原注："不曾用此。"
416　《建炎以来朝野杂记》乙集卷一，《壬午内禅志》，第496—511页。参看Lau Nap-yin (柳立言), The Absolute Reign of Sung Hsiao-tsung (reign: 11631189), Ph.D. dissertation, Princeton University, 1986。
417　《要录》卷七八，绍兴四年七月丁丑，第1286页。
418　《要录》卷八九，绍兴五年五月辛巳，第1481页。
419　《要录》卷一〇九，绍兴七年二月庚子，第1764页。李心传注，得自熊克《中兴小历》，熊克叹："嗟夫！鹏举为大将，越职及此，其取死宜哉！"第1764页。
420　《要录》卷一四四，绍兴十二年二月丁丑，第2310页。

421 《要录》卷一四八，绍兴十三年正月癸卯，第2375页。

422 《建炎以来朝野杂记》乙集卷一，《壬午内禅志》，第505—506页。

423 《建炎以来朝野杂记》乙集卷一，第502页。

424 《要录》卷二〇〇，绍兴三十二年六月乙亥，第3382—3383页。其实这是高宗第二次禅位。

425 《要录》卷二〇〇，绍兴三十二六月丙子，第3383—3384页。

426 寺内遵举出两个原因：1.在确立南宋政权过程中，采取共同政治行动的秦桧已死，其成员也在此时全遭逐放；2.金之毁盟败约，重启战端，也破坏了高宗政策的根本。见寺内遵著，刘静贞、李今芸译：《南宋初期政治史研究》，台北：稻禾出版社，1995，第446页。

427 王夫之：《宋论》，收入船山全书编辑委员会编：《船山全书》第十一册，卷十。

428 朱熹著，黎靖德编，王星贤点校：《朱子语类》卷一三一，台北：华世出版社，1987，第3158页。

429 《要录》卷一四七，绍兴十三年二月乙酉，第2383页。

430 王明清：《玉照新志》卷三四，第74页。

431 《宋史》卷三二，第612页。

432 郎瑛：《七修类稿·续稿》卷三，第563页。

433 文徵明著，周道振辑校：《文徵明集》卷一七，上海：上海古籍出版社，2014，第1198页。思陵是高宗陵寝。

434 王夫之：《宋论》，收入船山全书编辑委员会编：《船山全书》第十一册，卷十。

435 邓广铭：《南宋初年对金斗争中的几个问题》，收入《邓广铭学术论著自选集》，北京：首都师范大学出版社，1994，第218—228页。

436 参看王曾瑜：《绍兴和议与士人气节》，《中国史研究》，2001（3），第129—137页。王嘉川：《绍兴和议问题平议》，收入《宋史研究论丛》第八辑，保定：河北大学出版社，2007，第195—208页。

437 韩酉山：《秦桧研究》，北京：人民出版社，2008，第335页。

第十二章

# 南宋争取对等

宋高宗决定让位给太祖的后人、太子建王赵瑗，即孝宗。孝宗于绍兴三十二年(1162)六月即位。次年改元隆兴。孝宗不忘中兴，赋《新秋雨霁》诗曰：

平生雄武心，揽镜朱颜在。
岂惜尝忧勤，规恢须广大。[1]

孝宗以史浩(1106—1194)为右相兼枢密使。因史浩的建议，遣中书舍人假礼部尚书刘珙、知阁门事假昭信军承宣使张说带国书赴金报登位。[2]金世宗要刘珙行旧礼，不接受宋朝国书。刘珙未能完成使命。不过，金世宗仍派高忠建贺孝宗登位。

当时主战论起。金海陵王被杀后，金军撤退，宋军进占淮南之地，包括海、泗、唐、邓四州。孝宗有志恢复中原，召用主战的张浚，加张浚少傅，封魏国公，任命为枢密使，都督江淮东西路边军马，筹划大计，又恢复胡铨、李光等的官职。当时的宰相史浩和陈康伯都不主张北伐。史浩上疏说：

陛下初嗣位，不先自治，安可图远？矧内乏谋臣，外无名将，士卒既少，而练习不精，而遽动干戈，以攻大敌，能保其必胜乎？苟战而捷，则一举而空朔庭，岂不快吾所欲？若其不捷，则重辱社稷，以资外侮。陛下能安于九重乎？上皇能安于天下之养乎？……惟陛下少稽锐志，以为后图。内修政事，外固疆圉。上收人才，下裕民力，乃选良将，练精卒，备器械，积资粮。

十年之后,事力既备,苟有可乘之机,则一征无敌矣。[3]

太上皇认为张浚只有虚名,将来"必坏大计"[4]。但群臣王大宝、胡铨、王十朋、汪应辰(1119—1176)、陈良翰(1108—1172)等主战。史浩因身为宰相而不被告知张浚出师,愤而辞职。[5]王十朋攻击史浩的八大罪状,主要是"首进寝兵之言,专主和议"[6]。

隆兴元年(金大定三年,1163),张浚用李显忠、邵宏渊为将,从淮南北伐。金世宗命丞相仆散忠义为都元帅,经略宋事。金左副元帅纥石烈志宁移书张浚,要求归还所侵之地,划定疆界,交往依照旧约。[7]据《金史》,张浚复书说:"疆场之一彼一此,兵家之或胜或负,何常之有?当置勿道。谨遣官僚,敬造麾下议之。"[8]

隆兴元年五月,宋人开始北伐,李显忠攻克虹县、灵璧和宿州(今宿县),金左副元帅纥石烈志宁率军大举来袭,李、邵不能合作,军溃于宿州附近的符离。在金完颜亮败后,北伐也许是一个好时机,但是张浚不在朝中已久,没有适当的人才可用,而且才疏意广,仓促从事。[9]孝宗于绍兴三十二年六月即位,次年正月召用张浚,四月即出师,在时间上过于仓促。当时孝宗与张浚急于求功,其实完颜亮败死,北方大乱,世宗即位,宋人大可与金人谈判,也许结果比战败后被迫和好得多。

宋军北伐失败。六月,张浚上表待罪,孝宗下诏夺其两官。史浩罢相。孝宗以主和的汤思退为右相议和。八月,仍以张浚都督江淮军马。金左副元帅纥石烈志宁以书致宋三省、枢密院,要求归还海、泗、唐、邓四州及纳岁币。丞相汤思退、陈康伯主和。八月，汤思退遣淮西安抚司干办公事卢仲贤加枢密院计议、编修官为使，副使李拭（或作李适），带报书赴金谈判。孝宗不许割地，并要求减少岁币。卢仲贤在宿州与仆散忠义谈判时被威吓，答应割地及岁币，并带忠义的信回报朝廷。仆散忠义在书信中责备宋人，要求送还叛亡俘掠的人，并且要求限于十一月议和。这时金世宗的意思是"若宋人归疆，岁币如昔，可免奉表称臣。许世为侄国"[10]。卢仲贤因不能力争用旧礼，又擅许割地及岁币如秦桧所许之数，与副使下大理狱。后来被除名，械送郴州编管。[11]

孝宗不肯割地，而汤思退遣吏部侍郎王之望为金国通问使，知阁门事龙大渊为副使，将割让四州。张浚在扬州听说此事，急派其子张栻向孝宗报告，孝宗怒。[12]监察御史陈良翰也说："前遣使已辱命，大臣不悔前失，不谓秦桧复见今日！且金要我罢四郡屯兵以归之，是不折一兵而坐收四千里要害之地，决不可许。若岁币，则俟得陵寝然后与，庶犹有名。今议未决而之望遂行，恐其辱国不止于仲贤，愿先驰一介往，俟议决，行未晚也。"[13]不但不许四州，而且要恢复陵寝地。工部侍郎兼侍读张阐则主张："不与四州乃可通和，议论先定乃可遣使。今彼为客，我为主，我以仁义抚天下，彼以残酷虐吾民。观金势已衰，何必先示以弱？"[14]据《金史·世宗本纪》："元帅府言：宋遣审议官胡昉致尚书右仆射书，来议和好。以其书失信，拘昉军中，以书答之。及以书进，上览之，曰：宋之失信，行人何罪？当即遣还。

边事令元帅府从宜措画。"[15]金人侮辱宋使胡昉、杨由义，宋廷本来预备派遣王之望和龙大渊为金国通问国信使，[16]因此作罢。

十一月，宋宰相陈康伯、汤思退，参知政事周葵、同知枢密院事洪遵等主张拒绝割四州，如能得回钦宗陵寝，即与岁币。并请召张浚回朝，及召侍从、台谏与闻国论。孝宗命侍从、台谏集议。凌景夏(? —1175)、韩仲通、余时言、路彬主张正名分，增岁币；若还四州，则金方应归还祖宗陵寝及钦宗梓宫。黄中、金安节、周操、陈良翰、钱周材、马骐、尹穑、阎安中等人大致主张不可弃四州，可以增加岁币。只有胡铨反对和议。[17]孝宗的主张是："四州地、岁币可与，名分、归正人不可从。"[18]

十二月，陈康伯罢相。孝宗召回张浚为右相兼枢密使，仍都督江淮东西路军马。京湖制置使虞允文也反对放弃四州。左相汤思退批评："此皆以利害不切于己，大言误国，以邀美名。宗社之重，岂同戏剧？"孝宗至此倾向议和。

隆兴二年(1164)正月，仆散忠义又有书致宋，坚持四州是金朝内地。三月，孝宗对汤思退说："虏无礼至此，卿犹欲和。今日虏势，非秦桧比；卿之议论，秦桧不若。"汤思退乞奉祠，一面令王之望、龙大渊论兵少粮乏，军器不足，一面攻击张浚。孝宗命张浚至淮南视师，又召回。八月，张浚卒。

同月，孝宗遣宗正少卿魏杞、康湑为金国通问使。十月，因国书未如式，魏杞等人被拒，不能前进。[19]金世宗下诏给仆散忠义："若宋人归疆，岁币如昔，可免奉表称臣，许世为侄国。"据说仆散忠义致宋书信七次，宋人都不听。[20]十一月初，仆散忠义率重兵渡淮河，守将魏胜战死。为抵抗金军，孝宗以杨存中都督江淮军马，罢汤思退。十七日，召陈康伯与胡铨、虞允文、王大宝、陈俊卿、王十朋等人。孝宗遣国信所大通事王抃往见金帅，持兼权知枢密院事周葵的信，请正皇帝号，为叔侄之国，改岁贡为岁币，减十万，割商、秦地，归被俘人。王抃是兵部尚书钱端礼所荐。[21]孝宗并下诏择日视师，另拜陈康伯为左相兼枢密使，与王之望、钱端礼、虞允文执政。

闰十一月，王抃先后见仆散忠义及纥石烈志宁，与之谈判，得到报书（回信），金退师。高宗再命王抃为奉使金国通问国信所参议官，持陈康伯报书前往。金遣张恭愈迎接。[22]十二月初，孝宗见和议即将成功，以制肆赦曰：

比遣王抃，远抵颍滨，得其要约。寻澶渊盟誓之信，仿大辽书题之仪。正皇帝之称，为叔侄之国。岁币减十万之数，地界如绍兴之时。怜彼此之无辜，约叛亡之不遣。可使归正之士咸起宁居之心。重念数州之民，罹此一时之难，老稚有荡析之灾，丁壮有系略之苦。宜推荡涤之宥，少慰雕残之情。应沿边被兵州军，除逃遁官吏不赦外，杂犯死罪情轻者减一等，余并放还。[23]

十二月十三日，魏杞渡淮入金界，带去三省、枢密院书信，至汴京。仆散忠义与纥石烈志宁遣回王抃，令魏杞等往燕京，并罢兵。魏杞见金世宗，说："（宋）天子神圣，才杰奋起，人人有敌忾意。北朝用兵能保必胜乎？和则两国享其福，战则将士蒙其利。昔人论之甚悉。"[24]乾道元年(1165)，魏杞、康湋使金还，报告金主给予宋使的礼遇甚好。世宗态度宽和，"每言及太上皇帝(高宗)必起立"。而且说两国结好，当守约。又说他与皇帝(孝宗)既然是叔侄，愿意以太上皇为兄。魏杞说，如此对南北百姓都是万世之福。[25]

据《金史·交聘表》，大定四年(1164)，"宋周葵、王之望与(仆散)忠义书，约世为侄国，书仍书名再拜，不称大字。并以宋书副本来上，和议始定"[26]。《金史》又载：大定五年(1165)，宋使带去的国书是这样称呼的："侄宋皇帝，谨再拜致书于叔大金皇帝圣明仁孝皇帝阙下。"而金复书"叔大金皇帝"，不用署名，"致书于侄宋皇帝，不用尊号，不称阙下"。根据《隆兴和约》，南宋国书(不用表)中，国号称宋而不称大宋，宋帝仍用名字，并且"世为侄国"。即不论辈分，金帝永远是宋帝的叔父。减岁币十万，则是孝宗争取的成果之一。[27]宋廷得到较高宗朝更接近平等的条件：

(1) 宋金关系从君臣改为叔侄，孝宗对金不称臣。
(2) 疆界不变，如绍兴之时。
(3) 岁币减为银绢二十万两匹。
(4) 宋对金的"表"和金对宋的"诏"改为平等的国书。

此外，双方不遣还叛亡。[28]这次的和议即"隆兴和议"，但和议并没有解决上述洪迈提出的种种礼仪问题，也就是所谓的"礼数"。南宋虽然对金使用国书而不是"表",宋国书中不称"大宋",只称"宋",但称金朝为"大金"。宋国书中宋帝"书名再拜",尊称金帝"阙下";金国书中则没有类似名称。[29]其后,宋孝宗极力试图从金朝得到完全平等的地位。[30]宋金关于国书和受书礼的争议,长达十年。隆兴和议的达成,是绍兴末至隆兴宋金战争互有胜败后,势力均衡情况下达成的结果。[31]

南宋对金的书信从表改为国书,但与宋辽间的旧制有相当的距离。宋帝接受金方国书的礼节仍旧是所谓的"降榻受书",如前文引绍兴十三年(1143)金使入见的记载之外,《大金国志》中载:"故事,北使跪进书殿下。自熙宗讲和后,所定受书之礼:北使捧书升殿,北面立榻前,跪进。南帝降榻受书,以授内侍。"[32]又《贵耳集》载:"北使进国书,(孝宗)必起御座三步,中贵取进。忽贺正使至殿上,去御座数十步,必欲屈万乘亲临,移时不决。知阁王抃忽撤起国书,云:驾兴。虏使失仪,而孝庙喜王抃之机捷。"[33]孝宗对起立受书很不满,据李心传引龚颐正撰范成大行状,"隆兴再和,名体虽正,失定受书之礼,上常悔之"[34]。

金世宗对于和议所定的礼节一直未予让步。同年四月,金报问和好使完颜仲、杨伯雄就因礼数未定,不肯朝见。宋廷讨论了十几天,最终由皇子邓王受书。金使不悦。虞允文与完颜仲在御前辩论,孝宗怒,欲拘留金使,因太上皇阻拦而罢。[35]

孝宗君臣希望金朝归还北宋诸帝的皇陵所在地(陵寝地),也就是归还黄河以南的土地,遂拟遣泛使至金求陵寝地,及改定

"受书礼"。宰相陈俊卿反对,说:"陛下痛念祖宗,思复故乡,臣虽疲驽,岂不知激昂仰赞圣谟?然于大事欲计其万全,俟一二年间,吾之事力稍允乃可,不敢迎合意指误国事。"即请辞。[36]张浚之子、吏部员外侍郎兼权起居郎侍立官张栻见孝宗,也反对遣泛使,说:"今未能奉辞以讨之,又不能正名以绝之,乃欲卑词厚礼以求于彼,则于大义已为未尽。"又说:"今日但当下哀痛之诏,明复仇之义,显绝金人,不与通使。然后修德立政,用贤养民,选将帅,练甲兵,通内修外攘,进战退守以为一事。且必治其实而不为虚文,则必胜之形隐然可见,虽有浅陋畏怯之人,亦且奋跃而争先矣。"孝宗"嘉叹,面谕以他为讲官"。吏部侍郎陈良佑论不当遣祈请使,恐引起边衅,孝宗却下诏,责陈良佑不忠不孝,罢送筠州居住。[37]

乾道六年(1170),宋遣起居郎假资政殿大学士范成大、康湑使金,求陵寝地。范成大带去的国书请求归陵寝地,金朝当然不会答应。范成大则于朝见金世宗时另外请求金使见宋孝宗时,孝宗不必起立,即不必"降榻受书"。这一突如其来的要求,自然不被金廷接受。周必大撰《范成大神道碑》载范成大被任命为"金国祈请使":

国书专求陵寝,而命公自及受书事。公乞并载书中,朝廷不从。公遂行……密草奏,具言他日北使至,欲令亲王受书。其词云云,怀之入觐。初跪进国书,陈谊慷慨,虏君方倾听,公随奏曰:两朝既为叔侄,而受书之礼未称。昨尝附完颜仲、李若川等口陈,久未得报。臣有奏札在此。撂笏出而执之。金主大骇,厉声谓其宣徽副使韩钢曰:有请当语馆伴,此岂献书启处耶?自来使者未尝敢尔。连呼绰起。钢惶恐,以笏来绰公。公不为动,再奏曰:奏不达,归必死,宁死于此。金主欲起,左右掖之坐。又厉声云:教拜了去。钢复以笏抑公拜,公跪如故。金主曰:何不拜?公曰:此奏得达,当下殿百拜以谢。金主乃令纳馆伴处。公即袖下殿,望殿上臣僚往来纷然。后闻太子欲杀公,其兄越王不可而止。顷之,引见如常仪。既归,馆伴果宣旨取奏去。是日,钢押宴,谓公早来殿上甚忠勤,皇帝嘉叹,云可以激励两国臣子……十月,公还。金主答书有曰:抑闻附请之辞,欲变受书之礼。出于率易,要以必从。上于是知公竭节尽忠,奖劳之余,有"终始保全"语。[38]

九月,"范成大至自金。金许以迁奉及归钦庙梓宫,而不易受书礼"。《金史》载:"九月,宋祈请使范成大、康湋至,求免起立接受国书。诏不许。"[39]范成大带来的回书说:

叔大金皇帝致书于侄宋皇帝:和约再成,界河山而如旧,缄音遽至,指巩、洛以为言。援曩时无用之文,渎今日既盟之好。既云废祀,欲伸追远之怀,止可奉迁,即候刻期之报。至若未归之旅榇,亦当并发于行涂。抑闻附请之辞,欲变受书之礼,出于率易,要以必从,于尊卑之分何如?顾信誓之坚安在?事当审虑,邦可孚休。方届霜严,善绥福履。今因资政殿大学士范成等回，专附书奉答。不宣。**40**

罗大经记此事，则谓孝宗要范成大向金世宗口头请归陵寝地，宰相不同意。范成大就自己写了一封信，面呈金世宗。金世宗没有责罚他。他又请金帝将口奏之事，于国书中明报。罗大经记载金报书云："口奏之说，殊骇观听。事须审处，邦乃孚休。"又载范成大几乎被金人拘留。范成大在金会同馆赋诗：

> 万里孤臣致命秋，此身何止一沤浮？
> 提携汉节同生死，休问羝羊解乳不。**41**

范成大于呈递国书之外，提出特殊的请求，使自己陷入险境。这种做法是出自周必大的建议。周必大《论北事札子》有这样一段文字：

> 以敌国之礼尝之，彼纳吾使，吾又何求？如必候旧礼而后受，则告之曰：太上皇帝前日之屈，为亲也。今通好于用兵之后，主上欲以何名而屈？北朝欲以何名而受？愿以为请。彼虽贪利无厌，亦将思所处矣。或曰：虏纳我之使而后责礼如前日之为，则奈何？曰：大夫出疆，圣人尝许其专矣。强则下之，弱则抗之，朝廷勿与知可也。**42**

这段记事也说明范成大对金世宗提出受书礼的要求，事前是有所准备的。范成大回国,谍报金人派三十万大军护送钦宗灵柩。边将请增加防卫,虞允文不为所动。结果并无其事。[43]

范成大的这次出使,本来要求将孝宗免行受书礼也纳入国书中,未能如意。范成大临时向金世宗提出要求,勇敢地逾越了大使的权限,所以当时金廷上就有大臣要杀范成大,而金世宗并没有处罚范成大。金朝不许更改受书礼,许宋人迎回钦宗梓宫。[44]但宋孝宗并未遣使去迎接,据说担心金人用大军护送。

乾道六年(1170)十一月,宋廷遣翰林学士赵雄、泉州观察使赵伯骕等贺金主生辰,别函书请更受书之礼。周必大认为,孝宗对国书非常审慎,国书云:

比致祈恳,旋勤诲缄。欲重遣于轺车,恐复烦于舍馆。惟列圣久之陵寝,既难一旦而辄迁,则靖康未返之衣冠,讵敢先期而独请?载披谆谕之旨,详及受书之仪。盖今叔侄之情亲,与昔尊卑之体异。敢因庆礼,荐布忱词,尚冀允从,式符企望。[45]

乾道七年(1171)三月,赵雄至自金。金拒其请。[46]赵雄带回金回书,称宋国不请发还钦宗灵柩。

十月,金遣乌林答天锡等来贺会庆节,"天锡要帝降榻问金主起居。虞允文请帝还内。命知阁门使王抃谕天锡明日见。天锡沮还"。原来高宗时金使问起居,高宗也问金主起居。[47]

乾道八年(1172)二月,宋廷遣姚宪(1119—1178)等人使金贺上尊号,附请受书之事。金人拒其请。七月,姚宪等人至金。[48]乾道九年（1173），宋人讨论受书礼，计划移文金廷。右丞相梁克家反对，求下台。孝宗命他以观文殿大学士知建康府。他辞行时劝孝宗"勿求奇功"。[49]梁克家是绍兴三十年的状元，曾于乾道三年（1167）使金。因他是进士第一，受到金人的敬重。在射弓宴中，他接连数十发中的。金人来贺生日，他请令金使入朝由南门，百官由北门。禁金使从人至殿门外，以肃朝仪。皇帝下诏把他的建议定为令。后来汤邦彦出使回来被贬，"天下益服克家谋国之忠"。[50]

九月，朝廷命盱眙军以受书礼移牒泗州，示金生辰使。金使不从。十月，金使完颜襄贺生辰，襄辞行，另给他申议受书之礼。据《金史》，完颜襄"为宋生日使。宋方祈免亲接国书，襄至，宋人屡来议，皆折之，迄成礼而还"[51]。因国书有争议，群臣难以担任贺金生辰使，孝宗择韩世忠之子彦直。彦直刚入金境，金使蒲察问接国书事，彦直论辩多次，蒲察理屈，笑说："尚书能理为主。"抵金廷后，彦直几次差点送命，但始终"守节不屈"。金人终于以礼送他回朝。孝宗嘉叹，给他升官。[52]

金朝对宋的外交礼仪坚持不肯让步，而且处罚没有正确执行外交礼仪的大使。乾道九年（1173）十二月乙酉，金使完颜璋等来贺明年正旦，以议受书礼不合，诏改日。丁亥，璋入见。《金史》中载：大定十四年正月，璋至宋。宋人就馆夺其国书。璋乃赴其宴，受其私物。璋坐除名。又载：璋至临安。宋人请以太子接书，不从。宋人就馆迫取书，璋与之，且赴宴，多受礼物。"金世宗怒，欲置之极刑……杖百五十，除名。副使杖百。没入其所受礼物。"[53] 为这件争议之事，金廷于二月以刑部尚书梁肃、蒲察讹里剌为详问宋国使。国书略曰：

> 盟书所载，止于帝加皇字，免奉表称臣称名再拜，量减岁币，便用旧仪，亲接国书。兹礼一定，于今十年。今知岁元国信使到彼，不依礼例引见，辄令迫取于馆，侄国礼体当如是耶？往问其详，宜以诚报。

三月，梁肃等人至宋。宋主接书如旧仪。五月，梁肃等还。宋主以谢书附奏，解释是受舆论的影响。[54] 宋回书云：

> 侄宋皇帝谨再拜，致书于叔大金应天兴祚钦文广武仁德圣孝皇帝阙下：惟十载遵盟之久，无一毫成约之违，独顾礼文，宜存折中。矧辱函封之贶，尚循躬受之仪，既俯迫于舆情，尝屡伸于诚请，因岁元之来使，遂商榷以从权。敢劳将命之还，先布鄙惊之恳，自余专使肃控请祈。[55]

九月，宋廷遣张子颜、刘崈为报聘使，仍求免起立接书，诏不许。[56] 十一月，金贺正旦使刘仲海、纥石烈奥也至临安，宋孝宗"欲变亲起接书之仪"，遣馆伴使王抃商议，被刘仲海拒绝："使臣奉命远来修好，固欲成礼，而信约所载，非使臣辄敢变更。公等宋国腹心，毋侥幸一时，失大国欢。"宋人只好仍用旧礼。[57]

淳熙二年(1175)八月，孝宗遣左司谏汤邦彦、陈雷为奉使金国申议使。《金史》中载，大定十六年(1176)三月，"宋汤邦彦、陈雷等奉书申请。上以书答之"。汤邦彦等人返国后，被批评："奉使虏廷，颇乖使指，驱车呕还。又于虏廷辄有所受，且不能坚守己见，惟从谢良弼之谋。"宋廷将汤邦彦和陈雷编管，国信所使臣谢良弼等三人并除名勒停。[58]从此，孝宗不再遣使要求更改受书礼。

金世宗于海陵王南侵时自立。海陵王败死，北方大乱，世宗收拾残局后，对南宋的外交以和平为主，没有很多要求。即使宋孝宗得到较高宗时期更高的地位，但是在外交礼仪方面则无法更上一层楼。隆兴和议达成后，金世宗积极制礼作乐。《金史·礼志》曰：

世宗既兴，复收向所迁故礼器以旋，乃命官参校唐、宋故典沿革。开"详定所"以议礼，设"详校所"以审乐。统以宰相通学术者，于一事之宜适、一物之节文，既上闻而始汇次，至明昌初书成，凡四百余卷，名曰《金纂修杂录》……是时，宇内阜安，民物小康。而维持百年者，实此乎基。[59]

这是在礼乐文化上的努力。其后文人如赵秉文为文贬低南宋的乞和为"淮夷来舒。故得孽宋增币以乞盟……岁时相望，琛宝入贡"[60]。王朝的地位提高，让南宋来进贡。金朝无疑已经入继中原的大统。

孝宗时，还有一位使者为礼仪拼命力争。太上皇（高宗）逝世，金使来吊祭。宋廷遣京镗（1138—1200）以中书门下省检正诸房公事假礼部尚书为报谢使。京镗等人到汴京，金朝赐宴，京镗请免宴免乐，金郊劳使不许。京镗以书信与金人辩论：若不能免宴，则请免乐："镗闻邻丧者舂不相，里殡者不巷歌。今镗衔命而来，繄北朝之惠吊，是荷是谢。北朝勤其远而悯其劳，遣郊劳之使，葳式宴之仪，德莫厚焉。外臣受赐，敢不重拜？若曰必听乐，是于圣经为悖理，于臣节为悖义，岂惟贻本朝之羞，亦岂昭北朝之懿哉？"双方僵持甚久，金人还是要宋使入宴席，京镗说："如果不撤音乐，不敢入席。"金人逼迫他，他说："你们可以取我的头，但不可听音乐！"随后带着使节冲出驿馆，怒斥拔刀相向的卫士。金使向金主报告此事，皇帝叹道："他真是南朝的直臣！"特准免去音乐。罗大经记此事曰：

至期，虏促入席，传呼不绝。仲远曰：若不撤乐，有死而已，不敢即席。（金郊劳使康）元弼等知不可夺，乃传言曰：请先拜酒果之赐，徐议撤乐。仲远方率其属拜受，北典签者连呼曰：北朝宴南使，敢不即席！声甚厉。仲远趋退复位，甲士露刃闭门，仲远命左右叱曰：南使执礼，何物卒徒，乃敢无礼！排闼而出。元弼等以闻其主。仲远留馆待命。赋诗曰："鼎湖龙驭去无踪，三遣行人意则同。凶礼强更为吉礼，夷风终未变华风。设令耳与笙镛末，只愿身糜鼎镬中。已办淹留期得请，不辞筑馆汴江东。"越七日，竟获免乐之命。

京镗回朝，孝宗慰劳他说："卿能执礼，为国家增气，朕将何以赏卿？"京镗答道："北人怕陛下威德，不是怕我。即使臣死在金廷，也是臣的职责所在，怎敢求赏！"宰相周必大建议："京镗奇节，今之毛遂也。请陛下考虑。"于是，孝宗擢京镗为除权工部侍郎，自此以至做到宰相。[61]

宁宗时，外戚韩侂胄掌握军政大权，有人劝他立盖世功名，于是恢复中原的议论大兴。嘉泰元年(1201)，韩侂胄用吴曦(？－1207)规划西北。嘉泰四年(1204)正月，韩侂胄问素来主战的知绍兴府辛弃疾，弃疾也说金国必乱必亡，请由元老大臣"务为仓促可以应变之计"，也就是说尚需时间来备战。[62]韩侂胄主张恢复失地的官员郑挺、邓友龙(乾道八年进士)等，计划北伐。[63]嘉泰四年(金泰和四年)，宋贺正旦使邓友龙、皇甫斌使还，对韩侂胄指出金朝受到蒙古侵扰，予南宋北伐的机会。据说邓友龙在金朝驿馆，有人密报金朝"饥馑连年，民不聊生。王师若来，势如拉朽"。邓友龙大喜，回朝向韩侂胄报告，并上书请用兵。韩侂胄决定北伐，与邓友龙的这次出使很有关系。[64]使者为了附和韩侂胄，所报告的敌情，一如采石之役前。当时大使屡次向高宗报告，说金主完颜亮并无动兵之举。

嘉泰四年的贺生辰使张嗣古报告不可对金用兵。次年(开禧元年、金泰和五年，1205)六月，贺生辰使李壁入金境，由乔宇接伴。据真德秀为李壁写的神道碑，乔宇说："和议不可轻变。"李壁回答："本朝家法一本仁厚，于民命尤所重惜。其肯轻用兵乎？惟北朝勿听间谍之言，自今各崇信义，浮论自息。"李壁到燕京，金馆伴使李著谓金主自即位以来，专行仁政，未尝妄杀一人。李壁回答："今闻大金皇帝之德如此，两国之民幸甚。"真德秀说："公与虏言，皆披露肝胆，而阴有以服其心。故虏君臣称南人之忠信者，必曰李公……边患几息。"韩侂胄听信邓友龙等人的话，李壁深以为忧，见皇帝和韩侂胄也"狠狠言之"。但叶绍翁记载了李壁对韩侂胄报告，金朝"赤地千里，斗米万钱，与鞑为仇，且有内变"，韩侂胄大喜。[65]

《宋史·李壁传》中载，李壁对韩侂胄说：进取之机，当重发而必至，勿轻出而苟沮。主张等待金人先动兵。李壁见韩侂胄主意已定，就向朝廷提出贬抑秦桧，提升士气：

自秦桧首倡和议，使父兄百世之仇不复开于臣子之口。今庙谋未定，士气积衰，苟非激昂，曷克丕应？臣愚以为宜亟贬秦桧，示天下以仇耻必复之志，则宏纲举而国论明，流俗变而人心一。君臣上下奋励振作，拯溃民于残虐，见祖宗之宿愤。在今日举而措之，无难矣。

但他并不批评秦桧主和。韩侂胄要叶适写出师诏，叶适拒绝，遂由李壁撰写。李壁又劝韩贬逐苏师旦。[66]

金唐州获宋谍，说宋屯兵鄂州，将有军事行动。四月，金章宗命枢密院移文南宋，"依自司移文宋三省、枢密院，问用兵之故"[67]。金使赵之杰贺宋帝正旦，"礼甚倨"。韩侂胄则不肯让宋宁宗用受书礼接国书。[68]

开禧二年(1206)正月，宋贺正旦使陈克俊等朝辞，金章宗不想与南宋兵戎相见，遂遣孟铸就馆谕陈克俊等人：

大定初，世宗皇帝许宋世为侄国。朕遵守遗法，和好至今。岂意尔国屡有盗贼犯我边境，以此遣大臣宣抚河南军民，及得尔国有司公移，称已罢黜边臣，抽去兵卒。朕方以天下为度，不介小嫌，遂罢宣抚司。未几，盗贼甚于前日。比来群臣屡以尔国渝盟为言，朕惟和好岁久，委曲涵容。恐侄宋皇帝或未详知，若依前不息，臣下或复有云，朕虽兼爱生灵，事亦岂能终已。卿等归国，当以朕意具言之汝主。[69]

韩侂胄决定北伐，很多人附和，敢于反对的人不多，只有许奕(1170—1219)、徐邦宪、倪思和宇文绍节四人。许奕写信给韩侂胄，说："今日之势，如元气仅属，不足以当寒暑之寇。"[70]徐邦宪以敢言而贬。[71]倪思认为言路未通：近者北伐之举，仅有一二人言其不可，如使未举之前，相继力争之，更加详审，不敢轻动。又对韩侂胄说："人言平章骑虎不下之势，此李林甫、杨国忠晚节也。"[72]宇文绍节写信给韩侂胄："公有复仇之志，无复仇之略。有开边之害，无开边之利。不量国力，浪为进取计，非所敢知。"韩侂胄不乐，将他调职。[73]

四月，宋军北伐，取泗州、新息县、褒信县等地。金人有和意，李壁又劝韩侂胄：张浚以讨贼复仇为己任，隆兴之初，事势未集，亦权宜就和，苟利社稷，固难执一。韩侂胄不听。五月，宋宁宗下诏伐金。[74]金章宗命平章政事仆散揆为左副元帅,陕西兵马都统使完颜充为元帅右监军,知真定府事乌古论谊为元帅左都监,以征南诏中外。[75]十月,仆散揆率大军分九路入侵,连败宋军。金章宗给仆散揆的对宋和议条件是:"淮南既为我有,际江为界,理所宜然。如使赵扩奉表称臣,岁增贡币,缚送贼魁,还所俘掠,一如所谕,亦可罢兵。"[76]

十一月,仆散揆遣韩琦五世孙韩元靓(一作"韩元靖")渡淮河至真州,"微露和意",宋签书枢密院事、督视江淮军马丘崈遂派刘佑护送韩元靓回去,探问目的何在,得到金元帅府的响应:"称臣、割地、献首祸之臣,然后可。"丘崈转呈朝廷后,宋廷密谕丘崈归罪于边将。[77]这件事也见于《金史·交聘表》:"十一月壬辰……宋主密谕丘崈,使归罪韩侂胄,将乞盟。崈既送韩元靓归,遣忠训郎林拱持书乞于仆散揆。癸卯,丘崈复遣武翼郎宋显等以书币乞和于揆。"[78]《宋史·丘崈传》中则载:

(丘崈)督视江淮军马。有自北来者韩元靖,自称琦五世孙。崈诘所以来之故,元靖言:两国交兵,北朝皆谓出韩太师意,今相州宗族坟墓皆不可保,故来依太师尔。崈使毕其说,始露讲解意。崈遣人护送北归,俾扣其实。其回也,得金行省幅纸。崈以闻于朝,遂遣王文采持书币以行。文采还,金帅答书辞顺。崈复以闻,遂遣陈璧充小使。璧回,具言:金人诘使介,既欲和矣,何为出兵真州以袭我?然仍露和意也。崈白朝堂,请自朝廷移书续前议,又谓彼既指侂胄为元谋,若移书,宜暂免系衔。侂胄大怒，罢崈。以知枢密院事张岩代之。既以台论，提举洞霄宫，落职。[79]

据李心传的记载，十二月，丘崈募得盱眙小吏王文，带书信往金帅处，说用兵是苏师旦、邓友龙、皇甫斌等人所为，不是朝廷的本意。王文带回金人的答书，谓韩侂胄若无意用兵，苏师旦等人岂敢擅作主张？督府去信许遣还淮北流民及继续送岁币。金人回应有许和的意思。朝廷将金报书交督府，督府丘崈派从政郎、招抚司干办公事陈璧假工部员外郎，与国信所掌仪葛宗裔充小使，持第三封信前往，但仆散揆以宋军仍在作战，陈璧"词尚倨，不见"。[80]同月，四川守将吴曦叛变降金，金封吴曦为蜀王。次年二月，四川宣抚副使安丙(？—1221)及李好义、杨巨源等人杀吴曦。

开禧三年(1207)正月，韩侂胄怒罢丘崈，以知枢密院事张岩督视江淮军马，陈自强为枢密使。二月，韩侂胄遣方信孺使北请和。金帅纥石烈子仁将他拘入狱中，提出五个条件，方信孺回答："反俘、归币可也，缚送首谋，于古无之；称藩、割地，则非臣子所忍言。"子仁怒，问他是否想生还，信孺答道，出国门时就已将生死置之度外。信孺至汴京见金左丞相、都元帅完颜宗浩，金人坚持五条件。宗浩问信孺："前日兴兵，今日求和，何也？"信孺答："前日兴兵复仇，为社稷也；今日屈己求和，为生灵也。"宗浩以报书交信孺，要他下次来决定和或战。[81]

方信孺回朝，君臣集议。许奕谓，金人未尝不想和，但不肯自己提出议和。本朝为了百姓，可以稍微屈己，但是条件必须审慎，如增币归俘，此外不可听从。许奕并引富弼答刘六符及赵鼎戒王伦事，说明应死守不可从的条件。[82]宋廷决定还俘获，处罚首谋，及增加岁币五万。五月，信孺再去时，吴曦已被诛杀。在金廷，金元帅完颜宗浩谴责宋人失信。方信孺说：你们失信，所以我们失信。金帅问：我们怎么失信？信孺回答：你们先引诱吴曦叛变，我们才用兵。金帅颇能赋诗，以南宋失去蜀地为题，要方信孺联句："仪秦虽舌辩，陇蜀已唇亡。"方信孺回应："天已分南北，时难比晋唐。"信孺的"晋唐"之对，是针对金朝贬号割地的要求，指出此时已非后晋石敬瑭的时代了。金帅又对方信孺说："你们已经失去五十四州，我担心你们国家会陷入危难。"方信孺神色自若地回答："我在此不知失去蜀地的本末。大元帅很清楚谍报，却不知我们如何立国。"然后夸耀南方的富庶，说蜀地号称五十四州，"其财赋擅吾国者百不十一，然而仅足以为五十四州军民之用"[83]。金人见方信孺坚持不肯割地称藩，就暂不求割地；称藩不从，但当以叔为伯。金人要求除岁币之外，还要犒师（犒军钱，即赔偿军费）。方信孺仍然不许。宗浩就要他回去谈好再来。方信孺携张岩书信及誓草再使，在称臣方面，"惟是名分之谕，今昔事殊，本朝皇帝本无佳兵之意，况关系至重，又岂臣子之所敢言？"在岁币方面，许通谢钱百万缗。宗浩怒，要改变以前的约定。信孺说，岁币不可再增。金人以拘留威胁，信孺说："留于此死，辱命亦死，不若死于此。"宗浩回信给张岩，指出宋方"称臣、割地、缚送奸臣三事，则并饰虚说，弗肯如约"，并强调由于宋人渝盟，世宗时的约定已经不存在，所以名分要回到绍兴和议所定的称臣纳贡，地界也要另定，应以长江为界。宗浩的回信措辞很强硬：

> 其言名分之谕，今昔事殊者，盖与大定之事固殊矣。本朝之于宋国，恩深德厚，莫可殚述，皇统谢章可概见也。至于世宗皇帝俯就和好，三十年间恩泽之渥，夫岂可忘？江表旧臣于我，大定之初，以失在正隆，致难服不定，故特施大惠，易为侄国，以镇抚之。今以小犯大，曲在于彼，既以绝大定之好，则复旧称臣，于理为宜……又谓江外之地，将为屏藩，割之则无以为国。夫藩篱之间，当守信义，如不务此，虽长江之险，亦不可恃。区区两淮之地，何足屏蔽而为国哉！昔江左六朝之时，淮南屡尝属中国矣。至后周显德间，南唐李景献庐、舒、蕲、黄，画江为界，是亦皆能为国。既有如此故实，则割地之事，亦奚不可！[84]

金人既引史实来辩论，并指出已经占领很多淮南州县，其余地方也就应该割让。方信孺往返三次，坚持不答应金人的条件。六月，朝廷以太府寺丞林拱辰为金国通谢使。[85]

九月，方信孺对韩侂胄报告："敌所欲者五事，割两淮一，增岁币二，犒军三，索归正等人四。其五不敢言。"韩侂胄再三追问，"信孺徐曰：欲得太师头耳"。韩侂胄大怒，贬方信孺。[86]

有近臣推荐王伦孙王柟，韩侂胄将王柟升为监登闻鼓院假右司郎中。王柟出使，以书信致金元帅府完颜匡，请世为伯侄国，增岁币为三十万两匹，犒军钱三百万贯。及函献苏师旦首。[87]

韩侂胄仍有意继续北伐。十一月，杨皇后与史弥远(1164—1233)等人杀韩侂胄，宋廷以钱象祖为右相兼知枢密院事，李壁同知枢密院事，以诛韩侂胄诏天下。[88]

韩侂胄被杀后，反对将韩侂胄首级送给金人者，如真德秀上奏：

> 侧闻日者小行人之遣也，虏人欲多岁币之数，而吾亦曰可增；虏人欲得奸臣之首，而吾亦曰可与。至于往来之称谓，犒军之金帛，根括归明流徙之民，承命唯谨，曾无留难。窃揆谋国之意，不过以乐天保民为心，幸和好之亟就耳。独不思虏人得以窥吾之情，而滋漫我之意乎？[89]

倪思谓此事有伤国体。[90]又如谯令宪说："奸臣误国，自我诛之，于虏何与？今众贤登用，纲纪日张，措置得宜，彼自心服。若不顾事体是非，但务姑息，以悦其意，则彼将谓我为无人。万一复有难从之请，何以待之？"[91]

御史叶时论李壁"反复诡谲"，被贬。不过后来李壁却因曾参与杀韩侂胄，而于数年后复出任官。

嘉定元年(1208)正月，右谏议大夫叶时等请枭韩侂胄首于两淮以谢天下。不报。王柟使还，带回金人的文牒。金人要求宋廷交出韩侂胄的首级，才肯交还淮南、川、陕地。[92]宁宗以史弥远知枢密院事，以起居郎许奕为金国通问使，遣许奕使金。关于和议的条件，许奕对宰相说："奕尝谓增岁币、归俘虏或可耳，外此其可从乎？不可行者，当死守之。"金人听说过他的名声，特别礼遇。许奕对金人不肯让步。[93]《金史》中载王枏带去参政钱象祖的信，大致有三点，一、求归川、陕关隘。二、通谢三百万贯改为银三百万两，有困难。三、韩侂胄已死，误国者为苏师旦，若能归川、陕关隘，宋人将送上苏师旦首级及银三百万两。[94]

三月，王枏再自金军前回朝，商议以韩侂胄首级交换淮、陕侵地。[95]王枏出使前，其母告诫他，不可辱没先祖。王枏与金人达成和议，回来上奏，以和议之功归方信孺。《宋史·王枏传》末论曰："方信孺年少奉使，而以意气折金人。王枏北归，请录信孺之功，长者哉！"[96]宁宗下诏复秦桧王爵，赠谥。闰四月，宋人将韩侂胄和苏师旦的人头送给金朝，赎回淮南地。请改叔侄为伯侄，增岁币。六月，宋试礼部尚书许奕、福州观察使吴衡奉誓书通谢。七月，答宋誓书，以左副点检完颜侃、乔宇为宋谕成使、副使。[97]九月，和议成，宋金关系改为宋宁宗称金章宗为伯，及增加岁币。条件为：

(1) 国境如前，金将所侵地归宋。
(2) 两国关系改为伯侄。
(3) 增岁币为银绢各三十万两匹。
(4) 宋另赠犒军钱三百万贯与金。[98]

当时很多人对和约不满，如真德秀论和约及函送韩侂胄首，已见前引。又如华岳(?—1221)有诗《和戎时有函首请成之议》如下：

纳币求成事已非，可堪函首献戎墀？
一天共戴心非石，九地皆涂血尚泥。
返汉须知为晁错，成秦恐不在于期。
和戎自有和戎策，却恐诸公未必知。[99]

就外交而言，当时的决策者不顾朝臣和大使方信孺和许奕的力争，将韩侂胄的首级送给金人，所以今人陈登原说："卖国者侯，谋国者死。千古沉冤，宁复有此！"[100]

1　张端义：《贵耳集》，收入《中国野史集成续编》，成都：四川人民出版社，1983。
2　《宋会要辑稿》之《职官》五一之二一，第3532页。
3　叶绍翁：《四朝闻见录》(《丛书集成》本)丙集，第81—82页。
4　周密：《齐东野语》，收入《唐宋史料笔记》卷二，北京：中华书局，1997，第27页、第30页。
5　《宋史》卷三九六《史浩传》，第12067页。
6　参看戴仁柱著，刘广丰、惠冬译：《丞相世家：南宋四明史氏家族研究》，北京：中华书局，2014，第65—74页。
7　《金史》卷八七《仆散忠义传》，第1937页。
8　《金史》卷八七《纥石烈志宁传》，第1931页；《仆散忠义传》，第1937—1938页。
9　《朱子语类》卷一三一，第3150—3151页。
10　《金史》卷八七《仆散忠义传》，第1938页。《宋史》卷三七一《汤思退传》，第11530页。
11　据《中兴御侮录》(《粤雅堂丛书》)卷下，第479—480页。
12　《宋史》卷三七一《汤思退传》，第11530页。
13　《宋史》卷三八七《陈良翰传》，第11890—11891页。

14 《宋史》卷三八一《张阐传》，第11748页。

15 《金史》卷六《世宗纪》上，第133页。

16 《宋会要辑稿》之《职官》五一之二一，第3532页。

17 以上依李心传，《建炎以来朝野杂记》甲集卷二〇《癸未甲申和战始末》，第462—471页。

18 《宋史》卷三十三《孝宗纪》一，第624页。

19 《宋史》卷三十三《孝宗纪》一，十月甲寅，第628页。

20 《金史》卷八七《仆散忠义传》，第1938页。

21 《宋史》卷三十三《孝宗纪》一，十一月丙申，第628—630页。王抃为钱端礼推荐，见《宋史》卷三八五《钱端礼传》，第11830页。钱端礼是太上皇的近臣，其角色参见小林晃：《南宋孝宗朝における太上皇帝の影響力と皇帝側近政治》，《東洋史研究》，2012，71（1），第69—97页。

22 《宋史》卷三十三《孝宗纪》一，闰十一月丙子，第629页。

23 《宋史》卷三十三《孝宗纪》一，隆兴二年十二月丙申，第630页。

24 以上主要根据《建炎以来朝野杂记》甲集卷二〇《癸未甲申和战本末》。

25 《中兴御侮录》卷下，第484页。

26 《金史·交聘表》中，第1420页。李心传：《建炎以来朝野杂记》卷二〇《癸未甲申和战本末》，第462—471页记载隆兴和议的过程很详细。

27 《金史》卷八七《仆散忠义传》，第1939页。《金史》卷六《世宗纪》上，第135页："宋通问使魏杞等以国书来，书不称大，称侄宋皇帝，称名，再拜奉书于叔大金皇帝。岁币二十万。"参看王宏志：《金世宗与隆兴和议》，收入陈述主编：《辽金史论集》第二辑，北京：书目文献出版社，1987，第262—277页。

28 "不遣还叛亡"据《中兴御侮录》（《粤雅堂丛书》本）卷下，第484页。

29 参看赵永春：《关于宋金交聘国书的斗争》，《北方文物》，1992（2），第56页。

30 赵永春：《关于宋金交聘国书的斗争》，第53—58页。

31 参看任崇岳：《隆兴和议新论》，《中州学刊》，1991（1），第118—123页。

32 宇文懋昭撰，崔文印校证：《大金国志校证》卷七，第236页。《要录》卷一五〇，绍兴十三年十二月己酉，第2420—2421页。类似的记载有"昔北使持国书，皇帝下榻亲受之，然后付通事舍人启纳"（《中兴御侮录》）。

33 张端义：《贵耳集》，收入《中国野史集成续编》。

34 参看《要录》卷一五〇，绍兴十三年十二月丙午，第2420—2421页。

35 《中兴御侮录》卷下，第484—485页。《金史》卷六一《交聘表》中，第1421页载完颜仲、杨伯雄二月出使。

36 《宋史》卷三八三《陈俊卿传》，第11789页。

37 《宋史》卷三四《孝宗纪》二，第649页。

38 周必大：《范成大神道碑》，《全宋文》卷五一七九，第330—341页。

39 《宋史》卷三四，第648页。《金史》卷六一《交聘表》中，第1427页。

40 周必大：《孝宗皇帝撰国书御笔跋》，《全宋文》卷五一二二。《大金国志》载金复书："抑闻附请之词，欲变受书之礼，出于率易，要以必从，于尊卑之分何异？顾信誓之诚安在？事档审处，邦可乎休。"见宇文懋昭撰，崔文印校证：《大金国志校证》卷一七，第236页。参看《宋史》卷三八六《范成大传》，第11868页。

41 罗大经：《鹤林玉露》甲编卷一，第9页，"范石湖使北"条。

42 周必大：《全宋文》卷五〇五八，第448—449页。

43 《宋史》卷三八三《虞允文传》，第11798页。

44 《宋史》卷三四，第649页。

45 周必大：《孝宗皇帝撰国书御笔跋》，《全宋文》卷五一二二。

46 《宋史》卷三四，第650页、第651页。《宋史》卷三九六《赵雄传》："见金主，争辩数四，其臣屡喝起，雄辞益力。卒得请乃已。金人谓之龙斗。"《金史》卷六一仅记："三月，宋赵雄、赵伯骕等贺万春节。"（第1428页）

47 《宋史》卷三四，第652页。

48 《宋史》卷三四，第653页。

49 《宋史》卷三八四《梁克家传》，第11813页。

50 《宋史》卷三八四《梁克家传》，第11812页。

51 《宋史》卷三四《孝宗纪》二，第656页。《金史》卷九四《完颜襄传》，第2087页。

52 《宋史》卷三六四《韩彦直传》，第11370页。

53 《宋史》卷三四，第656页；卷四七〇《佞幸传》，王抃"诒金使取国书，及使归，金主诛之"。似即此事。《金史》卷六一，第1432页；卷六五《完颜璋传》。《王抃传》又载，淳熙八年金贺正旦使至，王抃擅许金使用旧仪见，赵汝愚攻抃，抃被贬。

54 《金史》卷六一，第1432—1433页。

55 《金史》卷八九《梁肃传》，第1983—1984页。

56 《金史》卷六一，第1433页。

57 《金史》卷七八《刘仲海传》，第1774页。

58 《宋会要辑稿》之《职官》五一之二六，第3535页。《金史》卷六一，第1436页。宇文懋昭撰，崔文印校证：《大金国志校证》卷一七，第239页："汤邦彦至燕，国中拒不纳。既旬余，乃命引见，夹道皆控弦露刃之士。邦彦大怖，不能措一辞而出。国中遗赐，邦彦受之。如宋朝礼物，则国中不受也。宋帝大怒，流邦彦新州。自是，河南之议始息，不复遣泛使矣。"亦见《宋史》卷三四，第660页。

59 《金史》卷二八《礼》一，第691页。

60 赵秉文：《滏水集》，收入吴重熹辑《九金人集》卷一八，台北：成文出版社，2002，第264页。

61 《宋史》卷三九四《京镗传》；罗大经：《鹤林玉露》甲编卷五，第57—58页。

62 李心传：《建炎以来朝野杂记》乙集卷一八《边防》之"丙寅淮韩蜀口用兵事目"条，第825页。参看邓广铭：《辛弃疾传·辛稼轩年谱》，北京：生活·读书·新知三联书店，2007，第92页。

63 《宋史》卷四七四《韩侂胄传》，第13774页。

64 罗大经：《鹤林玉露》甲编卷四，第39页。

65 叶绍翁：《四朝闻见录》（《丛书集成》本）乙集，"开禧兵端"条，第69页。

66 《宋史》卷三九八《李壁传》，第12106—12109页。

67 《金史》卷六二，第1474—1475页。

68 《宋史》卷三八《宁宗纪》二，第739页。

69 《金史》卷一二，六年春正月癸未朔，第273页。

70 《宋史》卷四〇六《许奕传》，第12267页。

71 《宋史》卷四〇四《徐邦宪传》，第12231页。

72 《宋史》卷三九八《倪思传》，第12115页。

73 《宋史》卷三九八《宇文绍节传》，第12117页。

74 《宋史》卷三八《宁宗纪》二，第740页；李心传：《建炎以来朝野杂记》乙集卷一八《边防》之"丙寅淮汉蜀口用兵事目"条，第827页。

75 《金史》卷一二，五月戊子，第275页。卷六二《交聘表》下，第1477页作四月丙寅，诏平章政事仆散揆行省于汴，督诸道兵伐宋。

76 《金史》卷九三《仆散揆传》，第2070页。

77 《金史》卷九八《完颜匡传》，第2169页。

78 《金史》卷六二《交聘表》下，第1477页。

79 《宋史》卷三九八《丘崈传》，第12112页。

80 李心传:《建炎以来朝野杂记》乙集卷一八《边防》之"丙寅淮汉蜀口用兵事目"条，第829页;《金史》卷六二《交聘表》下，第1478页。

81 《宋史》卷三九五《方信孺传》，第12059—12060页。《宋史》卷四七四《韩侂胄传》，第13776页载:"韩侂胄连遣方信孺请和，以林拱辰为通谢使。"但林拱辰出使在六月。见《宋史》卷三八《宁宗纪》二，第745页。故此处仅记方信孺出使。

82 魏了翁:《鹤山先生大全文集》(《四部丛刊》本)卷六九《许奕神道碑》，第554页。

83 《四朝闻见录》乙集，第60页。

84 《金史》卷九三《宗浩传》，第2077—2078页。

85 《建炎以来朝野杂记》乙集卷一八，第832页。

86 《宋史》卷三九五《方信孺传》，第12059—12061页。卷三八《宁宗纪》二，第745页载:"九月壬午，方信孺以怍韩侂胄，坐用私觌物擅作大臣馈遗金将，夺三官，临江军居住。"亦见《建炎以来朝野杂记》乙集卷一八，第832—833页。

87 《宋史》卷三八《宁宗纪》二，第745页；《金史》卷六二，第1478—1479页载，"七年（1207）二月，方信孺以书乞和，五月，宋张岩复遣方信孺请增岁币。十一月，宋韩侂胄遣王枏以书诣元帅府，宋钱象祖、李壁移书行省议和"。

88 杀韩事见《建炎以来朝野杂记》乙集卷七，《朝事三·开禧去凶和敌日记》，第619—623页。

89 真德秀：《西山先生真文忠公文集》(《四部丛刊》本)卷二《戊辰四月上殿奏札一》，第64页。

90 《宋史》卷三九八《倪思传》，第12115页。

91 真德秀：《谯殿撰墓志铭》，《西山先生真文忠公文集》卷四四，第685页。

92 《金史》卷九八《完颜匡传》，第2172页。

93 《宋史》卷三八《宁宗纪》二，第746页。《宋史》卷四〇六《许奕传》，第12268页。

94 《金史》卷九八《完颜匡传》，第2169—2170页。

95 《宋史》卷三九《宁宗纪》三，第749页。

96 《宋史》卷三九五《王枏传》，第12063页。

97 以上韩首送金及许奕出使时间皆据《金史》卷六二《交聘表》下，第1479—1480页。副使名见《宋史》卷三八，第751页。

98 宁宗于九月下诏，以和议成谕天下。

99 《全宋诗》卷二八八〇，第34382页。

100 陈登原：《韩平原评》，《金陵学报》，1934，4（2），第141—142页。

第十三章

# 联蒙灭金与宋亡

蒙古部落首领铁木真(1162—1227)统一蒙古草原诸部后，于1206年建立国家，尊号"成吉思汗"。当时在东亚正值南宋宁宗在位(1195—1224)，金朝章宗在位(1189—1208)末年。至金卫绍王当政(1208—1213)时，蒙古开始侵扰金境，连败金军，中原大乱。金宣宗(1213—1224在位)即位后，改元贞祐。蒙古派乙里只使金。贞祐二年(1214)，乙里只再至。三月，金宣宗遣完颜承晖与蒙古议和，送卫绍王公主及童男女各五百人、马三千匹及金银、财物。但中都(燕京)因被蒙古大军进逼，五月，金宣宗决定迁都南京(即汴京)。迁都后一年，燕京陷落。

宋嘉定四年(金卫绍王大安三年，1211)，北方在战乱中，宋贺生辰使余嵘(1162—1237)往燕京，不至而还。[1]真德秀上疏言金朝必亡："万一此房遂亡，莫或余毒，上恬下嬉，自谓无虞，则忧不在敌而在我矣。"[2]嘉定六年，真德秀又言金人必亡。同年，宋贺生辰使董居谊因金国乱，也无法到达燕京。[3]宋人的岁币已经不能送达金廷。嘉定六年(1213)冬，金宣宗即位，宋贺登位使真德秀和贺正旦使李埴也是不至而还。[4]真德秀指出金朝"危亡之势，大抵可见"。北方形势是大批流民南来，而蒙古骤兴，万一蒙古攻占华北，若对南宋有要求，"却之则怨，接之则骄"[5]。

南宋在开禧北伐失败后，史弥远开始长期主政，对金朝的政策以和议为本。金朝既然有了衰落的征象，南宋朝臣遂开始讨论新的对金政策。嘉定七年，真德秀、魏了翁(1178—1237)、刘爚(1144—1216)、刘克庄(1187—1269)等人建议取消对金的岁币。真德秀认为，朝廷的上策应该是停止送岁币，以经费犒赏诸军。中策是令边臣和金人谈判，减少数目。如果仍然付给，"彼求我与，一切如初，非特下策，几无策矣"[6]。刘爚指出："河北方张之虏，山东崛起之盗，乘女真衰微，各谋吞并。我若复通女真，输之岁币，既失大国之体，复启取辱之端。彼二寇将曰，女真将亡，我犹事以币帛，设若先以嫚书，因而求衅，邀我金币，何以待之？"[7]袁燮(1144—1224)谓不可再对金人示弱，应停止送岁币。停止送岁币省下的钱可以用来增强边防。[8]刘光祖(1142—1222)也主张对金谢绝和好，应谨修边备。[9]主和的如宰相史弥远则主张仍付岁币，和比战省费用，岁币可以帮助金人抵御蒙古，为南宋屏障。乔行简(1156—1241)警告古人唇亡齿寒的道理，应当继续付岁币，帮助金人抗拒蒙古。如不送岁币，将导致金对宋开战。[10]最后，宰相史弥远改变了维持和平关系的主张，同意止付岁币。遂于七月作此决定。[11]

嘉定八年(1215)正月，宋使宝谟阁学士丁焴、侯忠信贺金主生辰。据《金史》，宋使辞行时请减岁币如大定例(减为四十万两匹)。金宣宗以来使是称贺，不宜别有祈请，不允。[12]金宣宗两次遣使要求付两年的岁币。[13]十一月，宋遣聂子述使金贺正旦，刑部侍郎刘爚等及太学生上章反对无效。金使仍来贺明年正旦。[14]次年，宋金继续互相贺年。[15]

因宋岁币不至，宋嘉定十年(金兴定元年，1217)，金朝宰相术虎高琪主张南侵，"以广疆土"，补偿黄河以北被蒙古占领土地的损失。金宣宗当时不允。[16]虽然金臣如平章政事胥鼎反对侵宋，但是金宣宗最后还是采纳了术虎高琪的意见。四月，金宣宗命乌古论庆寿、完颜赛不等人经略南边。[17]五月,宋赵昉请宁宗下诏伐金,遂传檄招谕中原官吏军民。[18]六月,金宣宗以宋遣兵数犯境,及岁币不至,诏谕沿边归罪宋人。十月,金右司谏兼侍御史许古请先遣使与宋议和,金宣宗命许古草通宋和议牒,宰臣以牒中有祈哀之意,徒示微弱,不足取,遂不采许古的和议牒。[19]十一月,金廷诏唐、邓、蔡州行元帅府举兵伐宋。[20]同时蒙军也侵入磁州、潞州、密州等地。金军对宋军连连战胜。嘉定十一年(金兴定二年,1218)春,京东义军首领李全归宋。十二月,金朝乘胜欲与宋议和,派开封府治中吕子羽、冯璧为详问宋国使。国书指出:

两国和好,几及百年,南北生灵,不见兵革。彼之所及,我之余也。不图曩者泰和间,彼国君臣,狃于衅灾啬祸之言,妄有无名之举。我朝不得已以兵应之。彼既异始图,不克逞志于我,于是有增币易叔以伯之请。我章宗皇帝重念彼国伤残之故,曲从和好,仍归淮汉已得之地。恩至渥也。既许乞盟之后,庶几为度德量力之事,谨畏天保国之戒。岂意利我虏衅,顿违盟誓,累年谲诈,不贡岁币。帅我叛亡,以荡摇我边陲。我边臣愤怒,自率所部,以报东门之役,庶可少惩矣。且复扰我涟水,煽惑我山东之民。造衅百端,不念伯侄无穷之利,侥幸于不可知之勇。似不审辅车相依之势,将复蹈覆车之辙也。我廷臣固请曰,彼忘累圣之恩,幸吾一旦之警,自以鞭长不及马腹,不知牛虽瘠,偾于豚上,其可幸乎?便可兴师,声罪往伐。尚念彼界生灵何罪,故遣使臣，先以文告，仍以大兵压境。若能改图，一遵旧约，则又何求？如其不然，自启祸端，罪有归矣。既违三灵之心，恐贻九庙之悔。事势至此，虽欲乞和，不可及已。故令详问，其审图之。

金朝遣使严词质问宋人，要求守和约，赠岁币。[21]嘉定十二年(金兴定三年, 1219)春，金使到淮水，宋人拒绝接纳。金帝乃下诏伐宋。[22]自此金宋和好遂绝，金连年与宋战争。

嘉定十七年(1224)，宋宁宗于闰八月卒。同年，金宣宗卒，金哀宗即位，改元正大。宋理宗即位，次年改元宝庆。嘉定十七年三月，金哀宗以边帅意，遣忠孝军三百，送省令史李唐英往滁州通好。宋人宴犒旬日，以奏禀为辞拖延。和事竟不成。此时双方国力俱衰，烽火连年，胜负不分。六月，金廷遣枢密判官移刺蒲阿至光州，以文榜遍谕宋界军民，更不南伐，[23]这才停止战争，宋人亦敛兵。正大三年(1226)，金廷议与宋修好。但这场战争令南宋不可能采用"扶金以为屏障"的主张。正大四年(1227)，金君臣议乞和于元，遣完颜合周为议和使。但蒙古军仍不断入侵。天兴元年(1232)，蒙古遣使要金投降，索取翰林学士赵秉文、衍圣公孔元措等及工匠。金以曹王出质，裴满阿虎带、世荣为讲和使，又遣杨居仁奉金帛乞和。蒙古许和。[24]

当蒙古侵略西夏时，夏人向金求援，被金拒绝。于是，在宋朝停止对金致送岁币后，夏人乃遣使至宋，请求联合对付金朝，其目的在于恢复被金人侵占的疆土。宋嘉定十三年(1220)二月，西夏与四川利州路安抚丁焴联络，约定夹攻金。六月，丁焴也以书约夹攻。但宋与西夏会师攻巩州不利，双方都退兵，无功而罢。[25]此后宋夏各自对金作战。至金哀宗正大二年(1225)九月，金与西夏和，结束战争，夏主以兄事金，各用本国年号。[26]金人赵秉文为朝廷写的《答夏国告和书》谈到两国的盟誓："百年于兹，恩好若一家之旧……审此辅车之势，属我唇齿之邦。与其厌外夷之陆梁，孰若结诸夏之亲昵，惟兹不类，乃我同仇。"[27]希望和西夏合作，应付蒙古。可是很快西夏于宋宝庆三年(金正大四年, 1227)被蒙古灭亡。

成吉思汗曾有假道于宋灭金朝的计划，其遗命曰："金精兵在潼关，南据连山，北限大河，难以遽破。若假道于宋，宋金世仇，必能许我。则下兵唐、邓，直捣大梁。金急，必征兵潼关，然以数万之众，千里赴援，人马疲弊，虽至弗能战，破之必矣。"[28]蒙古入侵华北金朝的疆土时，希望与宋联系。嘉定四年(1211)，宋从使金的余嵘的上报中得知蒙古的崛起，当时真德秀即已经上奏认为蒙古可能会联宋攻金，提醒朝廷避免"宣和结约"的失败经验。1214年，成吉思汗遣使至宋通好，被边臣所拒。[29]宋臣在讨论停止对金致送岁币时，已经议论过对蒙古的政策。金人侵略南宋时，对宋廷来说，是否联合蒙古对付金朝这一问题更为迫切。由于北宋末年联金灭辽的失败，一般大臣对此都采取谨慎的态度。如真德秀指出，有人希望联蒙古灭金一雪祖宗之耻，但"名必有实之相副，义非徒说之可行。求之在我，力未足为，而欲借助于夷狄，臣未见其可也"，宣和平燕出自奸臣邪说，应以为鉴。[30]魏了翁建议对蒙古怀柔，遣人与之联系。但是交远疑近，恐金人再起兵端。程珌 (1164—1242) 则主张联合蒙古，但由边将去做，朝廷不必主动。反对联合蒙古的朝臣则主张维持与金朝的关系。[31]

嘉定十一年 (1218)，蒙古遣葛不罕使宋，但无下文。[32] 嘉定十三年春，宋淮东制置使贾涉奉朝旨遣赵珙往华北，与蒙古统帅木华黎会面。木华黎的反应颇积极，遣蒙古使者速不罕陪伴赵珙，并出使宋。后来赵珙著《蒙鞑备录》。次年四月，宋廷派淮东制置司计议官苟梦玉出使蒙古，到西域见到成吉思汗。赵珙是否同行，不能确定。嘉定十六年 (1223)，苟梦玉再使。双方接触所谈的问题似与联合攻金有关。[33]

当金人的势力大减时，蒙古和金、南宋就开始争夺山东的汉人地方势力。宋人称为"忠义"的队伍，如杨安儿的红袄军和后来的李全和彭义斌，不过他们并没有得到南宋的武力支持；木华黎则招纳了史天倪、史天泽等人，打败彭义斌，取得山东、河北。本来依附南宋的李全也投降蒙古，对付宋人。不过后来李全攻打扬州时被宋军消灭。

当成吉思汗对西夏用兵时，有些宋臣已经认识到不可轻视蒙古的实力。真德秀劝宁宗以宣和与金联盟为鉴，魏了翁说蒙古"乘胜如破竹"。袁燮说："今之蒙古，正如女真初兴之时。"他们都认为与蒙古交往必须谨慎。[34]

理宗宝庆三年 (1227)，成吉思汗于灭西夏后病逝。窝阔台继任大汗，即元太宗。窝阔台企图实现太祖成吉思汗假道于宋以灭金的计划，一面继续派兵侵入四川，一面遣使要求南宋臣服。

蒙古已与宋结约，共灭金朝，却进入四川，打败了宋军。原来蒙古贵族对于和好的理解只是"投拜"。这段时期至绍定三年(1230)，双方在四川发生了激烈的战斗。与此同时，蒙古又派李邦瑞使宋，受到一些边将的阻挠，但据说还是"议和约而还"。[35]但和约内容不得而知。次年年初，窝阔台遣速不罕使宋，要求假道于宋以灭金，但是使臣被南宋边将所杀，原因是蒙古侵入四川边境，令宋人反感。拖雷认为南宋"食言背盟"，遂指挥蒙古大军强力执行假道灭金的策略。[36]这时候又有人因金军来攻，主张应当联蒙古攻金朝。同年，宋扬州制置赵善湘遣黄谟至京东与金约和，金廷以宁陵令王㵒前往商议，和约不成。[37]

绍定四年(金正大八年，1231)十月，金哀宗遣提控刘天山赴宋襄阳制置司，约同御北兵，且索军食。被宋制置使拒绝。[38]绍定五年(1232)春，蒙古拖雷以武力假道于宋，率大军自唐州攻汴京。窝阔台驻军郑州。金军与蒙军战于三峰山，大败，金军的精锐都于此役被消灭。二月，金求和，被拒。三月，蒙古大将速不台围汴京，用发石机攻击，"炮飞如雨"，金人以火炮"震天雷应之，北兵遇之，火起，亦数人灰死"[39]。蒙军又驱汉俘和妇女老幼负薪填城壕。战况激烈，死伤无数。金人竭力守御，并且发动太学生守城。四月，拖雷死。蒙古停止攻城，但未解围。七月，蒙古遣唐庆等人使金，要金哀宗亲自接见。军人不满来使无礼，杀使人。[40]

绍定五年(金天兴元年，1232)十二月，因汴京城粮食已尽，金哀宗奔归德，次年六月又奔蔡州。汴京城中官员议论，有人主张投降。西南面都尉、权元帅崔立杀执政完颜奴申、完颜习捏阿不等人，自立为太师、尚书令、郑王，然后投降。蒙军将金皇族拘于城外青城，掳太后、皇后、妃嫔、宫人等北去，其他的都杀掉。蒙军入城掳掠。[41]据金末文人刘祁的《归潜志》中载："大梁城南五里号青城，乃金国初粘罕驻军受宋二帝降处。当时后妃皇族皆诣焉，因尽俘而北。后天兴末，末帝东迁，崔立以城降，北兵亦于青城下寨，而后妃内族复诣此地，多僇死，亦可怪也。"[42]

金哀宗派完颜阿虎带等向宋求援及借粮，命使臣告诉宋朝说："朕即位以来，有请讨伐宋者，未尝不切责之。今乃乘势攻我唐州，谋亦浅矣！蒙兀灭国四十，以及于夏。夏亡，则及于我；我亡，以及于宋。唇亡齿寒，自然之理。为彼计者，不若与我连和，同御大敌，为我亦为彼也！"[43]宋朝君臣未尝不警惕于联金灭辽失败的教训，但是一则不知道蒙古究竟如何强盛，而且金朝已经衰弱到了极点，是否与金联合，都无法挽救金朝，对宋朝并没有好处；二则宋金世仇，宋累世以来都想复仇雪耻，联蒙古灭金既然可以雪耻，又可以与蒙古维持和好的关系，所以宋廷最后拒绝金人的请求，仍然采取了联蒙古灭金的政策。

绍定六年(1233)，蒙古派王檝、兀鲁剌使宋，七月至襄阳，提议夹攻金朝，并请助粮。宋廷经过讨论后，宰相史弥远和郑清之采取京湖制置使史嵩之和孟珙的主张，决定联合蒙古，遂以邹伸之报聘，与王檝同行，于次年至蒙古大汗行帐。窝阔台许联宋灭金成功后，蒙古以一部分河南地归宋。[44]

宋军由大将孟珙(1195—1246)和江海率军二万,自襄阳北上攻取唐、邓。九月,蒙军达蔡州。十一月,宋军至蔡州城南。孟珙会蒙古塔察儿,助军粮,与塔察儿合兵围蔡州。次年年初,两军攻破蔡州。金哀宗让位于完颜承麟,自缢殉国,金亡。[45]蒙古掳金王室、妃嫔、百官、工匠、技艺人员北去。金灭北宋,而蒙古亡金,颇为相似。郝经诗《青城行》有句:"天兴初年靖康末,国破家亡酷相似。君取他人既如此,今朝亦是寻常事。"[46]

宋端平元年(1234),金朝覆亡后,蒙古只以陈、蔡两州东南之地予宋。宋廷臣如史嵩之、乔行简等人针对当时的形势,主张力图自治,不可进取,以免引起与蒙古的战争。但是边将赵范、赵葵(1186—1266)兄弟主张乘机恢复中原。于是宰相郑清之(1176—1252)主导,决定收复河南地,派全子才、赵葵率师收复汴京。七月,宋军从汴京乘势向洛阳进兵。八月,宋军粮草不继,蒙古阻拦宋军,双方作战,结果宋军大败。这就是所谓的"端平入洛"。

端平元年十月,蒙古使王檝至宋廷议和。[47]王檝虽然没有带国书,但其出使的目的是要求宋朝把过去给金朝的好处转给蒙古。宋廷以郑寅为馆伴使。[48]真德秀认为不可以轻信蒙古请和,而且王檝是一个"小使":

> 王檝者嗜利无厌,已挟昔年金使例册自随,欲以取必于我。彼小使也,初无国书,遽索正使之礼,他日和议果成,使介奉书而来,又何以待之乎?……大抵议和一事,但当视为泛应不急之务,而其所急者专在边防。[49]

魏了翁也说：

和好不可恃。且王檝以小使入见，虚赫恫疑，本无足信。……大抵和亦来，不和亦来。以目前言之，不和而来，其害小。盖和议不成，上下戒惧，往往有以待之。既和而来，则其害大。若一和之后，众志沮矣，边备弛矣。彼以继好之名来，吾方奉承之不暇；而患伏于所忽，变生于不料，其祸可胜言哉？[50]

认为不可相信小使王檝，而和议不可靠，和或不和都有害，和议成立的祸害更大。

宋朝臣担心蒙古兴师问罪，集议的结果是皇帝以"临轩之礼"接见蒙使，对王檝的招待非常优厚。王檝提出付岁币，于十二月北返。[51]宋遣邹伸之报聘。端平二年(1235)年初，宋廷又遣宁淮军统制程芾、浙西路兵马钤辖王全为蒙古国通好使，又以杜显为添差通好副使。[52]

端平三年(1236)，程芾南返，与王檝同来。由于蒙古继续入侵，宋君臣乃拒绝与来使谈判，将王檝遣回。只有史嵩之极力主张议和。而王檝则迟迟不肯北返。

嘉熙元年(1237)，王檝再度使宋。次年二月，王檝提出和议的条件，要求宋朝付岁币银绢各二十万两匹，并以长江为界。虽然宋廷不能接受这样的条件，但仍然派大理少卿朱扬祖为送伴使。三月，宋廷又遣将作监周次说为蒙古国通好使，濠州团练使、右武卫将军张胜为副使，希望蒙古停止侵犯，进行和谈。[53]

在双方使臣往来的同时，蒙古并没有停止侵略的军事行动。端平二年（1235），窝阔台遣子阔端大举入侵四川，命曲出等进攻京湖，取襄阳，又分兵侵扰淮西。自此，宋蒙连年战争。

嘉熙四年（1240），蒙古使王檝与嘉熙元年出使蒙古的周次说同至宋境，宋君臣因蒙军不断入侵，认为和议不可相信，不让王檝入见。如右谏议大夫徐荣叟奏："北使王檝之来，恐三边将士意和议将成，或弛秋防，有误国事。虽朝廷札令宣司馆之江外，又恐辞必欲入见。宜敕孟珙思破其奸。上然之。"[54] 王檝在宋境数年后病死。王檝原是金臣，为蒙古招纳，曾经于1233年、1234年、1236年、1238年及1240年出使南宋五次，在宋蒙之间奔走，利用和议得到自己的利益，对于南宋来说可以算是欺骗。[55]

淳祐元年（1241），窝阔台死，蒙古军的活动主要在两淮地区。同年，蒙古遣月里麻思等使宋议和，宋人认为是来逼降，因此月里麻思被拘留达三十六年之久，最后中毒而死。[56]

当时守京湖地区的是攻灭金朝的名将孟珙（至1246年去世）。淳祐二年（1242），宋廷又命余玠（1253卒）为四川安抚制置使治蜀，加强战备。余玠在重庆、合州等地选择险要的据点建立山城二十处，依山筑城，构成防御系统。敌军来攻打时，将地方首府迁移到险要的山上，避免与蒙古大军正面冲突。他将蜀地的首府移到合州（今重庆合川）的钓鱼山上。

淳祐六年（1246），窝阔台长子贵由汗即位。淳祐七年（1247），宋遣王元善出使蒙古，但王元善被蒙古拘留，直至宝祐二年(1254)才被放回。[57]

淳祐十年(1250)，蒙古大汗蒙哥积极准备进攻宋朝。宝祐六年(1258)，蒙哥亲自率师侵宋，遣忽必烈攻打鄂州(武昌)。蒙哥入四川。开庆元年(1259)年二月至六月，蒙哥的大军围攻钓鱼城屡攻不下，王坚、张珏坚守。六月，蒙哥在山下"不豫"，七月崩于"钓鱼山"。蒙哥可能是战死的。直到蒙军取临安后，钓鱼城的守将才投降。[58]

忽必烈在鄂州为宋右丞相贾似道(1213—1275)所拒。攻城之战长达三个多月。十二月，贾似道遣宋京至蒙古军请和，愿意以长江为界，岁贡银绢各二十万两匹：

宋贾似道遣使来，愿请行人以和。璧请行，世祖曰：汝登城，必谨视吾旗，旗动，速归可也。璧登城，宋将宋京曰：北兵若旋师，愿割江为界，且岁奉银、绢各二十万。璧曰：大军至濮州时，诚有是请，犹或见从。今已渡江，是害何益！贾制置今焉在耶？璧适见世祖旗动，乃曰：俟他日复议之。遂还。[59]

原来忽必烈得到蒙哥的死讯，郝经建议以外交的手段与宋交涉，命宋割地纳质，说："遣使喻宋，息兵安民，振旅而归。不当复进而又进，既不宜渡淮，又岂宜渡江？"[60]忽必烈班师北返，所以双方并没有订立和议。战争中断，鄂州围亦解，贾似道却向朝廷报告退敌大功。

宋理宗开庆二年(元中统元年，1260)三月，忽必烈被选为大汗。

四月，蒙古派遣翰林侍读学士郝经为国信使告登位，翰林待制何源、礼部郎中刘人杰副之，希望与宋建立外交关系。[61]郝经是金末元初北方重要的儒学家，在思想方面，其学来自宋儒周敦颐、二程和朱熹，他主张恢复及保存中国文化或天下文明价值观。但是作为在异族政权下的儒学家，他的思想自然和宋朝理学家有些不同。在实务上，对于当时东亚大势的看法，他是承认宋朝得到天下，将来中国归于统一，也可以由外来民族来完成。也许真正尊重儒家和汉族文化的蒙古领袖可能达成儒家理想的德治。他说动了忽必烈，为天下生民着想，不以武力征服南宋。[62]

当时贾似道当政，他害怕郝经对宋理宗揭穿鄂州之役的内幕，乃反对议和，竟命令李庭芝将郝经拘禁在真州。郝经出使，目的在于议和，他曾写下诗《渡江书事》，回顾宋人对辽金议和的历史。诗曰：

伊昔澶渊回，信誓始宁谧。
贻谋燕翼子，海内日富实。
中年或生虞，南北动疆场。
郑公慷慨姿，开心见肝膽。
辽主亦为动，相视指天日。
竟无海上盟，二帝终失国。
后来秦太师，始悟前王失。
寻盟息干戈，好盟坚金石。[63]

就他的立场而言,当然主和对宋人来说是最好的政策。

景定二年(1261),元廷遣使详问官崔明道、李全义至宋淮东制司,问囚国信使郝经之故,没有结果。景定四年(1263)二月,忽必烈再遣王德素和刘公谅为国信使、副使,致书宋主,诘问为何扣留郝经,仍无结果。[64]理宗甚至说:"誓不与北言和。"[65]郝经也曾上书宰相,不报,于是写下《上宋主陈请归国万言书》,回顾过去宋朝的历史,"自石氏失驭,耶律氏入汴,天下便有南北之势",而"以交邻为国而能计安天下者,莫盛于贵朝也。故曰以和议邦交为国者,贵朝之事也",至于自己不能归国,反复思之,唯"以为必有横议之人,将以弊贵朝,误陛下者","经等之辱,固自遗臭,通好使人,至于如此,亦非贵朝美事"。最后他希望宋帝:

闵经等之愚昧,本夫理而不徇夫势。以天下为度量,以生民为念。却夫横议生事反复误国之言,用夫祖宗导迎和气爱利之道,畀经以二国之事,使经展布四体,披露一心,有以不负陛下者。今气数将周,甲子改元,政二国迓续维新之日也。虽误之于始,不误之于终。主上行之于北,陛下成之于南。经等数年之戚,一旦得信,则事体仍在。衅虽积而可消,兵虽交而可弭,亿万之性命可存。挽回元气,春动诸华,天地人神之福也。触忤圣德,不胜战惧之至。[66]

郝经的呼吁没有引起宋君臣的任何反应。忽必烈因有阿里不哥与他争位，没有对宋大举进兵。直至德祐元年(1275)，忽必烈遣礼部尚书中都海牙及郝经之弟郝庸至宋，问执行人之罪，宋廷才遣总管段佑以礼送郝经归国。[67]

忽必烈一方面与争夺汗位的阿里不哥战斗，另一方面致力于安定在中原的政权。因此在1260年以后，宋蒙对立的情势较之前和缓。数年后，蒙古再度对宋用兵。咸淳四年(1268)，元军以宋降将刘整和北方汉军史天泽等领军围襄阳。刘整在襄阳外围建城堡，练水军。宋将吕文焕坚守。次年，宋沿江制置副使夏贵(1197—1279)率水师来援，运粮入襄阳。此后屡次来援，多被击败。咸淳八年(1272)，宋援军从上游东下，进入襄阳。但是次年元军攻取并屠樊城，军民尸如山积。又以回回炮攻打襄阳，吕文焕投降。襄樊之战前后达六年之久，是中国军事史上极为惨烈的一役，也显示出宋人长于守城。在蒙古方面，则有宋降将刘整的贡献，尤其是在建立水军方面，他的推动与执行出力最大。[68] 吕文焕降元后，对宋军的沿江将领招降颇为成功。襄阳被围时，权兵部尚书、荆湖安抚制置使、知江陵府汪立信写信给贾似道，建议上策屯兵沿江防守，中策"久拘聘使，无益于我，徒使敌得以为辞。请礼而归之，许岁币以缓师期。不二三年，边遽稍修，藩垣稍固，生兵日增，可战可守"。贾似道大怒不理。[69]

元军取襄阳后，南宋的长江中游防线洞开。元军也在襄樊之战期间练成一支水军。咸淳十年(1274)，元军对宋发动攻势，沿长江东下，水陆并进。贾似道对汪立信哭着说："不用公言，以至于此。"[70]

伯颜大败宋将夏贵的水师于阳逻堡。鄂州投降。德祐元年(1275)年初，元军攻下蕲州、黄州、江州、安庆等地。范文虎以池州投降。贾似道被迫出师，建督府于芜湖，有精兵十三万，以孙虎臣守池州下游的丁家洲（安徽铜陵东北）。二月，贾似道派阮克己、宋京向伯颜求和，请称臣，奉岁币。伯颜不允，要贾似道亲自前往。[71]夏贵以战舰两千五百艘拒敌。蒙军水陆夹攻，孙虎臣溃败于丁家洲。夏贵不战而逃。贾似道奔扬州，诸军尽溃。二月二十八日，因蒙古责问贾似道拘留郝经，贾似道只好把郝经放回。至此，朝廷将一切过错归罪于贾似道。谢太皇太后致书吕文焕，希望他代为求和，但并无结果。[72]三月二日，元军入建康。同时，元世祖派廉希贤、严忠范、柴紫芝到建康，由伯颜派兵护送至临安议和。宋军杀严忠范，执廉希贤，廉希贤重伤死。四月，陈宜中、吴浚派人对宋降将徐玉荣解释误会，请罢兵通好。伯颜遣秦中、张羽、王章同宋使马驭持徐玉荣书至临安，却全被杀害。七月，夏贵在淮西守卫（直至次年二月才投降）。九月，李庭芝守扬州，阿术攻不下。蒙军于镇江附近的焦山败张世杰(？－1279)。这些战役显示蒙军既有汉军及降将的帮助，又有相当强大的水军。贾似道计划迁都不成，被贬，死于放逐途中。大军进逼临安。十二月，谢太皇太后与宰相陈宜中遣柳岳、洪雷震奉表往见伯颜求和，愿称侄纳币，又改称侄孙，被拒。伯颜遣抄儿赤及囊加歹与柳岳至临安谕宋人投降，谢太皇太后只得称臣。

德祐二年(1276)正月，宋恭帝奉玉玺及降表投降，降表曰：

宋国主臣㬎谨百拜奉表言：臣眇然幼冲，遭家多难，权奸似道背盟误国，至勤兴师问罪。臣非不能迁避，以求苟全。今天命有归，臣将焉往。谨奉太皇太后命，削去帝号，以两浙、福建、江东西、湖南、二广、两淮、四川见存州郡，悉上圣朝，为宗社生灵祈哀请命。伏望圣慈垂念，不忍臣三百余年宗社遽至殒绝，曲赐存全，则赵氏子孙，世世有赖，不敢弭忘。[73]

陆秀夫（1235—1279）、陈宜中、张世杰等人奉恭帝庶兄立于福州，即为端宗。端宗以陈宜中、文天祥（1236—1283）为宰相，募兵复国，与元军作战，互有胜负。景炎元年（1276），文天祥率军在江西打败元军，次年，被迫退回福建。景炎三年（1278），元军进逼，执文天祥。同年，端宗卒，陆秀夫、张世杰等人立其弟为帝，即为帝昺，改元祥兴。小皇帝年仅八岁。这时的南宋政府只有广东一隅之地。祥兴二年（1279），宋元的最后一战在广东新会附近的崖山海港展开。宋军尚有兵十二万，战船一千余艘。元军的水师不如宋军，采取围困的战术，造成宋军缺乏饮水，形势非常严峻。是年二月，元军发动水陆总攻，宋军大溃，丞相陆秀夫背负皇帝投海死。宋亡。

文天祥拒绝降元，被囚三年，终于被处死，时在1282年。其死时衣带有赞："孔曰成仁，孟曰取义。惟其义尽，所以仁至。读圣贤书，所学何事？而今而后，庶几无愧！"又著有《正气歌》，传诵至今。

南宋灭亡的原因，史家归咎于出身士大夫的权臣，如贾似道的腐化误国。事实上，南宋末年固然政治和军事颇腐败，经济困弊，贾似道也的确误国，囚禁元使之举可以说无外交政策可言。但是宋朝似乎并没有亡国的内在原因。南宋后期没有特别昏暴的君主（金末也是如此），也没有足以威胁朝廷的叛乱。也许贾似道的专横和政治的堕败，和北宋末年的情形有些类似。而金朝的灭亡似乎也与北宋的衰败类似。宋金相继灭亡的主要原因是外在的。当时蒙古军队东征西讨，在欧亚大陆没有敌手。蒙古人在中原利用女真和汉人的降将，这些将领熟知山川地理和宋之虚实，并且帮助蒙古改良武器、训练水师，因此让蒙古军能够在江南作战。即使如此，蒙古灭宋的战争也甚为艰苦，历时亦久。南宋抵抗蒙古侵略的成就，远非当时世界上其他国家能够相比。

就南宋末年对蒙古的外交而言，很明显，双方武力悬殊，外交政策和外交人员在没有武力为后盾的情形下，似乎完全没有回旋的余地。由于蒙古也注重财富，宋人也许仍可利用岁币来换得一时的和平；但是一旦发生战争，战局急转直下，岁币就不能发挥作用。蒙古的政策是要得到南宋的全部而不会让宋君臣在岁币的掩护下苟延残喘。

1 《宋史》卷三九《宁宗纪》三，第757页。
2 真德秀：《西山先生真文忠公文集》卷二《辛未十二月上殿奏札二》，第74页。
3 《宋史》卷三九《宁宗纪》三，第759页。
4 《宋史》卷三九《宁宗纪》三，第759页。
5 《西山先生真文忠公文集》卷三《使还上殿札子》，第86—88页。

6 《西山先生真文忠公文集》卷三《直前奏事札子》，第93页。参看黄宽重：《晚宋朝臣对国是的争议：理宗时代的和战、边防与流民》，台北：台湾大学文学院，1978，第16—17页。

7 《西山先生真文忠公文集》卷四一《刘文简公神道碑》，第626页。

8 袁燮：《絜斋集》（《丛书集成》本）卷四《论备边札子》，第46—38页。

9 《刘光祖集》，《全宋文》卷六三一六。

10 参看黄宽重：《晚宋朝臣对国是的争议：理宗时代的和战、边防与流民》，第15页。关于史弥远和郑清之，参看王德毅：《郑清之与南宋后期的政争》，《大陆杂志》，2000,101（6），第241—255页。

11 《宋史》卷三九《宁宗纪》三，第760页。

12 《金史》卷六二，第1482—1483页。

13 《宋史》卷三九，嘉定七年三月，第760页；八月，第761页。

14 《宋史》卷三九，嘉定七年十一月、十二月，第761页。

15 《宋史》卷三九，嘉定八年十一月、十二月。嘉定九年遣使贺金主生辰，第763页。

16 《金史》卷一五《宣宗纪》中，第327页。

17 《金史》卷一五，第328页；卷一〇六《术虎高琪传》，第2344—2345页。参看卷一〇七《张行信传》；卷一〇八《胥鼎传》；卷一〇九《许古传》；卷一一〇《杨云翼传》。

18 《宋史》卷四〇，第768页。

19 《金史》卷一〇九《许古传》，第416—417页。

20 《金史》卷一五，第330页、第333页。

21 《金史》卷一五，第341页。国书见赵秉文：《闲闲老人滏水文集》（《丛书集成》本）卷一〇，第140—141页，《详问书》。

22 《金史》卷一五，第341页。

23 《金史》卷一七《哀宗纪》上，第375页；卷六二，第1486—1487页。

24 《金史》卷一七，第386页。

25 《宋史》卷四〇，第774—775页。

26 《金史》卷一七，第376页。

27 赵秉文：《闲闲老人滏水文集》卷一〇，第141页。

28 《元史》卷一《太祖本纪》。邹重华：《蒙古假道于宋以灭金战略剖析》，收入邓广铭、漆侠等主编：《宋史研究论文集》，石家庄：河北教育出版社，1989，第346—356页。

29 邹重华：《南宋对蒙古势力崛起的反应》，收入胡昭曦、邹重华编：《宋蒙（元）关系研究》，成都：四川大学出版社，1989，第49页。

30 真德秀：《西山先生真文忠公文集》卷一三《甲午二月应诏上封事》，第226页。

31 黄宽重：《晚宋朝臣对国是的争议：理宗时代的和战、边防与流民》，第24—25页。

32 《元史》卷一九三《石珪传》。

33 关于赵拱与苟梦玉的出使，参看胡昭曦、邹重华编：《宋蒙（元）关系史》，成都：四川大学出版社，1992，第23—26页。苟梦玉著有《使北录》，已逸。

34 胡昭曦、邹重华编：《宋蒙（元）关系史》，第28—29页。

35 《元史》卷一五三《李邦瑞传》。参看陈高华：《早期宋蒙关系和"端平入洛"之役》，收入《宋辽金史论丛》第一辑，北京：中华书局，1985，第50页。

36 参看胡昭曦、邹重华编：《宋蒙（元）关系史》，第57—61页。

37 《金史》卷六二，第1489页。

38 《金史》卷一一二《完颜合达传》。

39 刘祁撰,崔文印点校:《归潜志》卷一一,北京:中华书局,1983,第122—123页。

40 《归潜志》卷一一,第124页。

41 《归潜志》卷一一,第125—130页。

42 《归潜志》卷七,第68—69页。

43 《金史》卷一八《哀宗纪》下,第400页。

44 《元史》卷一五三《王檝传》。陈高华:《王檝使宋事实考略》,收入《元史研究新论》,上海:上海社会科学院出版社,2005,第220—237页。胡昭曦、邹重华编:《宋蒙(元)关系史》,第65—66页。徐霆出使札记与彭大雅所记合并为《黑鞑事略》。是年十月,史弥远致仕,不久去世。郑清之独相。

45 参看《归潜志》卷一一《录大梁事》;卷一二《录崔立碑事》;王鹗:《汝南遗事》。

46 《陵川集》卷一一(《四库全书珍本四集》本),第7—8页。

47 据胡昭曦、邹重华编《宋蒙(元)关系史》第100页,蒙古遣使在端平入洛之役之前,所以不是"责宋背盟"。

48 据《宋史全文》(《文渊阁四库全书》本)卷三二,端平元年十二月戊辰,蒙古国使人入朝,诏以郑寅为馆伴使。同时,进邹成之、李复礼、乔仕安、刘淳官各二等,以使蒙古国有劳也(第331—687页)。

49 真德秀:《西山先生真文忠公文集》卷一四《十一月癸亥后殿奏已见札子》,第241页。

50 魏了翁:《鹤山先生大全文集》(《四部丛刊》本)卷一九《被召除礼部尚书内因奏札子第四札》。

51 参看胡昭曦、邹重华编:《宋蒙(元)关系史》,第100—101页。

52 《宋史全文》(《文渊阁四库全书》本)卷三二,第331—688页。

53 《宋史》卷四二《理宗纪》二,第816页。《宋史全文》卷三三,第331—704页。

54 《宋史全文》卷三三,第331—729页。

55 陈高华:《王檝使宋事实考略》,收入《元史研究新论》,上海:上海社会科学院出版社,2005,第220—237页。参看胡昭曦、邹重华编:《宋蒙(元)关系史》,第142—143页。

56 参看胡昭曦、邹重华编:《宋蒙(元)关系史》,第143—144页。

57 参看胡昭曦、邹重华编:《宋蒙(元)关系史》,第166—167页。

58 蒙哥之死,《元史·宪宗纪》只载"是月,帝不豫"。关于钓鱼城之战,参看刘道平主编:《钓鱼城与南宋后期历史:中国钓鱼城暨南宋后期历史国际学术讨论会文集》,重庆:重庆出版社,

1991。另见姚从吾著，姚从吾先生遗著整理委员会编：《姚从吾先生全集》之四之《辽金元史讲义》之丙《元朝史》，台北：正中书局，1974，第185页。

59　《元史》卷一五九《赵璧传》，第3748页。《宋史》卷四七四，贾似道传亦载似道许和。事实是所谓鄂州和议并未完成，贾似道却向朝廷表功。参看胡昭曦、邹重华编：《宋蒙（元）关系史》，第245—247页。段玉明：《宋理宗时期的宋蒙关系剖析》，收入胡昭曦、邹重华编：《宋蒙（元）关系研究》，第84—85页。并参看 Herbert Franke, "Chia Ssu-tao（1213-1275）: A Bad Last Minister?" in Arthur F. Wright, ed., *Confucian Personalities*, Stanford University Press, 1962, pp.217-234。宫崎市定：《鄂州之役前后》，《アジア史研究》第一，第402—414页。

60　《陵川集》（《四库全书珍本四集》本）卷三二，第11—15页，《班师议》。《元史》卷一五七《郝经传》，第3705—3708页。

61　《元史》卷四《世祖纪》，第65页。

62　田浩（Hoyt Cleveland Tillman）：《宋、金、元文化思想碰撞与融合：探究郝经的夷夏观、正统论与道学演变》，收入张希清、田浩、黄宽重、于建设主编：《10—13世纪中国文化的碰撞与融合》，上海：上海人民出版社，2006，第21—61页。

63　《陵川集》（《四库全书珍本四集》本）卷四，第1—3页。

64　《元史》卷五《世祖纪》，第70页、第91页。

65　参看胡昭曦、邹重华编：《宋蒙（元）关系史》，第298页。

66　《陵川集》卷三九之末。

67　《元史》卷一五七《郝经传》，第3702—3708页。

68　萧启庆：《蒙元水军之兴起与蒙宋战争》，《蒙元史新研》，台北：允晨文化，1994，第351—381页。

69　《宋史》卷四一六《汪立信传》，第12474—12475页。

70　《宋史》卷四一六《汪立信传》，第12475页。

71　《元史》卷一二七《伯颜传》，第3104—3105页。《宋史》卷四七《瀛国公纪》，第925页。

72　参看方震华：《贾似道与襄樊之战》，《大陆杂志》，1995，90（4），第1—7页。《宋史》卷四七《瀛国公纪》，第926页。

73　降表见《宋史》卷四七《瀛国公纪》，第937—938页；《元史》卷九，第176—177页。参看王瑛：《综析伯颜攻宋战争中南宋灭亡的原因》，收入胡昭曦、邹重华编：《宋蒙（元）关系研究》，第244—297页。

# 结论

宋代外交的主要对象是辽、金和蒙元三朝。宋代建立以前，契丹（辽）领袖耶律阿保机自五代初期即已建号称帝，其皇帝的地位，中原无人能够动摇。后晋石敬瑭用割地、称臣称子和进贡岁币的方式与契丹耶律德光议和，得到"父皇"的援助，取得中原的政权。而后晋成为契丹的附庸，是中国历史上的一件大事，影响深远。宋以前的朝代曾经用贿赂的方法应付周边政权，最显著的是利用和亲政策来笼络邻邦的君长。以岁币和土地来换取和平与政治军事的支持，则是后晋对契丹首开其端。宋代君臣对后晋的称臣纳贡记忆犹新，尤其岁币在适当的时候可以作为外交的筹码。其后两宋外交政策的核心竟是岁币，并且发展为外交方面的一种重要手段。

宋太祖虽然有心缔造大一统的帝国，但当时他的重点在于先收服南方诸国。宋太宗试图以武力夺回五代时失去的燕云地区，两次北伐契丹失败后，群臣纷纷劝太宗"屈于一人之下，伸于万人之上"，他们提出的政策是用平等的国书致契丹，以金帛和贸易以及和亲来避免战争。也就是说，当时宋已经承认契丹的势力可以和中国匹敌，恢复燕云不是一件容易的事。面对这样的对手，利用中原丰富的资源和物产来换取和平，即使有些委屈，却是当时宋朝君臣认为比较适当的外交政策。

宋真宗与辽圣宗订立澶渊盟约，形成"澶渊模式"，就是以外交的手段缔结和约，维持与邻邦之间的友好及和平。南宋叶适说："以金币啖虏，本景德以来立国之素规耳。"[1]宋朝以此模式执行外交的态度是务实和理性的，从10世纪到13世纪，约有一半的时间，两宋和辽、金、蒙元三朝维持着对等的关系。宋辽两国间的外交制度建立后，每年至少互相派遣两次使节，另派遣特使（"泛使"）解决重要问题。这样通过外交的方式建立交换信息的沟通管道，避免了误解和歧见。当然，"澶渊模式"不完全是东亚国际关系的创举，因为中国古代已经存在国际间的外交关系，历代的外交政策和制度已经具有规模。但是"澶渊模式"的内涵和与此模式相关的种种制度的建立，以及此模式在两宋和辽、金、蒙元持续运作，则是宋辽两国统治者智慧的结晶，也可以说是文明的进步。[2]

北宋的外交以维持皇帝地位及疆土完整为主要目的，用岁币来代替割地。缔结《澶渊誓书》及《庆历誓书》两次和约的外交，虽然于建立平等关系之外，致送岁币与辽是瑕疵，但是两国间的和平维持了一百二十年之久。所以可以说直到徽宗破坏和约，北宋对辽外交是成功的。

南宋建立后，新政权处于风雨飘摇之中，对金的实力不够，皇帝的地位岌岌可危，只好屈辱求和，而岁币对金人来说是一种难以拒绝的诱惑。高宗屡次遣使求和，提出岁币这个必要的条件。高宗也同意除付出作为贡品的岁币之外，如不能维持土地的完整，可以退而放弃一部分土地；甚至牺牲名分，对金称臣。高宗和秦桧一意求和的外交策略过于屈辱，是失败的，不过却也维持了宋金对峙的局面。

宋孝宗于北伐失败后，努力以外交的手段改变高宗的难堪困境，虽然尚无法完全维持"大宋皇帝"的名分，却与金朝达到近于平等的地位。直到金朝灭亡,蒙古骤兴,12至13世纪末的局势是南北分裂。

蒙古崛起,宋人对于是否联合蒙古来灭亡金朝议论纷纷。虽然君臣都知道应以联金灭辽的失败为鉴,但是南宋对金朝有靖康之难的大仇恨和大耻辱,联蒙灭金是报仇的好机会。可惜宋人在灭金之后,对蒙古的外交屡次失误。加以蒙古并不遵循两宋与辽金外交的"澶渊模式",到了蒙古大军进逼临安之时,宋君臣仍冀图以送岁币和称臣来保全一隅之地,但既无效力,也为时已晚。

宋朝和辽、金甚至西夏都以赠送岁币或岁赐为一种必要的手段。岁币的给付,其实给两宋造成的财政负担并不是很严重。但是聘使往来,人力和物力的费用却很庞大。宋朝和辽金间每年互相庆贺正旦和皇帝生辰都需要赠送礼物;皇帝去世或新帝登基,辽金或宋朝都必须遣使带着礼物吊祭或道贺。使节团的人数虽不超过一百人,从地方到中央接待来使的费用却非常庞大。此外,对出使者的奖赏和来使的赏赐也是一大笔开支。

两宋的外交,除了沿袭历代的外交制度外,对重要敌国辽改变了传统的朝贡模式,以适应平等的外交需要,如增设了专办外交事务的机构国信所。在"澶渊模式"下,国信所为外交人员服务,组织使节团及接待来使团体,可以说是外交部的雏形。当时没有真正的职业外交家,在实际的外交执行方面,两宋和辽、金、蒙元都必须依赖大量的官员从事外交事务的谈判,由他们肩负重大的责任。两宋和辽、金、蒙元三朝的使节,处理外交事务有一个从尝试到娴熟应对的过程，有些杰出的使节能够较好地完成出使任务，有些勉力完成使命，少数则虚应故事或不遵礼节而受到责罚，有些甚至经历苦难，牺牲生命。使者交涉的事务大半属于经常性的典礼和应酬，少数的则谈判成功，与邻邦缔结条约，达到和平的目的。使节的谈判权力自然受到帝王和大臣的限制，不能自作主张。但是由于空间的限制，即由于交涉的地点与朝廷所在地有距离，不能随意往返；或由于时间的限制，即交涉时间过长，中间可能爆发战争，有时候使节不得不因应情况的变化而做出弹性的决策。例如，曹利用对辽岁币的数目，可以在寇准允许的范围内决定。又如，富弼可以决定拒绝辽兴宗提出的和亲要求，而增加岁币。至于到邻国后，从地方到中央接待的礼节是否适当，外交语言是否得体，能否争取到最大的利益，都由使人自己决定。不过，这种决定有时候是把双刃剑：有的结果会得到朝廷的奖赏，有的则会受到责罚。例如，陈襄对辽争得座位保住权利，却被责罚；又如，王伦争取到金人放弃河南地，得到奖赏。因此为了明哲保身，多数使人的行为会比较保守，不必争取更好的结果，以免出错。辽、金、蒙元三朝接待两宋外交人员的主要是汉人，辽、金和蒙元的使者，除契丹人、女真人和蒙古人之外，也有渤海人或其他民族，而大部分都是汉人。出现这种现象，自然是因为使宋和接待宋使者大多要说汉语，也因为和两宋交涉，在制度上必须向中原学习，或与中原人士一起创建新的制度。

宋辽间一百二十年的和平，影响所及，俨然在东亚形成了诸国间共同的国际规范。北宋对辽夏的外交，都谨守"两国外交，不杀来使"的古训。但是到了金朝崛起，随着国际间势力的失衡，外交制度在形式上虽仍沿袭宋辽外交的模式，但实际上金和蒙古对宋使都相当残暴，宋朝对金、蒙派遣的外交人员并没有人身安全的保障，他们时常被敌国拘留、虐待，甚至被杀害。影响所及，到了南宋末年，宋人也拘留甚至杀害蒙古使人。显然，在势力均衡的局面不再存在的情况下，宋辽创造的国际外交制度逐渐被破坏，而其责任并非完全由于金人和蒙古诉诸武力，宋人不能因应时代的变迁，仍然运用逐渐失效的"澶渊模式"也是原因之一。

回顾一千年前的历史，北宋与辽的统治者用他们的智慧和善意，建立了和平的国际关系架构。在这个架构下，出现了自古以来最具规模的外交制度和最大数目的外交人员，留下了珍贵的外交记录。即使有少数的外交人员受到拘留甚至被杀害，综观当时外交运行的过程，可以说是理性和务实的。最重要的是，百姓得以安居乐业，经济发展，文化兴盛延续了约三百年。只是随着时移世易，智慧和善意与外交架构逐渐被消磨，而最后赤裸裸的武力结束了两个多世纪的和平局面。

---

1　叶适：《上孝宗皇帝札子》，《全宋文》卷六四六五，第36页。

2　参看 Herbert Franke, *Diplomatic Missions of the Sung State 960-1276*, Canberra: The Australian National University Press, 1981, 论国际的政治游戏（play）乃是文明的表现。

# 后记

**陶晋生**
2019 年12 月11 日

我对于历史上的外交问题一直很感兴趣，我的硕士论文讨论南宋与金朝的战争，就已触及两朝的外交。在美国印第安纳大学副修美国外交史时，在罗伯特·费雷尔 (Robert Ferrell) 教授的指导下，我利用美国外交档案写过一篇报告《黄恩彤与望厦条约》。1969年至1976年间受台湾大学和历史研究所合聘时，我写了几篇北宋对辽外交的论文，后来结集成为1984年联经出版事业股份有限公司出版的《宋辽关系史研究》，有幸获得中山学术奖。其英文版的 *Two Sons of Heaven* (1988) 由亚利桑那大学出版社发行，获得傅海波及凯瑟琳·林嘉琳 (Katheryn Linduff) 等教授的好评。

2001年我从亚利桑那大学退休，次年承蒙东吴大学历史系黄兆强主任聘为客座教授，自此竟在东吴大学任教十五年之久。这本书来自在东吴大学授课时的讲稿。2009年的秋季，我开了一门"宋代外交史"的课程。从那时起，我不断地增加讲稿的资料，充实内容；在讲课时与同学们讨论及辩论会的辩论，使我受益良多。最终我决定写书。近年来，研究与宋代外交有关的论著纷纷出现，我也尽力参考这些书籍。由于至今还没有出现一本涵盖两宋与辽、金、蒙元三朝外交的专著，本书应当是抛砖引玉之作。

我如今年过八十，感谢吾妻丽云的扶持，身体依然健朗。她也经常鼓励我继续写作。写作期间，我搜集史料和书籍得到"中央研究院"各图书馆，尤其是傅斯年图书馆、亚利桑那大学图书馆和东吴大学图书馆同人的帮助，在此志谢。联经出版事业股份有限公司的发行人林载爵先生支持出版学术论著，沙主编费心校稿，方清河先生编引得，对此我都铭感于心。

# 宋代
# 外交大事表

| | |
|---|---|
| **907** | 契丹主耶律阿保机立，是为契丹太祖。 |
| **936** | 契丹太宗耶律德光天显十一年，立后晋石敬瑭。后晋割让燕云十六州之地予契丹并进贡，石敬瑭对耶律德光自称儿皇帝。 |
| **947** | 契丹灭后晋。建国号辽。耶律德光卒，耶律突欲（耶律阮）即位，即辽世宗。 |
| **960** | 赵匡胤自立，是为太祖，建国号宋。 |
| **974** | 开宝七年（辽景宗保宁六年）三月，宋遣使请和。以涿州刺史耶律昌术与宋议和（据《辽史》）。 |
| | 十一月，辽涿州刺史耶律琮致书权知雄州、内园使孙全兴。 |
| | 辛丑，全兴以琮书上奏。太祖命孙全兴答涿州修好书（据《长编》）。 |
| **975** | 开宝八年正月，宋遣使来聘（据《辽史》）。三月，辽遣使克妙骨慎思来讲和。宋太祖诏阁门副使郝崇信至边境迓之。及至，馆于都亭驿。召见。 |
| | 七月，宋廷遣西上阁门使郝崇信、太常丞吕端使辽。宋辽双方开始互遣使臣交聘。 |
| | 八月，辽遣左卫大将军耶律霸德等致御衣、玉带、名马。 |
| | 十一月，宋以校书郎直史馆宋准、殿直邢文庆贺辽正旦。 |
| | 十二月，辽遣右卫大将军耶律乌正等来贺明年正旦。双方开始互相庆贺新年。 |
| **976** | 辽遣使来贺长春节。宋遣使贺辽帝生辰。双方开始互贺皇帝生辰。 |
| | 太祖暴卒，赵光义立。 |
| **979** | 太平兴国四年，太宗赵光义出兵攻北汉。 |
| | 五月，北汉刘继元降。 |
| | 六月，太宗亲征辽。七月，攻幽州不下，遂班师。自此双方不再互相遣使。 |
| **982** | 辽圣宗（耶律隆绪）立。 |
| **985** | 宋太宗将伐契丹，遣韩国华使高丽，联合制契丹。 |
| **986** | 雍熙三年三月，宋军北伐。 |
| | 五月，曹彬从涿州北征，至岐沟关，大败。 |
| | 八月，宋将杨业败死。 |
| **989** | 太宗诏群臣各陈备边御戎之策。 |
| **990** | 辽封李继迁为夏国王。 |
| **992** | 李继迁降宋，宋帝赐名赵保吉。 |

| | |
|---|---|
| 997 | 宋太宗逝世，真宗即位。次年为咸平元年。 |
| 1003 | 四月，契丹入侵定州，宋将王继忠被俘。 |
| | 五月，罢雄州榷场。因辽间谍以互市为名，侦察宋方情状。 |
| 1004 | 契丹军入侵，真宗下诏亲征至澶州。王继忠以书信致宋臣，宋廷以曹利用为使往辽营交涉。 |
| 1005 | 宋使曹利用与辽臣谈判，订立澶渊誓书： |
| | (1)双方建立和平关系。 |
| | (2)宋对辽输送岁币三十万两匹。 |
| | (3)双方百姓不可越界。 |
| | (4)双方边境不可增加防御设施。 |
| | (5)誓书以宣誓结束。 |
| | 宋辽为兄弟之邦。 |
| | 宋辽置榷场互市。 |
| 1022 | 真宗卒，仁宗继位，刘太后垂帘听政。 |
| 1031 | 辽圣宗卒，兴宗（耶律宗真）即位，改元景福。次年改元重熙。 |
| 1038 | 李元昊即帝位，国号大夏。 |
| 1039 | 宋取消西夏封号，关闭榷场。 |
| 1040 | 西夏大败宋军。 |
| 1041 | 西夏再败宋军。 |
| 1042 | 辽遣泛使萧英、刘六符索要关南地。 |
| | 宋遣富弼谈判，缔结《庆历誓书》： |
| | (1)增加岁币二十万。 |
| | (2)岁币称"纳"。 |
| 1043 | 西夏遣使至宋，李元昊称子不称臣。 |
| 1044 | 梁适、余靖使契丹。 |
| | 宋册封西夏李元昊为夏国主，夏得到岁赐。 |
| 1063 | 英宗立，次年为治平元年。 |
| 1067 | 神宗即位。 |
| 1074 | 宋辽边界发生纠纷并交涉。 |
| 1075 | 辽泛使萧禧至宋谈判边界问题。宋命刘忱、韩缜、沈括等人前往谈判。沈括见辽道宗谈判。 |
| 1076 | 宋辽重新划界。 |
| 1082 | 西夏大败宋军于永乐城。 |

| | | |
|---|---|---|
| 1099 | | 辽遣泛使问伐夏之因。|
| 1114 | | 女真完颜阿骨打起兵反辽。|
| 1115 | | 阿骨打称帝，国号金，建元收国。|
| | | 童贯引燕人马植（后改名赵良嗣）见徽宗，献策联金灭辽。|
| 1116 | | 宋遣使马政、马扩与金谈判夹攻辽。|
| 1120 | | 宋金订立海上之盟。|
| 1122 | | 宋军两次攻打燕京失败。金军至燕京，辽汉官投降。|
| 1123 | | 宋金缔约。|
| | | (1)宋对金输岁币五十万。另赔款。|
| | | (2)宋取得燕京及六州地。|
| | | 宋背盟纳张觉。后被迫杀张觉，以其首送金人。|
| 1125 | | 金军获辽天祚帝，辽亡。|
| | | 徽宗退位，钦宗立。|
| 1126 | | 金军围汴京，钦宗与完颜斡离不（宗望）订城下之盟。|
| | | (1)钦宗尊金帝为伯父。|
| | | (2)宋对金割河间、中山、太原三镇。赔款金五百万两、银五千万两。|
| | | 闰十一月，金完颜斡离不、完颜粘罕（宗翰）再围城。|
| | | 二十五日，汴京城破。|
| 1127 | | 正月，二帝至青城。|
| | | 二月，金废钦宗。|
| | | 三月，金帅立张邦昌为楚帝。|
| | | 四月，金人掳徽、钦二帝北去。|
| | | 五月，赵构立。建号建炎，是为南宋高宗。|
| | | 王伦、朱弁分别为大金通问使、副使（未行）。|
| | | 周望、赵哲为大金通问使（未行）。|
| | | 六月，傅雱、马识远分别为大金通和使、副使。|
| | | 九月，高宗赐张邦昌死，伪楚亡。|
| | | 宋使胡蠡使高丽。|
| 1128 | | 二月，刘海、王贶分别为大金军前通问使、副使。|
| | | 五月，宇文虚中、杨可辅分别为大金祈请使、副使。|
| | | 十月，高宗至扬州。|
| | | 王伦、朱弁分别为大金通问使、副使，迎请二圣。绍兴二年王伦返。|
| | | 杨应诚、韩衍使高丽。|

十一月，魏行可、郭元迈分别为大金军前通问使、副使。

1129　正月，李邺、周望分别为祈请大金国信使、副使。未行。

二月，金兵南侵，高宗南渡至杭州。

遣刘俊民至扬州金军前求和。

三月，苗刘之变，高宗被迫退位。旋即复辟。

完颜宗弼率军南侵，陷明州。高宗浮海逃亡。

五月，洪皓、龚璹分别为大金通问使、副使。

七月，谢亮使夏国。

九月，遣张邵、杨宪分别为大金军前通问使、副使。

1131　改元绍兴。

1133　六月，韩肖胄、胡松年分别为大金军前奉表通问使、副使。十一月与金使李永寿、王翊同来。

1134　正月，章谊、孙近使金。

九月，魏良臣、王绘分别为奉使大金国军前奉表通问使、副使。

1137　正月，何藓奉使金国回。报徽宗死讯。

四月，王伦、高公绘分别为奉使金国迎奉梓宫使、副使。

十一月，金废伪齐。

1138　三月，秦桧任右相兼枢密使。

七月，王伦、蓝公佐分别为奉使大金国奉迎梓宫使、副使。

八月，金朝命张通古为诏谕江南使，以河南地赐宋。

十一月，王伦、苏符分别为国信计议使、副使。

1139　四月，宋遣使谢河南地。

六月，王伦、蓝公佐分别为交割地界使、副使。

七月，金宋国王宗磐、兖国王宗隽谋反，伏诛。

右副元帅宗弼为都元帅，进封越国王。

八月，金行台左丞相挞懒等谋反，伏诛。

1140　正月，李谊、莫将分别为迎护梓宫奉迎两宫使、副使。

五月，金熙宗诏元帅府复取河南、陕西地。

七月，岳飞北伐，败金军于郾城、颍昌后，被召回。

1141　九月，刘光远、曹勋分部为大金通问使、副使。

十月，魏良臣、王公亮分别为禀议使、副使。

十一月，何铸、曹勋分别为大金报谢使、副使。和议成。

(1)高宗对金奉表称臣。

(2) 宋岁贡银绢五十万两匹于金。

(3) 东以淮水，西至大散关为界，割唐、邓二州予金。

十二月，岳飞被赐死。

| 1142 | 三月，金遣刘筈册宋康王为帝。 |
| --- | --- |
| 1150 | 三月，金海陵王（完颜亮）遣完颜思恭、翟永固至宋报登位。宋遣余唐弼、郑藻分别为贺大金登位使、副使。 |
| 1151 | 遣签书枢密院事巫伋、郑藻分别为大金祈请使、副使。请归皇族。 |
| 1156 | 高宗下诏禁妄议边事："讲和之策，断自朕志。" |
| 1157 | 二月，贺金朝正旦使节孙道夫、郑朋返，认为金朝将败盟。 |
| 1159 | 贺金正旦使沈介、黄中回朝。黄中也请防备金人。 |

六月，王纶、曹勋分别为大金奉表称谢使、副使。

九月，王纶等回朝，报告金朝恭顺和好。

十二月，金朝贺正旦使施宜生至宋。

| 1160 | 二月，宋廷遣叶义问、刘允升为大金报谢使、副使。 |
| --- | --- |

三月，贺允中等使金还，说金势必败盟。

五月，叶义问使还，报告金人必将败盟。

| 1161 | 五月，金贺生辰使高景山、副使王全提出重新划国界的要求，欲以长江为界。 |
| --- | --- |

六月，金使返国途中，又有金牌特使大怀正来。

十一月，采石之战。金帝兵败被杀。宋金两国之盟已绝。

金世宗自立，改元大定。

十二月，金廷遣报谕宋国使报登位。与宋议和。洪迈为接伴使，张抡为副使。洪迈建请改有关接伴的十四件事，并与金使抗礼。

| 1162 | 三月，洪迈、张抡分别为贺大金登宝位国信使、副使。金人坚持用旧礼，且令洪迈称陪臣。宋再遣刘珙出使。 |
| --- | --- |

高宗退位。

| 1163 | 孝宗即位，改元隆兴。 |
| --- | --- |

主战论起。孝宗用张浚筹划大计，但李显忠、邵宏渊不能合作，宋军溃于宿州附近的符离。

九月，宋廷遣卢仲贤使金。

十一月，宋廷遣王之望、龙大渊分别为金国通问国信使、副使。

| 1164 | 八月，魏杞使金。 |
| --- | --- |

十一月，国信所大通事王抃二次出使。孝宗主张"四州地，岁币可

与,名分、归正人不可从"。南宋国书(不用表)中,国号称宋而不称大宋,宋帝仍用名字,双方终于在1164年复归于和。隆兴和议:(1)宋金关系从君臣改为叔侄,孝宗对金不称臣。(2)疆界不变,如绍兴之时。(3)岁币减为银绢二十万两匹。(4)宋对金"上表"及金对宋之"诏"改为平等国书。

**1170** 乾道六年,宋遣范成大、康湑使金,求陵寝地,且请更定受书礼。

九月,"范成大至自金。金许以迁奉及归钦庙梓宫,而不易受书礼"。《金史》中载:"九月,宋祈请使范成大、康湑至,求免起立接受国书。诏不许。"

十一月,宋遣赵雄等贺金主生辰。别函书请更受书之礼。

**1171** 三月,赵雄至自金。金拒其请。赵雄带回金回书,称宋国不欲请发还钦宗灵柩。传说金将派三十万军队护送灵柩。

十月,金遣乌林答天锡等来贺会庆节。"要帝降榻问金主起居。虞允文请帝还内。命知阁门使王抃谕天锡明日见。天锡沮还。"此前高宗时金使问起居,高宗也问金主起居。

**1173** 二月,宋遣姚宪等使金贺上尊号,附请受书之事。

七月,姚宪等至自金。金人拒其请。

十二月,金使完颜璋等人来贺明年正旦,以议受书礼不合。金廷于二月,以梁肃、蒲察讹里剌为详问宋国使。宋人只好仍用旧礼。

**1175** 八月,宋遣左司谏汤邦彦等使金申议。从此,孝宗不再遣使要求更改受书礼。

**1194** 宋宁宗即位。

**1205** 韩侂胄计划北伐。金使赵之杰贺宋帝正旦,"礼甚倨"。

韩侂胄不肯让宋帝用受书礼。

**1206** 五月,宋宁宗下诏伐金。

**1207** 丘崈遣陈璧奉书求和,仆散揆不见宋使。

五月,方信孺使金乞和。

六月,以林拱辰为金国通问使。

九月,韩侂胄遣王柟以书致元帅府完颜匡。

十一月,史弥远等杀韩侂胄。

**1208** 嘉定元年正月,王柟使还。宋遣许奕为金国通问使。

三月,王柟再自金军前回朝。

七月,嘉定和议成,和议条件为:

(1)国境如前,金将所侵地归宋。
(2)两国关系改为伯侄。
(3)增岁币为银绢三十万两匹。
(4)宋另赠犒军钱三百万贯与金。
金章宗卒,卫绍王继位。

**1213** 金宣宗即位。

**1214** 蒙古侵略金朝,曾派人与宋联络,但被宋边臣所拒。金人虽与蒙古议和,但在强大的军事压力下迁都汴京。

宋停止对金送岁币。有人主张讨伐金朝,报不共戴天之仇。主张继续送岁币者认为可助金抗蒙古,断绝岁币可能招致金人开战。但金侵宋让宋不可能助金抗蒙古。

金侵南宋,战争持续七年,至1224年停战。此战令南宋不可能采用史弥远"扶金以为屏障"的主张。

**1217** 成吉思汗西征,命木华黎征略汉地,攻金。

**1220** 木华黎扩张势力至山东,与忠义彭义斌作战。彭军入河北,至1225年败死。

**1221** 宋宁宗嘉定十四年,赵拱见木华黎,似非朝廷所遣。宋遣苟梦玉通好(应于1220年出发),见成吉思汗。

**1222** 木华黎派蒙古不花率军攻凤州,为蒙古与南宋交兵之始。

**1223** 金宣宗卒。哀宗立,不再"南伐"。
苟梦玉再使。但宋方资料不载。

**1224** 宋宁宗卒。史弥远废太子,立理宗。

**1227** 成吉思汗死。

**1229** 窝阔台(元太宗)继位。

**1231** 元太宗三年(宋绍定四年),窝阔台遣速不罕使宋,要求假道于宋以灭金。但使臣被杀,因当时拖雷分兵攻陕南川北。

**1233** 蒙古派王檝、兀鲁剌使宋,七月至襄阳,提议夹攻金朝,并请助粮。蒙古攻开封,金哀宗出奔蔡州。(王檝第一次使宋)

**1234** 宋蒙联军攻入蔡州。哀宗自杀。金亡。

六月,宋派兵取三京〔开封、洛阳、商丘(即南京归德)〕,为蒙军所败。此役即"端平入洛",给予蒙古侵宋的新借口。

蒙古使王檝至宋廷议和,要求宋朝把过去给予金朝的好处转给蒙古。(王檝第二次使宋)

| | |
|---|---|
| 1235 | 宋遣程芾、王全为蒙古通好使。又遣杜显为添差通好副使赴蒙古。蒙军入四川。 |
| 1236 | 蒙古使王檝与宋使程芾南来。虽然史嵩之主和，但宋廷拒纳，命其返回。(王檝第三次使宋)原因是蒙军大举侵宋。 |
| 1237 | 蒙军攻淮西。 |
| 1238 | 王檝再来议和。(王檝第四次使宋)<br>王檝至临安。要求岁币银绢各二十万，并以长江为界。史嵩之力主和议。结果不明。王檝北返时，宋遣朱扬祖为送伴使。三月，遣周次说为蒙古通好使。<br>蒙军再攻两淮。 |
| 1240 | 王檝再使(王檝第五次使宋)，与周次说同来，王被边臣所阻。周云：和议必可成。但和议不成。王檝数年后卒于宋境。 |
| 1241 | 窝阔台死。蒙古退师。蒙古遣使月里麻思态度傲慢，要宋臣服。宋廷将之囚禁长达三十六年之久，最后月里麻思中毒而死。 |
| 1242 | 余玠治蜀，加强战备和防务。 |
| 1246 | 贵由登位。 |
| 1247 | 宋遣王元善使蒙古，争取和好，但被扣留七年。(《元史》不载,《宋史全文》载出使四次。) |
| 1248 | 贵由死。 |
| 1251 | 蒙哥登大汗位(宪宗)。 |
| 1252 | 忽必烈率大军出发远征大理。 |
| 1253 | 年末，蒙古灭大理。 |
| 1254 | 宋宝祐二年　蒙哥放回王元善，并遣术速门、谭浩报聘。因条件苛刻，宋廷拒绝蒙使。 |
| 1255 | 兀良合台奉命自云南攻四川。 |
| 1256 | 蒙哥以宋人"违命囚使，会议伐之"。 |
| 1258 | 蒙哥以主力攻四川，忽必烈攻湖北。是年年末，忽必烈从蔡州南下，贾似道守鄂州(武昌)。 |
| 1259 | 蒙哥战死于合州钓鱼城下。 |

|  |  |
|---|---|
|  | 九月，忽必烈得蒙哥死讯。 |
|  | 十一月，蒙古大军撤退。贾似道曾派赵璧与忽必烈议和。 |
| 1260 | 忽必烈登汗位，年号中统。 |
|  | 四月，遣郝经为国信使至宋，告登位及弭兵息民之意。但郝经被李庭芝囚于真州达十六年之久。 |
| 1261 | 宋景定二年，忽必烈遣崔明道、李全义为详问官使宋，宋廷不理。 |
|  | 刘整降蒙古。 |
|  | 忽必烈下诏伐宋。 |
| 1263 | 蒙古国信使王德素、刘公谅问拘留郝经之故。 |
| 1267 | 蒙军开始围攻襄阳。 |
| 1271 | 蒙古忽必烈建号元。 |
| 1273 | 蒙军攻陷樊城。吕文焕以襄阳降。 |
| 1274 | 元世祖忽必烈下平宋诏。 |
|  | 宋度宗去世，恭帝立。 |
|  | 元军从长江东下，大败宋军于阳逻堡。元军取鄂州、汉阳等地。 |
| 1275 | 元使廉希贤、严忠范招降。 |
|  | 宋遣还郝经。 |
|  | 宋人杀元使严忠范，廉希贤重伤死。 |
|  | 宋军杀伯颜所遣议事官秦中、张羽、王章。 |
|  | 伯颜遣宋降臣游介实招降。 |
|  | 宋遣柳岳持国书往见伯颜求和。伯颜遣抄儿赤及囊加歹与柳岳至临安，宋帝愿称侄或侄孙，纳岁币。被拒。 |
| 1276 | 宋遣刘岊奉表称臣，乞存境土。 |
|  | 皇太后与恭帝降元。 |
|  | 陈宜中、张世杰等立益王，即端宗。 |
| 1278 | 端宗卒。陆秀夫等立帝昺。 |
| 1279 | 钓鱼城守将王立降元。 |
|  | 崖山海战，宋军大败，陆秀夫与帝昺投海死。宋亡。 |

ered to
# 引用及参考书目

## 传统史籍

丁特起:《靖康纪闻》, 收入中国野史集成编委会、四川大学图书馆编:《中国野史集成》第五册, 成都: 巴蜀书社, 1993。

文徵明著, 周道振辑校:《文徵明集》, 上海: 上海古籍出版社, 2014。

王夫之:《宋论》, 收入船山全书编辑委员会编:《船山全书》第十一册, 长沙: 岳麓书社, 2011。

王安石:《临川先生文集》(《四部丛刊》本)。

王明清:《玉照新志》, 上海: 上海古籍出版社, 1991。

王明清:《挥麈后录》, 北京: 中华书局, 1961。

王珪:《王珪文集》, 收入曾枣庄、刘琳主编:《全宋文》, 上海: 上海辞书出版社, 2006。

王曾:《王沂公使辽录》, 收入赵永春编注:《奉使辽金行程录》, 吉林: 吉林文史出版社, 1995。

岳珂编, 王曾瑜校注:《鄂国金佗粹编续编校注》, 北京: 中华书局, 1988。

王钦若等编:《宋本册府元龟》, 北京: 中华书局, 1989。

司马光:《资治通鉴》, 北京: 中华书局, 1995。

司马迁:《史记》, 北京: 中华书局, 1982。

四川大学古籍研究所编:《全宋文》, 成都: 巴蜀书社, 1993。

朱弁:《曲洧旧闻》, 收入《宋元笔记小说大观》, 上海: 上海古籍出版社, 2001。

朱希祖:《伪楚录辑补》, 台北: 正中书局, 1955。

朱希祖:《伪齐录校补》, 重庆: 独立出版社, 1944。

朱熹著, 黎靖德编, 王星贤点校:《朱子语类》, 台北: 华世出版社, 1987。

宇文懋昭撰, 崔文印校证:《大金国志校证》, 北京: 中华书局, 1986。

汪藻著, 王智勇笺注:《靖康要录笺注》, 成都: 四川大学出版社, 2008。

宋子才:《使金贺生辰还复命表》, 收入《平阳县志》(1926年刻本) 卷六三, 台北: 成文出版社, 1970, 第639—643。

宋庠:《元宪集》(《四库全书珍本别辑》本)。

宋绶、宋敏求等:《宋大诏令集》, 北京: 中华书局, 1962。

李心传:《建炎以来朝野杂记》, 北京: 中华书局, 2000。

李心传:《建炎以来系年要录》(《丛书集成》本)。

李攸:《宋朝事实》(《丛书集成》本)。

李埴撰, 燕永成校正:《皇宋十朝纲要校正》, 北京: 中华书局, 2013。

李纲:《李纲全集》, 长沙: 岳麓书社, 2004。

李纲:《靖炎时政记》, 收入《全宋笔记》第三编第五册, 郑州: 大象出版社, 2008。

李纲:《建炎进退志》, 收入中国野史集成编委会、四川大学图书馆编:《中国野史集成》第五册, 成都: 巴蜀书社, 1993。

李纲:《靖康传信录》, 收入《全宋笔记》第三编第五册, 郑州: 大象出版社, 2008。

李澍田主编:《金史辑佚》, 吉林: 吉林文史出版社, 1990。

李澍田主编:《金碑汇释》, 收入《长白丛书》二集, 长春: 吉林文史出版社, 1989。

李焘:《续资治通鉴长编》, 北京: 中华书局, 1979—1992。

沈括:《熙宁使虏图抄》, 收入赵永春编注:《奉使辽金行程录》, 吉林: 吉林文史出版社, 1995。

佚名编:《宋史全文》, 文渊阁四库全书, 第331册。

佚名编, 金少英校补, 李庆善整理:《大金吊伐录校补》, 北京: 中华书局, 2001。

吴自牧:《梦粱录》, 收入《中国风土志丛刊》, 扬州: 广陵出版社, 2003。

吕中撰, 张其凡、白晓霞整理:《类编皇朝大事记讲义》, 上海: 上海人民出版社, 2013。

岳珂:《桯史》, 北京: 中华书局, 1981。

岳珂撰, 王曾瑜注:《金佗粹编》, 北京: 中华书局, 1989。

金渭显编著:《高丽史中中韩关系史料汇编》, 台北: 食货出版社, 1983。

金毓黻编:《渤海国志长编》, 长春: 社会科学战线杂志社, 1982。

金毓黻编:《辽海丛书》, 沈阳: 辽沈书社, 1985。

周必大:《周必大集》, 收入曾枣庄、刘琳主编:《全宋文》第227册, 上海: 上海辞书出版社, 2006。

周密:《武林旧事》, 收入孟元老等编:《东京梦华录外四种》, 台北: 大立出版社, 1980。

周密:《齐东野语》, 收入《唐宋史料笔记》, 北京: 中华书局, 1997。

周辉:《清波别志》, 收入《知不足斋丛书》第十八集, 北京: 中华书局, 1999。

胡宿:《文恭集》(《四部丛刊》本)。

郎瑛:《七修类稿》, 北京: 中华书局, 1959。

袁燮:《袁燮集》(《四部丛刊》本)。

倪思:《重明节馆伴语录》, 收入楼钥等撰, 王民信编:《南宋国信语录四种》, 台北: 文海出版社, 1981。

徐元瑞:《吏学指南》(《续修四库全书》)。

徐自明撰, 王瑞来校补:《宋宰辅编年录校补》, 北京: 中华书局, 1986。

徐松辑:《宋会要辑稿》, 台北: 新文丰出版公司, 1976。

徐梦莘:《三朝北盟会编》, 台北: 文海出版社, 1962。

孙玉良编:《渤海史料全编》, 吉林文史出版社, 1992。

真德秀:《西山先生真文忠公文集》(《四部丛刊》本)。

张端义:《贵耳集》, 收入《中国野史集成续编》第六册, 成都: 四川人民出版社, 1983。

脱脱等编:《宋史》, 北京: 中华书局, 1985。

脱脱等编:《金史》, 北京: 中华书局, 1975。

脱脱等编:《辽史》, 北京: 中华书局, 1974。

陈均编:《皇朝编年纲目备要》, 北京: 中华书局, 2006。

陈述辑校:《全辽文》, 北京: 中华书局, 1982。

陈东:《靖炎两朝见闻录》,《全宋笔记》第三编第五册, 郑州: 大象出版社, 2008。

陈亮撰, 邓广铭点校:《陈亮集》, 北京: 中华书局, 1987。

陈襄:《使辽语录》, 收入李勇先主编, 付天星、高顺祥副主编:《宋元地理史料汇编》第二册, 成都: 四川大学出版社, 2007。

陆游:《南唐书》, 南京: 南京出版社, 2010。

陆贽:《陆贽集》, 北京: 中华书局, 2006。

傅璇琮、孙钦善、倪其心、陈新、许逸民主编:《全宋诗》, 北京: 北京大学出版社, 1991。

傅璇琮、徐海荣、徐吉军主编:《五代史书汇编》,杭州:杭州出版社,2004。

曾公亮等撰:《契丹交通史料七种》,台北:广文书局,1972。

曾敏行:《独醒杂志》,收入《全宋笔记》第四编第五册,郑州:大象出版社,2008。

曾枣庄、刘琳主编:《全宋文》,上海:上海辞书出版社,2006。

汤勤福、王志跃:《宋史礼志辨证》,上海:三联书店,2011。

佚名:《宋季三朝政要》,台北:文海出版社,1981。

佚名:《建炎复辟记》,收入《全宋笔记》第三编第五册,郑州:大象出版社,2008。

佚名:《建炎维扬遗录》,收入《全宋笔记》第四编第八册,郑州:大象出版社,2008。

杨仲良:《宋通鉴长编纪事本末》,台北:文海出版社,1967。

杨家骆编:《辽史汇编》,台北,鼎文书局,1975。

杨尧弼:《伪齐录》,收入中国野史集成编委会、四川大学图书馆编:《中国野史集成》第六册,成都:巴蜀书社,1993。

杨尧弼:《伪豫传》,收入中国野史集成编委会、四川大学图书馆编:《中国野史集成续编》第六册,成都:巴蜀书社,2000。

叶绍翁:《四朝闻见录》(《丛书集成》本)。

熊克:《中兴小纪》(《丛书集成》本)。

熊克:《皇朝中兴纪事本末》,北京:北京图书馆出版社,2005。

赵永春编注:《奉使辽金行程录》,吉林:吉林文史出版社,1995。

赵秉文:《闲闲老人滏文集》(《丛书集成》本)。

赵彦卫:《云麓漫钞》,北京:中华书局,1996。

赵鼎:《忠正德文集》(《文渊阁四库全书》)。

赵翼:《二十二史札记》(《丛书集成》本)。

阎凤梧、贾培俊、牛贵琥编:《全辽金文》,太原:山西古籍出版社,2002。

刘克庄:《刘克庄文集》,收入《全宋文》第330—331册。

刘昌诗:《芦浦笔记》,北京:中华书局,1986。

刘昫:《旧唐书》,北京:中华书局,1975。

刘时举:《续宋中兴编年资治通鉴》,收入域外汉籍珍本文库编纂出版委员会编:《域外汉籍珍本文库》第四辑,西南师范大学出版社、人民出版社,2013。

刘敞:《刘敞文集》,《全宋文》第59册。

楼钥:《楼钥文集》,《全宋文》第265册。

楼钥等撰,王民信编:《南宋国信语录四种》,台北:文海出版社,1981。

郑麟趾:《高丽史》,台北:文史哲出版社,1972。

欧阳修:《新五代史》,北京:中华书局,1974。

欧阳修撰,李之亮注:《欧阳修集编年校注》,成都:巴蜀书社,2007。

欧阳修、宋祁:《新唐书》,北京:中华书局,1975。

欧阳修等:《太常因革礼》(《丛书集成初编》本)。

钱士升:《南宋书》,收入林开甲、唐子恒点校:《二十五别史》,济南:齐鲁书社,2000。

阎凤梧、贾培俊、牛贵琥编:《全辽金文》,太原:山西古籍出版社,2002。

薛居正：《旧五代史》，北京：中华书局，1976。
薛瑞兆、郭明志编纂：《全金诗》，天津：南开大学出版社，1995。
谢深甫等纂修：《庆元条法事类》八十卷，收入《续修四库全书》，上海：上海古籍出版社，1995。
韩维：《南阳集》《《四库全书珍本》二集）。
魏了翁：《鹤山先生大全文集》《《四部丛刊》本）。
罗大经撰，孙雪霄校点：《鹤林玉露》，上海：上海古籍出版社，2012。
苏轼：《苏轼全集校注》，石家庄：河北人民出版社，2010。
苏颂：《苏魏公文集》，北京：中华书局，1988。
苏辙：《苏辙集》，北京：中华书局，1999。

## 参考文献

于又彦、王禹浪、王宏刚：《女真传奇》，长春：时代文艺出版社，1989。
三上次男：《金史研究三：金代政治社会研究》，东京：中央公论美术出版，1973。
三上次男著，金启孮译：《金代女真研究》，哈尔滨：黑龙江人民出版社，1984。
小林晃：《南宋孝宗朝における太上皇帝の影響力と皇帝侧近政治》，《东洋史研究》，2012，71(1)。
山口瑞凤：《吐蕃王国成立史研究》，东京：岩波书店，1983。
中西进、安田喜宪：《谜の王国·渤海》，东京：角川书店，1992。
中西朝美：《五代北宋における国书の形式について--「致书」文书の使用状况を中心に——》，《九州岛大学东洋史论集》，2005(33)。
中村裕一：《唐代公文书研究》，京都：汲古书院，1996。
中村裕一：《唐代官文书研究》，东京：中文出版社，1991。
夫马进编：《中国东アジア外交交流史の研究》，京都：京都大学学术出版会，2007。
方建新：《南宋临安大事记》，杭州：杭州出版社，2008。
方诚峰：《补释宋高宗"最爱元祐"》，《清华学报》，2014(2)。
方豪：《宋史》，台北：中华文化事业委员会，1954。
方震华：《和战与道德——北宋元祐年间弃地论的分析》，《汉学研究》，2015，33 (1)。
方震华：《贾似道与襄樊之战》，《大陆杂志》，1995，90(4)，。
日野开三郎：《银绢の需给上より见た五代·北宋の岁幣·岁赐》，《东洋学报》，1952, 35(1), 35(2)。
木宫泰彦著，胡锡年译：《日中文化交流史》，北京：商务印书馆，1980。
毛汶：《辽金史事论文集》，商务印刷所，1935。
毛利英介：《澶渊の盟の历史的背景》，《史林》，2006，89(3)。
王友敏：《南北朝交聘礼仪考》，《中国史研究》，1996(3)。
王民信：《王民信辽史研究论文集》，台北：台湾大学出版中心，2010。
王民信：《沈括熙宁使虏图抄笺证》，台北：学海出版社，1976。
王民信：《辽宋澶渊盟约缔结的背景》，《书目季刊》，1975, 9。
王民信：《澶渊缔盟的检讨》，《食货月刊》，1975, 5(3)。

王立:《先秦外交辞令探究》,北京:世界知识出版社,2008。

王宏志:《金世宗与隆兴和议》,收入陈述主编:《辽金史论集》,第二辑,北京:书目文献出版社,1987。

王明荪:《金初的功臣集团及其对金宋关系的影响》,《政治大学边政研究所年报》,1979(10)。

王承礼:《中国东北的渤海国与东北亚》,长春:吉林文史出版社,2000。

王桐龄:《宋辽之关系》,《清华学报》,1927,4(2)。

王善军、王慧杰:《简论使辽对北宋使臣政治性格的影响》,《河北大学学报》,2006。

王曾瑜:《北宋晚期政治简论》,《中国史研究》,1994(4)。

王曾瑜:《宋钦宗和他的四名宰执》,《宋史研究论文集》,银川:宁夏人民出版社,1999。

王曾瑜:《宋高宗的屈辱外交》,香港中文大学,《中国文化研究所学报》,1994(新3)。

王曾瑜:《李纲的同道》,收入《隋唐辽宋金元史论丛》第三辑,上海:上海世纪出版公司、上海古籍出版社,2013。

王曾瑜:《荒淫无道宋高宗》,石家庄:河北人民出版社,1999。

王曾瑜:《绍兴和议与士人气节》,《中国史研究》,2001(3)。

王曾瑜:《关于兀术遗桧书及其有关问题》,《南开学报》,1981(5)。

王曾瑜:《关于秦桧归宋的讨论》,《历史研究》,2002(3)。

王瑛:《综析伯颜攻宋战争中南宋灭亡的原因》,收入胡昭曦、邹重华编:《宋蒙(元)关系史研究》,成都:四川大学出版社,1989。

王煦华、金永高:《宋辽和战关系中的几个问题》,《文史》,1980,第九辑。

王嘉川:《秦桧归宋问题平议》,《河北大学学报》,2006(4)。

王嘉川:《绍兴和议问题平议》,收入《宋史研究论丛》第八辑,保定:河北大学出版社,2007。

王慧杰:《宋朝遣往辽国的贺岁使节述论》,《贵州文史丛刊》,2005(4)。

王慧杰:《宋朝遣辽使臣群体研究》,北京:社会科学文献出版社,2016。

王慧杰:《宋朝遣辽使臣群体出身研究》,《北方文物》,2014(3)。

王德毅:《宋高宗评》,收入岳飞研究会编:《岳飞研究》第三辑,北京:中华书局,1992。

王赓武:《王赓武自选集》,上海:教育出版社,2002。

王晓波:《宋太祖时期宋辽关系的变化》,收入《宋代文化研究》第七辑,成都:巴蜀书社,1998。

王晓波:《对澶渊之盟的重新认识和评价》,《四川大学学报(哲社版)》,2003年(4)。

田浩(Hoyt Cleveland Tillman):《宋、金、元文化思想碰撞与融合:探究郝经的夷夏观、正统论与道学演变》,收入张希清、田浩、黄宽重、于建设主编:《10—13世纪中国文化的碰撞与融合》,上海:上海人民出版社,2006。

史旺成:《朱弁出使金国考》,《晋阳学刊》,1983(1)。

史卫民:《大一统元至元十三年纪事》,北京:生活·读书·新知三联书店,1994。

平田茂树:《宋代文书制度研究的一个尝试——以"关"、"牒"、"咨报"为线索》,《汉学研究》,2009,27(2)。

古松崇志:《契丹·宋間の澶淵体制における国境》,《史林》,2007,90(1)。

古松崇志:《契丹·宋間における外交文書としての牒》,《東方学報》,2010,85。

石井正敏:《日本·渤海関係史の研究》,东京:吉川弘文館,2001。

石井正敏:《日本·渤海間の名分関係——舅甥問題を中心に》,收入佐藤信编:《日本·渤海古代史》,东京:山川出版社,2003。

石田肇:《御容の交換より見た宋遼関係の一齣》,《东洋史论》,1982(4)。

北京大学编:《澶渊之盟一千周年国际学术研讨会论文汇编》,2005。

札奇斯钦:《北亚游牧民族与中原农业民族间的和平战争与贸易之关系》,台北:正中书局,1973。

外山军治:《金朝史研究》,京都:同朋舍,1979。中译本:李东源译,牡丹江:黑龙江朝鲜民族出版社,1988。

申采湜:《宋代岁币的朝贡性质》,收入《宋史研究论丛》第九辑,2008。

江天健:《北宋对西夏边防研究论集》,台北:华世出版社,1993。

衣川强:《秦桧の講和政策をめぐって》,《东方学报(京都)》,1973。

向南:《辽代石刻文编》,石家庄:河北教育出版社。1992。

向南、张国庆、李宇峰辑注:《辽代石刻文续编》,沈阳:辽宁人民出版社,2010。

全汉昇:《宋金间的走私贸易》,《"中央研究院"历史研究所集刊》,1944,第十一本。

任崇岳:《略论宋金斗争中的几个问题》,《社会科学辑刊》,1990(4)。

任崇岳:《隆兴和约新论》,《中州学刊》,1991(1)。

任崇岳:《论宋金海上之盟》,《中州学刊》,1987(4)。

任崇岳:《论蒙金关系》,《社会科学辑刊》,1986(6)。

任崇岳:《关于澶渊之盟的几个问题》,《河南师范大学学报》,1983(4)。

朱丹琼、范立舟:《南宋中期政治特性之形成与治国理念之嬗递——以宋孝宗、韩侂胄为例》,《中国矿业大学学报(社会科学版)》,2005(2)。

朱偰:《宋金议和之新分析》,《东方杂志》,1936,33(10)。

朱瑞熙:《中国政治制度通史》第六卷《宋代》,北京:人民出版社,1993。

朱瑞熙:《宋高宗朝的中央决策系统及其运行机制》,收入岳飞研究会编:《岳飞研究》第四辑,北京:中华书局,1996。

朱瑞熙:《宋朝的岁币》,收入岳飞研究会编:《岳飞研究》第三辑,北京:中华书局,1992。

寺地遵:《岳飞、秦桧在宋代政治史上的地位检讨》,收入岳飞研究会编:《岳飞研究》第三辑,北京:中华书局,1992。

寺地遵著,刘静贞,李今芸译:《南宋初期政治史研究》,台北:稻禾出版社,1995。

寺地遵:《韩侂胄专权の成立》,《史学研究》,2005,第24号。

安国楼:《宋朝周边民族政策研究》,台北:华世出版社,1997。

池田温:《中国古代籍帐研究》。北京:中华书局,1984。

西尾尚也:《金の外交使節とその人選:内政問題の観点から》,《史泉》,2000(91)。

西尾尚也:《金宋間における天眷年間の和議に関する再検討:西夏の動向に関連して》,《史泉》,2009(102)。

西岛定生:《遣唐使与国书》,收入《第二届国际汉学会议论文集——历史与考古组》,台北:"中央研究院",1989。

何忠礼:《兀术遗秦桧书说考辨》,《杭州大学学报》,1980(1)。

何忠礼:《史学批评要坚持实事求是的原则》,《中国史研究》,2002(4)。

何忠礼:《南宋政治史》,北京:人民出版社,2008。

何忠礼:《试论南宋灭亡之原因及其教训》,收入《宋史研究论丛》第九辑,2008。

何冠环:《北宋武将研究》,北京:中华书局,2003。

何勇强:《钱氏吴越国史论稿》, 杭州: 浙江大学出版社, 2002。

何茂春:《中国外交通史》, 北京: 中国社会科学出版社, 1996。

佐竹靖彦、斯波义信、梅原郁、植松正、近藤一成编:《宋元时代史の基本问题》, 东京: 汲古书院, 1996。

佐伯富:《宋代雄州缓冲地两输地》, 收入《中国史研究第一》, 京都: 东洋史研究会, 1969。

余行迈:《金亡前后南宋和蒙古的一段交涉》,《东方杂志》, 1942, 39(9)。

吴天墀:《西夏史稿》, 成都: 四川人民出版社, 1983。

吴天墀:《西夏史稿》(增订本), 桂林: 广西师范大学出版社, 2006。

吴松弟:《南宋移民与临安文化》,《历史研究》, 2006(5)。

吴泰:《试论金国归宋河南陕西地的目的》,《中国史研究》, 1985(3)。

吴景宏:《宋金攻辽之外交》,《东方杂志》, 1947, 43(18)。

吴溢球:《唐朝诗人的和亲观》, 收入常绍温编:《历史文献与传统文化》, 广州: 广东人民出版社, 1990, 第一集。

吴晓萍:《宋代外交制度研究》, 合肥: 安徽人民出版社, 2006。

吕洪伟:《金末金宋关系相关问题探讨》, 辽宁师范大学硕士论文, 2006。

吕海寰编:《奉使金鉴》, 台北: 文海出版社, 1971。

宋馥香:《金朝争夺燕云地区的策略探析》,《北方文物》, 2001(1)。

李天鸣:《宋元战史》, 台北: 食货出版社, 1988。

李天鸣:《金侵北宋初期战役和宋廷的决策》, 宋旭轩教授八十荣庆论文集编辑委员会:《宋旭轩教授八十荣庆论文集》, 新北: 宗旭轩论文集编委会, 2000。

李宇峰:《从出土墓志略论辽朝中期与高丽西夏之外交》,《辽海文物学刊》, 1993(1)。

李季:《两宋乞和的教训》,《东方杂志》, 1941, 38(9)。

李昌宪:《宋代疆界述论》, 收入朱瑞熙、王曾瑜、蔡东洲主编:《宋史研究论文集》第十一辑, 成都: 巴蜀书社, 2006。

李华瑞:《宋夏史研究》, 天津: 天津古籍出版社, 2006。

李华瑞:《宋夏关系史》, 石家庄: 河北人民出版社, 1998。

李裕民:《宋太宗平北汉始末》,《山西大学学报》, 1982(3)。

李辉:《宋金交聘制度研究(1127—1234)》, 上海: 上海古籍出版社, 2014。

李德清:《评开禧北伐三说》,《华东师范大学学报(哲社)》, 1987(1)。

李锡厚:《岳飞与绍兴和议》,《中国史研究》, 2003(3)。

李锡厚:《契丹立国初期的通事》, 收入《庆祝邓广铭教授九十华诞论文集》, 石家庄: 河北教育出版社, 1997。

杜建录:《西夏与周边民族关系史》, 兰州: 甘肃文化出版社, 1995。

沈冬梅:《宗泽及建炎初年形势论——建炎以来系年要录读书札记》, 收入《隋唐辽宋金元史论丛》第二辑。上海: 上海世纪出版公司; 上海古籍出版社, 2012。

汪荣祖、林冠群编:《胡人汉化与汉人胡化》。嘉义: 中正大学台湾人文研究中心, 2006。

狄宁:《宋金燕云交涉研究》, 西北师范大学硕士论文, 2009。

邢义田:《契丹与五代政权更迭之关系》,《食货月刊》, 1971, 1(6)。

周立志:《王伦与宋金外交》, 韩世明、孔全海主编:《辽金史论集》, 第14辑。北京: 中国社会科学出版社,

2016。

周立志:《宋金交聘的新文献〈使金复命表〉研究》,《北方文物》,2013(1)。
周立志:《宋金交聘地方公务接待清单的发现与研究》,《黑龙江社会科学》,2018(1)。
周立志:《宋朝外交运作研究》,河北大学博士论文,2013。
周立志:《南宋与金交聘研究》,河北大学硕士论文,2010。
周立志:《关于南宋与金交聘的几个问题》,收入《宋史研究论丛》第十辑,2009。
周伯戡:《春秋会盟与霸主政治的基础》,《史原》,1975(6)。
周峰:《完颜亮评传》,北京:民族出版社,2002。
周宝珠:《宋金围绕伪齐的斗争与幕后交易》,收入《庆祝邓广铭教授九十华诞论文集》,石家庄:河北教育出版社,1997。
宗泽:《宗泽集》,杭州:浙江古籍出版社,1984。
屈万里:《元祐六年宋朝向高丽访求佚书问题》,《东方杂志》,1975,复刊8(8)。
林小异:《"主管往来国信"?——浅谈宋代的国信所》,收入张希清、田浩、穆绍珩、刘乡英编:《澶渊之盟新论》,上海:上海人民出版社,2007。
林正秋:《南宋定都临安》,杭州:西泠印社,1986。
林荣贵、罗贤佑:《辽圣宗实行善宋政策及其历史作用》,《民族史论丛》第1辑。北京:中华书局,1987。
金子修一:《隋唐の国际秩序と东アジア》,东京:名著刊行回,2001。
金子修一:《日本から渤海に舆えた国书に关する觉书》,收入佐藤信编:《日本と渤海の古代史》,东京:山川出版社,2003。
金成奎:《宋代の西北问题と异民族政策》,东京:汲古书院,2000。
金渭显:《契丹的东北政策——契丹与高丽女真关系之研究》,台北:华世出版社,1981。
金渭显著,陈文寿校译:《韩中关系史研究论丛》,香港:香港社会科学出版社,2004。
金毓黻:《宋代敕令格式》,《文史杂志》,1942,2(4)。
金毓黻:《宋辽金史》,1946重庆初版;香港:龙门书店版,1966。
芮逸夫:《释兄弟之国——兼论中国古代诸父的称谓》,收入《中国民族及其文化论稿》,台北:艺文印书馆,1972。
俞兆鹏、俞晖:《文天祥研究》,北京:人民出版社,2008。
俞垣浚:《宋金同盟缔结要因的一个分析》,收入《宋史研究论丛》第九辑,2008。
冒志祥:《宋朝的对外交往格局:论宋朝外交文书形态》,扬州:广陵社,2012。
姜吉仲:《高丽与宋金外交经贸关系史论》,台北:文津出版社,2006。
姜青青:《马扩研究》,北京:人民出版社,2008。
姚从吾:《阿保机与后唐使臣姚坤会见谈话集录》,《文史哲学报》,1953(5)。
姚从吾:《从宋人所记燕云十六州沦入契丹后的实况看辽宋关系》,《大陆杂志》,1964,28(10)。
姚从吾:《辽金元时期通事考》,《文史哲学报》,1967(16)。
姚从吾著,姚从吾先生遗著整理委员会编:《姚从吾先生全集》之二《辽金元史讲义》之甲《辽朝史》。台北:正中书局,1972。之三之乙,《金朝史》。之四之丙,《元朝史》。台北:正中书局,1974。
柯岚安(William A. Callahan):《中国视野下的世界秩序:天下,帝国和世界》,《中国外交》,2009(1)。
柳立言:《宋辽澶渊之盟新探》,《历史语言研究所集刊》,1990,61本3分。

胡昭曦:《宋史论集》, 重庆: 西南师范大学出版社, 1998。

胡昭曦:《晚宋名相郑清之考论》, 收入北京大学中国古代史研究中心编:《邓广铭教授百年诞辰纪念论文集》, 北京: 中华书局, 2008。

胡昭曦、邹重华编:《宋蒙(元)关系史》, 成都: 四川大学出版社, 1992。

胡昭曦、邹重华编:《宋蒙(元)关系研究》, 成都: 四川大学出版社, 1989。

范家全、吴晓萍:《两宋与辽金外交之比较——以盟约和国书为中心》,《安徽师大学学报(人文社会科学版)》, 2006(3)。

苗书梅、刘秀荣:《宋朝外交使节管理制度初论》, 收入《澶渊之盟新论》。

唐春生、孟颖:《宋代翰林学士与契丹(辽)及金的交聘》,《重庆师范大学学报》, 2011(5)。

夏宇旭:《金代契丹人研究》, 北京: 中国社会科学出版社, 2014。

夏宇旭:《论金代契丹族官员的外交活动及其作用》,《史学集刊》, 2013(3)。

孙克宽:《元代汉文化之活动》, 台北: 台湾中华书局, 1968。

孙克宽:《元王檝使宋事补》, 收入《辽金元史研究论集》, 台北: 大陆杂志社, 1960。

孙克宽:《蒙古初期之军略与金之崩溃》, 台北: "中央"文物供应社, 1955。

孙克宽,《刘后村与晚宋政治》,《大陆杂志》, 1961, 23(7—8)。

宫崎市定:《アジア史研究》第一, 京都: 东洋史研究会, 1962。

宫崎市定:《北宋史概说》, 收入《アジア史研究》, 京都: 东洋史研究会, 1962。

徐玉虎:《宋金海上之盟的概观》,《大陆杂志》, 1955, 11(12)。

徐吉军:《南宋定都临安》, 杭州: 杭州出版社, 2008。

徐杰令:《春秋邦交研究》, 北京: 中国社会科学出版社, 2004。

徐秉愉:《由苗刘之变看南宋初期的君权》,《食货月刊》, 1988, 16(11、12)。

秦鸿昌:《郝经传》, 太原: 山西古籍出版社, 2001。

袁本海:《唐朝契丹朝贡述略》, 收入辽宁省辽金契丹女真史研究会编:《辽金历史与考古》第一辑, 沈阳: 辽宁教育出版社, 2009。

袁良勇:《试论北宋沿边守臣的信息情报搜集活动》, 收入《宋史研究论丛》, 第14辑, 保定: 河北大学出版社, 2013。

酒寄雅志:《渤海と古代の日本》, 东京: 校仓书房, 2001。

马力:《宋哲宗亲政时对西夏的开边和元符新疆界的确立》, 收入邓广铭、漆侠等编:《宋史研究论文集》, 石家庄: 河北教育出版社, 1987。

马兴荣、刘乃昌、刘继才编:《全宋词广选新注集评》, 沈阳: 辽宁人民出版社, 1997。

高明士:《天下秩序与天下法——以隋唐的东北亚关系为例》,《法制史研究》, 2006(14)。

崔岩勤:《试析辽圣宗的对外关系》,《内蒙古师范大学学报》, 2000(6)。

崔明德:《中国古代和亲史》, 北京: 人民出版社, 2005。

张云筝:《宋代外交思想研究》, 北京: 中国社会科学出版社, 2012。

张正明:《和亲通论》, 收入《民族史论丛》第一辑, 北京: 中华书局, 1986。

张希清、田浩、穆绍珩、刘乡英编:《澶渊之盟新论》, 上海: 上海人民出版社, 2007。

张希清、田浩、黄宽重、于建设主编:《10—13世纪中国文化的碰撞与融合》, 上海: 上海人民出版社, 2006。

张邦炜:《韩侂胄平议》,《四川大学学报》, 1991(1)。

张金龄：《宋理宗研究》，北京：人民出版社，2008。
张亮采：《补辽史交聘表》，上海：中华书局，1958。
张星久：《阴影下的宋高宗》，收入岳飞研究会编：《岳飞研究》第四辑，北京：中华书局，1996。
张星久：《试论绍兴九年金人归还陕西河南的原因》，收入《宋史研究论文集》，杭州：浙江人民出版社，1987。
张健：《先秦时期的国礼与国家外交：从氏族部落交往到国家交往》，北京：文物出版社，2013。
张博泉：《宋金和战史论》，《史学集刊》，1984(2)。
张博泉：《略论完颜宗弼》，《学习与探索》，1983(5)。
张嘉友：《宁宗前期的宋金关系述评》，《西南科技大学学报（哲学社会科学版）》，2007, 24(3)。
张广达：《从安史之乱到澶渊之盟：唐宋变革之际的中原和北方》，收入黄宽重编：《基调与变奏：七至二十世纪的中国 (3)》，台北：政治大学历史系、中国史学会（日本）、"中央研究院"历史语言研究所，新史学杂志社，2008。
曹家齐：《宋朝对外国使客的接待制度》，《中国史研究》，2011(3)。
曹家齐：《余靖出使契丹与蕃语诗致祸考议》，《文史》，2010(3)。
曹显征：《辽宋实现首次交聘之背景分析》，《北方文物》，2006(1)。
梁利：《从"联丽制辽"到"联金灭辽"》，《河南大学学报》，2005, 45(2)。
梁庚尧：《宋宋时期关于岁币的讨论》，收入岳飞研究会编：《岳飞研究》第四辑，北京：中华书局，1996。
梁建国：《宋朝接送馆伴使的几个问题》，收入中国社会科学院历史研究所隋唐辽宋金元研究室编：《隋唐辽宋金元史论丛》第一辑，北京：紫禁城出版社，2011。
梁满仓：《南北朝通使刍议》，《北朝研究》上半年刊，1990(1)。
许世娣：《北宋韩琦墓志研究》，《宋史研究论丛》，第十四辑，保定：河北大学出版社，2013。
许倬云：《我者与他者：中国历史上的内外分际》，香港：香港中文大学出版社，2009。
郭铭杰：《整合中国外交研究：外交史、政治学、汉学及其超越》，台北：台湾大学，2010。
都兴智：《沦落金地的南宋使臣朱弁生平述议》，收都兴智：《辽金史研究》，北京：人民出版社，2004。
陈述：《阿保机与李克用结盟兄弟之年及其背盟相攻之推测》，《"中央研究院"历史语言研究所集刊》，1936, 7本1分。
陈述：《契丹史论证稿》，收入《辽史汇编》，北平：国立北平研究院史学研究所，1948。
陈尚胜主编：《中国传统外交关系的思想、制度与政策》，济南：山东大学出版社，2007。
陈垣：《陈垣丁未旧作两篇》，收入《宋辽金史论丛》第二辑，北京：中华书局，1991。
陈高华：《王檝使宋事实考略》，收入《元史研究新论》，上海：上海社会科学院出版社，2005。
陈高华：《早期宋蒙关系和"端平入洛"之役》，收入《宋辽金史论丛》第一辑，北京：中华书局，1985。
陈登原：《秦桧评》，《金陵学报》，1931, 1(1)。
陈登原：《韩平原评》，《金陵学报》，1934, 4(2)。
陈乐素：《宋徽宗谋复燕云之失败》，《辅仁学志》，1933, 4(1)。
陈乐素：《南宋定都临安的原因》，《思想与时代月刊》，1933(47)。
陈乐素：《读宋史魏杞传》，《浙江学报》，1948, 2(1)。
陈潮：《传统的华夷国际秩序与中韩宗藩关系》，收入复旦大学韩国研究中心主编：《韩国研究论丛》第二辑，上海：上海人民出版社，1996。
陈学霖：《朱弁使金事迹及其纪行资料》，收入北京大学中国古代史研究中心编：《邓广铭教授百年诞辰纪念论文集》，北京：中华书局，2008。

陈学霖：《金宋史论丛》，香港：香港中文大学出版社，2003。

陈学霖：《范成大〈揽辔录〉传本探索》，收入杨联陞等编：《国史释论》下册，台北：食货出版社，1988。

陶玉坤：《也谈辽宋间的两属地》，收入《宋史研究论丛》第六辑，保定：河北大学出版社，2005。

陶玉坤：《辽宋和盟状态下的政治对抗》，《内蒙古大学学报》，2000(1)。

陶玉坤：《辽宋对峙中的使节往还》，《内蒙古大学学报》，1999(2)。

陶玉坤、薄音湖：《北宋对契丹归明人的政策》，《内蒙古社会科学（汉文版）》，2003, 24(6)。

陶晋生：《宋辽金史论丛》，台北：联经出版事业股份有限公司，2014。

陶晋生：《宋辽间的平等外交关系》，收入《沈刚伯先生八秩荣庆论文集》，台北：联经出版事业股份有限公司，1976。

陶晋生：《宋辽关系史研究》，台北：联经出版事业股份有限公司，1984；简体字版，北京：中华书局，2008。

陶晋生：《完颜昌与金初的对中原政策》，《幼狮学志》，1970, 9(3)。收入《边疆史研究集：宋金时期》。

陶晋生：《边疆史研究集：宋金时期》，台北：台湾商务印书馆，1971。

傅启学：《中国外交史》，台北：台湾商务印书馆，1972 修订版。

傅乐焕：《宋人使辽语录行程考》，收入《辽史丛考》，北京：中华书局，1984。

傅乐焕：《宋辽聘使表稿》，收入"中央研究院"历史语言研究所集刊》，1949，第14本。

傅乐焕：《辽史丛考》，北京：中华书局，1984。

乔幼梅：《宋金贸易中争夺铜币的斗争》，《历史研究》，1982(4)。

彭朝阳：《伪齐政权述论》，四川大学硕士论文，2003。

曾瑞龙：《拓边西北：北宋中后期对夏战争研究》，香港：中华书局，2006。

曾瑞龙：《经略幽燕（979—987）：宋辽战争军事灾难的战略分析》。香港：香港中文大学出版社，2003。

森平雅彦：《牒と咨のあいだ——高麗王と元中書省の往復文書》，《史淵》，2003, 144 号。

程光裕：《澶渊之盟与天书》，《大陆杂志》，1961, 22(6)；22(7)。

程兆奇：《略论宋代的恢复情结》，《史林》，2001(3)。

程妮娜：《女真与北宋的朝贡关系》，收入《邓广铭教授百年诞辰纪念论文集》，北京：中华书局，2008。

程妮娜：《汉唐东北亚封贡体制》，北京：中国社会科学出版社，2014。

程溯洛：《北宋联金攻辽的外交》，《史学集刊》，1942(6)。

华山：《南宋和金朝中叶的政情和开禧北伐之役》，收入《宋史论集》，济南：齐鲁社，1982。

黄凤岐：《辽宋交聘及其有关制度》，《社会科学辑刊》，1985(2)。

黄宽重：《南宋史研究集》，台北：新文丰出版公司，1985。

黄宽重：《马扩与两宋之际之政局变动》，收入《历史语言研究所集刊》，1990, 61本4分。

黄宽重：《从和战到南北人：南宋时代的政治难题》，收入《史事、文献与人物：宋史研究论文集》，台北：东大图书公司，2003。

黄宽重：《晚宋朝臣对国是的争议——理宗时代的和战、边防与流民》，台北：台湾大学文学院，1978。

黄宽重：《贾涉事功述评——以南宋中期淮东防务为中心》，收入《史事、文献与人物：宋史研究论文集》。

黄宝实：《中国历代行人考续编》，台北：中华书局，1970。

逯耀东：《北魏与南朝对峙时期的外交关系》，《新亚书院学术年刊》，1966, 8。

杨浣:《辽夏关系史》,北京:人民出版社,2010。

杨联陞:《从历史看中国的世界秩序》,收入杨联陞著:《国史探微》,台北:联经出版事业股份有限公司,1983。

杨联陞等编:《国史释论——陶希圣先生九秩荣庆论文集》,台北:食货出版社,1988。

董克昌:《宋金外交往来初探》,《学习与探索》,1990(2)。

董克昌:《试析金世宗的保境息民政策》,《北方文物》,1985(2)。

虞云国:《古代中国人的周密边国族观——以〈文献通考四裔考〉为中心》,收入虞云国著:《两宋历史文化丛稿》,上海:上海人民出版社,2011。

虞云国:《苗刘之变的再评价》,收入虞云国著:《两宋历史文化丛稿》,上海:上海人民出版社,2011。

虞云国:《试论十至十三世纪中国境内诸政权的互动》,收入虞云国著:《两宋历史文化丛稿》,上海:上海人民出版社,2011。

贾玉英:《有关宋辽交聘中泛使概念的几点辨析》,《中国史研究》,2006(2)。

贾玉英:《宋辽交聘制度之管窥》,收入《澶渊之盟新论》。

邹重华:《蒙古假道于宋以灭金战略剖析》,收入邓广铭、漆侠等主编:《宋史研究论文集》,石家庄:河北教育出版社,1989。

雷海宗:《古代中国的外交》,《社会科学》(清华),1947,3(1)。

靳华:《嘉定和议后的宋金关系》,《北方论丛》,2002(6)。

廖隆盛:《北宋与辽夏边境的走私贸易问题》,《食货月刊》,1981,10(11);1981,10(12)。

廖隆盛:《从澶渊之盟对北宋后期军政的影响看靖康之难发生的原因》,《食货月刊》,1985,15(1)、15(2)。

漆侠:《宋太宗与守内虚外》,收入《庆祝邓广铭教授九十华诞论文集》。

漆侠:《辽国的战略进攻与澶渊之盟的订立》,《河北大学学报》,1992(3)。

赵之蔺:《澶渊之盟以前宋辽之外交关系》,《国学丛刊》,1943,第13册。

赵文坦:《金元之际汉人世侯的兴起与政治动向》,《南开学报》,2000(6)。

赵文坦:《关于金末山东淮海红袄军的若干问题》,《齐鲁学刊》,2011(1)。

赵汀阳:《天下体系:世界制度哲学导论》,南京:江苏教育出版社,2005。

赵永春:《"兀术不死,兵革不休"考辨》,《学习与探索》,2005(1)。

赵永春:《宋人出使辽金语录研究》,《史学史研究》,1996(8)。

赵永春:《宋金关于交聘礼仪的斗争》,《昭乌达蒙族师专学报》,1996(6)。

赵永春:《宋金关于受书礼的斗争》,《民族研究》,1993(6)。

赵永春:《金宋关系史》,北京:人民出版社,2005。

赵永春:《金国归宋河南、陕西地的目的新探》,《北方文物》,1990(1)。

赵永春:《金熙宗的官制改革及其历史地位》,《北方民族文化》,1991增刊。

赵永春:《金熙宗对宋政策的转变及其作用》,《北方文物》,1998(3)。

赵永春:《金熙宗对宋议和述论》,《昭乌达蒙族师专学报》,1988(4)。

赵永春:《试论辽人的中国观》,《文史哲》,2010(3)。

赵永春:《关于宋金交聘国书的斗争》,《北方文物》,1992(2)。

赵永春:《关于宋金"海上之盟"的几个史实问题》,《北方文物》,1985(2)。

赵永春、厉永平:《宋金海上联盟期间的领土交涉——以赵良嗣〈燕云奉使录〉的记载为中心》,《北华大学学报（社会科学版）》, 2005, 6(6)。

赵克：《苏颂接伴辽使及首次使辽时间考证》,《北方论丛》, 1992(4)。

赵葆寓：《略论完颜亮的功与罪》, 收入《宋辽金史论丛》第二辑, 北京: 中华书局, 1991。

赵鸣岐：《洪皓使金》,《北方论丛》, 1982(1)。

赵莹波：《唐宋元东亚关系研究》, 上海: 上海社会科学院出版社, 2016。

赵俪生：《赵俪生文集》, 兰州: 兰州大学出版社, 2002。

赵铁寒：《朱弁和他的〈曲洧旧闻〉》,《大陆杂志》, 1954, 8(12)。

赵铁寒：《宋金海上之盟始末记》,《大陆杂志》, 1962, 25(5); 1962, 25(6); 25(7)。

赵铁寒：《燕云十六州的地理分析》, 收入《宋辽金史研究论集》, 台北: 大陆杂志社, 1960。

齐觉生：《北宋联制与买和的外交》,《政治大学学报》, 1970(21)。

刘子健：《史学方法和社会科学——研究宋代的一些例证》,《大陆杂志》, 1986, 15(9)、15(10)。

刘子健：《宋金间叛臣反复的记载》,《大陆杂志》, 1986, 73(3)。

刘子健：《两宋史研究汇编》, 台北: 联经出版事业股份有限公司, 1987。

刘子健：《岳飞——从史学史和思想史来看》,《中国学人》, 1970(2); 收入《两宋史研究汇编》。

刘子健：《南宋成立时的几次危机及其解决》,《社会科学战线》, 1983(4)。

刘子健：《从儒将的概念说到历史上对南宋初张浚的评论》, 收入《国史释论》, 台北: 食货出版社, 1988。

刘伯骥：《春秋会盟政治》, 台北: 中华丛书编审委员会, 1962。

刘春霞、戴伟华：《宋金交聘中的南宋泛使考略》,《求索》, 2009(7)。

刘秋根、王慧杰：《论宋朝遣辽使节的家族性特征及其形成原因》,《贵州社会科学》, 2005(11)。

刘浦江：《宋代使臣语录考》, 收入张希清、田浩、黄宽重、于建设主编：《10—13世纪中国文化的碰撞与融合》, 上海: 上海人民出版社, 2006。

刘浦江：《金代的一桩文字狱——宇文虚中案考略》, 收入《庆祝邓广铭教授九十华诞论文集》。石家庄: 河北教育出版社, 1997。

刘浦江：《松漠之间——辽金契丹女真史研究》, 北京: 中华书局, 2008。

刘肃勇：《金世宗传》, 西安: 三秦出版社, 1986。

刘肃勇：《论完颜亮》,《中国史研究》, 1985(4)。

刘肃勇、王晓莉：《论完颜亮南征伐宋的战争》,《求是学刊》, 1987(5)。

刘进宝：《敦煌学通论》, 兰州: 甘肃教育出版社, 2002。

刘道平主编：《钓鱼城与南宋后期历史: 中国钓鱼城暨南宋后期历史国际学术讨论会文集》, 重庆: 重庆出版社, 1991。

刘庆：《金与北宋战争战略评析》, 收入《辽金史论集》, 第八辑, 吉林: 吉林文史出版社, 1994。

广濑宪雄：《唐後半期から北宋の外交儀禮——"對"の制度と關連》,《史学杂志》, 2009, 118(7)。

楼桐孙：《一件国难外交的史实（寇准澶渊之役）》,《东方杂志》, 1936, 33(4)。

樊文礼：《"绍兴和议"中宋方文献讳载的几个情节》,《文献》, 1999(4)。

蒋君章：《儿皇帝石敬瑭》, 台北: 启明书局, 1961。

蒋武雄：《宋辽人物与两国外交》, 新北: 花木兰文化出版社, 2014。

蒋武雄：《宋辽外交研究》, 新北: 花木兰文化出版社, 2014。

蒋武雄:《辽金夏元史研究》,新北:花木兰文化出版社,2013。
蒋武雄:《辽与五代外交研究》,新北:花木兰文化出版社,2013。
蒋复璁:《宋史新探》,台北:正中书局,1966。
蔡宗宪:《中古前期的交聘与南北互动》,台北:稻乡出版社,2008。
诸葛忆兵:《宋代宰辅制度研究》,北京:中国社会科学出版社,2000。
郑钦仁、李明仁编译:《征服王朝论文集》,台北:稻乡出版社,1999。
郑麟趾:《高丽史》,台北:文史哲出版社,1972。
邓小南:《祖宗之法:北宋前期政治述略》,北京:生活·读书·新知三联书店,2006。
邓小南:《关于泥马渡康王》,《北京大学学报(哲社版)》,1995(6)。
邓广铭:《辛弃疾传:辛稼轩年谱》,北京:生活·读书·新知三联书店,2007。
邓广铭:《岳飞传》(增订本),北京:人民出版社,1983。
邓广铭:《南宋对金斗争中的几个问题》,《历史研究》,1963(2)。
邓广铭:《邓广铭学术论著自选集》,北京:首都师范大学出版社,1994。
黎虎:《汉唐外交制度史》,兰州:兰州大学出版社,1998。
黎虎:《汉代外交体制研究》,北京:商务印书馆,2014。
燕永成:《南宋史学研究》,兰州:甘肃人民出版社,2007。
卢向前:《牒式及其处理程序的探讨——唐公式文研究》,收入北京大学中国中古史研究中心编:《敦煌吐鲁番文献研究论集》第三辑,北京:中华书局,1986。
卢启铉著,紫荆、金荣国译,金龟春译审:《高丽外交史》,延吉:延边大学出版社,2002。
卢逮曾:《五代十国对辽的外交》,《学术季刊》,1954,3(1)。
萧启庆:《元朝史新论》,台北:允晨文化,1999。
萧启庆:《蒙元史新研》,台北:允晨文化,1994。
戴仁柱著,刘广丰、惠冬译:《丞相世家:南宋四明史氏家族研究》,北京:中华书局,2014。
缪凤林:《宋高宗与女真议和论》,《国风》,1936,8(2)。
薛政超:《宋初对外遣使及使者素质研究》,《贵州社会科学》,2005(1)。
谢诒征编:《宋之外交》,上海:大东书局,1935。
韩酉山:《秦桧研究》,北京:人民出版社,2008。
韩酉山:《秦桧传》,上海:上海古籍出版社,1999。
聂崇岐:《宋辽交聘考》,《燕京学报》,1940(27)。又《宋史丛考》,北京:中华书局,1980。
罗朝霞:《澶渊之盟之性质辨》,《贵阳师专学报(社会科学版)》,2002(1)。
关履权:《两宋史论》,河南:中州书画社,1983。
藤野目子:《漢唐間における和番公主の降嫁について》,《史学杂志》,2008,117编7号。
额灯套格套:《游牧社会形态论》,沈阳:辽宁民族出版社,2013。
顾全芳:《评宋初的对辽政策》,《社会科学辑刊》,1985(5)。
顾宏义、郑明:《试析五代宋初中原诸政权角力中的契丹因素》,收入韩世明主编:《辽金史论集》第十辑,北京:中国社会科学出版社,2007。
龚延明:《岳飞研究》,北京:人民出版社,2008。

Ang, Melvin Thlick-len. *Sung-Liao Diplomacy in 11th and 12th Century China: A Study of the Social and Political Determinants of Foreign Policy*. PhD Disertation. University of Pennslvania, 1983.

Barfield, Thomas J. *The Perilous Frontier: Nomadic Empires and China*. Cambridge, Mass., Basil Blackwell, 1989.

Bielenstein, Hans. *Diplomacy and Trade in the Chinese World, 589-1276*. Leiden: Brill, 2005.

Ebrey, Patricia B. *Emperor Huizong*. Cambridge, Mass.: Harvard University Press, 2014.

Ebrey, Patricia B. and Maggie Bickford, eds. *Emperor Huizong and Late Northern Song China: The Politics of Culture and the Culture of Politics*. Cambridge, Mass.: Harvard University Press, 2006.

Fairbank, John K., Edwin O. Reischauer and Albert M. Craig, *East Asia: Tradition and Transfromation*. Boston: Houghton Mifflin Co., 1973.

Fairbank, John K., ed. *The Chinese World Order*. Cambridge, Mass.: Harvard University Press, 1968. 费正清编，杜继东译：《中国的世界秩序：传统中国的对外关系》，北京：中国社会科学出版社，2010。

Franke, Herbert. "Chia Ssu-tao (1213-1275): A Bad Last Minister?" in Arthur F. Wright, ed. *Confucian Personalities*. Stanford:Stanford University Press, 1962.

Franke, Herbert *Diplomatic Missions of the Sung State, 960-1276*. Canberra: The Australian National University Press, 1981.

Franke, Herbert. "Treaties between Sung and Chin." *Etudes Song*. Ser. 1. Paris: Mouton, 1970.

Frank, Herbert, Denis Twitchett, eds. *The Cambridge History of China, Vol.6, Alien Regimes and Border States, 907-1368*. Cambridge and New York: Cambridge University Press, 1994.

Gernet, Jacques, trs.H.M.Wright. *Daily Life in China on the Eve of the Mongol Invasion, 1250-1276*. California: Stanford University Press, 1962.

Hamilton, Keith A., and Richard Langhorne. *The Practice of Diplomacy*. London and New York: Routledge, 1995.

Ho, Ping-ti. "In Defense of Sinicization: A Rebuttal of Evelyn Rawski's Reenvisioning the Qing." *Journal of Asian Studies*, Vol. 57, No.1, 1998.

Hong, Wontack. *East Asian History: A Tripolar Approach*. Rev.ed.Seoul: Kudara International, 2012.

Jagchid, Sechin, Van Jay Symons. *Peace, War, and Trade along the Great Wall: Nomadic-Chinese Interaction through Two Millennia*. Bloomington and Indianapolis: Indiana University Press, 1989.

Kang, David C. *East Asia before the West: Five Centuries of Trade and Tribute*. New York: Columbia University Press, 2010.

Katzenstein, Peter J., ed. *Civilizations in World Politics: Plural and Pluralist Perspectives*. London and New York: Routledge, 2010.

Kuhn, Dieter. *The Age of Confucian Rule: the Song Transformation of China*. Cambridge, Mass.: Harvard University Press, 2009.

Lammouroux, Christian. "Geography and Politics: The Song-Liao Border Dispute of 1074/75." in Sabine Dabringhaus and Roderich Ptak, eds., *China and Her Neighbours: Borders, Visions of the Other, Foreign Policy, 10th to 19th Century*, Wiesbaden: Harrassowitz, 1997. 蓝克利 (CH. Lammouroux) 著，顾良译，《政治与地理论辩——一〇七五年的宋辽边界谈判》，收入《庆祝邓广铭教授九十华诞论文集》。

Lattimore, Owen. *The Inner Asian Frontier of China*. Boston: Beacon Press, 1962.

Lau, Nap-yin (柳立言)."Making War for Peace? The Peace Accord between the Song and the Liao in A.D. 1005." in Hans van de Ven, ed., *Warfare in Chinese History*. Leiden: Brill, 2000.

Liu, James T.C. "Yueh Fei (1103-41)and China's Heritage of Loyalty." *Journal of Asian Studies*, Vol.31, No.2(1972).

Liu, James T.C.*China Turning Inward: Intellectual-Political Change in the Early Twelfth Century*.

Cambridge, Mass., and London,Harvard University Press, 1988.

Mattingly, Garret. *Renaissance Diplomacy*. Baltimore: Penguin Books, 1964.

Nicolson, Sir Harold. *Diplomacy*. London: Oxford University Press, 1939, 1950.

Rawski, Evelyn S. "Reenvisioning the Qing: the Significance of the Qing Period in Chinese History." *Journal of Asian Studies*, Vol.55, No.4 (1996).

Rawski, Evelyn S. *Early Modern China and Northeast Asia: Cross-Border Perspectives*. Cambridge and New York: Cambridge University Press, 2015.

Rossabi, Morris, ed. *China among Equals: The Middle Kingdom and Its Neighbors, 10th-14th Centuries*. California: University of California Press, 1983.

Stow, Ernest. *A Guide to Diplomatic Practice*(4th ed.). London and New York: Green and Co., 1917, 1957.

Schwarz-Schilling. Christian. *Der Friede von Shan-yuan (1005n. Chr.): Ein Beitrag zur Chinesischen Diplomatie*. Wiesbaden: Otto Harrassowitz, 1959.

Skatt, Jonathan K. *Sui-Tang China and Its Turko-Mongol Neighbors: Culture, Power, and Connections, 580—800*. New York, N.Y.: Oxford University Press, 2012.

Standen, Naomi. *Unbounded Loyalty: Frontier Crossing in Liao China*. Honolulu: University of Hawaii Press, 2007.

Standen, Naomi. "(Re)Constructing the Frontiers of Tenth-Century North China." in Daniel Power and Naomi Standen, eds., *Frontiers in Question:Eurasian Borderlands, 700—1700*. London: Macmillan, 1999.

Tackett, Nicolas. "The Great Wall and Conceptualizations of the Border Under the Northern Song." in *Journal of Song-Yuan Studies*, 38 (2008)

Tao, Jing-shen. *Two Sons of Heaven: Studies in Song-Liao Relations*. Tucson: The University of Arizona Press, 1988.

Tietze, Klaus. "The Liao-Sung Border Conflict of 1074—1076." in Wolfang Bauer, ed., *Studia Sino-Mongolia: Festschrift fur Herbert Franke*.

Till, Barry. "A Sung Embassy to the Liao Nation." *Canada Mongolia Review*, 1(1975).

Walker, Richard L. *The Multi-State System of Ancient China*. Hamden (CN): The Shoe String Press, 1953.

Wang, Gungwu. "Chinese Urge to Civilize: Reflections on Change." *Journal of Asian History* 18(1984).

Wang, Zhenping. *Tang China in Multi-polar Asia: a History of Diplomacy and War*. Honolulu: University of Hawaii Press, 2013.

Wittfogel, Karl A., and Feng Chia-sheng. *History of Chinese Society: Liao (907—1125)*. Philadelphia: American Philosophical Society, 1949.

Worthy, Jr., Edmund H. "Diplomacy for Survival: Domestic and Foreign Relations of Wu Yueh, 907-978. in Rossabi, Morris, ed., *China among Equals: The Middle Kingdom and Its Neighbors, 10th-14th Centuries*. Berkeley, Calif., University of California Press, 1983.

Wright, David. *From War to Diplomatic Parity in Eleventh-Century China: Sung's Foreign Relations with Khitan Liao*. Leiden: Brill, 2005.

Wright, David. "The northern frontier." in David A.Graff and Robin Higham,eds., *A Military History of China*. Boulder, CO: Westview Press, 2002.

# 引用及参考书目